The Hybrid Textbooks of Civil Law Vol. 2
**The Law of Properties &
Securities**

新ハイブリッド民法

物権・担保物権法 [第2版]

小山泰史・堀田親臣・工藤祐巌
澤野和博・藤井徳展・野田和裕❖著

法律文化社

ハイブリッド民法シリーズの刊行にあたって

　2004年4月にわが国で初めて法科大学院が開設されました。この法科大学院は，周知のようにアメリカのロースクールに倣って法曹資格者のための専門大学院として発足したものですが，学生の質もかなり高く，ハイレベルな授業が要求されます。2006年6月には，法科大学院卒業者の受験する初めての司法試験が実施されました。法科大学院では，法曹実務教育を大幅にとりいれた実践的な教育が行われますが，それに対応するためには，学生が学部教育，法科大学院1〜2年生の時期の教育において民法学の基礎的な制度，ルールを十分に理解して，応用能力を備えていることが前提となります。

　それと並んで，20世紀の末から現在までの間に，民法典およびそれに関連する法律について数多くの手直しがなされ，また幾つもの民事特別法が制定されました。ごく新しいものだけを例にとっても，1999年の民法典中の成年後見制度の改正，2004年の民法典現代語化法（口語化法），2006年の公益法人制度の改正（2007年より施行）をはじめとして，1998年のNPO法，債権譲渡特例法（2004年動産，債権譲渡特例法），民事再生法，1999年の任意後見法，住宅品質確保促進法の制定と定期借家権の導入，2000年の消費者契約法，特定商取引法，電子署名法，金融商品販売法，2001年の中間法人法，電子（消費者）契約法，2003年の人事訴訟法，2004年の新不動産登記法，新破産法，2005年の会社法，仲裁法，2006年のADR促進法，預金者保護法，金融商品取引法，新信託法，法の適用に関する通則法，2007年の労働契約法などがそれで，それらにおいてもその後手直しが行われまたはそれが予定されています。また近い将来においても，担保物権法，債権法，家族法といった民事法分野における法改正が予定または計画されています。

　このようにわが国の法学教育，わけても民法学の教育は，現在大きな転換点を迎えており，従来使われてきた民法学の教科書，参考書を見直して，新たな時代に対処するための新しい民法教科書作りに本格的に取り組まねばならない時期に差しかかっています。そこでこのような新しい時代に対応するために，

法科大学院時代の学部とロースクール両方での民法教育をにらんだ，いわばハイブリッドなテキストというコンセプトで，新しい民法教科書シリーズを企画しました。

　この新しい民法教科書シリーズは，従来の総則，物権・担保物権法，債権総論，債権各論，家族法という5本の柱からなる枠組みを崩すものではありませんが，新しい現代語化民法，その他の新しく制定，改正されたばかりの数多くの民事特別法に依拠するとともに，法学部学生および法科大学院学生の両者に対応できるように，基礎的な民法制度を祖述する一方で，最新の判例・学説および新しい争点をもとりいれ，基礎から応用にいたるまでの多面的かつアクセントをつけたきめ細やかな記述を旨としています。民法典およびそれを取り巻く数多くの法令が形式的だけでなく，内容的にも新しいものとなり，かつ急テンポに新しい問題が次々と生起する現在にあって，このような新機軸の民法教科書を上梓することは，必ずや数多くの利用者を見出し，学界の共有財産となるであろうことを信ずるものです。

　2006年9月

『ハイブリッド民法』シリーズ編集委員

小野　秀誠

本田　純一

松尾　　弘

滝沢　昌彦

半田　吉信

第2版はしがき

　本書の初版刊行後，2021年の所有者不明土地問題に関する民法改正（「民法等の一部を改正する法律」〔令和3年法律24号〕，「相続等により取得した土地の国庫への帰属に関する法律」〔令和3年法律25号〕）については，堀田親臣教授による補遺によって対応したが，物権・担保物権法の巻の編集を担当された本田純一教授が定年を迎えられ，一線を退かれたこともあり，新規の執筆者を迎えてこの度第2版を上程することとなった。全体の編集は小山が引き継いだ上，抵当権の箇所を藤井徳展准教授，非典型担保の箇所を野田和裕教授にお願いすることとした。

　なお，第2版刊行にあたりこれまでの章立ても見直した。物権法のパートについての変更はないが，担保物権法については抵当権を最初に記述することとして（第6章），次に質権，法定担保物権，非典型担保の順に配置することとした。

　本書編集作業中の2022年12月に，「担保法制の見直しに関する中間試案」がとりまとめられるなど，非典型担保を中心とする動産・債権担保法改正が予定されている。今後の法改正についても注視していきたい。

　2023年2月

執筆者を代表して　小山　泰史

はしがき

　本書は，『新ハイブリッド民法』シリーズの第2巻として，物権法・担保物権法の部分を取り扱うものである。物権法は，債権法や担保物権法と比較すれば，社会の動きに対応してそれほどダイナミックな変容を遂げているわけでない。だが，相続に関連して，土地が細分化され，それに伴い袋地所有者からの公道に通ずる土地所有者に対する通行地役権の成否，あるいは囲繞地所有者からの土地譲受人との対抗問題における信義則に基づく悪意者排除論の台頭などが新しい問題を提起している。本書の叙述の中に，そういった微妙な変化を感じ取ってほしいと考える。

　一方，担保物権法は，抵当権と利用権の関係については，短期賃貸借制度の廃止という形で濫用的な短期賃借権の存在もなくなり，加えて，抵当不動産を管理人に管理させてその収益から優先弁済を受ける「担保不動産収益執行」（民執180条2号・359条）が認められるに至り，一応の安定期を迎えることになった。ただ，非典型担保の領域では，実務の発展は目覚ましく，それに対応する形で，新しい判例も散見されるようになってきており，この領域では判例法の客観的な考察が欠かせなくなってきている。

　本書も，本シリーズの方針に則り，読者が具体的なイメージをもって問題を捉えられるように，できるだけ具体的な事例を冒頭に示して（**Case** 参照），それを解き明かすような形で叙述を進めている。図解もできるだけ，多く用いるように努力した。関連する判例や話題を **Topic** で取り上げ，読者の知識に厚みをもたせるように配慮した。

　また，ここで扱われた諸問題をさらに応用・展開しようとする読者のために，**Further Lesson** で解説している。いくつかの章末に設けた *Exam* では，練習問題が出されており，本書の読者が自力で解けるように「解答への道すじ」をつけた。さらに，巻末の *Hybrid Exam* では，複数の章にまたがる，複雑な事例を用いて，復習と応用能力の養成ができるように配慮している。

　最後に，本書の執筆者は，いずれも法学部あるいは法科大学院で，民法の授

業やゼミナールに精を出している研究者であるが，その過程で得られた知識・経験が本書の叙述に反映されている。本書では，わかりやすい叙述とともに，大事な論点や初学者が間違えやすい問題などについて一歩突っ込んだ解説を行う工夫がなされていることを指摘しておきたい。

　本書の企画・構成にあたっては，法律文化社の野田三納子さんからたえず有益なご教示や励ましをいただき，また，丁寧な校正をしていただいた。ここで改めてお礼を申し上げたい。

　　2019年 3 月

本田　純一
堀田　親臣
工藤　祐巖
小山　泰史
澤野　和博

目　　次

Topic 目次

▶▶▶Further Lesson 目次

凡　　例

【1】　判例の略語（主要なもの）

大　判……大審院判決　　　　　　　　　最大判……最高裁判所大法廷判決
大連判……大審院民事連合部判決　　　　高　判……高等裁判所判決
最　判……最高裁判所小法廷判決　　　　地　判……地方裁判所判決

民　録……大審院民事判決録　　　　　　高民集……高等裁判所民事判例集
民　集……大審院（最高裁判所）民事判例集　　集　民……最高裁判所裁判集民事
刑　集……大審院（最高裁判所）刑事判例集　　判　時……判例時報
新　聞……法律新聞　　　　　　　　　　判　タ……判例タイムズ
下民集……下級裁判所民事裁判例集　　　金　法……旬刊金融法務事情
家　月……家庭裁判月報

百選Ⅰ・Ⅱ・Ⅲ……民法判例百選Ⅰ・Ⅱ〔第9版〕，Ⅲ〔第3版〕（別冊ジュリスト）

【2】　法令名の略記

　　本文カッコ内での法令条名（および項数・号数）の引用に際して，民法典については，条名のみをかかげ，その他の法令で引用頻度の高いものは，その法令名を，通例慣用されている方法により略記した。

❖ 著 者 紹 介

小山　泰史 （こやま　やすし）　　　　　序，第2章4・5，第7章，第8章 執筆

略歴　神戸大学大学院法学研究科博士課程後期課程単位取得退学（法学博士）。
現在，上智大学法学研究科法曹養成専攻（法科大学院）教授。

主要業績　『流動財産担保論』（成文堂，2009年）
「イングランド法における UCC 第9編型立法脚用の動向」「ニュージーランド PPSA1999年法について」『動産債権担保—比較法のマトリクス』（商事法務，2015年，共著）
「動産譲渡担保」『新注釈民法（7）—物権（4）373条〜398条の22』（有斐閣，2019年，共著）

堀田　親臣 （ほった　ちかおみ）　　　　　第1章，第3章，第4章 執筆

略歴　1972年生まれ。広島大学大学院社会科学研究科法律学専攻博士前期課程修了，同研究科法律学専攻博士後期課程修了。現在，広島大学大学院人間社会科学研究科教授。

主要業績　「土壌汚染と物権的請求権（一）（二・完）—近時のドイツ裁判例の動向を中心に—」広島法学37巻1号，39巻3号（2013年，2016年）
『2STEP 民法1 総則』（信山社，2015年，共著）
「物権的請求権について—改正民法605条の4を契機として」『大改正時代の民法学』（成文堂，2017年）
「土地所有権の現代的意義—所有権放棄という視点からの一考察」広島法学41巻3号（2018年）

工藤　祐巌 （くどう　ゆうげん）　　　　　第2章1-3 執筆

略歴　1961年生まれ。一橋大学大学院法学研究科修士課程修了。同研究科博士課程単位取得退学。現在，明治大学専門職大学院法務研究科教授。

主要業績　『要論民法総則〔改訂版〕』（青林書院，2001年，共著）
『法学講義民法4 債権総論』（悠々社，2006年，共著）
『マルシェ債権総論〔第2版〕』（嵯峨野書院，2010年，共著）
『プロセス講義 民法Ⅳ 債権1』（信山社，2016年，共著）

澤野　和博 （さわの　かずひろ）　　　　　　　　　　　　　　　第5章 執筆

略歴　1966年生まれ。早稲田大学大学院法学研究科修士課程修了，同研究科博士課程単位取得退学。現在，立正大学法学部教授。

主要業績　『法学講義民法6 事務管理・不当利得・不法行為』（悠々社，2006年，共著）
『マルシェ債権各論』（嵯峨野書院，2007年，共著）
『論点体系 判例民法8 不法行為II〔第2版〕』（第一法規，2013年，共著）
『医事法講座第7巻 小児医療と医事法』（信山社，2016年，共著）

藤井　徳展 （ふじい　なるのぶ）　　　　　　　　　　　　　　　第6章 執筆

略歴　1975年生まれ。京都大学大学院法学研究科民刑事法専攻修士課程修了，同研究科民刑事法専攻博士後期課程単位取得退学。現在，大阪公立大学大学院法学研究科准教授。

主要業績　「動産と債権の包括的な担保化による資金調達と，その法的課題」『グローバル化と社会国家原則』（信山社，2015年，共著）
「ドイツ法における債権の譲渡担保の効力と，その法的諸問題」『動産債権担保—比較法のマトリクス』（商事法務，2015年，共著）
「更改，免除，混同」『新基本法コンメンタール債権1　民法第399条〜第520条の20』（日本評論社，2021年，共著）
『リーガルクエスト民法III　債権総論』（有斐閣，2022年，共著）

野田　和裕 （のだ　かずひろ）　　　　　　　　　　　　　　　第9章 執筆

略歴　1968年生まれ。神戸大学大学院法学研究科博士課程前期課程修了，同研究科後期課程単位取得退学。現在，広島大学法科大学院教授。

主要業績　「分割履行契約の不履行と一部解除」『ヨーロッパ私法の動向と展開』（日本評論社，2008年，共著）
『概説国際物品売買条約』（法律文化社，2010年，共著）
「不当条項の内容規制と契約全体の考慮」『法律行為法・契約法の課題と展望』（成文堂，2022年，共著）
『18歳からはじめる民法〔第5版〕』（法律文化社，2023年，共著）

序　物権・担保物権を学ぶにあたって

1　本書の構成

　本書は，物権・担保物権についての基本的知識を習得することを目的としている。第1章から第5章までが「物権法」，第6章以下が「担保物権法」を扱っている。前者は，民法175条から294条，後者は295条から398条の22までの範囲が対応する。

1　物　権　法

　第1章「物権の意義と効力」では，物権法の基本原則に関わる問題が扱われる。

　物権は，法律に定められたものしか認められない（物権法定主義，▶175条）。では，なぜ制定法の改正によらずに慣習法上の物権（譲渡担保権等）が認められることになるのか，等を扱う。

　次に，物権の性質や効力を，債権と比較しつつ明らかにしていく。①俳優Aが同一日同一時刻に，Bテレビ局への出演と映画Cへの撮影をする契約をした場合，同一内容の複数の契約は有効に成立しうる（実際には一方しか履行できないので，他方には債務不履行を生じる）。これに対して，1つの物の上には，同一内容の物権は1つしか成立しえない（一物一権主義）のはなぜか。②A所有の土地にBが無断で産業廃棄物を投棄した場合，AはBに対してどのような法的手段をとりうるのか。このとき，AはBに対して土地利用の妨害の停止を求めることができるが（物権的請求権），AがCに土地を賃貸している場合，一定の要件を備えない限り，賃借人C自らがBに対して土地利用の妨害の停止を求めることはできない。また，AがBに産業廃棄物の撤去を求める場合，その撤去費用はどちらが負担すべきかも，同時に問題となる（「物権的請求権と費用負担」

➡第1章 **Case 1-2**参照）。では，故意の不法投棄ではなく，B所有の隣地の崖が崩れてB所有地内にあった産業廃棄物がA所有土地に侵入した場合には，撤去費用は誰が負担すべきか。

第2章「物権変動」では，所有権を典型例として，土地・建物（不動産）やそれ以外の物（動産）等が売買等で譲渡された場合に生じる諸問題を扱う。

AがBに自己所有の土地・建物を売却した場合，民法176条をそのまま適用すると，代金支払いがなくても売買契約を締結した時点で所有権が移転することになる。しかし，実際の不動産取引では，買主が銀行から借り入れた融資金が，売主に支払われたことを確認してから，鍵等が買主に引き渡されたり，後述する不動産登記の所有者の名義の書き換えが行われるのが通常である。では，代金支払いもしていない買主に所有権の移転を認める民法の原則には不都合はないのか。たとえば，代金未払いの段階で売買目的物である家屋が第三者の放火により滅失した場合でも，買主は代金を支払わなければならないのか。このような問題（危険負担，▶536条）は債権各論で扱われるが，物権法の176条との関係を意識しておく必要がある。

土地や建物の権利関係を1つの電子ファイルに書き込み，権利関係を公示するシステムを「不動産登記」という。所有者AがBに対して自己所有の土地について売買契約を締結したが，B名義に所有権の登記を移転する（所有者の名義をAからBに書き換える）前に，より高値を申し出たCと第2の売買契約を締結してCに移転登記をしてしまった。民法177条は，このような場合でも，Cが新たな所有者になることを認めている。しかし，たとえば，BがすでにAから土地を購入していることを知りつつ，Cが登記を備えた場合に，このルールを適用することは妥当か。特に，CがBに恨みを抱いていて復讐をするためにこの行為を行った場合にはどうか。177条をめぐるこのような「対抗問題」の検討が非常に重要である。

同様の問題が，動産の二重譲渡でも生じる。しかし，動産は不動産と異なり，場所の所在が自由に変わるため，177条の「登記」に対応する「登録」等で権利関係を公示することは難しい。ここでは，第3章で扱う「占有」の知識を前提としつつ，「公示の原則」と「公信の原則」の違いや，無権利者からの権利取得を可能にする「即時取得」（▶192条）の制度を理解して欲しい。

　第3章「占有」は，主として「動産」の占有を念頭において，事実上物を支配している状態である占有には，どのような態様のものがあるのか，それらの各占有にはどのような効力が与えられるのかについて扱う。実際に物を所持していなくても占有が認められる「観念的な占有」によっても即時取得が認められるか，という第2章で扱う問題（「占有改定と即時取得」等）と併せて理解してもらいたい。

　第4章「所有権」では，隣接する土地どうしの問題（相隣関係）や，相続等によって生じる「1つの土地等を複数人で所有する」関係（共同所有ないし共有）が扱われる。近年，相続後何代にもわたって所有者の登記名義が変更されず，現在の所有者が誰なのか不明な土地が多く生じている。この「所有者不明土地問題」について，2021年に大きな改正があった（▶264条の2以下）ことも本章で扱われる。同時に，マンションなどの法律関係である区分所有も取り上げる。

　第5章「用益物権」では，地上権・地役権等，他人の土地を利用する物権である用益物権について概説する。

2　担保物権法

　第6章では，実務上，最も利用が多い担保物権である抵当権について取り上げる。抵当権は，目的物の利用を所有者（抵当権設定者）に留めることに特徴があり（▶369条参照），まず，抵当権の性質，順位の異なる抵当権どうしの関係と調整，その成立段階における問題や，抵当権の成立前と担保される債務が不履行に陥って抵当権が実行にかかる以前の問題，および，実行が開始されるに至った後の問題が取り上げられる。具体的には，抵当権の効力の及ぶ目的物の範囲（▶370条）や物上代位（▶372条・304条），法定地上権（▶388条）等が詳論される。加えて，一回毎の貸付けではなく継続的な融資に用いられる根抵当権（▶398条の2以下）も検討する。

　第7章「質権」では，抵当権との違い（目的物の占有の移転の有無や被担保債権の範囲等）を正確に理解して欲しい。特に，債権質については，指名債権に質権が設定された場合には，債権譲渡についての467条が364条によって質権に準用されているため，債権譲渡の規律と連動させて理解する必要がある。とりわ

け，2017年改正において，債権譲渡に関する規律が改正されたこと（特に債権譲渡制限特約等。▶466条2項）が債権質にどのように反映されているかが重要である。

第8章「法定担保物権」では，留置権と先取特権の論点が扱われる。

留置権では，295条の「物（目的物）と被担保債権との牽連性」の意味を理解することが難しい。本書では，「被担保債権の発生時に返還請求権者と債務者とが同一人であること」という基準（メルクマール）を示すことで，理解の助けとなることを意図している。次に，先取特権では，304条1項ただし書の「払渡し又は引渡し前の差押え」の趣旨が，抵当権の場合（▶372条）とはどのように異なるのかが重要である。また，第9章「非典型担保」で取り上げられる流動動産譲渡担保と動産売買先取特権との優劣が，この章でも問題となる。このとき，動産売買先取特権と所有権留保の異同に注意されたい。

第9章「非典型担保」では，抵当権や質権等，民法に規定のある担保物権（典型担保）によっては対応のできない局面をカバーするために実務上用いられてきた譲渡担保や所有権留保等，民法典に規定の慣習法上の担保物権である「非典型担保」に関する解釈問題を取り扱う。「担保の目的で所有権を移転する」形式の譲渡担保に関して，特に不動産を目的とする場合に，抵当権とどのように異なるのかの理解が重要である。また，在庫品やその売却から生じる売却代金債権をまとめて担保の客体とする集合物譲渡担保や集合債権譲渡担保等も解説していく。他方，「担保の目的で所有権を移転しない」形式をとる所有権留保も取り上げる。

2 物権法・担保物権法を学習する際の留意点

1 すべての物権の淵源としての所有権

民法206条は，所有権について，所有者が「自由にその所有物の使用，収益及び処分をする権利」であると定める。すなわち，甲土地の所有者AがBのために甲土地に地上権（▶265条）を設定する場合，甲土地の使用収益権能のすべてがその所有権から分離され，地上権という別個の物権としてBに帰属する。その公示は地上権の登記であり，当然ながら民法177条に服することにな

る。他方，Aが甲土地の一部に，隣接するB所有の乙土地のために通路を開設し，通行地役権（▶280条以下）を設定する場合，甲土地の一部の使用権能のみが，乙土地のための通行という態様でBに移転し，甲土地の残余の使用収益権能はAに帰属したままになる。

　また，AがC銀行から事業の運転資金を借り入れ，その債務の担保として自己所有の甲土地にCのために抵当権（▶369条）を設定する場合，CにはAの貸金債務の不履行時に強制的に甲土地を換価・処分する権能が与えられる。すなわち，抵当権にあっては，甲土地の所有権の権能のうち処分権能のみが分離されCに帰属し，使用・収益権能は所有者Aに帰属したままという権利帰属の状態である。民法369条1項が「債務者又は第三者が占有を移転しないで」と定めるのは，このことを表現している。

　このように，民法典の定める物権は，所有権をその淵源として，目的物の使用・収益・処分の権能の一部を所有権から他人に分離して，その他人に帰属させることで成立する。地上権や通行地役権，抵当権のいずれも，他人の土地の上に成立するから「他物権」と呼ばれ，所有権に対する制約として機能するために「制限物権」と呼ばれるのは，所有権以外の物権が，その源を所有権に求めていることを間接的に表現している。

　もっとも，以上の論理は，民法典の定める物権には妥当するものの，非典型担保には妥当しない。「担保目的で所有権の譲渡を受ける」譲渡担保にあっては，形式上は債務者から債権者に土地等の所有権を移転し，その登記も経由されるが，担保される債務が弁済されれば，所有権の移転登記を抹消して債務者名義に登記を回復する。いったんは，登記簿上，債権者が所有者となるため，債務者の他の債権者は，その財産を引き当てとする（差し押さえて競売して換価する）ことが事実上できない。このように，外観上は所有権が完全に移転する形式を履践しながら，その実質が担保であるという形式と実質の乖離をどのように統制していくかについて，数多くの判例が登場して判例法理が形成されている。

　特に，本書が出版される2023年春の時点で，法制審議会において「動産・債権担保法改正」の審議が進んでいる。これまで積み重ねられてきた判例法理が，新たな立法によってどのように変容を遂げるのか，遂げないのか注視して

欲しい。

2　民法第2編「物権」第1章「総則」と担保物権の実行手続

　A所有の甲土地に，隣地である乙土地の所有者Bのために通行地役権が設定され，その登記が経由された。その後，甲土地にCのための抵当権が設定され登記が備えられた後，AがCに対する債務について債務不履行に陥り，Cが甲土地の抵当権を実行したとする。では，このとき，甲土地上のBのための通行地役権はどうなるか。

　この問題を理解するためには，まず，抵当権の実行手続がどうなっているかを知る必要がある。抵当権の「実行」とは，抵当権によって担保されている債権（被担保債権）を回収するために，抵当権の目的である不動産を所有者（抵当権設定者）の同意の有無を問わずに強制的に売却して，その売却代金の中から被担保債権に配当をする，ということを意味する。そのための手続を定めた制定法が，民事執行法である。担保物権を理解するためには，目的物をいかにして売却して金銭に換える（換価する）のか，その手続である民事執行法の規律をある程度理解することが求められる。また，抵当権の実行の際，甲土地を購入してくれる者（仮にDとする）が現れ，このDが代金を支払ってくれて初めて，CはAに対する債権を回収できる。

　甲土地の所有権は，D（「買受人」という）が裁判所に代金を納付した時点でDに移転する（▶民執79条。「代金支払時に所有権が移転する」という趣旨を定める条文であることに注意）。しかし，その所有権の移転登記（AからD名義へ書き換え）は，甲土地に抵当権の設定を受けその登記を備えた抵当権者Cの地位が反映されたものにすぎない。

　民法177条は，このような場合にも適用されるルールであって，先に登記されたBのための通行地役権が，抵当権者Cの抵当権設定登記に先行するため，DがCの地位を承継する結果，BがDの甲土地の所有権取得に優越することになる。具体的には，Dは，甲土地上にBが通行地役権を有し，Aが設けた甲土地上の通路をBが通行することを受忍しなければならない。

　以上のように，抵当権をはじめとする担保物権については，実際に債権を回収して担保目的物を金銭に換える手続である民事執行法の規律を理解すること

が求められる。また，他方で，担保物権法は，あくまで民法175条から179条までの物権編第1章総則の適用を受けるのであって，物権法の基本原則の規律を理解した上でないと，その全体像を正確に把握することは困難である。

3　物権法・担保物権法と債権総論

　先述（➡2頁）の「所有者AがBに対して自己所有の土地について売買契約を締結したが，B名義に所有権の登記を移転する前に，より高値を申し出たCと第2の売買契約を締結してCに移転登記をしてしまった」という局面を「対抗問題」という。同様のことは，「DがCに対して有している債権を，EとFに二重に譲渡した」という事例でも生じる。後者の問題は，民法467条2項が規律する。

　このように，物権法で生じるのと同様の問題が，債権総論の分野でも問題となることがある。実は，債権総論と物権・担保物権法では，両者が交錯する部分が多く存在する。たとえば，抵当権者が，抵当権の効力を，所有者（抵当権設定者）が抵当権の目的である建物の賃借人に対して有する賃料債権に対して及ぼして，賃料債権を所有者に代わって賃借人から支払いを受け，抵当権によって担保される債権（被担保債権）の回収に充てることがある。これを「抵当権の物上代位」（▶372条・304条）という。このとき，仮に賃料債権が所有者から他の債権者に譲渡されていたとすれば，抵当権の物上代位と債権譲渡はどちらが優先するのか。この規律を知るためには，抵当権の物上代位の行使の手続を知るだけでなく，もう一方の相手方である債権譲渡についても知識が必要になる。

　また，抵当権は土地や建物等の「物」を目的物とするが，債務者以外の他人が債務者の債務を肩代わりして支払ってくれることを期待して，抵当権者が保証人をつけることを求めることがある。物が担保の目的となる抵当権等を「物的担保」と呼ぶのに対し，後者は「保証契約」（▶446条以下）と呼ばれ，人的担保とも呼ばれている。

　このように，物権法や担保物権法は，債権総論の一部とも密接に関わっており，できる限り並行して学習すれば，相互のルールがどのように関連するのかを，一度に把握できるようになり，その後の民法学習が楽になると考えられる。

第1章　物権の意義と効力

1　物権（法）の意義と性質

物権の意義　わが国の民法は，**パンデクテン方式**を採用する。パンデクテン方式には，民法全体に共通する事項をまとめて前に出して規定し（総則と呼ぶ），財産に関する権利関係を物権と債権に区別して規定するという特徴がある。以下では，物権とはどのような権利かを債権と対比しつつ考える。

（1）**物権とは**　物権は，一般に，「特定の人が特定の物に対し直接かつ排他的な支配を及ぼす権利」と説明される。これに対し，債権は，「特定の人が特定の人に対し一定の行為を請求することができる権利」である（民法に定義規定はない）。

（2）**物権と物の支配**　物権は，「物の支配」を内容とする権利である。まず，民法の定める「物」と「その支配」とは何かを確認する。

（a）**民法上の「物」**　民法は，第一編・総則で「物」について規定する。

民法で「物」とは，**有体物**（▶85条）をいうことから，改めて物権について考えると，物権は，「有体物を支配する権利」となる。しかし，民法は，物権の客体（目的）を有体物に限っていない。たとえば，担保物権で学ぶ，質権や抵当権は財産権を目的とすることがある（▶362条1項・369条2項）。つまり，物権の前記説明は，1つの便宜的な説明の仕方である。

なお，民法が物を有体物に限定することから，**無体物**（知的財産）を目的とする権利（財産権）については，わが国では個別の立法で対応している（たとえば，知的財産法の領域では，特許法や著作権法等）。

（b）**物権による物の支配**　代表的な物権である所有権については，206条がその内容を規定する。同条で物の「支配」にあたるのは，「使用，収益及び

図表1-1　民法における「物」と規定の内容

85条：「物」を「有体物」とする
86条：「土地及びその定着物」を不動産とし（1項），「不動産以外の物」を動産とする（2項）
87条：「主物」と「従物」について定める
88条：「物の用法に従い収取する産出物」を「天然果実」（1項），「物の使用の対価として受けるべき金銭その他の物」を「法定果実」（2項）とする
89条：果実の帰属について定める
※民法が予定する物の分類法は，上記に限られない（たとえば，特定物・不特定物など）。その他の物の分類法については，学説でどのような分類法が説かれ，いかなる説明がされているかを調べる必要がある。

処分」である。一般的な説明としても，支配は，「使用・収益・処分」をすると説明されることが多い。他方で，その他の物権の内容を定める規定をみると，その内容は様々である。つまり，物権ごとに支配の内容は異なり，すべての物権に「使用・収益・処分」をする権能が認められるわけではない。

物権の性質　物権の性質としては，債権と対比すると，①**直接支配性**，②**絶対性**（対世効），および③**排他性**が挙げられる。

（1）**直接支配性**　物権は，物を直接支配することができる権利である。直接支配性は，物権者がその支配を実現するにあたり他者の関与を必要としないことを意味する。たとえば，Aがある物を所有する場合，Aは，直接その所有物を使用・収益・処分することができ，A以外の他者の関与を必要としない。また，地上権は，工作物または竹木を所有するために，他人の土地に設定される物権であり（▶265条），地上権者は直接土地を使用することができる。

他方で，債権にも，その権利者（債権者という）が結果として物の支配を実現することができるものがある。地上権とよく対比されるのが，賃借権である。賃借権は，貸主Aと借主Bとの間で締結された賃貸借契約（▶601条）に基づく債権である。ここで，Bは，賃借権に基づき，Aに対し目的物の使用・収益を請求できるにすぎず，その実現のためには，Aが目的物をBに引渡し，その使用・収益を認容することが必要となる。つまり，賃借権では，Aの引渡し・認容を通じてBの目的物の使用・収益が実現することから，「**間接的な支配**」といわれる。

（2）**絶対性**（対世効）　物権は，誰に対する関係でもその効力を主張することができる権利（**絶対権**）であり，このような物権の性質を絶対性という。

図表1-2　物権の排他性

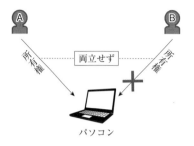

パソコン

これに対し，債権は，特定の人（債権者）が特定の人（債務者）に対してのみその効力を主張できる権利である。債権は，絶対権である物権との対比から，**相対権**といわれ，このような債権の性質を相対性という。

　(3)　**排他性**　　物権に絶対性を認めると，同一物の上に，同一内容の物権の併存を認めることはできない。同一内容の物権の併存を認めると，次のような矛盾が生じるからである。つまり，あるパソコンにＡの所有権が認められたとして，同じパソコンの上に，Ａとは別の所有権をＢのために認めるならば，Ａ・Ｂとも，自身を除くすべての者に対し（ＡはＢに，ＢもＡに）パソコンの所有権を主張できるという矛盾である。そこで，物権には，「同一物の上に同一内容の物権は複数存在しえない」という性質（排他性）があると解されている。

　これに対し，債権には排他性がない。その内容から両立しえない債権の併存も認められる。たとえば，Ａが同じ日の同じ時間帯に別の場所で講演をする契約をＢ・Ｃと別々に締結したとするならば，ＢとＣは各々Ａに対し債権を取得するが，一方の債権が実現（債務の履行）された場合，他方の債権は実現されない。ただ，債務不履行の問題が生じるだけである。

　(4)　**物権・債権の区別の限界**　　前述のように，物権と債権は，その理念としては，種々の性質によって区別できると考えられてきた。しかし，実際には，両者の区別を厳密にすることは難しく，物権の絶対性・排他性が貫徹されているわけでもない。たとえば，物権変動で詳しく学ぶように，第三者対抗要件（▶177条・178条）を備えていない物権は，完全な排他性を有するとは解されていない（➡第2章参照）。また，一般の先取特権のように排他性のない物権も存在する。他方で，対抗要件を備えた不動産賃借権（▶605条，借地借家10条・31条）のように，物権と同様の効力を有する債権も存在する。

物権法の諸原則　　物権が直接的な物の支配権であり，絶対性・排他性を備えた権利であることから，物権法では，次のような諸原則が認められる。

一物一権主義　**一物一権主義**は，次の2つのことを意味内容としてもつ。

第1に，「1個の物権の客体は1個の物である」。物権（特に所有権）の客体についての原則である。このことから，①1個の物の一部に物権の成立は認められず，②複数の物の上に1個の物権の成立は認められないということが導かれる。

そこで，物権の客体については，原則として，1個の物として他の物から独立し（単一性・独立性），特定していること（特定性）が要求される。しかし，これには，例外がある。①1筆の土地（一般に，土地は，不動産登記簿に1筆の土地として登記されたものを1個の土地とする）の一部を譲渡することやその所有権を時効取得することは判例によって認められている（★大連判大正13・10・7民集3巻476頁：百選I-9）。②地役権は，土地の一部に成立することが予定されている（▶282条2項）。③取引社会では，特に動産を目的とした担保取引の場面で，個々の物の集合を1つの**集合物**と捉え，その上に集合物全体の価値を把握する所有権のような権利を承認することへの要請がある（判例・法律でも認める。➡第2章，第9章参照）。

第2に，「1個の物の上に同一内容の物権が複数成立することは認められない」。この意味では，一物一権主義は，物権の排他性の言い換えであるにすぎない。

物権法定主義・公示の要請　債権法では契約自由の原則（▶521条2項）が妥当し，これにより，債権は，契約の当事者が自由にその内容や種類を決定することができる。同様に，絶対性・排他性を備えた物権についても，その内容や種類を当事者が自由に決定することができるとすれば，その物権の存在は，第三者の利益，ひいては取引の安全を害するおそれがある。そこで，民法は，物権については，あらかじめその種類・内容を法律で定めることとした（▶175条，**物権法定主義**。➡12頁参照）。

物権の種類・内容については，その第三者への効力に配慮する必要がある。物権は，物を客体とする権利であるが，目的物からは，直ちに，その上にどのような物権が存在するか（物権の種類・内容），誰が権利者かということは明らかとならない。その一方で，物権の取得といった取引を円滑にするためには，ある物にどのような物権が存在し，その権利者は誰かということを第三者にわ

かるようにする必要がある（**公示の要請**。物権を公示する方法のことを**公示方法**という）。特に，絶対性・排他性を備えた物権についてはその要請が高く，公示する内容を明らかにするためにも，物権は法定されている必要がある（不動産に関する権利の公示について，▶不登1条・3条参照）。

物権法の役割　われわれの生活する資本主義社会では，日常的に商品（財貨）の取引がなされている。そのような取引を可能にするには，その財貨が誰に帰属し，誰のどのような支配に服しているのかという財貨の帰属秩序を定めるとともに，その変動の仕方について規律する必要がある。物権法は，パンデクテン方式を採用するわが国の民法において，債権法と対置する形で財産法の一部を構成し，前述のような財貨の帰属秩序等を定めることにより，取引社会の基礎を提供する役割を果たす。そして，財貨の帰属秩序を定める物権法には，その画一性が要求され，物権法定主義との関係からも，**強行規定**が多い。

2　物権法定主義

物権法定主義　175条は，「物権は，この法律その他の法律に定めるもののほか，創設することができない」と規定する。これを物権法定主義という。物権法定主義は，①物権は法律に定められたものに限られ（種類の法定），②その物権の内容も法律の定めるところに従う（内容の法定）ということを内容とする。

同条に違反する法律行為は，強行規定に反するものとして約定どおりの物権の効力は生じないが（▶91条），当事者間で債権的効力を認められることはあると解されている。

物権法定主義の根拠としては，主に次の2つが挙げられる。第1は，近代的所有権の確立という歴史的な理由である。つまり，封建社会で存在した特に土地についての複雑な権利関係を一度整理し，近代法の基本理念である所有権の自由を基軸とした物権法制を確立するためである。第2は，取引の安全である。つまり，物権を法定することにより所有権のような取引の基礎となる権利の公知性を担保し，その種類・内容を定めることを通じて何を公示するかとい

図表 1 - 3　民法上の物権

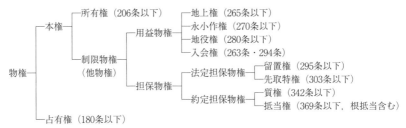

うことを明らかにし取引の安全を図ろうとしたのである（➡27頁）。

民法上の物権　　民法は，10種類の物権を定める。つまり，**所有権，地上権，永小作権，地役権，入会権，留置権，先取特権，質権，抵当権，占有権**である（入会権は，所有権と地役権に各1条があるのみである）。なお，175条の文言から明らかなように，民法以外の法律（たとえば，商法など）でも，物権が定められている。

(1) 所有権と制限物権（他物権）　　所有権は，「使用・収益・処分」のすべての権能を備えた物権であり（▶206条，**全面的支配権**と呼ばれる），取引社会における財貨の帰属秩序の基礎となる。

　所有権以外の物権は，物権ごとに内容が異なり，所有権の権能の一部に内容を制限されている。また，その成立が認められれば，所有者が所有物の物支配を制限されることから，**制限物権**と呼ばれる。制限物権は，通常，他人の所有物上に成立することから，**他物権**ともいう。

　制限物権は，**用益物権**と**担保物権**に分類される。用益物権には，地上権，永小作権，地役権，入会権が含まれ，土地の使用や収益を内容とする（263条の入会権は，共同所有の一形態と理解される）。

　担保物権は，債権者の債権担保のためにその成立が認められる物権である。担保物権は，多くの場合，金銭債権の回収のためにその成立が認められることから，目的物の交換価値の支配に重きを置く物権である。担保物権には，留置権，先取特権，質権，抵当権があり，その成立との関係で，**法定担保物権**（法が要求する要件を充足しさえすればその成立が認められる。留置権・先取特権）と**約定担保物権**（当事者間の合意により設定される。質権・抵当権）に分類される。

(2) **本権と占有権**　前述の9種類の物権は，物支配を正当化するための権利である。これらの物権を**本権**という。民法は，本権とは別に，現にある物支配の事実状態を，それがなぜ生じるに至ったのかを問うことなく，権利として一定程度保護する制度を定める。それが，占有権（▶180条）である。

180条により，占有権は，「自己のためにする意思」と「物の所持」によって取得される。民法は，占有権に様々な効力を認めている（▶188条以下）。

✐ Topic 1-1
判例が認める物権的権利（温泉専用権，譲渡担保）

　15頁の①の例としては，温泉専用権（湯口権）がある。温泉は，地中から湧出する地下水の一種であり，湧出地（源泉地）所有権の一内容を構成すると考えることができる。しかし，わが国では古くから温泉に特別の利用価値が認められており，地方の慣習で，湧出地から温泉を引湯使用する権利（温泉専用権・湯口権）は，源泉地所有権と独立して処分されてきた。わが国には，この種の地下水に関する特別の立法がないことから，温泉専用権の取扱いについて疑義が生じ，判例は，「一種ノ物権的権利ニ屬シ通常原泉地ノ所有權ト獨立シテ處分セラルル地方慣習法」があることを認めている（★大判昭和15・9・18民集19巻1611頁：百選Ⅰ-45）。なお，温泉専用権の権利変動について，判例は，そのような排他的支配権（用益的支配権）を認める以上，その権利の性質上177条の規定を類推して，第三者をしてその権利変動を明認させるに足りる特殊な公示方法を講じなければ第三者に対抗できないとする。

　次に，②の例としては，譲渡担保がある。譲渡担保とは，債権者Aが債務者Bに対する債権を担保するために，物の所有者または権利者（Bであることもあれば，第三者Cであることもある）が，その物の所有権または権利をAに移転することをいう。たとえば，AがBに金銭を貸し付けるにあたり，債権担保目的でBが仕事で使用している高価な印刷機器の所有権をAに移転するが，引き続きBが印刷機器の占有・使用を継続するという形で行われる。譲渡担保は，取引慣行として不動産，動産，債権等で行われてきたものであるが，特に動産ではAへの現実の引渡し等を必要とする質権（▶344条・345条）しか民法上の担保手段がなく，Bに引き続き目的物を占有・使用させる担保手段への社会的ニーズがあった。また，集合動産・集合債権や知的財産などの財の多様化もあり，典型担保では必ずしもその担保化が十分ではない取引社会で，譲渡担保は，それらの担保手段として，社会のニーズに対応する役割を果たしてきた。判例は，このような取引慣行上用いられてきた担保手段について，物権的効力を認めている（譲渡担保については，➡第9章を参照）。

　このように，民法は，「物支配の正当化根拠」と「現にある物支配の事実状態」を各々別ものとして分けて考えるという仕組みを採用する（**本権と占有の分化**）。

慣習法上の物権　現代社会には，物支配を内容とする慣習上権利として認識されてきたものが存在する。そのような権利に，物権法定主義との関係から，物権と同様の効力を認めることはできるだろうか。判例は，①民法制定以前から存在し，現在も存続しているもの（例：**温泉専用権**，**流水利用権**），②取引社会の需要に応じて新たに慣行として発生してきたもの（例：**譲渡担保**，**所有権留保**）について，物権と同様の効力を認めている（②のうち**仮登記担保**，**根抵当**は，現在は法律で対応）。学説も，民法施行前に既発生の慣習上の物権の効力を否定する民法施行法35条の趣旨や物権法定主義の根拠を考慮しつつ，慣習法と認められる程度に権利の内容が明確で合理的であり，その権利の適切な公示方法が存在するものについて，物権的効力を認めている。

3　　物権の効力

1　優先的効力

　物権は，絶対性と排他性を備えた物の支配権である。ある物の上にＡの物権が認められた場合，その物の支配にかかわる他の権利との関係が問題となり，その場面で，物権の**優先的効力**が論じられる。優先的効力は，①物権相互間，および②物権と債権との間で問題となる。

物権相互間の優劣関係　図表1-2（➡10頁）のようにＡの所有権の存在が認められると，物権の排他性から，同一物上に，Ａの所有権とは別個・独立の所有権（同一内容の物権）の併存は認められない。物権相互間では，原則，先に成立した物権が優先する（**成立順の原則**）。

　ここで，物権の取得のような物権変動については，法の定める公示方法を備えなければ，それを第三者に主張することができないとする原則がある（**公示の原則**）。原則として，不動産については登記，動産については引渡しが公示方法であり，時間的に先行する物権変動といえども，その公示を備えていなければ，第三者に対抗することができない（物権変動における**対抗要件主義**の採用。

図表1-4　物権と債権の優劣

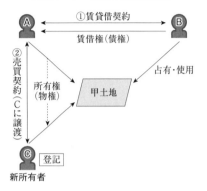

▶177条・178条)。したがって，現実には，所有権取得の優劣では，先に**第三者対抗要件**（登記・引渡し等）を備えた方が優先することになる（➡第2章）。

物権と債権との間の優劣関係　**図表1-4**は，Aが所有する甲土地をBに賃貸していたところ，甲土地の所有権をAがCに譲渡しその旨の登記がなされた後に，B・C間で甲土地の使用をめぐって争いが生じた場合である。Cが取得した所有権は，物権であり，絶対権である。Cは，Bに対し新たに取得した所有権を主張できる。これに対し，Bの有する賃借権は債権であり（▶601条），その契約の相手方Aに対してのみ主張できる相対権である。物権と債権を厳密に峻別する立場を貫くと，Bは，Aとの関係では賃借権に基づく主張（甲の使用・収益）ができるが，Cには主張できない。その結果，Cはその所有権に基づく主張をBにすることができる。つまり，物権（Cの所有権）は債権（Bの賃借権）に優先するのである（原則。債権に対する優先的効力。「**売買は賃貸借を破る**」）。

✐ Topic 1-2

所有権と制限物権，制限物権相互の関係

　他人の有する所有権を制限する物権（地上権，抵当権等）は，所有権と併存する（所有権が制限物権の負担を受ける）。

　制限物権相互間は次のようになる。①地上権と永小作権のように，内容上両立しえない物権相互間は，対抗要件主義により，原則として，先に対抗要件（ここでは登記）を備えた方が優先する。②他の債権者に優先して自己の債権の弁済を受ける効力を備えた担保物権（代表的には抵当権）については，同一物上に複数の担保物権の存在が認められる。ただし，担保物権相互間には優先順位が定められる。たとえば，同一不動産上の抵当権では，順位は登記の前後によって定まり（▶373条），第1順位の抵当権が第2順位の抵当権に優先する。なお，先取特権については，先取特権相互間，および先取特権と他の担保物権間の優先順位が法定されている（▶329条以下・334条・339条）。

　しかし，この原則にも，例外がある。賃借権，特に不動産賃貸借について
は，その効力を第三者に主張することができる特別な規定が置かれている（▶
605条，借地借家10条・31条等）。Bは，賃借権の登記を備えるか（▶605条，不登3
条），または甲土地上にB名義で登記されている建物を所有する場合には（借地
借家10条），賃借権をCに対し主張することができ，Cの所有権に優先する効力
が認められる。

　このように対抗要件を備えた不動産賃借権については，その保護の強化が図
られ，物権と同等の効力が認められるようになっている（このことを**不動産賃借
権の物権化**と呼ぶ）。

2　物権的請求権（物権侵害に対する効力）

　物権的請求権（物上請求権ともいう）は，物権侵害（物権内容に反する状態）に
対する物権の効力である。

| **物権的請求権の根拠・法的性質** | 民法には，物権的請求権を正面からまとまった形で定める明文規定はなく，占有権については，その侵害に対す |

る保護を定めた明文規定が置かれている（▶197条以下。ただし，2017年改正で，
不動産賃借権に基づく妨害停止請求等の規定（▶605条の4）が新設されたことには注
意が必要）。

　このため，初期の判例・学説は，民法の解釈論として，物権的請求権を認め
るかどうか，その法的根拠は何かという問題に取り組み，かなり早い時期に，
その存在を肯定し，当初の意味での議論の目的は達成された。なお，根拠につ
いては，民法の起草過程における議論の状況（明文規定を欠くのはそれらを省略
したからにすぎないこと），占有権の保護（**占有の訴え**，▶197条以下）とのバラン
ス，そして，条文上の根拠としては，**本権の訴え**の存在を前提とする202条な
どが挙げられる。

　その一方で，物権的請求権の理論的根拠の問題は，物権的請求権類似の保護
をどのような権利にまで拡張しうるかという問題と結びついて論じられること
になる。判例は，2017年改正で明文化された**対抗要件を備えた不動産賃借権**の
ほか（▶605条の4，★最判昭28・12・18民集7巻12号1515頁：百選Ⅱ-50等），**人格
権**についても物権的請求権類似の保護を認めている（★最大判昭和61・6・11民

集40巻4号872頁：百選Ⅰ-4等）。

　物権的請求権の法的性質については，その元になる物権との関係をどう理解するか，そして，請求権ということから，債権との異同等が問題となる。

　学説には，(i)物権的請求権は物権から独立した純粋の債権または債権に準じる特殊の請求権と解する説，(ii)同請求権は物権の作用または効力にすぎず独立の請求権ではないとする説，(iii)同請求権は物権から派生して常に物権に依存する独立の請求権とする説がある。

　独立性の有無，債権との異同等との関係では，①物権的請求権のみの譲渡可能性，②物権的請求権への債権法規定の（類推）適用可能性，③物権的請求権のみの消滅時効可能性が問題となる。判例には，①③を否定し（①につき★大判昭和3・11・8民集7巻970頁，③につき★大判大正5・6・23民録22輯1161頁），②

✏ Topic 1-3
物権的請求権の理論的根拠とその保護の拡張

　理論的根拠に関する学説には，物権の①絶対性，②直接支配性，③排他性のほか，④権利一般の不可侵性を根拠とする見解がある。この問題は，不法行為の効果として差止請求権を認めるかという問題とも関連する。

　まず，最高裁は，対抗要件を備えた不動産賃借権について，前掲・最判昭和28・12・18で，605条等により土地の賃借権が第三者に対抗できる場合に，その賃借権が(i)いわゆる物権的効力を有すること，(ii)当該土地につき物権を取得した者だけでなく，二重に賃借して建物を建て現に土地を使用する者に対しても対抗できることを認め，そして，(iii)第三者に対抗できる賃借権者に土地の占有者に対する建物収去土地明渡請求権を認めた。その後，最高裁は，不法占拠者に対する関係でも，同様の判断を下した（★最判昭和30・4・5民集9巻4号431頁）。

　ここで，対抗要件・対抗力は，物権の排他性に関連するものである。ただ，第2章で学ぶように，無権利者に対する関係では177条の対抗問題は生じないと解されていることから，判例が，不法占拠者に対する関係でも，なぜ対抗要件の具備を求めるかについては，不明確なところがある。

　次に，最高裁は，人格権について，前掲・最大判昭和61・6・11で，人格権侵害の排除・予防のために，人格権に基づく差止請求権を認めた。同判決で，最高裁は，「人格権としての名誉権は，物権の場合と同様に排他性を有する権利」であることを根拠に，差止請求権を認める。ただ，同判決にも，人格権を物権と同様の支配権と理解すること，判決文の「排他性」が物権の排他性と同義であるかについて，疑問がある。

を肯定するものがある（★最大判昭和45・10・21民集24巻11号1560頁：百選Ⅱ-73等）。

| 物権的請求権の
種類と要件 | 一般に，物権的請求権は，①**返還請求権**，②**妨害排除請求権**，および③**妨害予防請求権**の3種類と解されている。以下では，所有権に基づくものを中心に説明する。

　(1)　**返還請求権**（所有物返還請求権）　　物権を有する者がその目的物の占有を全面的に喪失しているときに，その物の返還を求めることができる請求権である。

　所有物返還請求権では，その要件は，①請求をする者が目的物の所有権を有し，②相手方がその目的物を占有することである。相手方の要件としては，③目的物の占有権原を有しないことである。

　返還請求権が認められるのは，物権を有する者が目的物の占有を喪失していることが，物権内容に反する場合である。したがって，所有権には認められるが，目的物の占有を内容としない物権には，原則認められない。なお，占有を内容とする物権でも，占有の喪失が消滅事由（▶302条）である留置権には認められず，動産質についても明文規定があることから認められない（▶353条）。その一方で，近時，抵当権に基づく物上請求権の請求内容として，目的不動産の明渡請求が認められるかが問題となっており，判例は，一定の場合に，それを肯定する（★最判平成17・3・10民集59巻2号356頁：百選Ⅰ-86。➡186頁）。

　返還請求権は，所有者が目的物の占有を喪失した場合に認められることから，その請求の相手方は，一般に，「現に目的物を占有する者」と解されている。判例・通説によると，**相手方の故意・過失**は要件ではない。したがって，所有者は，請求の相手方が現に目的物を占有することを主張・立証すればよい。以下では，返還請求権が具体的にどのような場合に認められるかを考えてみる。

> ❖ **Case 1-1**　Aの所有物である自転車をBが占有している。以下の(1)(2)の場合に，AはBに対して自転車の返還を請求することはできるだろうか。
>   (1)　BがAの自宅から自転車を盗み出して，現在自転車を占有している場合
>   (2)　BがAから自転車を借り受け，現在自転車を占有している場合

Case 1-1 の(1)(2)のいずれの場合も，まず，Aは，自身に自転車の所有権が

帰属すること，および，相手方Bがその自転車を現に占有することを主張・立証して，自転車の返還を請求することになる。(1)の場合は，Bに自転車の占有権原がないことから，AのBに対する返還請求権は認められる。これに対し，(2)の場合は，BはAに対する占有権原（例：使用借権，▶593条）を有する。したがって，Aの返還請求に対し，Bは，自転車の占有権原を主張・立証することによって，その請求を免れることができる。

(2) **妨害排除（妨害停止）請求権**　　占有喪失以外の方法での物権侵害が存在するときに，その妨害の排除（停止）を求めることができる請求権である（「妨害の停止」については，2017年改正で新設された▶605条の4を参照）。

所有権に基づく妨害排除請求権では，その要件は，①請求をする者がその所有権を有し，②請求の相手方が占有喪失以外の方法で現に所有権を妨害することである。相手方の要件としては，③現に存する妨害の正当化権原を有しないことである。

妨害排除請求権は，その侵害要件との関係から，占有喪失以外の様々な物権侵害の場面で問題となる。

たとえば，土地所有権の侵害の場合は，次のように考えられている。まず，返還請求権と妨害排除請求権の区別は，理論上は，所有者が土地の占有を全面的に喪失しているか否かによる。現実には，この区別は容易でないこともあるが，一般に，部分的な占有妨害の場合に，妨害排除請求権が成立すると解されている。妨害の態様は様々であり，(i)A所有地の一部に妨害物（請求の相手方Bの所有物）が存在することによる占有妨害（土地利用の妨害）のほか，(ii)BがAの土地利用を妨害する行為を継続しているような場合に，Aの土地所有権に基づく妨害排除請求権の問題が生じる。

Aは，Bに対し妨害排除請求権を行使するにあたり，自己への土地所有権の帰属，およびBが現に土地所有権を妨害しているという事実を主張・立証しなければならない。そこで，問題となるのが，現存する土地所有権の妨害との関係で，妨害排除請求権の相手方になるのは誰かである。

これまで，妨害排除請求権の相手方は，一般に，「妨害状態を除去しうる地位にある者」と解されてきた。ここでも，判例・通説は，相手方の故意・過失を要件としない。したがって，前述の(i)では，妨害物を除去できるのはその所

Further Lesson 1-1

▶▶▶▶▶ **建物収去土地明渡請求と請求の相手方**

　右図のように，(1)Aが所有する土地上に無権原に
B所有の建物が建っていた場合，AのBに対する建
物収去土地明渡請求の問題が生じる。さらに，(2)そ
の後，Bがその所有建物をCに譲渡したが，登記名
義はB名義のままであった場合，Aは，B・Cのい
ずれを相手方としてその請求権を行使すればよいの
だろうか。

　まず，Aの建物収去土地明渡請求が返還請求権と妨害排除請求権のいずれである
かという問題があり，判例・学説は，一般に，この請求権を土地所有権に基づく返
還請求権と解している（学説には異論もある）。

　返還請求権を前提とすると，Aは，建物収去土地明渡請求をするために，自己に
土地の所有権が帰属すること，および相手方が現に土地を占有することを主張・立
証することになる。ここで，(1)の場合は，Bによる土地の占有が要件となり，判
例・学説は，一般に，建物の所有が必然的に土地の占有を伴うと解することから，
Aは，その所有地上にB所有建物が存在することを主張・立証すればよい。

　次に，(2)の場合も，Aが主張・立証すべきことは，基本的に同じである。しか
し，(1)の場合と異なり，建物の現在の実質的所有者はCであり，建物の登記名義人
は前所有者のBである。理論上は，現在の実質的所有者Cが土地を占有することに
問題はなく，従来から，建物の実質的所有者（C）が請求の相手方になると解され
てきた（★最判昭和35・6・17民集14巻8号1396頁等。後述の最判平成6・2・8
に同じ）。

　しかし，請求の相手方を現在の建物の実質的所有者に限るとすると，Aが現在の
建物の実質的所有者を探し出すのが困難なこともあり（たとえば，Cが転売したと
主張する場合），一方で登記名義人（B）は所有権を第三者に譲渡した旨の主張
（所有権喪失の主張）をすることによって責任を免れることができるといった不都
合が生じることを学説は指摘してきた。

　このような状況下で，最高裁は，1994年に，従来からの判例の立場を基本的には
維持しつつも，(i)「他人の土地上の建物の所有権を取得した者が自らの意思に基づ
いて所有権取得の登記を経由した場合」に（Bがその登記名義を保有する限り），
「右譲渡による建物所有権の喪失を主張して建物収去・土地明渡しの義務を免れる
ことはできない」と判示するに至った（★最判平成6・2・8民集48巻2号373
頁：百選Ⅰ-47）。その理由につき，最高裁は，土地所有者と建物譲渡人が建物所有
権の喪失を否定してその帰属を争う点で177条の対抗関係に類似すること，さら
に，登記を自己名義としておきながらその所有権の喪失を主張し，建物の収去義務
を否定することは信義則，公平の見地から許されないことを挙げる。

　ただし，本判決の射程は，(ii)未登記の建物所有者が未登記のままでその建物を第
三者に譲渡し，その後，その意思に基づくことなく譲渡人名義の所有権取得の登記
がされた場合（前掲★最判昭和35・6・17），および，(iii)建物の所有名義人が実際
には所有権を取得したことがないにもかかわらず，登記名義だけを有する場合（★
最判昭和47・12・7民集26巻10号1829頁）には及ばない。

有者Bであり，(ii)では，Bがその妨害行為をやめることによって妨害状態を除去することができ，各々の事例でBが請求の相手方となる（Aはそのことに関する主張・立証をすればよい）。なお，(i)の事例で，妨害物が所有権留保の目的物であった場合（具体的には，Bが所有権留保特約付きでCに売却した自動車がA所有地上に放置され，AがBに対し自動車の撤去・土地の明渡しを請求した事例），判例には，被担保債権の弁済期到来によりBが自動車の占有処分権能を取得することを理由にその撤去義務を認めたものがある（★最判平成21・3・10民集63巻3号385頁：百選Ⅰ-99。所有権留保の法的構成にかかわる問題でもあり，第9章も参照）。

　他方で，Bとしては，各々の場合に，自らに妨害状態を正当化する権原があることを主張・立証することにより，その責任を免れることができる。

　さらに，前記(i)の事例で，妨害物をA所有地に存在させる原因行為をしたのが，所有者Bではなく，Cであったような場合，原因行為者Cに対しAは妨害物の除去を請求しうるだろうか。従来の判例は，原因行為者が請求の相手方となることに否定的であったが，下級審裁判例には，それを肯定するものもある（★東京高判平成8・3・18判タ928号154頁）。

　(3)　**妨害予防請求権**　　妨害予防請求権は，前記2つの請求権と異なり，将来的に物権侵害のおそれがあるときに，その妨害の予防を求めることができる請求権である。具体的には，高低差のある隣接する土地所有者間で，低地の所有者が，崩落のおそれのある高地の所有者に対し，その崩落を防止する措置を講じるように請求する場面などが考えられる。

　所有権に基づく妨害予防請求権では，その要件は，①請求をする者がその所有権を有し，②請求の相手方が将来的にその所有権を妨害するおそれがあると認められる具体的事情のあることである。

物権的請求権の
請求内容・費用負担　　物権的請求権が認められたとして，請求権者は，その相手方に，具体的に何を請求できるか。

　判例・学説は，物権的請求権を行為請求権と解し，請求権者は，請求の相手方に，物権内容に応じた状態の回復のために必要な積極的行為を請求することができると解していた（**行為請求権説**）。この説で，建物収去土地明渡請求の内容を考えると，建物の収去と土地の明渡しに必要な行為は，請求の相手方の義務ということになり，その義務の履行に必要な費用は，相手方の負担となる。

　しかし，**不可抗力**を原因とする土地所有権の侵害に関し，行為請求権として
の物権的請求権（妨害予防請求権）を否定するようにも読める判決（★大判昭和
12・11・19民集16巻1881頁：百選Ⅰ-46等。ただし，同判決の学説の評価は，「否定」と
「態度保留」に分かれる）が登場したこともあり，学説では，次のような事例の
取扱いについて議論が展開されることとなった。

> **■Case 1-2**　次の(1)(2)の事例に，Ａ・Ｂ間での物権的請求権に関する問題はどの
> ように考えられるだろうか。また，具体的な請求の内容はどうなるだろうか。
> 　(1)　Ａの所有地に，ＣがＢの所有する自動車を放置して立ち去った場合
> 　(2)　Ａの所有地に，その隣接するＢ所有地の石垣が台風による大雨の影響で崩れ
> 　　落ちてきた場合

　(1)　**当事者間での物権的請求権の成否**　　まず，Ａ・Ｂの物権的請求権の成
否をその要件に照らして考えてみる。
　土地所有者Ａは，**Case 1-2**(1)(2)の場合，いずれもＡ所有地にＢ所有物が存
在することにより，現にその所有権の行使を妨害されている。したがって，自
己の所有権とＢ所有物による妨害の事実を主張・立証することにより，ＡのＢ
に対する妨害排除請求権は認められよう。
　これに対し，Ｂの側から **Case 1-2**(1)をみてみよう。**Case 1-2**(1)の場合，Ｂは
自動車の所有権を有しており，ＢのＡに対する返還請求権が認められ，(2)の場
合も，Ｂが崩落した石垣等の所有権に基づき，Ａに対しその返還を求めること
が考えられるのではないだろうか。しかし，返還請求権の要件は，「相手方が
その目的物を占有すること」であるから，(1)(2)の場合に，Ａによる目的物の占
有が認められない限り，ＢのＡに対する返還請求権は認められない。そのた
め，近時の学説は，180条が占有権の取得の要件として「自己のためにする意
思」と「物の所持」を要求することとの関係上，Ａ所有地にＢ所有物が存在す
るというだけではＡの占有が認められず，Ｂの返還請求権は認められないと解
するものが増えつつある。ただし，従来からの学説は，**Case 1-2**(1)(2)の場合
に，Ｂの返還請求権を認め，ＡとＢの物権的請求権がともに生じることを前提
に，以下のような議論を展開してきた。
　(2)　**請求内容解釈論の展開**　　行為請求権説によると，**Case 1-2**(1)(2)の場
合に，ＡがＢに対し妨害排除請求権を行使すれば，Ｂの費用負担で妨害物を除

去することができる。

　ここで，従来からの学説のように，物権的請求権の併存を認めた場合，Bが
Aに対し返還請求権を行使すれば，Aの費用負担で所有物の返還を受けること
ができる。つまり，両請求権のいずれが先に行使されるかによって，その結論
が異なることとなり，かつての行為請求権説には，このような不都合（**物権的
請求権の衝突**）があるとの批判がなされていた。

　この不都合を回避するため，**忍容請求権説**が現れた。この説は，物権的請求
権を「請求権者自らがする侵害除去行為を相手方に忍容するよう請求する権
利」と理解する。つまり，AのBに対する妨害排除請求権では，A自らが行う
B所有物を除去する行為の忍容が，Bへの請求内容となる。この説では，侵害
の除去に必要な行為はAが行うのであり，そのために必要な費用はAの自己負
担となる。

　忍容請求権説も，A・Bの物権的請求権の併存を前提としていたことから，
Case 1-2(1)(2)の場合に，A・Bとも費用の自己負担を回避したいのであれ
ば，相手方の物権的請求権の行使を待てばよいということになり（いわば逆の
衝突状態），侵害状態が継続するおそれがあるとの批判が可能であった。

　その後，学説では，行為請求権説を基礎として，衝突を生じることを前提
に，Bの返還請求権が忍容請求権になるとの修正を施す見解（**行為請求権修正
説**）が現れた。その一方で，忍容請求権説を基礎に置きつつも，請求の相手方
に責任要件（帰責性）がある場合には，行為請求権としての物権的請求権も認
められるとする見解（**責任説**）が主張されるようになった。

　さらに，学説には，自然力・不可抗力を原因とした衝突事例に関して，相隣
関係に関する規定を類推すること等を通じて，侵害の除去に要する費用の折半
負担を説く見解（**費用折半説**）も存在する。

　しかし，前述のように，最近では物権的請求権は併存しないとする見解が多
くなりつつあり，当初の行為請求権説に対する批判もその前提が失われている
ともいえる。近時の学説の動向としては，改めて行為請求権説が支持を集めて
いる状況にある。

☑ *Exam*

　Aの所有する甲土地上に，B所有の大量の廃棄物が無権原に存在していた。次の①②の事例に，AはBに対し廃棄物の撤去を請求することはできるか（②については，Cへの請求の可否についても検討すること）。
　①　Bの所有する乙土地に，Bがその廃棄物を置いていたところ，大雨による土砂崩れのために廃棄物が甲土地に崩れ落ちた場合
　②　CがBの廃棄物を甲土地に投棄した場合

解答への道すじ

(1)　Aの土地所有権に基づく妨害排除請求権の問題である。このことから，妨害排除請求権の要件の理解が必須。
(2)　①事例では，「大雨による土砂崩れ」を原因とした妨害状態と請求権の成否が問われている。Bの故意・過失の要否，不可抗力との関係をどう考えるかの検討が必要。
(3)　②事例は，原因行為者Cと廃棄物の所有者Bが別人であることから，Aは誰に対して撤去請求できるかが問われている。特に，Cへの請求が認められるかどうかの検討に注意が必要。
(4)　撤去請求の具体的内容，それに要する費用負担の問題にも触れること。

第2章 物権変動

1 物権変動総説

物権変動の意義・種類 物権変動とは，物権の発生・変更・消滅をいう。177条は，物権の主体の立場から，「物権の得喪及び変更」と表現している。

物権の取得（発生）は，原始取得と承継取得に分かれる。原始取得は，前主等の他人の権利に基づかないで，ある物権を全く新しく取得することである。建物の新築による所有権の取得，無主物先占（▶239条1項），時効取得（▶162条・163条），即時取得（▶192条），遺失物拾得（▶240条），埋蔵物発見（▶241条），添付（▶242条以下）などである。原始取得が生じると，前主の権利は当然に消滅し，同時に，前主の物権上の負担（用益物権・担保物権など）や瑕疵も消滅する。

これに対し，承継取得は，前主等の他人の権利に基づいて，ある物権を取得することである。承継取得では，前主の物権をその権利の負担や瑕疵とともに取得することになる。承継取得には，売買や相続によって前主の物権をそのまま譲り受ける移転的承継（民法は「物権の移転」とする〔▶176条〕。それが契約によって生じる場合を「物権の譲渡」〔▶178条〕とする）と，地上権や抵当権の取得のように，前主の権利を基礎として，前主の物権の内容の一部のみを譲り受ける設定的承継（「物権の設定」，▶176条）とがある。移転的承継は，さらに，売買による物権の取得のように，特定の物権を個別的に承継する特定承継と，相続による承継のように，個々の物権を一括して承継する包括承継に分かれる。

物権の変更とは，物件自体の同一性を維持しながら，物権の客体や内容が変わることをいう。建物を増改築した場合の建物所有権や被担保債権額を変更した抵当権が例である。

　物権の喪失（消滅）は，権利者が物権を失うことである。建物の焼失のように，目的物の滅失によって，物権自体が存在しなくなることを物権の絶対的喪失といい，売買によって売主が所有権を失う場合のように，物権自体は存在するが主体の変更によって前主が物権を失う場合を物権の相対的喪失という。

物権変動の原因　物権変動の原因は，様々なものがあるが，意思表示に基づくものと基づかないものとに分けられる。意思表示に基づかないものとしては，時効（▶162条），混同（▶179条），無主物先占（▶239条），即時取得（▶192条），遺失物拾得（▶240条），埋蔵物発見（▶241条），添付（▶242条以下），相続などがあり，時の経過や一定の事実ないし事実行為によって生じる。より重要なのは，意思表示に基づく物権変動であり，意思表示を要素とする法律行為が物権変動の原因となる場合である。すなわち，売買・贈与等の契約による所有権の移転，地上権・抵当権等の設定契約による制限物権の設定・移転のように契約が物権変動の原因となる場合や，遺言・債務免除・所有権の放棄もしくは物権変動の原因となる法律行為の取消し・解除などの単独行為が物権変動の原因となる場合である。

物権変動の公示と公信　(1)　**公示の原則**　直接支配性・排他性・対世効を有する強力な権利である物権は，第三者の利害に影響を及ぼしうるため，物権の存在・変動を外部から認識しうるようにする必要がある。そこで，物権の変動は外部から認識することができる一定の表象を伴わなければならないという原則，すなわち，**公示の原則**が採用されている。この表象を公示方法といい，不動産物権については「登記」（▶177条），動産物権については「引渡し」（▶178条）および「動産及び債権の譲渡の対抗要件に関する民法の特例等に関する法律」（以下，動産・債権譲渡特例法とする）3条に基づく動産譲渡登記ファイルへの「譲渡の登記」，立木等については「明認方法」などが公示方法とされている。売買契約という法律行為を物権変動の原因として物権の存在を主張する者が，その法律行為が有効であっても，これらの公示方法を備えることなく物権の存在を主張しても，相手方は，その物権変動を存在しないものと反論することができる。公示の原則は，公示を備えることができるのに公示を備えない者を制裁することにより，「公示なくして，物権変動なし」という第三者の消極的信頼を保護する機能を有する。

Case 2-1 Aが所有する物がB名義で公示されており，その物をBが所有すると信頼してBから売買契約によって買い受けたCは，その物の所有権を取得できるであろうか。

(2) **公信の原則** 「何人も自己の有する権利以上の権利を譲ることはできない」とのローマ法諺があるように，「処分権限を有しない者からは承継取得できない」との**無権利の法理**が古くから存在する。この法理によれば，所有者でないBには処分権限がないのが通例であるから，B・C間の売買契約が有効でも（他人物売買も契約としては有効である〔▶561条〕），CはBから所有権を承継取得することができないことになる。この法理は，Aの意思に基づかないでAが所有権を失うべきではないという私的自治の原則の表れであり，真実の権利者（A）がたやすく権利を失うべきではないという要請（この要請を「静的安全の保護」の要請という）に寄与する。

しかし，それではBの公示を信頼して取引したCが害されることになり，安心して取引をすることができなくなるとの見方もありうる。そこで議論されている考え方が公信の原則である。**公信の原則**とは，物権の存在の表象（公示）を信頼した者は，たとえその表象（公示）が真実の権利関係と異なるときであっても，その信頼が保護されるという原則である。この原則が認められると，「公示がある以上，物権変動もある」という第三者（C）の積極的信頼が保護されることになる。第三者が安心して取引することができるべきであるとの要請（この要請を「動的安全の保護」ないし「取引の安全の保護」の要請という）が保護される。

わが民法は，動産については，公信の原則を認めており，動産の公示方法である引渡しには公信力が認められている。すなわち，**Case 2-1**で，物が動産であり，それがAからBに引き渡されてBが占有しているときは，買い受けたCは，無権利の法理によって承継取得はできなくても，Bの占有を平穏・公然・善意・無過失で信頼し，引渡しを受けたときは，原始取得することが認められている（即時取得，▶192条）。

これに対し，わが民法は，不動産については公信の原則を認めていない。したがって，**Case 2-1**で，物が不動産であり，B名義で登記されており，それ

をCが信頼したとしても，無権利の法理により，Cの所有権の取得は否定される。もっとも，判例・通説は，いわゆる94条2項の類推適用を認めており，Aに不実の登記の作出・存続に帰責性が認められるときは，不実の登記を信頼した善意のCの保護を図っており，部分的には登記に公信力を認めたのと同様の解決を図っている。

わが民法が動産と不動産で異なる法理を認めたのは，動産と不動産とでは静的安全と動的安全ないし取引の安全の重要性が異なると考えたからである。頻繁に取引される動産では動的安全をより重視すべきとして，公信の原則を採用したのに対して，不動産については，登記官に形式的審査権しかない等の理由から不実の登記が多く存在することを踏まえ，真実の権利者を犠牲にしてまで第三者保護を優先すべきではないと考えた。もっとも，94条2項の類推適用の法理の展開が証左であるように，不動産でも取引の安全を無視することはできない。不動産登記法の改正など，不実の登記を減少させて登記に公信力を認めるための基盤整備も徐々に進められている。

2 物権変動を生じる行為

意思主義と形式主義　176条は，「物権の設定及び移転は，当事者の意思表示のみによって，その効力を生ずる」と定めている。この規定は，意思表示に基づかない原因による物権変動には適用されないが，法律行為を原因とする物権変動については，意思表示のみによって物権変動が生じるという物権変動における**意思主義**を採用したものである。

ドイツでは，物権変動が生じるためには当事者間の意思表示だけでは足りず，不動産では登記，動産では引渡しという形式的行為が必要であるとする**形式主義**が採られている。わが国では，不動産登記・動産の引渡しは，物権変動を生じるための効力要件とはされておらず，それらなしにも意思表示さえあれば物権変動は生じるのであり，公示の原則から第三者に対抗するための対抗要件にとどまる。しかし，そのことから二重譲渡の問題等の多くの法律問題を生じさせており，取引の安全の見地からは，立法論としては形式主義が望ましいとの見解が有力である。

物権行為の独自性　176条の「意思表示」とは何を意味するかが争われている。議論の前提として，意思表示に 2 つの種類があることに留意する必要がある。1 つは，法律行為とりわけ契約当事者間に債権債務関係を生じさせる意思表示であり，これを「債権行為」という。もう 1 つは，物権変動を生じさせる意思表示であり，これを「物権行為」という。たとえば，抵当権設定契約を構成する意思表示は，契約当事者間に債権債務関係を生じさせるわけではなく，したがって，「債権行為」ではなく，もっぱら目的不動産に抵当権という物権を設定させる効果のみを有する「物権行為」である。この物権行為が176条の意思表示に該当することに疑問の余地はない。これに対し，売買契約を構成する意思表示は，555条によれば，財産権（多くの場合，所有権である）を移転させる意思表示と代金を支払う意思表示である。契約が成立すると，この意思表示の効力によって，財産権移転・引渡債務と代金支払債務という債権債務関係を生じさせることになる。したがって，この意思表示は，「債権行為」である。問題は，このような債権行為も176条の意思表示として物権変動を生じさせるかという点にある。

　債権行為が物権行為を兼ねることを認め，債権行為も176条の意思表示に該当しうることを認める見解を物権行為の独自性否定説という。この見解によれば，555条の所有権を移転させる意思表示は，所有権移転請求権という債権を発生させるのみならず，売主から買主への目的物の所有権移転という物権変動をも生じさせることになる。

　これに対し，176条の意思表示は物権行為でなければならないと解し，債権行為が物権行為を兼ねることを認めず，債権行為があっても，それとは別に物権行為がなければ物権変動が生じないとする見解を物権行為の独自性肯定説という。ドイツ法の影響を受けた見解である。ドイツ法では，物権変動を生じるためには，債権行為を成立させる合意だけではなく，物権行為を成立させる合意も必要とされ，さらに，物権変動における形式主義の立場から，不動産では登記，動産では引渡しが必要とされている。それと比べると，わが国では，物権変動における意思主義と物権行為の独自性否定説が結び付くと，不動産の場合ですら，「売りましょう」「買いましょう」との口頭の合意のみで所有権移転が生じることになりうるところ，所有権移転時期としていかにも早すぎるとの

問題意識から，物権行為の独自性肯定説がかつて有力に主張された。わが国の物権行為の独自性肯定説は，すべてが形式主義と結びつけて論じられているわけではないが，代金支払い・引渡し・登記など所有権移転の外部的徴表行為の時に「物権行為」があったと観念することにより，形式主義に近い帰結を志向する見解が有力であった。

判例は，一貫して物権行為の独自性否定説に立っており，今日の通説も，わが民法が物権変動における意思主義を採用し，登記・引渡しを効力発生要件とはしていないことなどを理由に，同様の立場に立っている。

物権行為の有因・無因　物権行為の独自性肯定説に立つときは，物権行為が債権行為と区別されることから，債権行為の無効・取消しが物権行為に影響を与えるか（物権行為も無効になるか）という問題が生じる。物権行為も無効になるとの見解を物権行為の有因を認める（無因性を否定する）見解といい，それを否定する見解を物権行為の無因性を認める見解という。物権行為の独自性を肯定するドイツ法は，不動産の所有権移転行為について無因性を認め，売買契約が何らかの原因で無効になっても，物権行為への影響を否定し，買主の所有権取得を否定せず，不当利得の問題が生じるにすぎないとしている。買主からさらに所有権を取得した第三者の取引の安全を重視する趣旨である。

わが国でも無因性を肯定する見解も主張されたが，物権行為の独自性を否定する判例・通説の立場では，1つの意思表示が債権行為と物権行為を兼ねることから，売買契約を成立させる意思表示が取り消されたり無効であれば，所有権移転の効果も当然に否定されることになり，所有権は初めから移転しなかったことになる。この立場では，そもそも有因・無因の問題を生じないが，結果的には有因性を肯定するのと同様の結論になる。なお，無因性の下では悪意の第三者まで保護される可能性が生じるが判例・通説の立場では，第三者の保護は，93条2項・94条2項・95条4項・96条3項などによることになる。

> **Case 2-2**　BはAから不動産を買った。AからBにその不動産の所有権が移転するのは，売買契約締結時，手付交付時，代金支払い時，引渡し時，登記移転時のいずれか。

物権変動の時期　判例・通説は，物権行為の独自性否定説の立場から，原則として，債権行為成立時に物権変動が生じると解している。売買では，売買契約締結時に売主から買主に所有権が移転する（★大判大正2・10・25民録19輯857頁，最判昭和33・6・20民集12巻10号1585頁：百選Ⅰ-48）。同様に，遺贈については遺言の効力発生時（★大判大正5・11・8民録22輯2078頁），売買予約については予約完結の意思表示の時（★大判大正7・2・28民録24輯307頁），第三者のためにする契約では第三者の受益の意思表示の時（★大判昭和5・10・2民集9巻930頁）に所有権が移転する。

　例外として，当事者間に特約があるときは，特約による（★最判昭和38・5・31民集17巻4号588頁）。また，物権変動を生じるための障害があるときは，その障害が消滅した時に所有権が移転する。不特定物売買では目的物が特定した時（★最判昭和35・6・24民集14巻8号1528頁），他人物売買では売主が他人から所有権を取得した時（★大判大正8・7・5民録25輯1258頁）がその例である。

　これに対し，物権行為の独自性を肯定する立場では，物権行為を観念しうる代金支払時，引渡時，登記移転時を物権の移転時と解しうる（物権行為時説）。また，所有権の移転は有償契約の本質である対価的牽連関係から導かれるとして，物権行為時説と同様の結論を導く見解もある（有償性説）。もっとも，判例・通説の立場を前提にしつつ，売買契約成立を所有権移転が正当化しうる段階に至って初めて認めるように厳格に解したり，特約の存在を緩やかに認めるなどの手法により，これらの学説と同様の結論を志向する見解もある。さらに，所有権はなしくずし的・段階的に売主から買主に移転していき，その過程のどこかの時点を捉えて所有権の移転時期を確定する実益はないとする見解（段階的移転説）も注目された。

3　不動産物権変動

1　不動産登記

不動産登記の意義　177条は，不動産の物権変動は登記しなければ第三者に対抗できないと定めている。この不動産登記とはどのようなものか。

　不動産登記とは，登記所と呼ばれる国家機関が不動産の物理的現況および権利関係を一定の公の公簿（登記簿）に記載すること，または，その記載そのものをいう。登記を管轄する登記所は，不動産の所在地によって定まり，その不動産の所在地を管轄する法務局もしくは地方法務局，または，その支局もしくは出張所が管轄登記所となる。登記所で登記事務を取り扱う者を登記官という。

登記簿・登記記録　　**登記簿**とは，登記記録が記録される帳簿であって，磁気ディスクをもって調製するものをいう（▶不登2条9号）。登記簿に記録される**登記記録**は，一筆の土地または1個の建物ごとに作成される電磁的記録（電子的方式，磁気的方式その他人の知覚によっては認識することができない方式で作られる記録であって，電子計算機による情報処理の用に供されるもの）である（▶同条5号）。2004年の不動産登記法の大改正により，登記簿のコンピュータ化が大幅に進められ，登記事務処理の迅速化や登記簿改ざん・抜取り防止が図られ，また，インターネット経由でのオンライン申請も可能になった。

　わが国の登記簿は一筆の土地または1個の建物という個々の不動産を単位として編成されており，このような編成方式を**物的編成主義**という。物的編成主義の下では，個々の不動産に関する物権変動の過程を容易に把握することができ，この点で権利者を単位として編成する人的編成主義と比べて優れているとされてきた。しかし，コンピュータ化と検索システムの進歩により，物的編成主義と人的編成主義の違いは相対的になっている。

　登記記録は，表題部と権利部に区分して作成する（▶不登12条）。表題部とは，どの不動産が当該登記記録の対象物なのかを示すものであり，また，その対象物の客観的な状況を示すものであり，表示に関する登記のことである（▶不登2条3号・7号）。表題部に記録される事項は，登記原因およびその日付，登記の年月日などのほかに（▶不登27条），土地については，それが所在する市・区・町・村・字，地番，地目，地積など（▶不登34条），建物については，それが所在する市・区・町・村・字・土地の地番，家屋番号，建物の種類・構造・床面積など（▶不登44条）である。また，所有権の登記がない不動産については，所有者の氏名（自然人の場合）または名称（法人の場合）および住所な

図表2-1　不動産登記簿記載例

土地登記簿

京都市北区上賀茂蓮池町9-3　　　　　　　　　　　　全部事項証明書　　　（土地）

表　題　部　（土地の表示）		調　製	余　白	不動産番号	●●●●ＸＸＸＸＸＸＸＸＸ
地図番号	余　白	筆界特定	余　白		
所　在	京都市北区上賀茂蓮池町9番地3			余　白	
①　地　番	②地目	③　地　積　㎡		原因及びその日付〔登記の日付〕	
9番3	雑種地	130		9番1から分筆〔令和3年12月28日〕	
余　白	宅　地	130	92	②③平成30年4月21日地目変更〔令和3年4月24日〕	

権　利　部　（甲区）（所有権に関する事項）			
順位番号	登記の目的	受付年月日・受付番号	権　利　者　そ　の　他　の　事　項
1	所有権移転	令和4年1月11日第999号	原因　令和4年1月11日売買所有者　京都市東山区祇園三丁目396番地1　　　　　　株式会社　東山不動産
2	所有権移転	令和4年5月17日第9997号	原因　令和4年5月17日売買所有者　京都市北区上賀茂蓮池町9番地3　　　　　　北　山　太　郎

権　利　部　（乙区）（所有権以外の権利に関する事項）			
順位番号	登記の目的	受付年月日・受付番号	権　利　者　そ　の　他　の　事　項
1	抵当権設定	令和4年5月17日第9999号	原因　令和4年5月17日金銭消費貸借同日設定債権額　金2,500万円利息　年3.9％（年365日日割り計算）損害金　年14.6％（年365日日割り計算）債務者　京都市北区上賀茂蓮池町9番地3　　　　　北山太郎抵当権者　京都市中京区西ノ京明星町4番地25　　　　　　　株式会社　みやこ銀行共同担保　目録（あ）第××××号

※下線のあるものは抹消事項であることを示す。

ども記録される（▶不登27条3号）。権利の登記と異なり表示の登記は対抗要件としての登記にならないはずであるところ，借地借家法10条1項の建物登記が権利の登記ではなく表示の登記でもよいとされているのは（★最判昭和50・2・13民集29巻2号83頁），そのためである。

　表示の登記は，課税台帳としての機能も有するため，権利の登記とは異なり，申請が義務付けられ（▶不登36条・47条），登記官が職権ですることもでき（▶不登28条），登記官に実質的審査権が認められている（▶不登29条）。

　権利部には不動産の権利に関する登記，すなわち，177条の対抗要件としての登記がなされる（▶不登2条8号）。権利部には，所有権・地上権・永小作権・地役権・先取特権・質権・抵当権・賃借権・採石権の9種類の権利について，その保存・設定・移転・変更・処分の制限・消滅を登記することができる（▶不登3条）。権利部は，甲区と乙区に分けられており，甲区には所有権に関

建物登記簿

<table>
<tr><td colspan="4">京都市北区上賀茂蓮池町9－3</td><td colspan="2">全部事項証明書　　　　（建物）</td></tr>
<tr><td colspan="2">表　題　部　（主である建物の表示）</td><td>調 製</td><td>余 白</td><td colspan="2">不動産番号　●●●●ＸＸＸＸＸＸＸＸＸ</td></tr>
<tr><td colspan="2">所在図番号</td><td colspan="2">余 白</td><td colspan="2"></td></tr>
<tr><td colspan="2">所　　　在</td><td colspan="2">京都市北区上賀茂蓮池町9番地3</td><td>余 白</td><td></td></tr>
<tr><td colspan="2">家 屋 番 号</td><td colspan="2">9番3</td><td>余 白</td><td></td></tr>
<tr><td>① 種 類</td><td>② 構　造</td><td colspan="2">③ 床 面 積 ㎡</td><td colspan="2">原因及びその日付〔登記の日付〕</td></tr>
<tr><td>居　宅</td><td>木造スレートぶき2階建</td><td colspan="2">1 階　　 35 48
2 階　　 44 71</td><td colspan="2">令和4年4月21日新築
〔令和4年4月25日〕</td></tr>
<tr><td colspan="2">所 有 者　京都市伏見区伏見町100番－15　　北山太郎</td><td colspan="2"></td><td colspan="2"></td></tr>
</table>

<table>
<tr><td colspan="4">権　利　部　（甲区）（所有権に関する事項）</td></tr>
<tr><td>順位番号</td><td>登 記 の 目 的</td><td>受付年月日・受付番号</td><td>権 利 者 そ の 他 の 事 項</td></tr>
<tr><td>1</td><td>所有権保存</td><td>令和4年5月17日
第9998号</td><td>所有者　京都市北区上賀茂蓮池町9番地3
　　　　北 山 太 郎</td></tr>
</table>

<table>
<tr><td colspan="4">権　利　部　（乙区）（所有権以外の権利に関する事項）</td></tr>
<tr><td>順位番号</td><td>登 記 の 目 的</td><td>受付年月日・受付番号</td><td>権 利 者 そ の 他 の 事 項</td></tr>
<tr><td>1</td><td>抵当権設定</td><td>令和4年5月17日
第9999号</td><td>原因　令和4年5月17日金銭消費貸借同日設定
債権額　金2,500万円
利息　年3.9％（年365日日割り計算）
損害金　年14.6％（年365日日割り計算）
債務者　京都市北区上賀茂蓮池町9番地3
　　　　北 山 太 郎
抵当権者　京都市中京区西ノ京明星町4番地25
　　　　　株式会社　みやこ銀行
共同担保　目録（あ）第××××号</td></tr>
</table>

※下線のあるものは抹消事項であることを示す。

する登記がなされ，乙区には所有権以外の8種類の権利に関する登記がなされる。

| **登記の種類** | （1）　**内容による分類**　　記入登記とは，新たに登記簿に記載される登記である。所有権の保存の登記（初めてなされる所有 |

権の登記）（▶不登74条），所有権等の権利の移転登記，抵当権等の制限物権の設定登記がこれにあたる。

変更登記とは，すでになされた登記の内容に変更が生じたために登記の内容を変更する登記である（▶不登2条15号）。これに対し，登記内容が当初から間違っていた場合に登記内容を更正する登記を更正登記という（▶不登2条16号・67条）。

抹消登記は，すでになされた登記を抹消する登記である（▶不登68条以下）。AからBへの物権変動がないのに移転登記がされている場合，この移転登記を抹消することも，この抹消登記という登記によって行う。

回復登記は，不適法に抹消された登記を回復する登記である（▶不登72条）。

（2）**形式による分類**　　通常の権利の登記は，**付記登記**の対象となる場面で主登記と呼ばれる。付記登記は，主登記と一体のものとして公示する必要から，主登記についてされる登記である（▶不登4条2項）。主登記には，「1番」「2番」などと独立の順位番号が付される。付記登記は，「1番付記1号」などと，主登記の順位番号に枝番号を付してなされる。たとえば，A所有不動産について，Bが順位1番の抵当権を有し，Cが順位2番の抵当権を有していたところ，Bがその被担保債権をDに譲渡し，DがBの抵当権を承継した場合，Dの登記は「1番付記1号」と付記登記によってなされ，Dが1番抵当権者の地位を承継したことが公示される。

（3）**効力による分類**　　177条の対抗力を認められる通常の登記を，特に仮登記との関係で本登記という。**仮登記**は，いずれ本登記を行う予定であるが，本登記の要件が満たされていない場合に，順位を保全する目的でなされる登記である（▶不登105条）。本登記すべき物権変動はすでに生じているが，本登記手続のための書類が未だ調わない場合（1号仮登記）（▶同条1号），および，本登記をすべき物権変動は未だ生じておらず，その物権変動を求める請求権を保全する場合に認められる（2号仮登記）（▶同条2号）。仮登記のままでは対抗力は認められないが，仮登記に基づく本登記がなされると，その本登記の順位は仮登記の順位によるとされ（▶不登106条），これを**仮登記の順位保全効**という。

たとえば，Aが所有する甲土地について，A・B間で売買予約契約が締結され，その旨の仮登記（2号仮登記）が経由された後，Aが甲土地をCに売却し，AからCに移転登記が経由された場合，その後Bが仮登記に基づく本登記を経由すると，仮登記の順位が保全され，BがCに優先して，確定的に甲土地の所有権を取得することになる。この場合，Bが仮登記に基づく本登記を申請するためには，「登記上の利害関係を有する第三者」（▶不登109条1項）に該当するCの承諾を得なければならないが，Cはこの承諾を拒否できず，Cが拒否してもBはCの承諾を求める訴えを提起して承諾を命じる判決を得ることにより，仮登記に基づく本登記を申請することができると解されている。この申請に基づいてBの本登記がされると，Cの登記は抹消される（▶不登109条2項）。仮登記は，仮登記のままでは対抗力を有しないとはいうものの，仮登記による

順位の保全と矛盾する登記の抹消を求める効力を有し，事実上，対抗力類似の効力を有する。もっとも，仮登記に基づく本登記を経由したからといって，仮登記時に物権変動があったことになるわけではなく，この点で仮登記自体に対抗力が認められているわけではない（★最判昭和38・10・8民集17巻9号1182頁）。

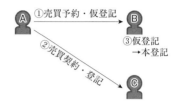

図表2-2　仮登記の順位保全効

登記の申請 (1) **申請の方法**　登記の申請には，オンライン申請と書面申請の方法があり，不動産を識別するために必要な事項，申請人の氏名・名称，登記の目的その他の登記の申請に必要な事項として政令で定められた「申請情報」を登記所に提供しなければならない。また，登記名義人が登記を申請するときは，原則として，申請人が登記名義人であることを確認するための「**登記識別情報**」を提供しなければならない（▶不登22条）。これは，登記名義人の登記（前の登記）がされたときに登記名義人に通知された12桁のアルファベットと数字の組み合わせであり（▶不登規則61条），2004年不動産登記法改正前の権利証（登記済証）に代わる本人確認手段である。

また，権利に関する登記を申請するときは，登記原因を証する情報を提供しなければならない（▶不登61条）。これを「**登記原因証明情報**」といい，たとえば，売買を原因とする移転登記を申請するときは，原因たる売買契約を証明する売買契約書がこれにあたる。これも2004年不動産登記法改正で新たに導入された制度であり，登記を必ず物権変動の過程に対応させるための方策である。

(2) **共同申請の原則**　AからBへの不動産売買を原因とする移転登記を申請することができる者は誰か。登記をすることによって直接の利益を受ける買主Bを「登記権利者」，逆に不利益を受ける登記名義人である売主Aを「登記義務者」と呼び，両者とも，登記所に対する公法上の権利である**登記申請権**を有している。この場合，AとBは，共同して登記を申請しなければならない。登記は，登記権利者と登記義務者の共同申請が原則とされている（▶不登60条）。これは，権利に関する登記については，登記官には登記内容が実体的法律関係に一致するか否かを調査する権限（実質的審査権）がなく，申請が形式的要件に適合するか否かを審査する権限（形式的審査権）のみを有するとこ

図表 2-3　共同申請の原則

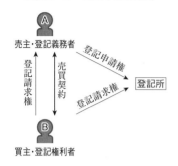

ろ，申請人に登記義務者を加えることで真実の実体的法律関係に適合しない登記の申請を防止しようという趣旨である。

(3)　共同申請の原則の例外　例外として，単独申請が許される場合もある。共同で申請しなければならない者の一方に登記手続をすべきことを命ずる確定判決があるときは，他方の単独申請が認められる（▶不登63条1項）。たとえば，買主が売主に対して移転登記請求訴訟を提起して勝訴判決が確定すると，買主は単独で移転登記申請をすることができる。裁判所が実体的法律関係の存在を確認したからである。相続または法人の合併による権利の移転の登記は，すでに登記義務者が存在しないため，単独申請が認められる（▶同条2項）。また，登記義務者の承諾がある場合などの仮登記も，手続簡素化のため，単独申請が許されている（▶不登107条1項）。

　さらに，2021年改正不動産登記法は，登記手続簡略化の趣旨から，相続人に対する遺贈による所有権の移転登記も，登記権利者が単独で申請することができることとした（▶不登63条3項）。なお，同様の趣旨から，法定相続登記後の遺産分割登記等についても，改正による明文の規定は設けられなかったものの，不動産登記実務の運用の変更により，登記権利者が更正登記として単独申請できるように変更される予定である。

登記請求権

(1)　登記請求権の意義　共同申請すべき場合において，登記義務者が登記申請に協力しないときは，登記権利者は，登記義務者に登記手続に協力すべきことを請求することができる。この権利を**登記請求権**という。登記請求権は，登記所に対する公法上の権利である登記申請権とは異なり，登記権利者の登記義務者に対する私法上の権利である。なお，登記義務者の登記権利者に対する登記請求権が認められることもあり，これを**「登記引取請求権」**という。買主が申請に協力してくれないために共同申請できず，いつまでも固定資産税を納めなければならない売主は，買主に対し，登記の引き取りを請求することができるとされている（★最判昭和36・11・24民集

Further Lesson 2-1

▶▶▶▶▶　中間省略登記の申請

　A 所有の不動産が B に売却され，その後，B から
C に売却された。この場合，登記名義を A から C に
移転する移転登記（このような登記を「中間省略登
記」という）の申請は可能か。中間省略登記も，現在
の所有者が C であるという現在の権利状態を公示す
るものであり，当事者にとっては登録免許税や不動産取得税が半分で済むというメ
リットもあるが，物権変動は A → B → C と所有権が移転しているのにもかかわら
ず登記簿上は A → C と所有権が移転したとの公示がなされる点で，登記が物権変
動の過程を忠実に反映していないという問題を有する。

　中間省略登記申請の場合ではなく，C の A に対する中間省略登記請求訴訟の場
合について，A・B・C 三者の合意がある場合については，判例は，古くから中間
省略登記請求を認めていた（**Case 2-3** 参照）。しかし，中間省略登記申請について
は，事務を所管する法務局は，建前上は，物権変動の過程を忠実に反映しない中間
省略登記の申請を受け付けなかった。もっとも，2004年不動産登記法改正前は，申
請には「登記原因証書」（売買契約書など）を添付することとされていたものの必
須ではなく，「申請書副本」（申請書の写し）で代えることができ，そこに登記義務
者 A・登記権利者 C と記載されていれば，申請は受理されていた。つまり，実際
上は，中間省略登記申請は受理されていたのである。

　これに対し，2004年改正不動産登記法は，権利に関する登記を申請するには，登
記原因証明情報を提供しなければならないこととした。この場合の登記原因証明情
報は，A から C に直接物権変動が生じたことを証明する情報，たとえば A・C 間
の売買契約の存在を証明するものであるところ，A・B 間の売買契約や B・C 間の
売買契約はあっても，A・C 間の売買契約があるわけではないことから，中間省略
登記申請のための登記原因証明情報は存在せず，したがって，改正不動産登記法
は，中間省略登記申請を否定する趣旨であると考えられた。

　ところが，その後，法務省は，内閣総理大臣の諮問機関である規制改革・民間開
放推進会議からの照会に対し，「第三者のためにする売買契約の売主から当該第三
者への直接の所有権の移転登記」または「買主の地位を譲渡した場合における売主
から買主の地位の譲受人への直接の所有権の移転登記」という手法による中間省略
登記申請を認める旨を回答し，その後，関連諸団体にその回答を周知させるための
通知を行った。かくして，今日，新たな手法による中間省略登記申請が認められる
に至っている。

　中間省略登記申請の問題は，事柄の性質上，裁判所の司法判断を仰ぐ機会がほと
んどないまま，立法と行政の狭間で，また，物権変動の過程に忠実な登記の実現と
いう理想と現実の狭間で，翻弄されている。

15巻10号2573頁）。

(2)　**登記請求権の根拠**　登記請求権の根拠については，次の3つのものが
あるとされ，いずれを中心に位置づけるかについて学説上様々な議論があるも
のの，判例は，3つの根拠をいずれも認めている。

(a)　債権的登記請求権　契約または特約を根拠とするものである。売買契
約の売主は，555条からは財産権（多くの場合は所有権）移転債務を負うことに
なるが，それに尽きるものではなく，目的物を引き渡し，対抗要件の具備に協
力する債務（財産権移転・引渡義務）を負い，不動産の売主はこの財産権移転・
引渡債務の内容として登記を移転する債務を負うと解されてきた。2017年改正
法は，560条でそのことを明文化している。買主の立場からは，売主に対して
売買契約に基づく債権的登記請求権を有することになる。これに対し，不動産
賃貸人は，601条に基づく使用収益させる債務の内容としては605条の不動産賃
貸借の登記に協力する債務は負わない。そのため，不動産賃借人は，特約がな
ければ登記請求権を有しない。

(b)　物権的登記請求権　物権的請求権としての登記請求権である。たとえ
ば，A所有の土地について，AからBへの不実の移転登記が経由されている場
合，Aの所有権はこの登記によって侵害されており，Aは，Bに対し，所有権
に基づく物権的妨害排除請求権としての抹消登記請求権を有する。

(c)　物権変動的登記請求権　登記を物権変動の過程に一致させるための特
殊な登記請求権である。不動産がA→B→Cと売買によって順次譲渡されたに
もかかわらず，登記が依然としてAにある場合，BのAに対する売買契約に基
づく債権的登記請求権が時効消滅している場合でも，登記を物権変動の過程に
一致させる必要から，BのAに対する登記請求権が認められる。また，不動産
がA→B→Cと売買によって順次譲渡され，その旨の移転登記が経由されたも
のの，A・B間の売買もB・C間の売買も無効であった場合，依然として所有
者であるAがBおよびCに対して物権的登記請求権を有するのは当然である
が，所有者でないBは，Cに対して移転登記の抹消を求める物権的登記請求権
も債権的登記請求権も有しない。しかし，Bは，物権変動的登記請求権とし
て，Cに対する移転登記の抹消登記請求権を有すると解されている。

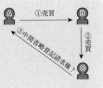

Case 2-3 A所有の不動産がBに売却され，その後，BからCに売却された。しかし，登記名義は依然としてAにとどまっている。この場合，Cは，Aに対し，直接自己に移転登記をするように求めることができるか。

(3) **中間省略登記請求権** **Further Lesson 2-1** で検討した中間省略登記の申請の問題とは異なり，CがAに対して私法上の権利としての登記請求権を有するかという問題であり，訴訟の場で争われることになる。もっとも，登記が物権変動の過程を忠実に反映すべきであるという不動産登記法の理念をどこまで貫徹すべきかという問題性は共通であり，学説上は否定説から無制限肯定説まで様々な議論がされている。

判例は，登記名義人Aおよび中間者Bの同意がない場合については，実体的な権利変動の過程と異なる移転登記を請求する権利は当然には発生しないとして，中間省略登記請求を否定し，他方，A・Bの同意がある場合については，CのAに対する中間省略登記請求を肯定している（★最判昭和40・9・21民集19巻6号1560頁：百選Ⅰ-49）。すなわち，A・B・C三者の合意による特約を根拠とする債権的登記請求権としての中間省略登記請求権を肯定しつつ，かかる合意がない場合には，もはや債権的登記請求権としては位置づけられず，所有権に基づく物権的登記請求権の問題になるところ，物権的登記請求権としての中間省略登記請求権を否定している。

中間省略登記請求が認められない場合，Cは，Bに対する登記請求権を被保全債権として，BのAに対する登記請求権を代位行使する債権者代位訴訟を提起し（▶423条の7）（この判決によってAからBへの移転登記が命じられる），その後，Bに対する登記請求訴訟を提起することによって（この判決によってBからCへの移転登記が命じられる），自己名義の登記を実現することになる。この場合，A→B→Cと物権変動の過程に忠実な移転登記が経由されることになる。もっとも，Bの同意はないが，Aの協力は得られる場合，Cは，Bに対する登記請求権を被保全債権としてBの登記所に対する登記申請権を代位行使し（▶不登59条7号参照），すなわち，AとBに代位したCの共同申請により，訴訟手続によらずにAからBへの移転登記を実現し，その後，Bに対する登記請求訴

訟を提起するという方法によることができる。この場合も，A→B→Cと物権
変動の過程に忠実な移転登記が経由されることになる。

登記の有効要件　登記が有効であるためには，①形式的有効要件（不動産
登記法所定の手続を適法に満たしていること），および②実質
的有効要件（実体的法律関係すなわち物権変動と合致していること）を充足してい
なければならない。①を欠くときは，登記官は申請を却下しなければならず
（▶不登25条），そもそも登記がされない。②についても，登記原因証明情報な

Further Lesson 2-2

▶▶▶▶▶　真正な登記名義の回復を原因とする移転登記手続請求

　A所有不動産について，B名義で不実の移転登記が経由され，その後，B→C
→D→E→Fと移転登記が経由された。この場合，Aが自己名義の登記を回復す
るためには，Aは，本来，C・D・E・Fを被告とする物権的登記請求権によって
B→C→D→E→Fの移転登記の抹消登記を求め，さらに，Bを被告とする物権
的登記請求権によって自己への移転登記を求めることになる。しかし，その手間と
コストは極めて大きい。そこで，判例は，Aの便宜に配慮して，Fのみを被告とす
る物権的登記請求権によって自己への移転登記を求めることを認めており，これを
「真正な登記名義の回復を原因とする移転登記手続請求」という。しかし，これで
は，Aからの物権変動は存在しなかったのに，登記簿上はA→B→C
→D→E→F→Aとの物権変動が存在したとの公示がなされることになる。これ
は一種の中間省略登記であり，しかも，例外的に物権的登記請求権としての中間省
略登記請求が認められた例といえる。

　ところが，最判平成22・12・16民集64巻8号2050頁は，AからBに不動産が贈与
され，Bが死亡してBを相続したCがAに対して真正な登記名義の回復を原因とす
る移転登記を求めた事案で，それを認容した原判決を破棄した。この判決は，Cと
してはAからBへの移転登記が認められれば事足りた事案であることに鑑みてCの
請求を否定したのであり，真正な登記名義の回復を原因とする移転登記一般を否定
する趣旨とは思われないが，「不動産の所有権が，元の所有者から中間者に，次い
で中間者から現在の所有者に，順次移転したにもかかわらず，登記名義がなお元の
所有者の下に残っている場合において，現在の所有者が元の所有者に対し，元の所
有者から現在の所有者に対する真正な登記名義の回復を原因とする所有権移転登記
手続を請求することは，物権変動の過程を忠実に登記記録に反映させようとする不
動産登記法の原則に照らし，許されない」と述べていることから，真正な登記名義
の回復を原因とする移転登記一般を否定する趣旨との評価もあり，その射程距離の
評価が分かれている。

どによってある程度は登記官による確認がなされる。それにもかかわらず，①や②を欠く登記がされることがある。そのような登記の効力はどうなるのか。

(1)　形式的有効要件　　特に問題となるのは，①を欠いているにもかかわらず登記がなされたが，それが②は満たしている場合である。この場合，実体的法律関係に合致した登記がすでになされていることに鑑み，①を欠いていることは重視されない傾向にある。

　登記申請に協力しない登記義務者に業を煮やした登記権利者が偽造文書によって登記申請した場合など，偽造文書による登記申請がなされた場合も，それが現在の実体的法律関係と合致するときは，登記は有効とされた（★最判昭和29・6・25民集8巻6号1321頁，最判昭和41・11・18民集20巻9号1827頁）。贈与を登記原因とすべき場合に売買を原因とする登記がされたときも，登記権利者が現在の所有者であることを公示している点で現在の実体的法律関係に合致しており，登記は有効と解された（★大判大正5・12・13民録22輯2411頁）。仮装の売買に基づいて所有権移転登記を受けた者が，その後，真実の売買契約によって所有権を取得した場合も，登記が実体的法律関係と合致するに至ったことから，第三者への対抗力が認められた（★最判昭和29・1・28民集8巻1号276頁）。無権代理人が登記申請した場合も，本人が登記原因である法律行為を追認したときは，登記が実体的法律関係に合致するので，本人は登記の無効を主張できないとされた（★最判昭和42・10・27民集21巻8号2136頁）。

　また，一度有効になされた登記が新登記簿への移記等に際して登記官の過誤により遺漏した場合や滅失した場合，登記簿への記載という形式的有効要件を欠くことになるものの，権利者に何らの落ち度もないことに鑑み，登記の効力は失われないと解されている（★大判昭和10・4・4民集14巻437頁，最判昭和34・7・24民集13巻8号1196頁）。すでになされた登記が第三者の不法な申請によって抹消されたり，登記官の過誤によって抹消されたときも，同様に解されている。

(2)　実質的有効要件　　②を欠く登記は，たとえ①を充足していても，無効が原則である。実体的法律関係が存在しないにもかかわらずなされた登記は，無効である。滅失した旧建物の登記を新築建物のための登記として用いるといった「登記の流用」は，実体的法律関係に合致しないのみならず，登記簿上の権利関係の錯雑・不明確をきたすなど不動産登記の公示性をみだすおそれが

あり，制度の本質に反するとして，無効とされた（★最判昭和40・5・4民集19巻4号797頁。なお，抵当権の登記の流用については，➡171頁参照）。

　もっとも，登記の記載と実体的法律関係が合致しないとはいえ，その不一致が軽微である場合は，②を充足すると評価されうる。登記された建物がその後の移築改造等によって構造坪数等に変更を生じたためその登記簿上の表示と合致しなくなった場合においても，移築改造後の建物が従前の建物との同一性が認められれば，登記簿上の表示を移築改造後の建物の表示と認めることができるとして，登記の有効性が認められた（★最判昭和31・7・20民集10巻8号1045頁）。また，借地上の建物の登記が敷地地番の記載に実際と若干の不一致がある場合に借地借家法10条の借地権の対抗力が認められるかが問題となった事案で，そのような若干の相違があっても，建物の種類，構造，床面積等の記載と相まち，その登記の表示全体において，当該建物の同一性を認識しうる程度の軽微な誤りであり，たやすく更正登記ができるような場合には，同条による借地権の対抗力が認められるとされた（★最大判昭和40・3・17民集19巻2号453頁）。

　登記が現在の実体的法律関係には合致するものの，その過程すなわち物権変動の過程と合致しない場合，登記の実体的有効要件を充足しているといえるか。特に問題となるのは，中間者の同意を得ずになされた中間省略登記が有効といえるかという問題である。

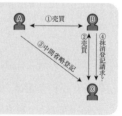

Case 2-4 A所有の不動産がBに売却され，その後，BからCに売却され，Bの同意を得ないまま，AからCに直接移転登記が経由された。この場合，Bは，この移転登記の抹消登記を求めることができるか。

すでになされた中間省略登記の事後評価　この問題は，すでになされた中間省略登記を事後的にどう評価するかという問題である。どのような場合に中間省略登記請求をすることができるのかという問題と，すでになされた中間省略登記が有効か否かという問題は，同じ規範で処理するのが素直であるようにも思われる。そのように考えると，中間者Bの同意なしに中間省略登記請求は認められないのであるから，それにもかかわらず中間省略登記がすでになさ

れてしまった場合，Ｂは常にその抹消登記を求めることができることになる。

　しかし，すでになされた中間省略登記は，Ａ→Ｂ→Ｃという物権変動の過程に合致しないものではあるが，現在の所有者がＣであるという現在の実体的法律関係には合致している。その点に鑑み，中間省略登記請求権の問題とすでになされた**中間省略登記の事後評価**は，異なった規範によって処理するべきだと解されている。

　すなわち，判例は，すでになされた中間省略登記が現在の実体的法律関係に合致する場合は，中間者がその抹消登記を求める「正当な利益」を有するときに限り，中間者のみがその抹消登記を求めることができると解している（★最判昭和35・4・21民集14巻6号946頁）。中間者に「正当な利益」が認められる例としては，ＢがＣに代金を支払ってもらっていない場合がある。この場合，ＢはＣから代金の支払いがあるまで同時履行の抗弁権（▶533条）によってＣへの移転登記を拒むことができたはずのところ，ＡからＣへの中間省略登記によって同時履行の抗弁権を行使する機会を奪われ，代金を確実に受領する機会を奪われた。それゆえ，Ｃは，中間省略登記の抹消について，同時履行の抗弁権を回復するという「正当な利益」を有する。**Case 2-4** では，Ｂは，中間省略登記に同意していないだけでは「正当な利益」を有するとはいえず，それに加えて，Ｃから代金の支払いを受けていない場合にのみ，中間省略登記の抹消登記を求めることができる。

　なお，Ｂに「正当な利益」が認められる場合においても，中間省略登記の抹消登記を求めることができるのはＢのみであり，Ａは求めることができないとされる（★最判昭和44・5・2民集23巻6号951頁）。中間者の同意を得ないでなされた中間省略登記は，「正当な利益」を有する中間者が抹消登記を求めた場合にのみ「無効」と解され，登記の実体的有効要件との関係では極めて微妙な処理がされることになる。

| 登記の推定力 | 登記は，後述するように対抗力を有するのみならず（▶177 |

条），明文の規定はないものの，推定力を有すると解されている（★最判昭和34・1・8民集13巻1号1頁）。すなわち，登記名義人は，反証がない限り，所有権など登記上表示されている権利を有するものと取り扱われる。占有に推定力が認められているところ（▶188条），占有以上に公示性の強

い登記に推定力が認められるのは当然と考えられている。それゆえ，登記の推定力と占有の推定力では，**登記の推定力**が優先すると解されている。たとえば，A名義で登記された土地をBが占有している場合，その土地の所有権を有すると推定されるのは，AであってBではない。Aが所有権を有しないと証明された場合に，188条の推定が働くことになる。

2 「対抗することができない」の意味

177条は，不動産の物権変動は登記をしなければ第三者に対抗することができないと定めている。この「対抗することができない」とはどのような意味を有するのか。

> **Case 2-5** Aは，Bに甲土地を売却したが，その旨の登記がなされていない間に，甲土地をCに二重に売却した。A・B・Cの関係はどうなるか。Cが先に登記を経由した場合はどうなるか。

「対抗することができない」とは，一般に，①当事者間で法律効果等が発生しても，それを第三者に対しては積極的に主張することができないこと，②当事者間でそれを主張することは可能であること，および，③第三者の側がそれを承認することも許されることを意味するとされる。177条でも同様とされ，**Case 2-5**でB・Cいずれも未登記の時は，①BはCに対して売買による所有権の取得を主張することはできず，同様に，CもBに対して売買による所有権の取得を主張することができない。②BがAに対し，また，CがAに対し売買による所有権の取得を主張することは可能である。③Bが売買によるCの所有権取得を承認することも，Cが売買によるBの所有権取得を承認することも差し支えない。また，**Case 2-5**でCが登記を経由した場合は，②③は同様だが，①については，登記を経由していないBはCに対して売買による所有権の取得を主張できないが，登記を経由したCはBに対して売買による所有権の取得を主張できることになる。

このように，登記を物権変動の効力発生要件とせず，物権変動における意思主義の立場から登記なくして当事者間での物権変動を観念しつつ，第三者との関係では登記の有無で優劣を決定する177条の仕組みを**対抗要件主義**と呼ぶ。

　ところで，上記の結論に大きな違いはないにもかかわらず，「対抗すること
ができない」の意味をめぐっては，多様な学説が主張されている。というの
も，**Case 2-5** で，物権変動における意思主義からは，Ａ・Ｂ間の売買契約に
より，ＡからＢへの物権変動が生じると，Ａが無権利者となり，Ｃは，無権利
の法理により，先に登記を経由してもＡから所有権を承継取得することはでき
ないはずであり，ＣがＢに優先することはできないのではないかとの疑問が生
じるからである。すなわち，物権変動における意思主義からは，二重譲渡は不
可能ではないかとの疑問が生じる。この疑問にどのように答えるかをめぐって
多様な学説が主張されている。

　二重譲渡を理論的に正当化しようとする見解として，登記をしないと物権変
動の効果を主張できないとする主張要件説や第三者は登記がない物権変動を否
認できるとする否認権説などがある。前者は，さらに，当事者間での物権変動
の効果を債権的なものと捉える債権的効果説，物権変動は当事者間では有効だ
が第三者との関係では無効とする相対的無効説，当事者間の物権変動は登記が
なければ不完全なものであり，登記されることで完全な物権変動になるとする
不完全物権変動説などがある。比較的わかりやすい最後の見解によれば，
Case 2-5 では，Ａから登記のないＢへの物権変動は不完全であり，したがっ
て，Ａは完全に無権利者になっておらず，無権利の法理は適用されないから，
ＡからＣへの承継取得も可能であるとして，二重譲渡を論理的に正当化する。

　これらの見解とは逆に，二重譲渡の否定を前提とする見解が公信力説であ
る。この見解は，ＡからＢへの物権変動によってＡが無権利者となるとして，
無権利の法理によりＣの承継取得を否定する。その上で，Ｃの所有権の取得を
登記の公信力による原始取得に求める。この見解は，登記の公信力を否定する
判例・通説との乖離が大きく，また，Ｃが保護されるためには善意・無過失が
必要である点も他の見解と大きく異なっている。

　また，176条だけなら二重譲渡は不可能だが，177条がある以上，二重譲渡を
認めざるをえない法定の制度であるとして，二重譲渡成立の理論的説明を放棄
する見解もあり，二重譲渡を正当化しようとする見解がいずれも結論において
大差がないことから，近時有力になっている。

3　登記を要する物権変動の範囲

　177条により登記をしなければ第三者に対抗できない物権変動とはいかなるものか。初期の大審院判例は，177条を意思表示に基づく物権変動のみに適用される176条を受けた規定と解し，177条もまた，意思表示に基づく物権変動にのみ適用されると解していた（**物権変動の範囲についての制限説**）。しかし，大連判明治41・12・15民録14輯1301頁（百選I-50）は，177条の物権変動が意思表示に基づく物権変動のみならず，意思表示に基づかない物権変動も含み，すべての物権変動を意味するとして判例を変更し（**物権変動の範囲についての無制限説**），具体的事案としては，生前相続（隠居相続）による物権変動にも登記が必要との立場を明らかにした。この判決は，すべての物権変動にも登記が必要と解することにより，公示の原則の要請を重視したといえる。

　ところで，大審院連合部は，この判決と同一日付の判決により，177条の解釈についてもう1つの重要な判例変更を行った。すなわち，大連判明治41・12・15民録14輯1276頁は，登記を要する第三者の範囲について，それまでは当事者以外のすべての第三者を含むとする立場に立っていたところ（**第三者の範囲についての無制限説**），「登記の欠缺を主張する正当な利益を有する第三者に限られる」として，177条の第三者の範囲を限定した（**第三者の範囲についての制限説**）。すなわち，大審院連合部は，同一日付の2つの判決により，177条の物権変動の範囲については無制限説に判例変更するのと同時に，177条の第三者の範囲については制限説に判例変更するという大転換を行った。それゆえ，これらの判例の意義は，セットで理解する必要があるとされている。すなわち，公示の原則を貫徹する趣旨から，物権変動の範囲については無制限説を採用しつつ，正当性の見地から第三者の範囲を制限することによって具体的妥当性を図る枠組みを提示したと評価されている。

　この枠組みは，その後の判例によって明示的に修正されたことはなく，通説も同様の立場に立つとされる。そのことからすると，物権変動の範囲についての無制限説を前提にする以上，ある物権変動が177条の物権変動に含まれるか否かは解釈上の問題になることはないはずであり，177条の解釈上の問題はすべて177条の「第三者」に含まれるか否かの問題になるはずである。しかし，177条の問題の中には，物権変動の範囲の問題と第三者の範囲の問題が錯綜し

て問題となっていると評価しうるものもあることから，この枠組みは必ずしも貫徹されていない。

今日，学説では，新たな観点で物権変動の範囲を限定しようとする見解が主張されている。この見解は，登記が必要なのは対抗問題が生じる場合に限定され，「同一客体上の物的支配を相争う相互関係が存在する場合」ないし「食うか食われるかの関係がある場合」にのみ対抗関係が生じるとするものである（対抗問題限定説）。この問題については，後述する（➡ **Case 2-6**）。

4 登記を要する第三者の範囲

177条の「第三者」 前述したように，判例・通説は，第三者の範囲についての制限説に立つ。それによると，177条の「第三者」とは，①当事者およびその包括承継人でなく，②「登記の欠缺を主張しうる正当な利益を有する者」をいう。

177条の第三者は，物権変動を主張する者が対抗要件を有していないという抗弁（対抗要件欠缺の抗弁）を主張して，相手方を敗訴させることができる。Aから土地を購入したが未登記のBが，その後Aからその土地を二重に譲り受け，引渡しを受けたCに対して，土地所有権に基づく返還請求権を行使しても，Cは，Bの登記の欠缺を主張して，Bを敗訴させることができる。この場合，Cが対抗要件を備えている必要はない。すなわち，177条の第三者にあたるか否かは第三者の登記の有無とは無関係である。しかし，Cが対抗要件をすでに備えている場合，実務上は「（Cの）対抗要件具備による（Bの）所有権喪失の抗弁」を主張できるとされ，対抗要件欠缺の抗弁と異なり，AからBへの物権変動自体が否定されると解されている。

客観的範囲 177条の「第三者」にあたるか否かは，第三者が具体的に登記の欠缺を主張しうるどのような利益を有しているかによっても定まるし，また，その者が善意か悪意かといった主観的態様によっても定まる。前者を客観的範囲の問題といい，後者を主観的範囲の問題という。

（1）**肯定例** 所有権，地上権，永小作権，地役権，質権および抵当権の物権取得者は，客観的範囲の観点からは第三者に該当する。賃借人も，判例は第三者に該当すると解しているが，学説は分かれている。

■ Case 2-6　AがBに甲建物を賃貸し，Bがその対抗要件を備えていたところ，Aは，甲建物をCに売却した。この場合，Cは，甲建物の移転登記を経由することなく賃貸借の解除による明渡しを求めることができるか。賃料請求はどうか。

　賃貸借の解除による明渡しについては，Bが登記の欠缺を主張しうることに異論はない。判例によれば，A・Cの建物所有権の移転が登記を要する物権変動に含まれることは問題の余地はないし，賃借人Bが正当な利益を有する177条の「第三者」に含まれることも当然であり，177条が適用されることになる。また，「同一客体上の物的支配を相争う相互関係が存在する場合」ないし「食うか食われるかの関係がある場合」にのみ対抗関係が生じるとする対抗問題限定説によってもB・Cは対抗関係が認められるので，177条が適用される。

　これに対し，甲建物の所有権移転による賃貸人の地位の移転を前提とする賃料請求については，見解が分かれる。判例は，この場合についても対抗要件としての登記が必要と解している（★最判昭和49・3・19民集28巻2号325頁：百選Ⅱ-52）。しかし，対抗問題限定説からは，Bは賃借権を主張し，賃料請求するCもBの賃借権を認めているのであるから，B・Cは「食うか食われるかの関係」になく，対抗関係にあるとはいえず，対抗要件としての登記は不要であると解する学説が有力である。その上で，Bの保護としては478条などにより受領権者としての外観を有する者に対する弁済として免責を認めることで十分に保護されるとするものと，A・Cいずれに賃料を支払うべきかで困難な地位におかれるBの不利益に鑑みて，Cは権利資格保護要件としての登記を備える必要があるとの見解に分かれる。もっとも，対抗関係を否定して対抗要件としての登記は不要だが，権利資格保護要件としての登記が必要だとの見解は，迂遠であろう。AがC以外の者に甲建物を譲渡する可能性も否定できないことに鑑みれば，BにCの登記の欠缺を主張する正当な利益があるとして，Cに対抗要件としての登記を要求する判例の立場が簡明であると思われる。2017年改正で新設された605条の2第3項は，判例の立場を明文化し，**Case 2-6**の場合における賃貸人たる地位の移転には，「賃貸物である不動産について所有権の移転の登記をしなければ，賃借人に対抗することができない」と定めた。

　一般債権者は第三者に該当しないが，差押債権者は第三者に該当すると解されている。AからBが不動産を購入したが，未登記の間に，Aの債権者Cがその不動産を差し押さえた。Bは，登記なくして，第三者異議の訴えに（▶民執38条）により，Cの強制執行の不許を求めることができるか。差押債権者のCは，177条の第三者として，Bの登記の欠缺を主張することができ，AからBへの物権変動をCに対抗できないBの第三者異議の訴えは排斥される。

　(2)　**否定例**　　実質的無権利者は，第三者に該当しない。Aから不動産を譲り受けたが未登記のBは，その不動産について不実の登記を有するCに対して，所有権に基づく妨害排除請求権として抹消登記を求めることができるか。実質的無権利者のCは第三者に該当せず，Bの登記の欠缺を主張できない。Bは登記なくして勝訴することができることになる。

　もっとも，判例によれば，すべての無権利者が177条の第三者に該当しないと解されているわけではない。本来，無権利者と評価しうる者であるにもかかわらず，177条の第三者とされる者もいる。これについては後述する。

　不法行為者および不法占有者（★最判昭和25・12・19民集4巻12号660頁：百選 I -56）も，第三者に該当しない。

|主観的範囲|　(1)　**単純悪意者**　　判例は，177条が第三者の主観的態様に制限を設けていないこと，および，円滑な不動産取引のために対抗問題を画一的処理する必要があることから，第1譲渡の存在を知っている第2譲渡の譲受人のような悪意者も，原則として，第三者に該当すると解している（★大判大正10・12・10民録27輯2103頁）。悪意の第2買主が未登記の第1買主に優先することも，自由競争の範囲内として許されるとの考え方に基づく。

　(2)　**背信的悪意者**　　しかし，判例は，第2譲渡の譲受人が単に悪意者であるにとどまらず，第1譲渡の譲受人の登記の欠缺を主張することが信義則に反すると評価されるときは，もはや自由競争の範囲を逸脱するとして，177条の第三者に該当しないとの判例法理を確立している（**背信的悪意者の法理**。★最判昭和43・8・2民集22巻8号1571頁：百選 I -57など）。この法理は，第2譲渡を公序良俗違反としてその譲受人の第三者性を否定する処理を契機に，信義則による規範創造機能の一例として発展した。

　背信的悪意者に該当するためには，①悪意者であること，および，②信義則

に反する事情（背信性事情）が必要である。②は，もとより種々の事情を斟酌して判断されることになるが，学説による法的安定性確保のための一定程度の類型化が図られている。

　(a)　不動産登記法5条の類推適用を受ける者　　同条に該当する者，すなわち，詐欺または強迫によって登記の申請を妨げた者（▶同条1項）および他人のために登記を申請する義務を負う者（▶同条2項）は，同条の規定により177条の第三者から排除される。そして，それらに直接該当しないが類似する者も，背信的悪意者として排除されている。1項に類似するものとしては，第2買主が第1買主の登記を妨害している間に自ら登記を経由した場合である。2項に類似するものとしては，第2買主が第1譲渡の立会人としてかかわっていた場合が挙げられる。

　(b)　売主と身分関係が密接な第2買主　　第2買主が売主の配偶者や子の場合は，背信的悪意者と認められやすい。

　(c)　極めて不正な目的で不動産を取得した第2買主　　第2買主が，第1買主に対するいやがらせや復讐のため，あるいは，不当な利益をあげるといった動機・目的で不動産を取得した場合である。

> **▓ Case 2-7**　Bは，Aより甲土地を買い受け，引渡しを受けたが，登記を経由しなかった。Bに対し恨みを抱いていたCは，Bが未登記であることを奇貨として，Bに対する恨みを晴らす意図で，Aより甲土地を二重に買い受け，登記を経由し，これをさらに善意または単純悪意のDに売却し，Dに移転登記が経由された。Cが背信的悪意者に該当すると仮定して，Bは，
>
> Dに対し，Aから売買によって取得した甲土地所有権に基づく妨害排除請求権により，CからDへの抹消登記を請求できるか。

　(3)　**背信的悪意者からの転得者**　　甲土地の所有権がCにとどまっている場合は，背信的悪意者であるCがBの登記の欠缺を主張できないことから，Bは，AからCへの移転登記の抹消を求めることができる。しかし，**Case 2-7**では，甲土地はDに転売されている。この場合にBが登記なくしてDに対して抹消登記を求めるためには，Dもまた177条の第三者に該当しないといえなければならない。

そのためには，次のような主張が考えられる。まず，①Dは背信的悪意者のCから所有権を承継取得することができないとの主張である。Cが無権利者であるといえればこのような主張も成り立ちうるが，最判平成8・10・29民集50巻9号2506頁（百選Ⅰ-58）は，Cが背信的悪意者であるからといってA・C間の売買の無効を来すものではないとして，背信的悪意者が前主から承継取得なしうることを肯定した。もとより，A・C間の売買契約に公序良俗違反，とりわけ，暴利行為にあたるといった無効原因が存在すれば，Cは無権利者となる。しかし，Cが背信的悪意者であるからといって，当然にA・C間の売買契約が暴利行為と評価できるわけではない。背信的悪意者の問題はC・B間の問

Further Lesson 2-3

▶▶▶▶▶ 転得者が背信的悪意者の場合

Bは，Aより甲土地を買い受け，引渡しを受けたが，登記を経由しなかった。Aが甲土地を善意のCに二重譲渡し，Cは，さらにDに譲渡し，それぞれ移転登記が経由された。DがBとの関係で背信的悪意者と評価できる場合，Bは，Dに対して，移転登記の抹消登記を求めることができるか。

この設例のような事例が現実にあるとすれば，多くの場合は，Dが「藁人形」としてCを介在させた場合であろう。その場合は，C・Dを一体的に背信的悪意者とみて，Bは登記なくして所有権に基づく妨害排除請求権としての抹消登記請求を認められることになろう。

Cを藁人形と評価できない場合はどうか。**Case 2-7** における「背信的悪意者か否かは相対的に判断する」との最判平成8・10・29の考え方からすれば，Bは，177条の第三者にあたらないDに対して所有権を対抗できそうであり，そのような考え方も有力である。

しかし，それに真っ向から反対する見解も有力である。Cが登記を経由した時点で，A→B，A→Cの二重譲渡の問題は解消され，A→Cの物権変動が完全に生じるとともにA→Bの物権変動が否定され，その結果，Cのみが所有者となり，Dといえどもから権利を承継取得できるのに対し，全くの無権利者となったBはDに対して所有権を主張することはできないとの見解である。すなわち，Bの請求に対し，Dは，Cの対抗要件具備によってBの所有権は喪失したとの抗弁を主張しうるとの見解である。しかし，この見解に対しては，CがBの対抗要件の欠缺を積極的に主張しない限り裁判所はCが登記を具備した事実を斟酌できないと解すべきとの反論も主張され，この問題は，なお解決をみていない。

題であるのに対して，暴利行為はA・C間の問題であり，CがAの困窮に付け込んで不当な利益をあげようとしたといえなければ，容易には暴利行為と評価することはできない。次に，②Aから甲土地所有権を承継取得したCからDも承継取得できるとしても，DはCから背信的悪意者としての地位をも承継すると考えることができれば，Dの第三者性を否定できる。しかし，この点についても，上記判決は，登記を経由した者が背信的悪意者の法理によって第三者から排除されるかどうかは，その者と第1譲受人Bとの間で相対的に判断されるべき事柄であるとして，背信的悪意者の地位の承継を否定した。上記判決は，①②のいずれの考え方も否定することにより，前主Cが背信的悪意者であることを理由にDを背信的悪意者であるとの考え方を否定した。その結果，Bの主張が認められるためには，③D自身が背信的悪意者と評価できなければならないが，設例のDは善意または単純悪意であって，背信的悪意者にはあたらないため，Bの主張は認められない。

> **▓ Case 2-8**　Bは，A所有の土地を時効取得したが未登記である。Cは，その時効完成後にAから右土地を譲り受けた。Bは，時効完成後の第三者にあたるCに対して，登記なくして時効取得を対抗できないのが原則であるが（**Case 2-12**），Cが背信的悪意者にあたると主張するためには，どのような事実を主張する必要があるか。

(4)　**不動産の時効取得と背信的悪意者**　背信的悪意者に該当するためには，信義則に反する事情（背信性事情）が必要であることはもとより，悪意の立証が必要である。Bの時効取得についてCが悪意であるというためには，本来，Bは，Bの占有継続が時効取得の各要件を充足していることについてCが認識していたことを立証しなければならないはずだが，それは極めて困難である。そこで，最判平成18・1・17民集60巻1号27頁（百選I-54）は，Bが多年にわたり当該不動産を占有している事実を認識しており，Bの登記の欠缺を主張することが信義に反するものと認められる事情が存在するときは，Cは背信的悪意者にあたるとして，Bの立証の負担を緩和した。

> **▓ Case 2-9**　Aは，Bに公道に面していない宅地（甲土地）を分譲し，その際，Bが甲土地に隣接するA所有の乙土地を通路として利用できるように，甲土地

を要役地，乙土地を承役地とする無償・無期限の通行地役権の設定が黙示的に合意されたが登記はされなかった。その後，乙土地はAからCに譲渡された。Cは，Bの乙土地利用は認識していたが，通行権の有無は確認せず，A・C間に通行地役権設定者の地位を承継する合意もなかった。CがBの通行を妨害したので，Bは，通行地役権の確認・通行妨害の禁止等を求めた。これに対し，Cは，Bの地役権設定登記の欠缺を主張できるか。

(5)　通行地役権と177条の第三者　　最判平成10・2・13民集52巻1号65頁（百選Ⅰ-59）は，①承役地の譲渡の時に，承役地が要役地の所有者によって継続的に通路として使用されていることがその位置，形状，構造等の物理的状況から客観的に明らかであり，かつ，②譲受人がそのことを認識していたまたは認識することが可能であったときは，「譲受人は，通行地役権が設定されていることを知らなかったとしても，特段の事情がない限り，地役権設定登記の欠缺を主張するについて正当な利益を有する第三者に当たらない」と解した。この判例法理は，善意の第三者も177条の「第三者」から排除されうるものであり，悪意者であることを前提とする背信的悪意者の法理とは異なる。通行地役権の設定は黙示の合意による場合が多く，それゆえ，通路として使われていることを認識していただけでは通行地役権の設定についての悪意を認定しにくく，背信的悪意者の法理によることができないという，通行地役権の特殊性から認められた法理と評価されている。

5　対抗の具体的問題

▓ Case 2-10　Bの欺罔行為により，Aは甲土地をBに売却し，移転登記を経由した。その後，Bの欺罔行為に気付いたAがその売買契約の意思表示を取り消したが，登記はB名義のままにしていたところ，Bが甲土地をCに売却し，引き渡した。AのCに対する甲土地の返還請求は認められるか。

取消しと登記　　Aの甲土地所有権に基づく返還請求に対し，まず，Cは，自らが96条3項の「第三者」として保護されるとの反論をすることが考えられるが，この反論は認められない。96条3項の趣旨が取消し

の遡及効の影響を受ける第三者の保護にあることから,「第三者」は取消前に利害関係を有するに至った者に限られるところ,Cは取消後の第三者であるからである。

それでは,Cは,自己が177条の「第三者」にあたるとして,Aの登記の欠缺(AからBへの移転登記の抹消によって登記名義を回復していない)を主張することはできるか。取消しによってA・B間の売買契約の効力が否定され,その結果,無権利者となったBから甲土地を買い受けたCも無権利者である(無権利の法理)。本来,無権利者は177条の「第三者」にあたらないことからすれば,Cは「第三者」にあたらないはずである。しかし,判例(★大判昭和17・9・30民集21巻911頁:百選Ⅰ-51)は,取消後の第三者は177条の「第三者」にあたると解している。Aは売買契約の取消しによって登記名義の回復が可能だったのであり,それにもかかわらず登記名義を回復しなかったAは,公示の原則に鑑みて非難されるべきと考えたものと思われる。すなわち,公示の原則を貫徹する趣旨から,無権利者のCをあえて177条の「第三者」に含めている。

学説上は,判例とは異なり,無権利の法理を貫徹し,Cを177条の「第三者」に含めず,94条2項の類推適用によってCの保護を図ろうとする見解も有力である。

> **❖ Case 2-11** Aは,甲土地をBに売却し,移転登記を経由したが,Bの債務不履行によってこの契約を解除した。しかし,移転登記の抹消によって登記名義を回復しないでいたところ,Bが甲土地をCに売却し,引き渡してしまった。Aは,Cに対し,甲土地の返還を求めることができるか。

解除と登記　Aの所有権に基づく返還請求に対して,まず,Cは自分が545条1項ただし書の「第三者」にあたると反論することが考えられるが,これは認められない。同条の趣旨が解除の遡及効(解除の効果についての直接効果説を前提にする)の影響を受ける者を保護することにあることから,「第三者」は解除前の第三者に限られるところ,Cは解除後の第三者であるからである。なお,545条1項ただし書の「第三者」として保護されるには登記が必要とされている。この登記を対抗要件とする判例があるものの(★最判昭和33・6・14民集12巻9号1449頁),理論的には対抗要件ではありえず,

権利資格保護要件と解するのが一般的である。

　それでは，Ｃは，自分が177条の「第三者」にあたるとして，Ａの登記の欠缺を主張することはできないか。解除によってＡ・Ｂ間の売買契約の効力が消滅し，その結果，無権利者となったＢから甲土地を買い受けたＣも無権利者である（無権利の法理）。本来，無権利者は177条の「第三者」にあたらないことからすれば，Ｃは「第三者」にあたらないはずである。しかし，判例（★最判昭和35・11・29民集14巻13号2869頁：百選Ⅰ-52）は，ＣがＡの登記の欠缺を主張することを認めている。取消しと登記の場合と同様，解除したＡは登記の回復が可能だったのであり，公示の原則を貫徹する趣旨から，無権利者のＣをあえて177条の「第三者」に含めている。

> **❖ Case 2-12**　Ｂは，Ａより甲土地を買い受け，引渡しを受け，20年間占有を継続してきたが，移転登記は経由しなかった。Ｂの占有開始から19年目に，ＣがＡから甲土地を二重に買い受け，移転登記を経由した。ＣのＢに対する建物収去・土地明渡請求に対し，Ｂは，どのような反論をすることができるか。

取得時効と登記　　Ｂは，登記を欠缺している以上，甲土地をＡから売買によって取得したことに基づく反論をすることはできない。それでは，時効取得に基づく反論はどうか。取得時効の要件を充足していると仮定すると，時効取得も登記を経由しなければＣに対抗できないのかが問題となる。物権変動の範囲についての無制限説を前提とすれば，時効取得も登記を要する物権変動に含まれる。問題は，ＣがＢの登記の欠缺を主張しうる177条の「第三者」に含まれるかである。この問題についての判例理論は，時効完成前に利害関係を有するに至った第三者（登記は時効完成後になされた場合であってもよい）は177条の「第三者」に含まれないが，時効完成後に利害関係を有するに至った第三者は177条の「第三者」に含まれるとする（★最判昭和46・11・5民集25巻8号1087頁：百選Ⅰ-53など）。時効完成前の第三者より先に時効取得者が登記を経由することは不可能であるから，時効完成前の第三者との関係では公示の原則を貫徹する前提を欠いているのに対し，時効完成後の第三者との関係では登記が可能であるから公示の原則を貫徹するとの趣旨である。また，時効完成前の第三者は，取得時効完成時の目的不動産所有者として，所

有権等の権利を喪失する（地上権・地役権の時効取得の場合には所有権に制限を受ける）ことから物権変動の「当事者」とみることができ（当事者準則），時効完成後の第三者は，取得時効完成時の所有者ではないことから「当事者」ではなく，「第三者」と解することができる（第三者準則）と説明されている。

　判例法理によれば，Bが10年の短期取得時効を主張した場合，Cは時効完成後の第三者となり，Bは登記なくしてCに時効取得を主張できないが，Bが20年の長期取得時効を主張した場合には，Cは時効完成前の第三者となり，CはBの登記の欠缺を主張できないことになり，やや皮肉な結果となる。もっとも，Cが時効完成後の第三者であるため第三者準則によって未登記のBが時効取得を主張できない場合でも，Cの登記後にBが時効取得に必要な期間さらに占有を継続すれば，再度の時効取得を登記なくしてCに対抗できると解されている（敗者復活準則。★最判昭和36・7・20民集15巻7号1903頁）。なお，このような敗者復活準則をめぐっては，近時，特に抵当権の関係で議論されている。

　学説は，**Case 2-12** のような二重譲渡型の事例では，公示の原則が妥当するとして，Cの登記を尊重して，Cの登記時を起算点として改めて取得時効が完成しなければCはBの登記の欠缺を主張しうるとする見解も有力であるが（登記尊重説），他方，永続した事実状態を何よりも尊重すべき取得時効の問題においては，登記を必ずしも重視すべきではないとして時効取得を重視する見解も有力である（占有尊重説）。

Case 2-13　Aが死亡して，配偶者Bと子Cが法定相続分に従い共同相続した。Bは，遺産分割協議がなされていないにもかかわらず，相続財産中の甲土地をBが単独で相続した旨の偽造の遺産分割協議書を作成し，その旨の登記を経由した上，Dに売却し，移転登記が経由された。この場合，Cは，Dに対し，BからDになされた移転登記の抹消を求めることができるか。

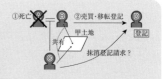

共同相続と登記　Cの主張は，相続によって取得した甲土地についての2分の1の共有持分に基づく妨害排除請求権である。

　まず，Dは，Cが相続によって取得した共有持分を主張するには登記を経由していなければならないとして，Cの登記の欠缺を主張できるか。物権変動の

範囲についての無制限説を前提にすれば，相続による物権変動も177条の物権変動に含まれるところ，DがCの登記の欠缺を主張しうる177条の「第三者」に含まれるかが問題となる。BはCの共有持分については無権利者であり，無権利の法理により，DもまたCの共有持分については無権利者である。判例は，このことからDはCの登記の欠缺を主張できないと解している（★最判昭和38・2・22民集17巻1号235頁：百選Ⅲ-77）。Cが甲土地についてB・Cの遺産共有状態であることを公示する登記（共同相続の登記）を単独で申請することは可能であるとはいえ，この登記が実際上ほとんど活用されていないことに鑑み（多くの場合，共同相続の登記は経由せず，遺産分割によって権利関係が確定した後に登記を経由している），公示の原則を貫徹すべきではないと判断したと評価されている（もっとも，2021年改正不動産登記法は，相続または遺贈により所有権を取得した相続人に対して3年以内の登記申請義務を課した（▶不登76条の2第1項・164条1項））。

　なお，2018年改正で新設された899条の2第1項の規定は，900条および901条で算定した「相続分を超える部分については，登記，登録その他の対抗要件を備えなければ，第三者に対抗できない」と定めており，法定相続分までは対抗要件なしに対抗できると解され，この問題についての判例と整合的である。

　Case 2-13 では，DはCの登記の欠缺を主張できないとしても，DはBの法定相続分についてはBから承継取得している。したがって，Cは，Dに移転登記の抹消登記を求めることはできず，Cが2分の1，Dが2分の1の共有登記への更正登記を求めることができるにとどまる。

Case 2-14　Aが死亡して，配偶者Bと子Cが共同相続した。BとCは，協議の上，相続財産中の甲土地についてCの単独所有とする旨の遺産分割協議を成立させた。ところが，この遺産分割協議後もその旨の登記が経由されていなかったところ，Bの債権者Dは，甲土地について，B・Cが共同相続したものとして共同相続の登記を経由した上，Bの持分の2分の1を差し押さえた。Cは，Dの差押登記の抹消を求めることができるか。（なお，遺産分割と登記に関する実際の紛争は，この設例のケースが多いが，差押債権者が登場するなど，やや難解な事例であるので，Bが共同相続の登記を経由した上で，その持分をDに譲渡したという設例に置き換えて検討してもよい。）

遺産分割と登記　Cの主張は，遺産分割によって甲土地を単独所有すると
ころ，それがDの差押登記によって侵害されているとす
る所有権に基づく妨害排除請求権である（実際には，民執38条による第三者異議の
訴えも提起するが，ここでは割愛する）。

　まず，Dとしては，自らが909条ただし書の「第三者」に該当するとの反論
をすることが考えられるが，認められない。909条ただし書の趣旨が遺産分割
の遡及効の影響を受ける第三者を保護する趣旨であることから，その「第三
者」は，遺産分割前の第三者に限られるところ，Dは遺産分割後の第三者であ
るからである。

　次に，Dとしては，Cが遺産分割による物権変動に基づく主張をしていると
ころ，登記なくしてこのような主張は認められないと反論することが考えられ
る。そこで，DはCの登記の欠缺を主張しうる177条の「第三者」にあたるか
が問題となる。909条本文の遺産分割の遡及効を貫徹すれば，甲土地は相続開
始時からCの単独所有であってBは何ら権利を有せず，その結果，無権利の法
理によりDの差押えも物権的に無効であり，Dは177条の「第三者」に該当し
ないことになるはずである。

　しかし，判例は（★最判昭和46・1・26民集25巻1号90頁：百選Ⅲ-78），第三者
との関係において，遺産分割は相続人が相続によりいったん取得した権利につ
き分割時に新たな変更を生ずるのと実質上異ならないとして，遡及効を貫徹せ
ず，移転主義的に捉えている。つまり，甲土地は，相続開始時にいったんB・
Cが共同相続し，遺産分割時にBがその持分をCに譲渡したのと同視する。そ
の結果，Bは相続開始時から全くの無権利者とはいえなくなり，無権利の法理
は適用されず，Dの差押えも物権的に有効であり，Dは177条の「第三者」に
該当することになる。したがって，分割によって相続分と異なる権利を取得し
たCは，その旨の登記を経ていないので，分割後の第三者Dに対して自己の
権利の取得を対抗できないことになる。

　2018年改正で新設された899条の2第1項の規定は，この問題についての判
例法理を追認した。

> **▓ Case 2-15**　Aが死亡して，子のB・Dが共
> 同相続した。Bが相続放棄の申述をし，適法に受理
> されたがその旨の登記を経由しないでいたところ，
> Bの債権者Eは，遺産である甲土地について，
> B・C・Dが平等の割合で共同相続したとして，共
> 同相続の登記を代位申請した上で，Bの3分の1の
> 共有持分を差し押さえた。C・Dは，Bの相続放棄
> によって甲土地はC・Dの共有となっており，Bの共有持分は存在しないとして，
> Eの差押登記の抹消を求めることができるか。

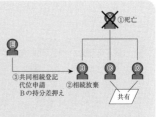

相続放棄と登記　　C・Dの主張は，甲土地がC・Dのみの共有に属すると
ころ，それがEの差押登記によって侵害されているとす
る共有持分権に基づく妨害排除請求権である（実際には，民執38条による第三者
異議の訴えも提起するが，ここでは割愛する）。

　Eの反論としては，C・Dの主張がBの相続放棄によって自分たちの共有持
分が増大したことを主張するものであるところ，登記なくしてそのような主張
をすることはできないというものである。EがC・Dの登記の欠缺を主張しう
る177条の「第三者」にあたるかが問題となる。

　判例（★最判昭和42・1・20民集21巻1号16頁：百選Ⅲ-79）は，遺産分割と登記
とは異なり，共同相続と登記と同様に，対抗法理で処理せず，無権利の法理で
処理した。すなわち，相続人が被相続人の権利・義務を無条件で承継すること
を強制しないことで相続人の利益を保護するという相続放棄制度の趣旨に鑑
み，相続放棄の遡及効（▶939条）を貫徹し，相続放棄の効力は絶対的であり，
何人に対しても，登記等がなくても効力を生じると解した。Bは相続開始時か
ら相続について何ら権利を有せず，その結果，無権利の法理によりEの差押
えも物権的に無効であり，Eは177条の「第三者」に該当せず，Eの反論は認
められない。

　2018年改正で新設された899条の2第1項との関係では，同条の「相続分」
を相続放棄前の相続分と解するか，放棄後の相続分と解するかで結論は分かれ
る。改正法は相続債権者の利益や登記・強制執行制度への信頼を重視してお
り，そのことからすれば，前者の考え方もありうる。しかし，改正法の上記の
趣旨も，相続放棄制度による相続人保護の要請を上回るとは思えず，後者の考

え方により，判例理論を維持すべきであろう。

>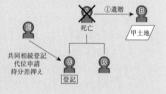
>
> ■ **Case 2-16**　Aは，甲土地をBに遺贈する旨の
> 遺言を遺して死亡し，C・Dが共同相続した。B
> がこの特定遺贈に基づく登記を経由しないでいた
> ところ，Cの債権者Eは，甲土地がC・Dに共
> 同相続されたとして，その旨の共同相続の登記を
> 代位申請した上で，Cの2分の1の共有持分を差
> し押さえた。これに対し，Bは，特定遺贈によって甲土地は自己に帰属するとし
> て，第三者異議の訴えを提起することができるか。

遺贈・死因　　Bは，特定遺贈による物権変動を登記なくしてEに対抗でき
贈与と登記　　るかが問題になるところ（したがって，本来の解釈上の問題は，
Eが Bの登記の欠缺を主張しうる177条の「第三者」にあたるかである），判例は（★
最判昭和39・3・6民集18巻3号437頁：百選Ⅲ-80），遺贈が遺言者の死亡を不確定
期限とするものとはいえ，意思表示によって物権変動を生ずる点で贈与と異な
るものではないとして，登記がなければ第三者に対抗できないと解した。よっ
て，Bの主張は認められない。

　なお，**Case 2-16** のような特定遺贈ではなく，包括遺贈の場合はどうか。包
括受遺者が相続人と同一の権利義務を有することから（▶990条），共同相続と
登記の問題と同様，登記なくして対抗できると解すべきであるとの見解も有力
である。しかし，最高裁は，特定遺贈と登記の問題を論じるに際して，特に特
定遺贈に限定することなく，遺贈一般の問題として論じている。そのためか，
近時の下級審裁判例は，包括遺贈についても登記なくして第三者に対抗できな
いとする傾向にある。最高裁の判断が待たれる。なお，上記有力説が特に割合
的包括遺贈と相続分の指定の類似性を根拠としていたところ，改正899条の2
が相続分の指定についても適用されることは，包括遺贈の問題についても影響
を及ぼすと思われる。

■ **Case 2-17**　Aが死亡して，子のB・Cが共同相続したが，甲土地については，Bに相続させる趣旨の遺言がなされていた。Bがその旨の登記を経由しないでいたところ，Cの債権者Dは，甲土地について，B・Cが共同相続したとして，その旨の共同相続の登記を代位申請した上で，Cの2分の1の共有持分を差し押さえた。これに対し，Bは，相続させる趣旨の遺言によって甲土地はBの単独所有となったとして，第三者異議の訴えを提起することができるか。

甲土地をBに相続させる趣旨の遺言

死亡

共同相続登記代位申請 Cの持分差押え

甲土地

▶ **相続させる趣旨の遺言と登記**　Bに相続させる趣旨の遺言による物権変動を，登記なくしてDに対抗できるかが問題になる（したがって，本来の解釈上の問題は，DがBの登記の欠缺を主張しうる177条の「第三者」にあたるかである）。相続させる趣旨の遺言が遺産分割方法の指定と性質決定されていることからは（★最判平成3・4・19民集45巻4号477頁：百選Ⅲ-92），遺産分割と登記と同様，登記を要することになるとも考えられるが，判例は（★最判平成14・6・10判時1791号59頁：百選Ⅲ-75〔第2版〕），この遺言が「何らの行為を要せずに，被相続人の死亡の時に直ちに当該遺産が当該相続人に相続により承継される」ことから，共同相続と登記の場合と同様，登記なくして第三者に対抗できると解した。

　しかし，2018年改正による899条の2は，この判例理論を否定した。同条により，Bは，共同相続で取得した2分の1の共有持分については登記なくしてDに対抗できるものの，それを超えて相続させる趣旨の遺言で取得した持分については，登記なくして対抗できないこととなり，その結果，第三者異議の訴えは認められないことになる。

　Bとしては，相続させる趣旨の遺言の存在をいち早く知りえない場合もあり，その場合はその遺言に基づく登記申請が後れることになり，改正法はBのような受益相続人に酷ではないかとの批判もありうるところであるが，この改正は，同様に遺言の有無や内容を知りえない相続債権者・債務者等の利益をより重視し，登記制度や強制執行制度に対する信頼の保護を重視した。なお，899条の2により，法定相続分を超える相続分の指定についても，法定相続分を超える部分については，登記なくして第三者に対抗できないこととなった。

4 動産に関する物権変動

1 動産物権変動における公示の原則

178条は、「動産に関する物権の譲渡は、その動産の引渡しがなければ、第三者に対抗することができない」とする。

「譲渡」は、所有権の譲渡に限定される。譲渡の契約（売買や贈与等）の解除や取消しの場合、復帰的物権変動を肯定するのであれば、これを所有権の「譲渡」と同視して、178条の「譲渡」に含まれると解されている（★大判大正10・5・17民録27輯929頁、大判昭和13・10・24民集17巻2012頁〔解除の事例〕）。対抗要件具備が「譲渡」に限定されるから、意思表示によらない所有権移転、すなわち、相続による承継取得や原始取得（無主物先占、時効取得、即時取得、遺失物拾得、埋蔵物発見、添付）には、178条は適用されない。

不動産に関して、「物権の得喪及び変更」の内容を登記によって公示する177条と異なり、占有の移転による「引渡し」で、物権の変動内容の「変更」を公示するのは困難である。不動産登記簿には権利の存続期間等を細かく書くことができるが、「引渡し」は物理的な事実にすぎず、権利内容の公示には適さないのである。

178条によれば、不動産と同様、Aの所有する動産がBとCとに二重に譲渡された場合、先に「引渡し」を受けた方が対抗関係で優先する。また、動産・債権譲渡特例法3条1項は、動産についても、法人が譲渡した場合には限定されるが、「登記」が対抗要件となることを規定する。後述するように、この登記は、主として動産の譲渡担保において譲渡担保権者が第三者に対する対抗力を得るために用いられる。

2017年の民法改正以前は、86条3項が「無記名債権は、動産とみなす」と定め、178条が対抗要件として適用されていた。しかし、改正後は、無記名証券として、520条の13以下の規律に服する（▶520条の20）。

通貨としての金銭については、所有と占有が一致することを要するため、金銭の所有権の移転については、現実の占有移転によることを要する（★最判昭和39・1・24判時365号26頁：百選Ⅰ-73）。対抗要件としての178条の「引渡し」の

適用はなく，「引渡し」が物権変動の成立要件を意味することになる。

　動産であっても，特別法により「登記」「登録」が公示方法とされている場合には178条は適用されない（例：自動車につき▶車両4条・5条，航空機につき▶航空3条の3，船舶につき▶商687条）。また，建設機械抵当法では，建設機械に抵当権を設定するにあたり，まず機械について所有権保存登記を経由し（▶同法3条1項），その上で抵当権設定登記をする必要があり，すでに登記された物件については，譲渡について登記を対抗要件とする（▶同法7条1項）。

2　民法178条にいう「引渡し」の類型

　178条の「引渡し」には，現実の引渡し（▶182条1項），簡易の引渡し（▶同条2項），占有改定（▶183条，★大判明治43・2・25民録16輯153頁，最判昭和30・6・2民集9巻7号855頁：百選Ⅰ-60），指図による占有移転（▶184条，★最判昭和34・8・28民集13巻10号1311頁）がある。

現実の引渡し
（▶182条1項）　動産の所有者Aが文字通り自己の所有動産を物理的に譲受人Bに移転することをいう。現実に物に対する現実的支配を移転することによって占有を移転する方式である。

簡易の引渡し
（▶182条2項）　賃借人Bが賃貸人Aからその賃借物である動産を買い取る場合，物の現実の支配はすでに譲受人であるBに移転している。そこで，占有を移転する合意（Aの**間接占有**をBに移転する）をなすだけで，Bは占有の移転＝引渡しを受けたことになる。このとき，Bはいったん物を返却した上で，もう一度現実の引渡しを受ける必要はない。

占有改定
（▶183条）　Aが自己の所有物をBに譲渡するが，借りてそのまま直接占有を続ける場合に，Aが譲渡後はBのために占有する意思を表示する場合，178条の「引渡し」があったものとして扱われる。183条の「代理人」とは，本条の意思表示後の**直接占有**者A（譲渡人）を指し，「本人」とは**間接占有**者B（譲受人）を指す。間接占有の移転による占有権の承継取得の一態様である。このとき，AはいったんBに現実の引渡しをしてもう一度借り直すために，再度Bから現実の引渡しを受ける必要はない。183条にいう意思表示とは，特別の意思表示である必要はなく，占有の性質を変更させる原因となる契約その他の意思表示で足りる。

　近時の判例は，輸入業者の輸入する商品が倉庫業者に寄託されている状況において，銀行が当該商品につき**譲渡担保権**の設定を受けた場合に，上記輸入業者が当該商品を直接占有したことがなくても，銀行が上記輸入業者から占有改定の方法によりその引渡しを受けたものと解している（★最決平成29・5・10民集71巻5号789頁）。輸入業者の占有改定を前提として，その間接占有の上にさらに間接占有を重ねる態様での，重畳的な占有改定をも承認するものであり，注目に値する。

> **指図による占有移転 （▶184条）**

　CがAの所有物を預かっている（受寄者，▶657条参照）。Aがその物をBに譲渡する場合，A（184条の「本人」＝譲渡人）が直接占有者C（同条「代理人」）に対して以後B（同条「第三者」）のために占有すべき旨を命じ，Bがこれを承諾すればよい（Bは間接占有を取得）。このとき，直接占有者であるCの承諾は不要である。いったんCがAに目的物を返却してAがBに現実の支配を移転し，その上で，Bが改めてCに寄託するという手間を省くことができる（間接占有の移転による占有権の承継取得）。

3　動産物権変動における「第三者」の範囲

　原則として，不動産の177条と同じ議論が当てはまる。すなわち，第三者とは，「動産に関する所有権取得の当事者およびその包括承継人以外の者」をいい，「引渡しの欠缺を主張するにつき正当な利益を有する者」をいう（「第三者の範囲」制限説）。他方，学説では対抗問題を両立しえない物権変動相互間に限定する見解（「対抗問題限定説」）を中心として，「正当な取引関係にある者」であるとか，「物的な支配を相争う者」（両立しえない物権取得者，食うか食われるかの関係にある者）が178条の第三者にあたるとされる。所有権取得者や質権者などの物権の取得者，差押債権者が典型例であり，物権変動の当事者，不法行為者や一般債権者はこれに当たらない。

　不動産物権変動と同じく，第三者についても客観的要件と主観的要件とが問題となるが，特に前者について，以下のような議論がある。

■**Case 2-18**　(1)　Aはその所有する動産をBに賃貸している（▶601条）。この動産をAがCに譲渡した場合，未だ指図による占有移転がなされていない段階で，い

きなりＣがＢに返還を請求することが許されるか。また，ＣはＢに対して賃貸借を解除・解約しうるか（賃借人Ｂは「引渡し」なくして対抗できない第三者にあたるか）。

(2)　Ａはその所有する動産をＢに寄託（▶657条）している。この動産をＡがＣに譲渡した場合，Ｃが指図による占有移転を受けないで，Ｂに対して返還を請求することができるか（受寄者Ｂは「引渡しなくして対抗しえない第三者」にあたるか）。

(1)の場合：賃貸
(2)の場合：寄託
□寄託物の所在
譲渡

| **指図による占有移転と178条の「第三者」** |

動産の譲受人Ｃは，賃借人または受寄者であるＢに対して，指図による占有移転（Ａが以後Ｃのために占有すべき旨を命ずる）を経なければ，Ｂに対抗することができないのか。

以上の問いについては，原則として，177条の「賃借人は登記なくして対抗し得ない第三者に当たるか」と同様の議論が妥当し，判例は，賃借人に対しては指図による占有移転を必要とし（★大判大正4・4・27民録21輯590頁，大判大正8・10・16民録25輯1824頁），受寄者に対しては不要とする（★最判昭和29・8・31民集8巻8号1567頁）。賃貸借の場合，「売買は賃貸借を破る」（➡16頁）のが原則であり，賃貸借の期間が終了していなくても，対抗要件の具備がなければ，Ｂは賃借人であることを主張して，Ｃからの返還請求を拒絶することができない

✍ Topic 2-1
占有改定・指図による占有移転を対抗要件とすることの意義

　占有改定においては，多くの場合，現実の占有者に照会すれば譲渡の事実までは明らかになるものの，照会を受けるのが譲渡によって権利を失った者（譲渡人）であるため，被照会者がなお所有者であるとの虚偽の回答がなされるリスクが生じる。しかし，即時取得（▶192条）の制度により，実質的には譲受人が不利益を受ける（所有権を取得できない）リスクがカバーされることから，占有改定を公示手段としてよい，と評価されている。他方，指図による占有移転については，権利者以外の者が目的物を占有しているが，この者への照会により譲渡の事実が明らかになるのが通常であるから，第三者が譲渡の事実をかなり確実に知りうる状況が，間接的にせよ生じていると評価できるから，178条の対抗要件としてよいとされる（即時取得に関する★最判昭和57・9・7民集36巻8号1527頁および最判昭和48・3・29判時705号103頁）。

（不動産の借地借家法のような特別法上の対抗要件もない）。これに対して，寄託の場合，受寄者Bは寄託契約に基づき，Cからの返還請求に対して直ちに返還をなす義務を負う（▶662条1項）から，「引渡の欠缺を主張するにつき正当な利益を有する」とはいえないとする。

　もっとも，どちらの場合であっても，動産を現実に所持するBは，動産の返還先である新所有者がCであるのか（返還請求権を行使できる者が誰か）を確認する利益を有する（賃貸借につき▶622条の2第1項1号，寄託につき▶660条）。直接占有者ではないAから指図による占有移転という通常ではない態様で動産を譲り受けたCは，直接占有者であるBの存在を知っているはずであり，直ちに直接占有者になることができるという期待を抱くはずもない。どちらの場合であっても，指図による占有移転による保護資格要件として「引渡し」を要すると解すべきである。こう解すると，Bが，Cが譲受人であることを知っている場合にも，Cが指図による占有移転を受けていないことを理由に，BはCからの返還請求を拒絶しうることになる。なお，寄託については，2017年改正で付加された660条も併せて参照されたい。

**動産譲渡登記ファ
イルへの登記**　動産譲渡登記の利用は，法人による譲渡に限定される（▶動産・債権譲渡特例1条）。動産を活用した資金調達の円滑化が立法の意図するところであり，個人への融資にはあまり関係がない。同法は，個別動産・集合動産の区別をせずに動産一般を登記の対象とし，担保目的の譲渡だけでなく真正の譲渡（真正売買）にも利用可能である。本法3条1項は，「法人が動産（中略）を譲渡した場合において，当該動産の譲渡につき動産譲渡登記ファイルに譲渡の登記がされたときは，当該動産について，民法178条の引渡しがあったものとみなす」と規定する。同法の適用は，「譲渡」（譲渡担保を含む）に限定されている。譲渡の取消しや解除の場合には抹消登記をすることができる（▶同10条1項）。

　本法3条1項にいう「引渡し」は，あくまで民法178条の意味での「引渡し」にすぎない。つまり，動産譲渡登記は，民法178条の「引渡し」に新たな選択肢を付加したにすぎず，仮に同一の動産について占有改定が先行してなされていたとしても，後れてなされた動産譲渡登記が前者に優先するわけではなく，あくまで引渡しと登記の時間的先後によってその優劣が決定される（いわゆる

「登記優先ルール」の不採用）。同法 3 条 1 項柱書に「当該動産につき，貨物引換証，預証券及び質入証券，倉荷証券又は船荷証券が作成されているものを除く」とあるのは，商法上，証券の引渡しが動産の引渡しと同一の効力を有し（▶商575条），当該動産に関する処分は証券をもってすることが必要であるとされていた（▶商573条）からである。ただ，商法の2018年改正に伴い，商法571条から575条が修正されたため，現在ではこれらの点は問題とはならない。

　動産譲渡登記に関する事務は法務局（東京法務局のみ）が所管し（▶動産・債権譲渡特例 5 条），登記官が担当する（▶同 6 条）。

　動産譲渡登記は物的編成主義ではないので（実質，譲渡人単位で編成），この登記では，譲渡動産を特定する事項を記録することが重要である。登記される動産の特定方法については，動産の特質によって特定する場合と，動産の所在によって特定する場合がある。前者は，「動産の種類」と，「動産の記号，番号その他の同種類の他のものと識別するために必要な特質」，後者については，「動産の種類」および「動産の保管場所の所在地」による（▶動産・債権譲渡登記規則 8 条 1 項 1 号・2 号）。両者に共通する「動産の種類」として，「○○（動産の種類）一式」または「○○（動産の種類一切）のほか，○○（動産の種類）等」と表記される例もある。動産の特質によって特定する場合には，製造番号や製品番号等のシリアルナンバーによることが考えられる。なお，譲渡担保による譲渡の場合，その登記原因は，不動産登記の場合と同様，「譲渡担保」である（▶動産・債権譲渡特例 7 条 2 項）。特定動産については，種類・識別特質（メーカー名，製品名，製造番号，製造年月日）で特定し，集合動産については，種類・保管場所・所在地で特定することが想定されている。

　動産譲渡登記の利用によって，動産譲渡担保に占有改定以外の対抗要件の具備を可能とするとともに，その設定と対抗要件具備の時点の立証を容易にし，かつ第三者の即時取得をも阻む効果が期待されている。もっとも，実際上は，目的物に強い個性があり，登記によって特定が可能な機械設備や高価なコンピュータのような動産についてのみ，事実上登記が可能であり，かつ，譲渡後も目的物の現実の占有を譲渡人（設定者）の許に留めておくような場合に実益を発揮する。結果として，譲渡登記の利用は，譲渡担保のような担保目的の場合にほぼ限定されると予想された。現在では在庫品の譲渡担保等の利用のため

に，譲渡担保設定契約書の書式例において，対抗要件具備のために動産譲渡登記が利用される旨が明示されるに至っている。

4　動産の即時取得

> **Case 2-19**　貸衣裳店を営むＡがＢに服を貸した。しかし，Ｂがその服をＣに自己の物として売却した場合，Ｃは所有権を取得することができるだろうか。

公信の原則の採用　動産については，対抗要件である「引渡し（▶178条）」に「占有改定（▶183条）」をも含むため，公示機能が不十分であり，しかも不動産より頻繁に取引がなされて所在が変動する。あくまで「何人も自己の有する以上の権利を移転することはできない」が原則であるが，以下でみるように，192条の即時取得は，動産の占有者が所有者であると信じ，また，そう信じたことに過失がなかった第三者を保護して，動産の占有について公信の原則を規定する（▶192条）。すなわち，即時取得制度は，実際には権利関係がないにもかかわらず，権利関係が存在するかのようにみられる外観がある場合に，その外観を信頼して取引をする者を保護し，真に権利が存在したのと同様の法律効果を認めるものである。

　真実の所有者の権利喪失の正当化は，本当の所有者はその者を信頼して動産の占有を委ねたのだから，自分の眼鏡違いは自分で責任をとらねばならない，という点に求められる（「汝が信頼を与えたところから取り戻せ」）。ある者に物を預けたり貸したりした場合は，その者を信頼してのことだから，裏切られたとしてもそれはそのような者を信頼して物を委ねたのだから仕方がない，というわけである。

即時取得の制度趣旨　無権利者から動産を譲り受けても，譲受人が権利を取得しうるのが時効取得のみに限定されれば，頻繁に取引される動産について，前主が真の所有者であるかどうかをいちいち調査するのは膨大なコストがかかる。そのような調査を動産の取引に要求すると，商品の迅速な流通が阻害される。そこで，192条は，真の所有者の保護を犠牲にしてでも，取引

の安全を重視することとした。動産を占有し，所有者であるとの外観を保持している前主を，所有者であると信じて取引関係に入った者をして所有権等を取得させることこそ，真の所有者の保護よりも重要であるとしたのである。

即時取得の効果 占有取得者の取引行為が所有権の移転を内容とするものであれば所有権を，質権の設定を内容とするものであれば，質権を取得する（譲渡担保の場合もある）。所有権の取得の場合，真の所有者は所有権を失うが，取得者の取得が即時取得という「法律上の原因」に基づくため，所有権の価値相当額を不当利得（▶703条）として返還を請求することもできない。せいぜい，無権限で処分をした自己の相手方（譲渡人）に対する703条・704条ないし709条（所有権侵害を理由とする）の請求ができるだけである。このとき，前主の権利に付着していた負担・制限は，消滅するのが原則である。

たとえば，BがCから融資を受ける場合，B所有の動産を融資の担保として提供するとき，B所有の動産をCに引き渡して動産質権を設定する（▶352条）。Cは，Bの他の一般債権者に優先して自己の融資金の回収を図ることができる（▶342条）。しかし，Bが担保に提供した動産が，B所有ではなくA所有のものであるとき，Cが，当該動産がB所有でないことについて善意無過失であれば，動産質権を即時取得することになる。

なお，不動産賃貸・旅館宿泊・運輸の先取特権については192条が準用され（▶319条），取引行為が存在しない法定担保物権に即時取得の制度趣旨が拡張されている。たとえば，賃借人の所有でない動産についても，民法192条の要件の充足により先取特権が即時取得されることになる。

即時取得の要件 即時取得の要件は，192条によると，①目的物が動産であること，②その動産を対象として有効な取引行為が存在すること，である。譲受人側の要件として，③譲渡人が当該動産の処分権をもたず（所有者でない者），無権利であって動産を占有していること，④②によって譲渡人から動産の占有を取得したこと。⑤譲受人のその占有が，善意無過失でかつ平穏公然となされていること，である。以下では，④以外を先に叙述し，④について項目を改めて取り上げることにする。

(1) **目的物が動産であること** 占有により公示される動産に対象は限定さ

れ，登記・登録によるものは即時取得の対象から除外される。道路運送車両法により既登録の自動車には192条の適用はないが（★最判昭和62・4・24判時1243号24頁），未登録であるか登録の抹消された自動車には適用がある（★最判昭和45・12・4民集24巻13号1987頁，最判昭和44・11・21判時581号34頁〔登録制度のない軽自動車に即時取得を適用〕）。船舶，航空機，建設機械等，自動車と同様の登記・登録制度のある動産についても同様に除外される（▶航空3条の3，船舶5条，建設機械抵当3条1項）。

　登記済である動産について，農業動産信用法13条2項は，例外的に即時取得の適用を認めている。動産譲渡登記が経由された動産については，差押債権者や後続の取引を行う者に所有権取得を対抗できるが，譲渡登記を調査することを期待できない後続の取引者による即時取得の可能性を排除することはできない。

　登記済不動産の一部を構成する樹木の集団（立木）や未分離の果実などは，土地に付合（▶242条）してその登記の対抗力が及び，公示機能が果たされるため，地盤から未分離の状態では即時取得の余地はない。未分離の果実や伐採前の立木等は，不動産の一部であるため，即時取得は認められない（★大判昭和7・5・18民集11巻1963頁）。他方，工場抵当権・財団抵当の設定登記に包含される工場の備付けの機械等の動産も，財団から分離・搬出された場合には即時取得の余地がある（★最判昭和36・9・15民集15巻8号2172頁）。工場抵当権の場合，工場供用物権（動産）に対して工場抵当権の効力が及ぶことは登記により公示されているが（▶工場抵当3条），その動産自体を公示しているのではなく依然として占有によって公示されているので，民法192条の適用を除外する理由がない。工場抵当法5条2項は，明文で民法192条以下の適用を認めている。

　金銭は価値そのものを表章するから，即時取得の適用はない。しかし，他人所有の記念硬貨を窃取した者が，その硬貨をコレクションとしてオークションで売却した場合には，後述の「有効な取引行為の存在」の要件を満たし，譲受人について192条が適用される。

　(2)　**有効な取引行為の存在**　　売買や贈与・質権設定等，法律行為による占有の取得であることを要し（誤って友人の六法を教室から持ち帰っても即時取得は成立しない），樹木の伐採等の事実行為（★大判大正4・5・20民録21輯730頁〔山

林を自分のものと信じて伐採した事例〕）や，相続等により占有を開始しただけでは足りない。取引の安全を確保するのが即時取得の制度趣旨だからである。取引行為には，弁済や代物弁済，競売による所有権取得も含まれる（★最判昭和42・5・30民集21巻4号1011頁）。

　取引行為は有効でなければならない。たとえば，本人をA，代理人をB，代理行為の相手方をCとして，Bが必要な代理権を有しないにもかかわらずAの代理人と称して，Aの有する動産甲につきCと売買契約を締結しても，99条により，無権代理人Bの行為はAに及ばない。効果帰属の主体がないため，無権代理行為はその意味で無効となる。Cが表見代理の成立を主張することができない場合には，A・C間に有効な売買契約自体が成立しないのであるから，即時取得は成立しない。即時取得も表見代理も，抽象的には「善意者保護」の制度であるが，前者が権利帰属についての信頼保護を問題とするのに対して，後者は契約の有効な成立についての信頼保護に関わる。公序良俗・強行法規違反による無効や，制限行為能力違反，意思表示の瑕疵等により意思表示が取り消された場合には，その取引により動産の占有を開始した者は無権利者であるが，その者からの転得者は，なお即時取得をする余地がある。

　(3)　**前主が無権利者もしくは処分権をもたない者であり，動産を占有していたこと**　　譲渡人が所有権を有しない場合が，192条の適用される典型例である。譲渡人自身の権利取得が無効あるいは取り消されたり，所有者から動産を賃貸ないし寄託を受けていたにすぎない場合や，占有物が盗品・遺失物である場合等が考えられる。通常は，真の所有者からの返還請求に対して，返還の相手方が抗弁として即時取得を主張し，真の所有者が所有権を喪失することを指摘する過程で，前主である譲渡人の無権利ないし無権限が明らかになる。これに対して，後述するように，返還請求をする側で，即時取得の成立を争い，その要件が充足されないことをさらに主張する（再抗弁）態様で，192条に関する主張立証が展開されていく。

　(4)　**善意平穏公然無過失**　　192条の「平穏・公然」の要件は，取得時効の162条2項と同様，186条1項により推定される。しかし，取得時効では，「平穏・公然」が占有者の占有の態様に関する要件であるのに対して，即時取得では前主（譲渡人）からの占有承継の態様に関する要件である点が異なってい

る。通常の取引行為であればおよそ「平穏・公然」に占有を承継するから，実質的には「取引行為の存在」の要件に吸収される。

192条の趣旨より，譲受人が前主の無権利につき「善意であり，過失がない」ことが要件とされる（★最判昭和26・11・27民集5巻13号775頁）。「善意」については，「平穏・公然」と同様，186条1項によって推定される。即時取得における「善意」とは，「取引の相手方がその動産につき無権利者でないと誤信」すること（前掲★最判昭和26・11・27）を意味し，単に「権利者ではないことについての不知」を意味しない。192条が前主の占有を信頼して取引行為を行った者を保護するため，通常の意味での善意（消極的不知）とは意味が異なる。所有権が留保された建設機械に，所有者名を打刻したネームプレートがつけられている場合，譲受人は悪意ないし有過失となる可能性が高く，即時取得が阻止される。対抗要件ではないが，一種の明認方法により192条の適用を遮断する効果をもつ。

取得時効と異なり，無過失も推定される（★最判昭和41・6・9民集20巻5号1011頁）。188条により前主が権利者と推定される結果，その占有を信頼した者は無過失と推定されるのである。また，以上の要件は，法人が取得者である場合には代表者について判断されるが，その代理人がいる場合には代理人について判断すべきである（★最判昭和47・11・21民集26巻9号1657頁）。186条1項・188条によって譲受人の「善意・無過失」が推定されるから，192条の適用を争う側で，占有取得者の悪意・有過失について主張・立証責任を負う（前掲★最判昭和41・6・9）。

なお，動産・債権譲渡特例法3条1項にいう「引渡し」は，あくまで民法178条の意味での「引渡し」にすぎず（ただし，当該動産につき，倉荷証券，船荷証券または複合運送証券が作成されている場合を除く），動産譲渡登記を経由しても192条の即時取得としての効果を生じない。その一方で，動産譲渡登記がされた譲渡の目的物である動産が，さらに譲渡された場合に，譲受人に即時取得が認められるかについては，規定は設けられず解釈に委ねられた。もっとも，目的物の種類，取引態様，譲受人の性質（金融機関等の事業者である場合）によっては，動産譲渡登記を確認しないことが，民法192条の「過失」にあたると判断される場合もありえよう。

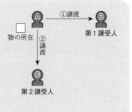

> **◼︎ Case 2-20**　Ｂが，Ａからビデオカメラを購入したが，Ａに預けたまま後日取りに来ることにした。ところが，ＡはこれをＢに売却した後であるにもかかわらず，自分の物として再びＣに譲渡した。Ｃは，Ａを所有者と信頼したのである。しかし，Ｃも取得後なおＡに預けたままの場合，ＢとＣとではどちらがカメラの所有権を取得するか。

**占有改定と
即時取得**　192条の「引渡し」に，現実の引渡し（▶182条１項）・簡易の引渡し（▶同条２項）が該当することに問題はない。しかし，

「占有改定」（▶183条）と「指図による占有移転」（▶184条）での即時取得の成否が問題となる。

　Case 2-20 では，178条の対抗要件主義からは，先に占有改定をしたＢがカメラの所有権を取得し，仮にＣがＡから先に現実の引渡しを得たとしても，ＢがＣに返還請求をすれば，ＣはＢに引き渡さなければならない。しかし，Ｃの占有改定により即時取得が成立すれば，後発のＣがＢに優先することになる。ここでは，Ａが目的物を現実に所持している状態が一度も変わっていないのに，後から登場した者であるＣの，Ａに所有権が帰属しているという外観（Ａに現実の所持がある）に対する信頼を，すでにＡから譲渡を受けて真の所有権者となっているＢを犠牲にしてまで保護することが妥当なのか，という点が問われているのである。

　判例は，全体として即時取得否定説に立つとされる（★大判大正５・５・16民録22輯961頁，★最判昭和32・12・27民集11巻14号2485頁）。無権利者から譲渡を受けた譲受人が192条により所有権を取得するためには，「一般外観上従来の占有状態に変更を生ずるがごとき占有を取得することを要し」，占有改定は「かかる状態に一般外観上変更を来たさない」から，即時取得は否定されるという（★最判昭和35・２・11民集14巻２号168頁：百選Ⅰ-64）。

　学説は，肯定説，否定説，肯定説からの折衷説の３種に大別される。肯定説の論拠は，その沿革とは異なり，現在では取引の安全を保護する機能を果たし，前主の占有という外観に基づき所有権や処分権限への帰属に対する信頼を重視する。しかし，この立場では，**Case 2-20** において，Ａが現所有者である

Ｂに目的物を返還してＢが現実の占有を取得した場合でも，即時取得を認められたＣがＢに引渡しを求めうることになってしまう。

　否定説は，前掲の判例（★最判昭和35・2・11）の理由づけである「占有の事実に変化がない限り権利者の信頼は裏切られていないから，かの者に犠牲を強いることはできない」ということ，さらに，占有を現実に取得せず，主観的な信頼のみでは保護に値しないことを挙げる。上記 **Case 2-20** では，Ｂからみて，Ａが誠意ある借主として物を保管している状態は変わっていないから，Ｃがたとえ善意無過失であっても即時取得できると解すべきではない，というのである。もっとも，否定説であっても，譲渡契約後，ＣがＡから現実の引渡しを受ける時点で善意無過失であれば，即時取得することは認めている。

　肯定説からの折衷説は，Ｃは，占有改定によって一応目的物を即時取得するが，その取得は未だ不完全・不確定であり，先にＡより現実の引渡しを受けた者が優先すると解する（現実の引渡しによってＣの即時取得は完全なものになる）。折衷説が念頭に置くのは，以下のような，動産の譲渡担保の二重設定の事例である。

> **⬛ Case 2-21**　ＡがＢに対する貸金債務の担保として，自己の所有する建設機械をＢに譲渡した。しかし，なおＡは機械を占有して使用することを許された（譲渡担保の設定）。Ａは，その後，Ｃに対しても，自己の貸金債務の担保としてこの機械をＣに譲渡することとしたが，なおＡは占有して機械の使用を継続することとされた。その後，ＡがＣに対する債務につき不履行に陥った後，Ｃが譲渡担保の私的実行として当該機械をＡから引き揚げた場合，Ｂはこれに対して異議を唱えることができるか。

　動産質権（▶342条以下。➡第 7 章）では，設定者に質物の現実の占有を留めておくことができないため（▶352条参照），設定者がこの利用を継続することができない。動産の譲渡担保は，その不都合を回避するため，「担保のため」に所有権を「譲渡」するが，対抗要件具備を占有改定によることで，設定者に目的動産の利用の継続を可能にする（➡297頁以下）。**Case 2-21** において，折衷説は，譲渡担保の設定を受けた融資の時点で，Ｃが競合するＢの譲渡担保について善意無過失であれば権利取得の信頼を抱き，担保の実行のために現実の

図表 2 - 4　指図による占有移転

引渡しを受けた時点で競合するＢの存在を知った（悪意）であっても保護に値
すると考える。この立場は，**Case 2-21** のような事例を一種の二重譲渡類似の
優劣とみて，先に現実の占有を取得した者を優先させることを妥当と解するの
である。

　流動動産の譲渡担保に関する判例（★最判平成18・7・20民集60巻6号2499頁：
百選Ⅰ-97）は，譲渡担保を二重に設定する余地に言及するが，傍論にすぎず，
占有改定と即時取得に関する上記折衷説との関係がどう説明されるかについて
は，議論が蓄積されていない。

　学説の対立が先鋭化するのは，**Case 2-21** において，Ａに目的物の現実の占
有が留まっている場合のＢとＣの優劣についてである。肯定説では，Ｃの占有
改定により，Ｂに対するその優先が確定する。否定説では，占有改定では即時
取得は生じないからＢが優先する。しかし，Ｃへの現実の引渡時に善意無過失
であれば，その時点で即時取得が成立し，Ｃが優先する。折衷説の場合，現実
の引渡しがなされない限り，ＢもＣも，自己への確定的な所有権の移転を主張
できず，両すくみの状態が継続することになる。

指図による占有
移転と即時取得　判例は，後述するように，肯定説に立つとみられるもの
と，否定説に立つとみられるものの双方がある。学説で
は，裁判例の事案に応じて，占有改定の場合に即時取得が否定される理由とし
ての「一般外観上変更を来たさない」という点を，類型的に検討する説が有力
である。

　すなわち，Ａから動産を賃借していたＢが，これをＡに無断でＤに寄託して
Ｃに売却した場合，Ａ・Ｂ間の占有委託を基礎づけている信頼は客観的にみて
動揺を来たしており（**図表 2 - 4**(1)），したがって，その状態でＢから指図によ

る占有移転を受けたＣのためには，即時取得の成立する可能性がある。たとえ
ば，一定地区の取引慣行に従い，荷渡指図書に基づく寄託者台帳上の名義変更
によって指図による占有移転がなされた事案につき，即時取得を肯定した事例
がある（★最判昭和57・9・7 民集36巻 8 号1527頁）。

　これに対して，Ａから動産を賃借していたＢが，Ａに無断でＣに譲渡して占
有改定により対抗要件を具備させ（物の所在は依然としてＢの直接占有下にあ
る），ついで，ＣがＤに譲渡して指図による占有移転により対抗要件を具備さ
せたとする（なおも物はＢの直接占有下にある。**図表 2 - 4**(2)）。このとき，Ｂの直
接占有の状態が継続しており占有状態の外観に変化がないから，現権利者であ
るＡのＢに対する信頼が形の上で全く裏切られていないというほかはなく，占
有改定と同様，Ｄのために指図による占有移転による即時取得を認めるべきで
はないとされる。判例は，こちらの類型については即時取得を否定している
（★大判昭和 8 ・ 2 ・13新聞3250号11頁，大判昭和 9 ・11・20民集13巻2302頁，大判昭
和12・ 9 ・16新聞4181号14頁）。

即時取得の例外規定
（盗品・遺失物の場合）　民法193条は，192条で即時取得が成立する場合で
も，「占有物が盗品又は遺失物であるときは，被害者
又は遺失者は，盗難又は遺失の時から 2 年間，占有者に対してその物の回復を
請求することができる」とする。

　193条は，即時取得が阻止される 2 年間の間，自らの意思によらずに占有を
失った者にその物の返還を求める権利を与える。そのため，回復請求の主体は
所有者に限られず，賃借人や受寄者も含まれる（「被害者又は遺失者」）。ただ，
賃借人や受寄者が「被害者」である場合，真の所有者は193条の回復者たりえ
ない。

　請求の相手方となる占有者は，即時取得をした者からの転得者も含む。ま
た，権利関係の早期確定のため，回復請求が 2 年間に制限され，かつこの期間
は除斥期間であると解されている。 2 年間の経過は，動産を占有している相手
方が主張立証することを要する。もちろん，取得者に過失があり即時取得が成
立しない場合には，所有者は，物権的返還請求権により，193条の 2 年間の制
約なしに現占有者に対して動産の返還を請求することができる。

　被害者または遺失者により無償で回復された場合，占有者は前主に対して，

契約不適合に基づく債務不履行責任として，契約を解除することができ（▶542条）により支払代金とその利息の返還を求めることができる（▶545条1項・2項）。この場合，前主は，占有者に対して，目的動産の使用利益の返還を請求することができる（★最判昭和51・2・13民集30巻1号1頁：百選Ⅱ-40）。

代価弁償
（▶194条）　　盗品・遺失物であっても，競売や公の市場または同種の物を販売する商人を信頼して買い受けた者は，前主に支払った取得代金の弁償を受けるまでは，所有者からの返還請求を拒絶することができる（▶194条）。後述するように，占有者が代価の弁償を受けないまま占有物を返還しても，代価弁償請求権は失われない（後掲★最判平成12・6・27）。なお，古物商や質屋が占有者として所有者から回復請求を受けた場合，盗難・遺失の時から1年間は，194条は適用されず，被害者・遺失者は無償で回復ができる（▶古物営業20条，質屋営業22条）。

　193条により盗品・遺失物の回復請求ができる2年間の間，所有権は原所有者にあるのか，それとも占有者にあるのか。原所有者にあるとすれば，回復請求の相手方は使用利益も合わせて原所有者に返還しなければならないのか。回復請求を受けるまでの間は，占有者は自己の物と信じて動産を使用している。しかし，回復請求の訴えの提起後は悪意占有者となるから，その後の使用利益については回復者に返還を要するようにもみえる（▶189条2項・190条1項）。

　大審院時代の判例は，2年間は即時取得が成立しないので，所有権は原所有者に残るとする（★大判大正10・7・8民録27輯1373頁）。しかし，最判平成12・6・27民集54巻5号1737頁（百選Ⅰ-65）は，所有権の帰属に言及することなく，事案の解決を図った。

　事案の概要は，以下の通りである。Xは，自己の有する土木機械をBらに盗取された。機械は中古機械の販売業者Aに持ち込まれ，YはAから善意無過失で機械を300万円で購入した（建設機械抵当法による登記なし）。XからYに対して，盗難の時から2年以内に所有権に基づき返還請求，および使用利益ないし賃料相当損害金を請求した。Yは，194条により，代価である300万円の賠償を受けない限り引き渡さないと抗弁した。第1審判決で機械の引渡しまで1か月30万円の支払い（使用利益相当額）を命じられたため，Yは代価の支払い受けないままXに機械を返還した。YからXに対し，194条の代価弁償請求と遅延損

害金請求がなされた。

　本件における争点は，盗品または遺失物の占有者は，民法194条に基づき右盗品の引渡しを拒むことができる場合において，①代価の弁償の提供があるまで右盗品等の使用収益権を有するか，および，②被害者が代価弁償をしないまま盗品を回復することを選択してその引渡しを受けたときであっても，占有者は，なおも同条に基づき被害者に対して代価の弁償を請求することができるか，であった。

　本件判決は，まず①を肯定する。その理由として，194条に基づき占有者が盗品等の引渡しを拒んでいる間の占有者の使用収益権を認めないと，占有者の地位が不安定になること甚だしく，占有者と被害者（原所有者）との保護の均衡を図った194条の趣旨に反すること，弁償される代価には利息は含まれないと解されるところ，それとの均衡上占有者の使用収益を認めることが両者の公平に適うから，とした。つまり，本件判決は，代価弁償の提供時までにおいても，占有者に対して完全な所有権を取得した場合と同様の使用収益権を認めることで，被害者等が回復請求・代価弁償を選択した場合と，回復を断念した場合とで，少なくとも代価弁償の提供前の段階では同等の効果を与えようとするのである。

　他方，本件判決は，②について194条は占有者の代価弁償請求権を認めた規定で，単なる抗弁ではないとした。盗品の回復が被害者の選択に委ねられているのに対し，占有者がこの一方的な選択で使用収益を喪失したり享受しえたりすることは，前者に比して後者に甚だしく不安定の地位を強いるもので不当である。また，回復請求の訴えの提起後も189条2項は適用されず，占有者は，使用利益の返還をしなくてよい。元の所有者が回復を断念した場合，占有者が，占有取得後の使用利益を享受することとのバランスを図り，かつ，代価弁償の支払いを確実に得られるようにするため，なおも194条により代価弁償を請求できる，というのである。言い換えれば，本件判決は，回復請求の相手方である占有者には，194条によって被害者等から代価の弁償があるまで盗品等の引渡しを拒むことのできる地位が与えられ，それを貫徹するために，代価の弁償があるまで右盗品等の使用収益を行う権限を有すると解したとみることができるだろう。

5　立木等に関する物権変動

明認方法の意義　本来立木（土地に生えた状態の樹木の集団）は土地の構成部分として，土地とともに取引されるのが通常である。しかし，日本では，古くから「立木」のみを地盤から独立して取引をする慣行が存在し，1909（明治42）年に「立木ニ関スル法律」（立木法）が制定されて，土地から分離された立木独自の公示方法が整備された。すなわち，立木法では，立木法に従って所有権保存の登記（立木登記）をした立木は不動産とみなされ，土地と分離して譲渡したり，抵当権を設定することが可能となったのである。

　しかし，実際にはこの立木登記はあまり利用されず，墨書等による慣行的な「明認方法」と呼ばれる公示方法が利用され，判例によって立木に関する慣習法上の公示方法として承認されてきた（法令に規定のない事項についての慣習法，▶法の適用に関する通則3条）。この明認方法によって，立木が地盤から分離して独立した所有権を成立させ，取引の目的とされていることを公示して，二重の立木の取得者や地盤の取得者に対する関係で対抗力を承認してきた。もっとも，立木法上の立木登記と異なり，公示できる権利は所有権のみで，抵当権の設定等には利用できない。墨書等によるのでは，抵当権の内容等の権利の詳細を公示することには適していないからである。

　明認方法は，売買や贈与だけでなく，立木の所有権を留保することも，公示できるとされている。また，立木だけでなく，未成熟の稲立毛，果実，桑葉等についても認められ，これらは土地に付着したまま取引の対象とされる。

明認方法の具備とその方法　立木を削って所有者名を墨書きしたり（★大判大正10・4・14民録27輯732頁），立木に刻印を打ち込み標札（立札）を立てる，標杭を立てる等の方法がある。稲立毛については，田んぼに縄を張りめぐらして立札を立てる等の方法によってなされる。薪炭の製造用に立木を買い受け，その山林内に小屋等の製炭設備を作って製炭事業に従事することをもって，明認方法と認めた判例もある（★大判大正4・12・8民録21輯2028頁）。

　明認方法は，物権変動の際に具備されているだけでは足りず，第三者が利害

関係をもつに至った時点においても存続していなければならない。墨書等が風雨にさらされていた等により消失していた場合には，対抗要件として認められない（★最判昭和36・5・4民集15巻5号1253頁：百選Ⅰ-61）。土地上の立木・未分離の果実を独立の所有権の客体とすることは，土地所有権を制限することになる以上，明認方法の存続は対抗力継続の要件であると解される。

明認方法による対抗問題　(1)　**立木の二重譲渡**　山林の所有者Aが地盤上の立木のみをBとCに二重に譲渡した場合，先に明認方法を備えた者が立木の所有権の取得を対抗することができる。BもCも明認方法を施していない場合には，伐採して動産として取引をした場合として，178条・192条の適用によって処理される。

(2)　**立木の譲渡と土地の譲渡との対抗**　土地所有者Aが，立木を含めて土地をBに譲渡し，他方，立木のみをCに譲渡した場合，立木についてのみ二重譲渡が生じる。このとき，BとCとの間の優劣は，Bの土地の移転登記とCの明認方法の先後による（前掲★大判大正10・4・14）。Bが地盤の抵当権者，あるいは地上権者である場合も同様である。立木は土地の構成部分であり，植栽により土地に付合するから，土地・立木が同一所有者に帰属する場合には，立木の公示は登記に包含されることが前提となっている。

(3)　**立木のみを留保して土地が譲渡された場合**　土地所有者Aが土地上の立木の所有権を留保して，土地をBに譲渡してB名義に移転登記が経由された。その後，BがAによる立木の所有権の留保を知らせることなく，土地をCに譲渡した場合，Aは，明認方法を施していなければ，立木の所有権の留保をCに対抗できない（★最判昭和34・8・7民集13巻10号1223頁）。「留保もまた物権変動の一場合と解すべきであるから……明認方法を施さない限り，立木所有権の留保をもつてその地盤である土地の権利を取得した第三者に対抗し得ない」（前掲★最判昭和34・8・7）。学説には，Bは立木について無権利であるとして，Cは立木の所有権を取得できないところ，Cにつき即時取得の成否が問題となるとするものがある。

(4)　**稲立毛・未分離果実の特殊性**　稲立毛・未分離果実について，判例は，立木と異なる取扱いをする。すなわち，これらについては，明認方法に加えて引渡しをも必要とし，明認方法の内容も，権利移転を明認させるものではな

く，引渡しがあったことを明認させる方法であることを要する（★大判大正5・9・20民録22輯1440頁〔未分離の蜜柑〕，大判大正9・5・5民録26輯622頁〔桑葉〕，大判昭和13・9・28民集17巻1927頁〔稲立毛〕）。

6　物権の消滅

ここでは，各種の物権に共通の消滅原因に絞って検討する。

目的物の滅失　所有権は独立した1個の物を対象とするから，火災等により物理的に建物や動産が滅失すれば，その物の所有権は消滅する。その物を目的として設定されていた制限物権（例：動産質権や建物抵当権を目的とする転抵当権）も，同様に消滅することになる。ただし，抵当権等については，目的物の滅失後の価値代替物に対して，抵当権が消滅せずにその効力が及ぶ場合がある（物上代位，▶372条・304条）。

消滅時効　所有権は，行使しないでいても時効により消滅することはない。しかし，地上権や地役権等の所有権以外の物権は，権利行使可能時から20年間行使しないときは，消滅時効の完成により利益を得る者の時効援用によって消滅する。時効の利益が放棄されたときは，消滅しない。もっとも，たとえば土地が他人によって時効取得された場合や，動産が即時取得された場合には，その反射的効果として，従来の所有権者は所有権を失うことになる。

物権の放棄　放棄は，物権を消滅させることを目的とした単独行為であり，意思表示のみで効力を生じる。所有権および占有権（▶203条）の放棄は，特定の人に対する意思表示を必要としない（例：無主物である魚を捕まえて放してやる。例外として▶287条参照）。ただ，不動産所有権の放棄は，登記の抹消をしなければその放棄を第三者に対抗できない（不動産登記法には抹消に関する規定はない）。所有権以外の物権は，放棄により直接利益を受ける者に対する意思表示を必要とする。たとえば，地上権を放棄するためには，土地所有者に対する意思表示を必要とする（★大判明治44・4・26民録17輯234頁）。

もっとも，放棄が他人の権利を害する場合には，自由に物権を放棄することは認められない。

| 混　同 | 相対立する2つの法律上の地位が同一人に帰属した場合，2つの権利を併存させておくことは無意味であるため，一方は他方 |

に吸収されて消滅する。これを「混同」という（▶179条，債権につき520条）。

まず，所有権と他物権の同一人への帰属について考える。土地所有者から地上権の設定を受けて土地の上に建物を所有していた地上権者が，地主から土地を買い取った場合，地上権は所有権に吸収されて消滅する（▶179条1項本文）。しかし，その地上権に抵当権が設定されている場合には消滅しない（▶同条1項ただし書）。

次に，所有権以外の物権と，これを目的とする権利の同一人への帰属の例を挙げる。たとえば，父親から借金をするために自分の有する地上権に父親のために抵当権を設定した息子が，その後父親を相続したとする。このとき，相続により相続人である息子に父の抵当権と自己の地上権がともに帰属すると，地上権を目的とする抵当権は消滅する（▶179条2項前段）。ただし，父親の有していた抵当権が第三者のための転抵当権の目的となっていた場合には，抵当権が混同により消滅すると，その転抵当権者が不測の不利益を被るため，179条1項ただし書が準用され，抵当権は消滅しない（▶179条2項後段）。

> **✠ Case 2-22**　Aは自己所有地にBのために抵当権を設定した。その時点で本件土地にはC所有の建物がすでに築造され，A・C間に土地の賃貸借契約が締結されていた（Cの建物保存登記によって対抗要件を具備。▶借地借家10条）。その後，AがCから建物を取得したが，Bが土地抵当権を実行し，Dが土地の買受人となった。このとき，DはAに対して建物収去・土地明渡請求をすることができるか。

Case 2-22 では，Cの建物をAが取得すれば，建物所有のための土地賃借権は，混同（▶520条）によって消滅するはずである。しかし，仮にAがCから建物を取得せずにBが土地抵当権を実行すれば，Cの土地賃借権は借地借家法10条により対抗力を備えているから，抵当権の実行にも対抗することができ，Cは建物の利用を土地買受人のDに対しても主張できる。たまたま，AがCから建物を買い受けたとしても，もともとBは土地抵当権がCの建物利用のための土地賃借権の負担付きで土地の価値を評価していたのだから，この場合は混同の例外にあたり，Cの賃借権は消滅せずAに引き継がれ，AはDに対抗しうる（★最判昭和46・10・14民集25巻7号933頁参照。▶179条1項ただし書類推，土地の賃借権がBの抵当権の目的となる）。

第3章　占　　有

1　占有権の意義と機能

占有権の意義
　ある人が，自ら利益を受ける意思をもって，ある物を現実に支配する事実状態を「**占有**」という。180条は，「自己のためにする意思をもって物を所持すること」により「**占有権**」を取得すると規定する。占有と占有権との関係をどう考えるか，占有権は物権かということについては古くから議論があるが，民法は，占有に一定の法的保護を与え，種々の法的効力を認め，占有権という言葉を用いる。

　180条は，占有を基礎づける事実状態の発生原因を問題としない。つまり，占有は，所有権のような占有を正当化する権利（本権）の有無にかかわりなく，現に存在する物支配の状態を法的に一定程度保護するものである（本権と占有の分化）。民法が，占有を保護する理由については，現にある物支配の状態を適法なものとして尊重することにより，この状態を基礎とした社会秩序の安定と維持を図り，取引の安全を保護することが挙げられる。ただし，占有の保護は，現にある物支配の状態をひとまず尊重し，便宜上一定の法的保護を与えるものにすぎず，その意味で暫定的な仮の保護である。

占有の機能
　占有には，その制度の沿革，法的効力から，主に次のような機能があるといわれている。①社会秩序を維持する機能（占有の訴え〔▶197条以下〕），②本権を表象・公示する機能（本権の推定〔▶188条〕，即時取得〔▶192条以下〕，動産物権変動の引渡しによる公示〔▶178条〕），③本権を取得する機能（取得時効〔▶162条以下〕，無主物先占等〔▶239条以下〕ほか），④義務負担機能（工作物責任〔▶717条〕，動物占有者の責任〔▶718条〕）などである。

2　占有の要件と種類・態様

| 占有の要件 | 占有の要件は，①**自己のためにする意思**（**占有意思**），および②**物の所持**である（▶180条）。 |

　占有意思の有無について，判例・通説は，所有者として所持する意思である必要はなく，目的物から事実上の利益を受ける意思をもって所持することで足りると解しており，この意思の存在をかなり広く認める（たとえば，★最判平成18・2・21民集60巻2号508頁は，地方公共団体がその管理する道路敷地の占有権を有することを認めた）。この意思は，必ずしも現実に存在する必要はなく，一般的・潜在的に存在すればよく，その意思の有無は，物の所持を生じさせた権原・原因の性質に従って客観的に判断するものと解されている。したがって，売買における買主，賃貸借における借主だけでなく，泥棒についても認められる。

　このような解釈では，占有意思は，占有の要件として積極的な機能を果たしているとはいえず，学説では，占有意思を不要とする見解も有力である。

　次に，物の所持とは，一般に，社会通念上，その物がその人の事実的支配に属するものというべき客観的関係にあることと解されている（★大判昭和15・10・24新聞4637号10頁等）。社会通念に照らして判断することから，Aが日常的に携行する動産に所持が認められるのは当然として，Aが相続によって所有す

✍ Topic 3-1

わが国の占有制度の沿革

　わが国の占有制度は，ローマ法のポセッシオとゲルマン法のゲヴェーレに由来するものといわれている。ポセッシオとは，ローマ法上の占有をいい，占有と本権の分離・独立を前提に，物の事実的支配そのものを保護する制度といわれている。占有の訴えの他，本権者と占有者の利害調整を図る制度（▶189条～191条・196条）が，主にローマ法に由来するものとされている。他方で，ゲヴェーレは，ゲルマン法（ドイツ固有法およびその諸原理）で物の事実的支配を本権の表象・表現形式とみて保護する制度といわれている。ゲルマン法では，ゲヴェーレは，本権と対立するものではなく，本権と不可分に結びつくものと理解されていた。権利適法の推定や動産の即時取得などが，ゲルマン法に由来するものとされている。

ることになった空家である建物についても，所持は認められる。後述のように，所持は，他人（**占有代理人，占有機関**）を介しても認められることから，実際には，目的物の直接的な事実上の支配を伴わない占有も認められる（**占有の観念化**）。

占有の種類・態様

(1) **自己占有・代理占有** **自己占有**とは，本人自らが目的物を直接所持する占有をいう。**代理占有**とは，他人（占有代理人）が目的物を所持し，その所持を通じて本人が取得する占有をいう（▶181条）。以下では，代理占有の要件と効果について述べる。

代理占有の要件は，一般に，①独立して物を所持する占有代理人がいること，②占有代理人が本人のためにする意思を有すること，および③本人と占有代理人との間に占有代理関係があることである。なお，②と③は，②が③の内容に従うものであることから，③の占有代理関係の内容が重要となる。

代理占有は，たとえば，賃貸借契約（▶601条）や寄託契約（▶657条）との関係でその成立が認められる。寄託では，ある物の所有者Ａ（寄託者）が，Ｂ（受寄者）にその物の保管を依頼し，Ｂがその物を受け取り，現に保管している場合，①ＢはＡから独立して物を所持し，②ＢはＡのためにその物を保管（所

✐ Topic 3-2

占有代理人・占有機関と占有の成否

　他人が物を所持する場合であっても，その他人が占有機関（占有補助者ともいう）であれば，代理占有の成立は認められない。具体的には，ある店で店主に雇われている店員や法人の代表機関がその例である。その他人が占有機関にあたる場合，本人の自己占有（直接占有）のみが認められる。多数説は，その理由を本人に対し独立の所持が認められないからであるとする。有力説は，当事者の意思の欠如を重視する。

　ここで，いかなる場合にも，上記のような占有機関には独立の占有が認められないのだろうか。たとえば，法人の占有をめぐって争いがある。

　法人Ａの代表機関Ｂがある物を所持する場合，原則的に，Ｂが法人の機関として物を所持する限り，Ａの占有のみが認められる。しかし，判例によると，ＢがＡの代表機関として所持するにとどまらず，Ｂ個人のためにも所持すると認められる特別の事情があれば，Ｂの（直接）占有が認められる余地があると解されている（★最判昭和32・2・15民集11巻2号270頁：百選Ⅰ-62，最判平成10・3・10判時1683号95頁等）。

持）し，③A・B間には寄託契約が存在することから，AはBの所持を通じて代理占有を取得することになる。

　代理占有の効果は，占有代理人（B）が目的物に占有権を有するだけでなく，本人（A）が目的物上に固有の占有権を取得することである。この場合，Aの占有を間接占有，Bの占有を直接占有ともいう。本人の占有は，占有代理人の占有に一定の影響（占有の善意・悪意，占有侵奪の有無等）を受ける。

　(2)　**自主占有・他主占有**　　**自主占有**とは，所有の意思をもってする占有をいい，**他主占有**とは，所有の意思のない占有をいう。「所有の意思」の有無は，「占有者の内心の意思によつてではなく，占有取得の原因である権原又は占有に関する事情により外形的客観的に定められるべきもの」と解されている（★最判昭和58・3・24民集37巻2号131頁）。したがって，受寄者や賃借人の占有は，他主占有である。

　185条は，他主占有が自主占有にその性質を変更することについて規定する。同条によると，次の2つの場合に，他主占有は自主占有になる。つまり，占有者が，①自己に占有をさせた者に対して所有の意思のあることを表示し，または②新たな権原によりさらに所有の意思をもって占有を始める場合である。物の所有者（賃貸人）をA，その物の占有者（賃借人）をBとすると，①はBがAに対し所有の意思のあることを表示した場合，そして，②はA・B間で当該目的物の売買契約を締結したような場合である。

　自主占有が所有権の取得時効の要件（▶162条1項）であることから，他主占有から自主占有への変更は，取得時効で争われることが多い。特に，他主占有者の相続人が，相続によりその占有を承継した場合に，185条との関係上，目的物の所有権を時効取得しうるかということが問題となる（詳細については，187条とも関連することから，改めて後述する。➡91頁）。

　(3)　**善意占有・悪意占有など**　　(a)　**善意占有・悪意占有**　　**善意占有**とは，所有権などの本権がないにもかかわらず，それがあると誤信してする占有をいう。**悪意占有**とは，本権がないことを知り，またはその存在に疑いを抱きながらする占有をいう。通常，善意・悪意は，ある対象となる事実の知・不知により区別されるが，ここでの善意・悪意は，それとは少し異なる。

　この区別は，取得時効（▶162条以下）の他，占有物から生じる果実に関する

規律（▶189条，190条），占有者の損害賠償義務（▶191条），占有者の有益費償還
請求権（▶196条 2 項）等に関係する。

　(b)　瑕疵なき占有・瑕疵ある占有　　平穏，公然，善意，無過失をすべて備
えた占有を**瑕疵なき占有**という。そのいずれか 1 つでも欠く占有を**瑕疵ある占
有**という。「平穏，公然，善意，無過失」に対置される言葉に，「暴行・強迫，
隠匿，悪意，過失」があり，瑕疵ある占有は，そのいずれかを備えた占有と説
明されることもある。

3　占有の取得

　占有の取得には，**原始取得**と**承継取得**がある。占有は，新たに占有意思を
もって物を所持することによって原始取得される（▶180条）。無主物先占（▶
239条 1 項），遺失物拾得（▶240条）などでの占有取得は，原始取得である。以
下では，承継取得（占有の移転）について，動産の物権変動での解説（➡第 2
章）と重複しない範囲で述べる。

　承継取得の方法　　民法は，承継取得について，①**現実の引渡し**，②**簡易の
引渡し**（以上，▶182条），③**占有改定**（▶183条），④**指図
による占有移転**（▶184条）の 4 種類を定める（これらについては，178条の「引渡
し」や192条の即時取得の要件である占有の開始との関係に注意が必要。➡第 2 章参
照）。これらの方法による占有の承継を**特定承継**という。

　他方で，占有者の地位を承継することに伴って占有が移転することがある。
このような占有の承継を**包括承継**といい，具体例としては，相続を原因とする
占有の承継がある（占有の相続性については，➡91頁参照）。

　占有承継の効果　　187条は，占有承継の場合の取扱いを定める。実際に
は，取得時効に関する規定である。同条 1 項により，占
有者の承継人は，①自己の占有のみの主張，または②自己の占有に前主（前の
占有者）の占有を併せた主張をすることができる。たとえば，AからBに占有
が承継され，その後Bにその目的物の所有権の取得時効（▶162条）を主張する
必要が生じた場合に，Bの占有期間だけで時効期間を満たすのであれば，Bは
自己の占有のみでその取得時効の主張ができる。他方で，187条 1 項により，

Bは，Aの占有を併せて主張することもできる。特に，この主張は，Bの占有期間だけでは時効期間に満たず，A・Bの占有期間を合算すれば時効期間を満たす場合に，Bにとって意味がある（➡ **Further Lesson 3-1**）。

同条1項に関しては，2つの問題が存在する。第1に，そこでの承継人には，特定承継人だけでなく，相続人のような包括承継人も含まれるのか（➡91頁）。そして，第2に，前主は，承継人の直前の占有者のみを指すのか（たとえば，A→B→Cと占有承継が連続する場合）。第2の問題について，判例は，承継人の直前の前主（前述の例ではB）に限られるものではなく，その選択権は，承継人（C）にあるものと解している（★大判大正6・11・8民録23輯1772頁等）。

187条2項は，承継人が前の占有者の占有を併せて主張する場合について，その瑕疵をも承継すると規定する。前述の例で，たとえばC自らの占有が瑕疵のないものであったとしても，A・Bの瑕疵ある占有を併せて主張する場合

Further Lesson 3-1
▶▶▶▶▶ 187条2項と取得時効の時効期間

占有承継に関しては，下図のCがA・Bの占有を併せて主張し，目的物の所有権を時効取得するには，162条との関係上，その時効期間は何年になるかという問題がある。

187条2項は，瑕疵ある占有の取扱いを規定するのみで，瑕疵なき占有の取扱いについては，必ずしも明らかではない。下図ではAが善意・無過失の占有者であった場合に，CはAの占有を併せて主張することにより，162条2項による所有権の取得時効（時効期間10年）を主張しうるかが問題となる。この問題につき，判例は，162条2項は，①時効期間を通じて占有主体に変更がない場合に適用されるだけでなく，②「占有主体に変更があつて承継された2個以上の占有が併せて主張される場合についてもまた適用されるもの」とし，善意・無過失は「その主張にかかる最初の占有者につきその占有開始の時点においてこれを判定すれば足りる」と判示する（★最判昭和53・3・6民集32巻2号135頁：百選I-42）。その結果，瑕疵ある占有者であっても，前主の占有を併せて主張した場合には，162条2項による短期の取得時効の主張が可能となり，学説には批判も多い。

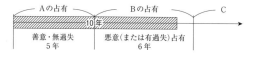

は，Cも瑕疵ある占有者ということになる。

> **Case 3-1** Aは，兄であるB所有の土地・建物をBから借りて占有・使用して
> きた。その後，Aが死亡し，Aの相続人Cは，その土地・建物がAの所有物である
> と信じて占有を承継しその使用を継続した。Aの死後，10年以上たった場合に，C
> は土地・建物を時効取得することはできるだろうか。

相続による占有
承継と取得時効

相続による占有承継に関しては，取得時効との関係で，187条および185条の適用にかかわる問題がある。前提問題として，相続の効力について規定する896条の「被相続人の財産に属した一切の権利義務」に占有が含まれるかということから考える。

(1) **占有の相続性**　占有は所持という事実状態を基礎とすることから，それが当然に相続の対象となるかが問題となる。たとえば，相続人がその存在を知らなかった被相続人の占有物（所持していた物）についての占有承継などである。判例・通説は，占有が観念化していることもあり（➡87頁），一般に，占有の相続を肯定する（★最判昭44・10・30民集23巻10号1881頁等）。

(2) **相続による占有承継と187条**　**Case 3-1**で，Cは，896条により，原則として，Aの占有を承継する。この相続による占有承継は，Aの占有（他主占有）を承継することから，このままでは取得時効の要件を満たさない（▶162条）。

ここで，相続人のような包括承継人についても，187条の適用が認められるかが問題となる。かつて，判例は，相続による占有承継には，187条1項の適用はないと解していた。したがって，相続人には，自らの占有のみを主張するという選択権自体がなかった。しかし，最高裁は，判例を変更し，相続人のような包括承継人についても187条1項の適用を認め，自己の占有のみを主張することも（被相続人の占有に自己の占有を併せて主張することも），認められることになった（★最判昭和37・5・18民集16巻5号1073頁）。

(3) **相続と185条の新権原**　以上のことから，Cの占有には，①Aから相続によって承継した（他主）占有と，②自己の占有という2つの側面がある（**相続人の占有の二面性**）。所有権の取得時効の要件は，自主占有であり，Cが占有物を時効取得するには，その要件の充足が必要となる。そこで，相続が185

条の「**新たな権原**」となりうるかが問題とされてきた。

　かつて，判例は，相続は185条の「新権原」にあたらないと判示していた（★大判昭和6・8・7民集10巻763頁）。その後，最高裁は，相続による占有承継の事案で，次のような場合には，他主占有が自主占有になることがあるとした。つまり，被相続人の占有を相続により承継したばかりでなく，新たに目的物を事実上支配することによりその占有を開始し，かつ，相続人に所有の意思が認められるという場合である（★最判昭和46・11・30民集25巻8号1437頁）。この判決で，最高裁は，相続を契機として相続人が新たに開始した占有につき，相続人の所有の意思が認められる限りで，185条にいう「新権原に因り」相続人が目的物を自主占有することを認めた（ただし，結論としては，相続開始後の相続人自身の占有に所有の意思が認められず，自主占有への転換を否定。なお，取得時効を認めた★最判平成8・11・12民集50巻10号2591頁：百選Ⅰ-63があるが，前掲・最判昭和46・11・30との関係をどうみるかについては，評価が分かれる）。

　以上のことを前提にすると，Cは，**Case 3-1** において，相続を契機に新たに始めた自己の自主占有を主張することにより，取得時効の可能性が認められることになる（162条の他の要件の充足が必要）。ここで，そのような場合に，最高裁は，「右占有が所有の意思に基づくものであるといい得るためには，取得時効の成立を争う相手方ではなく，占有者である当該相続人において，その事実的支配が外形的客観的にみて独自の所有の意思に基づくものと解される事情を自ら証明すべき」と判示する（前掲・★最判平成8・11・12）。したがって，C自らが所有の意思に基づくものと解される事情を立証しなければならず，ここでのCの占有には186条1項の「所有の意思」の推定は働かない。

　相続と新権原に関する学説には，かつての判例と同じく相続は新権原にあたらないと解する見解があった（かつての通説）。これとは逆に，相続は新権原にあたり，相続人が所有の意思をもって占有を始めたときは，固有の自主占有を取得し，その主張をなしうるとする見解もある。その一方で，近時の学説では，相続が新権原にあたるかどうかに重点を置くのではなく，相続を契機として相続人が新たに所有の意思をもって占有を開始した場合に自主占有に転換することがあるのを認め，それをどのように理論構成するかということに議論の中心が移っている。

4 占有の効力

　占有の効力は，占有の機能と関連づけて述べられることが多く，以下でも，基本的にそれに従う（占有の訴えについては，第5節で述べる）。

本権を表象する機能　民法は，本権（所有権など）と占有を区別するが，実際には，物の占有者が本権を有することが多く（その蓋然性が高い），これを基礎として占有に付与される機能が本権表象機能である。

　188条は，「占有者が占有物について行使する権利は，適法に有するものと推定する」（本権の推定）。たとえば，ある動産の占有者Aがいる場合，Aは占有権原をもってその動産を占有し，186条1項により所有の意思が推定される結果，所有権を有すると推定される。ここでの推定は，多数説によると，法律上の推定と解されている。

　他方で，不動産の占有者については事情が異なる。なぜなら，不動産には，本権を表象・公示する方法として，登記があるからである。既登記不動産の占有と登記の推定の関係について，判例・学説は，登記に推定力を認めることを前提に，登記の推定力が優先すると解する説とその場合に188条の適用を否定する説がある。

　この他，第2章で学んだ動産物権変動の対抗要件としての引渡し（▶178条）や動産の即時取得（▶192条）なども，本権表象機能に関連する。

本権を取得する機能　取得時効（▶162条以下）のほか，家畜外動物の権利取得（▶195条），無主物先占等（▶239条以下参照）が，この機能に関する占有の効力である（無主物先占等については，➡第4章参照）。以下では，取得時効に関連するものを中心に述べる。

　162条により，所有権を時効取得するためには，法が定める「占有の一定期間の継続」が必要となり，物の占有が中心的な役割を果たす。同条1項により，所有権を時効取得するには，所有の意思をもった，平穏，公然な占有が必要となる。同条2項により，占有開始時に善意・無過失であれば，時効期間は10年に短縮される（それ以外は20年〔▶同条1項〕）。

　ここで，186条は，取得時効の要件充足における占有者の主張・立証との関

係で重要な役割を果たす。

　同条1項により，占有者の所有の意思，善意・平穏・公然な占有が推定される。占有者の無過失は推定されず（★最判昭和46・11・11判時654号52頁等），占有者がそれを証明しなければならない。

　同条2項は，「前後の両時点において占有をした証拠があるときは，占有は，その間継続したものと推定する」。したがって，占有者は，現在と過去の2つの時点で，占有をした証拠のあることを証明すれば，その間占有を継続したとの推定を受ける（時効期間の**占有継続の推定**）。

　以上のように，取得時効を主張しようとする占有者は，186条により，前述の要件の主張・立証の点で負担を軽減されることになる。他方で，時効完成を否定する側の者が，時効完成を妨げる事実（自主占有でなかったこと，平穏・公然な占有でなかったこと，占有の不継続等）を反証しなければならない。

　ここで，所有の意思の推定と反証について，最高裁は，占有者の内心の意思を問うことなく，(i)「占有者がその性質上所有の意思のないものとされる権原に基づき占有を取得した事実」が証明されるか，または(ii)「占有者が占有中，真の所有者であれば通常はとらない態度を示し，若しくは所有者であれば当然とるべき行動に出なかったなど，外形的客観的にみて占有者が他人の所有権を排斥して占有する意思を有していなかったものと解される事情」（**他主占有事情**）が証明されれば，「その所有の意思を否定することができる」と判示する（★最判平成7・12・15民集49巻10号3088頁）。また，最高裁は，同判決で，長期間，占有者が所有権移転登記手続を求めないことや固定資産税を負担しないといった事実が，他主占有事情の存否の判断において意味のある場合があることを認めつつも，常に決定的な事実になるとはせず，占有者と登記名義人間の人的関係等によっては，所有者として異常な態度とはいえないこともあると判示する。つまり，最高裁は，他主占有事情の存否について，その占有に関わる諸事情を総合考慮して判断するものといえる。

　本権との利害調整，義務負担機能　本権を有しない者が物を占有する場合に，本権を有する者（所有者等）と占有者との間で，利害調整の問題が生じることがある。たとえば，Aの所有物甲をBが占有していた場合に，AがBに対し甲の返還を請求するにあたり，甲だけでなく，その果実の返還を

請求することができるかという問題である。

占有は，一定の場合に，義務負担の根拠として機能することもある（土地工作物等の占有者の責任〔▶717条〕，動物占有者の責任〔▶718条〕）。

(1) **果実に関する規律**　189条は，善意の占有者に，占有物から生じる果実を取得する権利を認める（▶同条1項）。果実には，天然果実および法定果実（▶88条）が含まれる。未消費の果実については，学説で争いがあり，通説は，189条1項は果実収取権を定めたものであり（返還義務の免除と解する見解もある），その返還を要しないと解している。また，占有者が占有物を使用する利益（**使用利益**）も，果実に含まれると解されている（★大判大正14・1・20民集4巻1頁）。なお，同条2項により，善意占有者であっても，本権の訴えで敗訴した場合には，その訴え提起の時から悪意の占有者とみなされる。

悪意の占有者は，190条により，果実を返還等する義務を負う。収取した果実の返還はもちろんのこと，消費し，過失によって損傷した果実，収取を怠った果実も，その代価を償還しなければならない（▶同条1項）。暴行・強迫・隠匿による占有者についても同様である（▶同条2項）

これらの規定と不当利得（▶703条・704条）との関係をどう考えるかについては，種々の議論がある。従来からの通説は，不当利得の特則と解してきたが，不当利得学説の影響もあり，近時，議論は多い。また，不法行為責任との関係については，①悪意占有者の占有が不法行為の要件を満たす場合，190条は果実の返還・償還について定めるにすぎないことから，それ以外に生じた損害賠償の請求は妨げられないと解されているが，②善意占有者に過失がある場合，189条の存在意義との関係上，占有者に果実相当額の損害賠償責任を認めることには学説に争いがある。

(2) **占有者の損害賠償義務，費用償還請求権**　(a) 占有者の損害賠償義務　占有者が占有物を滅失または損傷したときは，本権を有する者（回復者）との関係で問題が生じ，191条がそれについて規定する。

同条の前提は，占有者の「責めに帰すべき事由」による占有物の滅失・損傷であり，そのような場合に，①悪意占有者は，その損害の全部の賠償を，そして，②善意占有者は，現存利益の限度での賠償を義務づけられる（▶191条本文）。自らの故意・過失（帰責事由）により，他人の物を滅失・損傷した場合に

は，それによって生じた（全）損害を賠償することが原則であるが（▶709条），本条により，善意占有者は，現存利益にまで賠償責任が軽減されることになる（同様のことは，703条も参照）。

なお，善意占有者であっても，他主占有者（たとえば賃借人）は，全部の賠償義務を負う（▶191条ただし書）。

(b) 占有者の費用償還請求権　196条は，占有者が占有物を返還する場合の費用償還請求権について規定する。

同条1項により，占有者は，善意・悪意を問わず，**必要費**（占有物の保存のために支出した金額その他の費用）を回復者に対し償還させることができる。ただし，占有者が果実を取得していた場合は，占有者が通常の必要費を負担する。

同条2項により，占有者は，善意・悪意を問わず，**有益費**（占有物の改良のために支出した金額その他の費用）について，その増加した価格の現存する限りで，回復者の選択に従い，支出した費用または増加額を償還させることができる。悪意の占有者については，同条2項ただし書が，回復者の請求により，裁判所がその償還について相当の期限を許与することができると規定する。

196条については，費用償還請求権を被担保債権とする留置権との関係で議論がある。学説には，同条が悪意の占有者にも留置権の成立することを前提とする規定と解するものがあり，悪意の占有者の有益費については，同条2項ただし書の期限の許与により被担保債権の弁済期が到来せず，占有者は留置権を行使できないことになる（▶295条1項ただし書）。他方で，判例は，295条2項の類推適用により，占有権原の喪失について悪意または善意・有過失の占有者についても留置権を認めないことから，196条の規定の前提や趣旨との整合性が問題とされている（➡詳細は第8章参照）。

5　占有の訴え

1　占有の訴えの種類・内容

占有の訴えの意義・種類　占有の侵害に対し法的保護を与えるのが，**占有の訴え**である。占有の訴えを認める理由としては，一般に，①本権の証明が困難な場合の占有の訴えによる本権の保護，②社会秩序の維持，③債権

的利用権者の保護が挙げられる。

　民法は，占有侵害の態様に応じ，①**占有保持の訴え**（▶198条），②**占有保全の訴え**（▶199条），③**占有回収の訴え**（▶200条）を規定する。これらの３種類は，概ね，３種類の物権的請求権（妨害排除請求権，妨害予防請求権，返還請求権）に対応・類似するものと考えられているが，当事者・内容において異なるところもある。

占有の訴えの内容と当事者　198条〜200条により，占有者は，その相手方に対し，２つのことを請求できる。つまり，①「**妨害の停止，予防，占有物の返還**」と②「**損害賠償**」である（199は損害賠償の担保とするが，これについては後述する）。①は物権的請求権の一種，そして，②は不法行為責任を定めたものと解されている。

　占有の訴えを提起できるのは占有者であり，民法は，占有の性質・態様で区別をしない。したがって，訴えの要件を満たす限り，自主占有・他主占有，善意占有・悪意占有，直接占有・間接占有の区別なく，占有者には占有の訴えが認められる。これに対し，占有機関，占有補助者については，独立の占有が認められず，原則として，占有の訴えは認められない。

　占有の訴えの相手方は，現に占有を侵害している者またはそのおそれを生じさせている者である（詳細は後述する）。前述のように，損害賠償請求については不法行為責任と解されており，相手方の故意・過失が要件となる。

占有保持の訴え　占有者は，その占有を妨害されたときに，妨害の停止および損害賠償を請求することができる（▶198条）。妨害停止請求権の要件は，①占有者が目的物を占有し，②相手方が現にその占有を妨害することである。損害賠償請求をするには，③相手方の故意または過失，④占有妨害による損害の発生が要件となる。この訴えが具体的に問題となるのは，Aの占有する土地にBが無権原に妨害物を放置した場合である。

　なお，占有保持の訴えは，原則として，妨害の存する間またはその消滅した後１年以内に提起しなければならない（▶201条１項本文。ただし書による制限あり）。

占有保全の訴え　占有者は，その占有を妨害されるおそれのあるときに，その妨害の予防または損害賠償の担保を請求することが

できる（▶199条）。同条の請求権の要件は，①占有者が目的物を占有しており，②相手方がその占有を妨害するおそれのあることである。占有保全の訴えが問題となるのは，たとえば，Aの占有する土地に隣接するB所有地の崖が崩落するおそれがある場合である。ここで，妨害の停止と損害賠償の担保については，占有者の選択により，どちらか一方しか請求できない。妨害の予防に代わる損害賠償の担保であることから，請求の相手方の故意・過失は要件ではないと解されている。なお，損害賠償の担保については，危険が具体化した際に生じるであろう損害額の金銭の供託のほか，人的担保・物的担保の提供などが含まれると解されている。

　占有保全の訴えは，妨害の危険が存する間は，提起することができる（▶201条2項前段）。これに対し，工事により占有物に損害を生じるおそれのある場合には，同条1項ただし書が準用されることから，その提起が制限される（同条2項後段）。

占有回収の訴え　　占有者は，その占有を奪われたときに，その物の返還および損害賠償を請求することができる（▶200条1項）。返還請求権の要件は，①占有者がその占有を奪われたこと（同条2項では「侵奪」）である。損害賠償請求をするには，②相手方の故意または過失，③占有侵奪による損害の発生が要件となる。

　ここで，「**占有を奪われた（侵奪）**」とは，占有者がその意思に反して占有を奪われることをいう。つまり，事実としては，(i)占有者が目的物を占有していたが，(ii)現在その占有を奪われて占有を失っており，(iii)その侵奪が占有者の意思に反してなされたことが必要となる。したがって，占有者が欺されて目的物を任意に引き渡した場合や占有者が遺失した物を誰かが拾得したような場合は，占有の侵奪があったとはいえず，占有回収の訴えは認められない。

　訴えの相手方は，占有を侵奪した目的物の占有者およびその包括承継人である。その侵奪者（占有者）の特定承継人に対しては，200条2項により，占有回収の訴えを提起することができない。ただし，侵奪の事実について悪意の特定承継人に対しては，訴えの提起が認められる（▶同条2項ただし書）。

　占有回収の訴えは，占有を奪われた時から1年以内に，提起しなければならない（▶201条3項）。

2 占有の訴えと本権の訴えの関係

占有と本権が別個独立のものであることから，各々の侵害に対する保護手段の関係を整理する必要が生じる。具体的には，①占有者が本権を有する者であった場合の占有の訴えと本権に基づく訴え（**本権の訴え**）との関係，そして，②占有の訴えの相手方が本権を有する者である場合の両者の訴えの関係である。①②の関係については，202条が規定する。

占有と本権が同一人に帰属する場合 202条1項は，「占有の訴えは本権の訴えを妨げず，また，本権の訴えは占有の訴えを妨げない」と規定し，両訴えが互いに妨げあうものではないということが，具体的に何を意味するかが争われている。

占有者が本権を有する者（たとえば，所有者）である場合に，その占有を侵奪されたとすると，200条の占有回収の訴えと所有権に基づく所有物返還の訴えの両者によって，その保護が図られると考えられる（ただし，両者には**図表3-1**のような相違がある）。民法上の判例・通説は，同条1項が，まさにそのことを定めた規定であると理解し，占有者（所有者）は，その選択に従い，両訴えを同時にまたは別個に提起することができると解している。また，両者は別個独立であることから，仮に，訴えを提起した者が，一方の訴えで敗訴したとしても，他方の訴えをなお提起できるものと解されている（ただし，これに対しては，民事訴訟法の視点からの有力な批判がある）。

占有と本権が別人に帰属する場合 占有の訴えの相手方が本権を有する者（たとえば，所有者）であれば，占有者の訴えでその相手方が本権に基づく主張（たとえば，自己に所有権があるとの抗弁）をすることも考えられる。しかし，占有の訴えと本権の訴えが別個独立であることからすると，そのような所有者の主張を認めるべきではない。そこで，202条2項は，占有の訴えについて，本権に関する理由に基づく裁判をすることを禁じている。これにより，占有は，本権の有無にかかわりなく一定程度保護されることになる。

本権に基づく反訴 それでは，占有の訴えに対し本権者が**反訴**として本権に基づく訴えを提起することはできるか。反訴とは，継続中の本訴（ここでは，占有の訴え）で，本訴の被告が原告を相手方として提起する訴えをいい（反訴が認められる要件については，▶民訴146条1項参照），反訴

図表3-1 所有物返還請求権と占有回収の訴えの異同

	所有物返還請求権	占有回収の訴え（返還請求）
侵害要件	目的物の占有喪失	目的物の占有侵奪
請求の相手方	現在の目的物の占有者	占有の侵奪者 （特定承継人に対する制限あり，200条2項）
権利行使期間	消滅時効にかからない （判例）	占有侵奪時から1年以内の訴えの提起 （201条3項）

が認められる場合，同一の訴訟手続内で併合審理されることから，202条2項との関係が問題となる。なお，本権者が，別訴で本権に基づく請求をすることは可能である。

この問題につき，判例・通説は，本権者による反訴の提起を認める（★最判昭和40・3・4民集19巻2号197頁：百選I-66）。最高裁は，土地の占有者Aが同土地の所有者Bを相手方として占有保全の訴えを提起したのに対し，BがAを相手方とする反訴で土地所有権に基づく土地の明渡し等を請求した事案で，反訴を認める判断を下した。同判決で，最高裁は，202条2項は占有の訴えに対し防御方法として本権の主張を許さないにすぎず，本権に基づく反訴の提起を禁止していないこと，本訴との牽連性がないとはいえないことを理由として挙げる。このような判例・通説に対しては，本権者による自力救済との関係上，反訴を否定する見解もある。

なお，反訴を適法として肯定する場合，本訴・反訴の請求がともに認容されれば，どのような判決が下されるのだろうか。両訴の請求の内容にもよるが，学説には，占有者・所有者とも目的物の返還を請求する事例で，①本訴（占有の訴え）を現在の訴えとして認容し，反訴（本権の訴え）は（本訴に基づく執行後の）将来の訴えとして認容すればよいとする見解がある一方で，②反訴で本権が認容された以上，本権の訴えを優先させればよいとする見解もある。

⬛ Case 3-2 Aの所有する船舶甲をBが占有していた。甲は，何者かがAから盗んだものであった。Aは，以前から甲を捜索し，Bの占有下にある甲を発見し，Bに断ることなく甲を取り戻した。この場合に，Bは，Aに対し，占有回収の訴えを提起することはできるだろうか。

占有の交互侵奪　**Case 3-2** において，所有者Aは，甲を何者かによって盗まれている（第1の侵奪）。その後，Aは，甲がBの占有下にあるのを発見し，実力をもって，甲をBから奪い返した（第2の侵奪。なお，学説では，A・B間で交互に侵奪しあった例を用いることが多い）。Bは，Aによる占有侵奪を理由に，Aを相手方として占有回収の訴えを提起することは認められるか，認められるとして，BはAに対し具体的に何を請求することができるのだろうか。

　この問題を考える前提には，所有者による権利の自力での実現（いわゆる**自力救済**）は，原則許されないということがある（民法に明文規定はない。また，占有権の社会秩序維持機能との関係に注意）。Aは，所有者といえども，法的手続に従う必要があり，Aの行為は，侵奪に他ならない。BのAに対する占有回収の訴えは，要件を満たすと考えられる（★大判大正13・5・22民集3巻224頁。同判決は **Case 3-2** のような事案）。確かに，大審院は，占有者の善意・悪意を問うことなく，占有回収の訴えにより，所有者に対する関係で占有物の返還および損害賠償の請求をなしうる旨判示した。ただし，この事案では，返還の目的物が訴訟継続中に滅失したこともあり，具体的に，BのAに対する請求で認められたのは損害賠償請求のみである（具体的な損害については，価格賠償は否定し，使用利益の範囲でのみ認容）。

　多数説は，Aの奪還がBの侵奪行為から1年以内である場合には，Bの占有回収の訴えは認めるべきでないとする。その理由としては，①A・Bが交互侵奪をしていた場合，Aも占有回収の訴えを提起でき，訴訟手続上不経済であること，②侵奪から1年という期間内であれば，Aの占有侵奪の状態が継続しているともいえ，その反面，Bの占有は法的保護に値するほどのものではなく，Aの本権に基づくあるべき物支配の状態の回復が許容されるべきといえること，③直ちに実力を行使しないと，Aの本権の保護に支障をきたす事情のあることも否定できないことなどが挙げられる。ただし，このように解した場合，1年間という制限はあるもののAによる権利の自力での実現を認める結果となってしまう。

6　占有の消滅

自己占有の消滅事由　占有は，占有者が①占有の意思を放棄し，または②占有物の所持を失うことによって消滅する（▶203条本文）。特に，占有者が物の所持を失うことによって占有が消滅することは，取得時効の要件との関係で注意する必要がある。取得時効は一定期間の占有継続を要件とするが，たとえば，他人の物の占有者Aが時効期間経過前にBにより目的物の占有を侵奪された場合，Aはその所持を失い，占有も消滅する（占有侵奪によって取得時効は中断する〔▶164条〕）。その結果，後にAが目的物の占有を回復しても，取得時効に必要な一定期間の占有の継続は認めらない。しかし，203条ただし書は，この場合の例外について規定する。同条ただし書により，「占有者が占有回収の訴えを提起したときは，この限りでない」ことから，前述の例で，AがBを相手方として占有回収の訴えを提起し，その勝訴判決を得てその物の返還を受ければ，占有は消滅しなかったもの（中断しなかったもの）として取り扱われる（判例。学説では，侵奪者が任意に返還した場合も同様と解されている）。

代理占有（間接占有）の消滅事由　代理占有は，①本人が代理占有をさせる意思を放棄したこと，②占有代理人が本人に対して，以後自己または第三者のために所持する意思を表示したこと，③占有代理人が占有物の所持を失ったことによって消滅する（▶204条1項）。

なお，同条2項は，「代理権の消滅」のみでは，占有が消滅しないと規定する。ここでの「代理権の消滅」とは，（代理）占有の基礎となった本人・占有代理人間の法律関係（たとえば，賃貸借，寄託など）の消滅を意味する。

7　準　占　有

占有に関する規定は，自己のためにする意思をもって財産権の行使をする場合に準用される（▶205条）。民法は，同条所定の財産権を行使する場合を**準占有**と呼び，占有に関する規定の準用を通じて，その保護を図っている。同条は，広く「財産権」と定めるが，具体的には，債権，地役権，先取特権，抵当

権，鉱業権，漁業権などで準占有が認められる。この他，現在でも，重要なものとしては，著作権・特許権などの知的財産権が挙げられる。なお，同条は，占有に関する規定の準用を広く認めるが，即時取得に関する規定（▶192条〜194条）の準用は認められないと解されている。

　ところで，2017年改正前の478条は，「債権の準占有者」に対する弁済について規定しており，その表現から205条との関係でよく引き合いに出されていた。しかし，その内容は，債権の準占有者ではなく，弁済者の保護であることから，現在は「受領権者としての外観を有する者」に改められている（▶478条）。

☑ *Exam*

　Aの所有するパソコンをBが無権原に占有・使用していた。この場合に，AがBに対しパソコンの返還を請求するにあたり，占有回収の訴えと所有権に基づく返還請求のいずれを主張するかによって異なるところはあるか。

　また，AがBに無断でパソコンを取り返した場合に，Bは，Aに対し占有回収の訴えを提起することはできるか。

解答への道すじ

(1) 前半は，占有回収の訴えと所有物返還請求権の相違を確認する問題である。ここでは，占有回収の訴えが，いかなる場面で用いられるかの理解が必要となる。

(2) 後半は，いわゆる占有の交互侵奪に関わる問題である。Aは，法的手続によらずに自力で所有権の内容を実現してもいいのか，そのこととも関連して，BのAに対する占有回収の訴えは認められるか，また具体的にどのような請求が認められるかの検討が必要。

第4章 所 有 権

1 所有権の意義と性質

　所有権は，物支配のすべての権能（使用・収益・処分，▶206条）を備えるところに特質があり，財貨の帰属秩序の基礎（物が基本的に誰の支配に属するか）を提供する物権の最も基本的な権利である。

　所有権は，①絶対性・排他性（➡9頁）のほかに，②**全面性（渾一性）**，③**弾力性**，④**恒久性**を有する。

　全面性は，所有者が所有物を全面的に支配できるという性質である。渾一性は，使用・収益・処分といった権能が渾然一体となって所有権の内容を構成することを意味する。

　弾力性は，所有物への制限物権の設定との関係で出てくる性質である。たとえば，所有者Aがその所有地にBのために地上権や抵当権を設定した場合，Bの権利が存続する限り，Aの所有権は制限される。しかし，Bの権利が消滅すれば，その制限も消滅し，以後，元の全面的な物支配を回復する。この性質を弾力性という。

　恒久性は，所有権は他の物権と異なり存続期間による制限はなく，消滅時効にかからないこと（▶166条2項）を意味する。

2 所有権の内容

所有権の内容　　所有権の内容は，法令の制限内で，自由に所有物を**使用・収益・処分**することである（▶206条）。使用とは，物の存続を前提に，その用法に従って所有物を使うことである。収益とは，所有物の果実（▶88条，天然果実と法定果実がある）を収取することであり，たとえば，所

有物を他人に賃貸することによってその使用の対価（賃料）を得ることである。処分は，206条が「所有物の…処分」と規定することから，民法制定当初は，物の毀損やその性質の変更といった物理的処分を意味すると考えられていたが，近時は，法律上の処分（権利の譲渡等。なお，放棄について，➡ Topic 4-4 も参照）を含むとする理解が一般的となっている。

所有権の自由とその制限　領主と農民の土地の支配と身分が密接に結び付いた制度のあった封建社会から近代社会に移行するにあたり，近代法では，ローマ法に依拠する「**自由な所有権**」という観念が確立した。「自由な所有権」とは，所有権がいかなる政治的・身分的・団体的拘束からも解放され，自由で包括的な物の支配権であることをいう。しかし，その後の資本主義の発展に伴う様々な社会問題（たとえば，社会における貧富の格差の増大）の発生を通じて，合理的な理由に基づく所有権の自由に対する制限の必要性が意識されるようになった。わが国の民法，さらには財産権の保障を定める憲法29条も，以上のことを踏まえたものである。

　憲法29条は，所有権を含む財産権の保障とともに（▶憲29条1項），「財産権の内容は，公共の福祉に適合するやうに，法律でこれを定める」（▶同条2項）と規定する（なお，土地については，土地基本法2条が，「公共の福祉を優先させる」ことを明らかにしていることにも注意）。民法も，法令の制限を予定し（▶206条），所有権が1条の制限（特に1項および3項）に服することは，民法総則で学んだ通りである。また，民法は，相隣関係に関する規定（▶209条以下）等でも，所有権の制限を予定する。

　206条の「法令の制限」の具体例をいくつか挙げておくと，それらには，土地の所有権にかかわる公法上のものが多い。たとえば，国土利用計画法，都市計画法，建築基準法，土地収用法，農地法，文化財保護法，鉱業法などである。動産についても，物の所持や使用・取引等を制限するもの（いわゆる銃刀法や覚醒剤取締法）がある。

土地所有権の特殊性と範囲　土地を所有権の客体とする場合，その土地の範囲をいかにして特定するかが問題となる。物権の客体は**単一性・独立性・特定性**を備える必要があるが，土地はその隣接する土地と物理的に連続しており，自然のままの状態では1個の土地の範囲は自ずと明らかになるもので

はない。あわせて，土地の所有権
を考える場合，人による土地の支
配を前提に，土地所有権の効力の
及ぶ範囲（土地の上下）について
も定める必要がある（**図表 4 - 1**）。

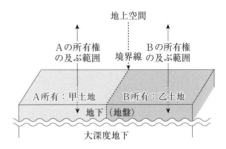

図表 4 - 1　土地所有権とその効力

　1 個の土地という意味での土地
の範囲は，人が境界線を地面に定
めることによって，特定すること
ができる。ただし，この境界線は，人が便宜的に作り出した 1 本の線であるに
すぎず，土地自体が物理的に隣接する土地と別個・独立の存在となるわけでは
ない。この点に土地所有権の 1 つの特殊性があるといえる（これと関連する土地
の利用調整の問題については，➡108頁以下参照）。

　207条は，土地の上下に対する所有権の効力の範囲を規定する。同条によ
り，土地の所有権は，法令の制限内で，その土地の上下に及ぶ。つまり，土地
所有権の客体は，土地（地面）であるが，その効力は，その土地の上下（土地
の基礎となる土壌等を含む地下と使用に必要不可欠な地上空間）に及ぶ。

　「土地の上下」の範囲は，「人による物の支配」が前提であることから，人に

✐ Topic 4-1

土地の境界，筆界特定制度

　わが国で，土地の境界という場合，2 つのものがある。つまり，①私法
上の境界（所有権界）と②公法上の境界である。所有権の客体としての土
地は，①によって定まる。これに対し，②は，2005年の不動産登記法の改
正で，筆界特定制度が導入されたことにより，筆界と定義づけられること
になった。筆界とは，表題登記のある 1 筆の土地とこれに隣接する他の土
地との境界をいい（▶不登123条 1 号），本来，土地所有権の公示方法であ
る登記簿上の境界と土地所有権の範囲を定める私法上の境界は一致するは
ずである。しかし，現実には，両者が一致しないことは多くあり，筆界を
めぐる紛争解決の迅速化のためにも，不動産登記法に筆界特定制度が新設
された（同制度の詳細は，▶不登第 6 章参照）。従来，筆界をめぐる紛争
解決のためには，筆界（境界）確定訴訟によるしかなかったが，現在は，
筆界確定訴訟と筆界特定登記官による筆界特定制度が併存する状況にある
（両者の関係については，▶不登148条参照）。

よる支配可能性を考慮して，合理的に定まる。したがって，飛行機が航行するような高度にまで土地所有権の効力が及ぶことにはならない。

　地下については，原則として土地所有権の効力が及び，地中に存在する物（土，岩石，地下水など）は土地所有者の所有となる。しかし，法令の制限により，たとえば，未採掘の鉱物には，土地所有権の効力は及ばない（▶鉱業2条等）。一種の地下水である温泉も，その引湯使用に関する権利が慣習法上の物権的権利としてその効力を認められれば，土地所有権の効力は及ばない（➡14頁）。さらに，首都圏等での地下利用では，「大深度地下の公共的使用に関する特別措置法」により，大深度地下（▶同法2条1項および政令により少なくとも40m以深の地下）について，一定の要件と手続の下で，道路，鉄道，電気・ガス・上下水道などのライフラインといった公共の利益となる事業（▶同法4条）の実施のために，認可を受けた事業者に大深度地下の一部（事業区域）を使用する権利を与える制度が設けられている。使用の認可の効果として，事業区域にかかわる土地のその他の権利は，一定の限度でその行使を制限される（▶同法25条）。

3　相　隣　関　係

1　序　説

相隣関係とは　　相隣関係とは，「隣接する不動産の所有者相互において，ある場合には境界を越え，ある場合にはその範囲を縮小して，不動産の利用を調整し合う関係」といわれる。**図表4-1**（➡前頁）の甲・乙土地で考えればわかるように，甲土地の利用は土地の上下を通じて不可避的に乙土地に影響を与え，その所有者間で利用調整の問題が生じる。

　そこでの問題の解決を所有者間の話し合いにすべて委ねることも考えられるが，それには自ずと限界がある。そのため，民法は，あらかじめ想定可能な相隣地所有者間での利用調整の問題を類型化し，その解決の方策（指針）を明文規定をもって定めておくことにした。それらが相隣関係の規定である。なお，ここでの問題は，利用調整にかかわるので，利用権者との関係でも生じる。

図表4-2　相隣関係規定の概要

隣地の使用・通行に関するもの※	隣地の使用（209条），隣地通行権（210条～213条）
	継続的給付を受けるための設備の設置権等（**213条の2・213条の3**）
水に関するもの	自然水流に対する妨害の禁止（214条）
	水流の障害の除去（215条），水流に関する工作物の修繕等（216条），費用の負担についての慣習（217条）
	雨水を隣地に注ぐ工作物の設置の禁止（218条）
	水流の変更（219条），排水のための低地の通水（220条），通水用工作物の使用（221条）
	堰の設置および使用（222条）
境界標・囲障・障壁に関するもの	境界標の設置（223条），設置・保存の費用（224条）
	囲障の設置（225条），設置・保存の費用（226条），相隣者の1人による囲障の設置（227条），設置等に関する慣習（228条）
	境界標等の共有の推定（229条・230条），共有の障壁の高さを増す工事（231条・232条）
境界線を越える竹木の枝・根に関するもの	竹木の枝の切除および根の切取り（**233条**）
境界線付近における建築・掘削に関するもの	境界線付近の建築の制限（234条・235条），建築に関する慣習（236条）
	境界線付近の掘削の制限（237条），掘削に関する注意義務（238条）

注：太字は2021年改正を示す。　※いわゆる導管等袋地を含む

相隣関係規定の概要　相隣関係の規定は，2021年の改正まで，民法制定当初の内容を維持しており，明治期に想定された利用調整の問題を前提としていた。そのため，現代社会のニーズに十分に対応するものとなっていなかったが，2021年の改正により，それへの対応も行われた。改正の内容は，①隣地の使用請求に関する209条の改正，②いわゆる導管等袋地に関する規定（▶213条の2・213条の3）の新設，および③境界線を越える竹木の枝・根に関する233条の改正である。

　相隣関係規定の概要は，**図表4-2**に示す通りである。以下では，現在でも具体的に問題となるものを中心に，その内容を述べる。

2　隣地の使用，隣地通行権等

隣地の使用　土地の所有者は，209条1項により，同項1～3号の定める目的（①境界またはその付近での障壁・建物その他の工作物の築造等，②境界標の調査または境界に関する測量，③233条3項による枝の切取り）のため

に必要な範囲内で隣地を使用することができる。この使用権の内容について
は，同条2項が規定し，「使用の日時，場所及び方法」は，隣地所有者等のた
めに損害が最も少ないものを選ばなければならない。使用権の行使にあたって
は，同条3項所定の事項を隣地所有者等に事前通知しなければならない（事前
の通知が困難な場合は，▶同項ただし書参照）。なお，住家への立入りは，改正前
と変わりなく，その居住者の承諾が必要である（▶同条1項ただし書）。また，
同条4項は，隣地の所有者等が損害を受けたときの償金の支払請求権について
定める。

　現実の問題として，隣地所有者等が隣地の使用を受け入れない場合（たとえ
ば，隣地所有者等が明確にその使用を拒絶している場合など）に，土地の所有者は，
どうすればよいか。このような場合，土地の所有者としては，隣地使用権の確
認の訴えを提起するなどの法的措置をとることになると考えられる。

隣地通行権　　210条以下の定める通行権は，**法定通行権**といわれ，法の定
める要件が充足されれば当然に認められる通行権である。通
行権には**約定通行権**もあり，これは，当事者間の合意で設定される。債権であ
ることもあれば，物権では，用益物権である（通行）地役権（➡156頁以下）が
設定されることもある。特に，通行地役権とは，共通・類似する点も多い。

　(1)　**210条の隣地通行権**　　210条は，**隣地通行権**が認められる場合の原則を
規定し，1項は「他の土地に囲まれて公道に通じない土地の所有者」に，その
土地を囲んでいる他の土地上の通行権を認める。具体的には，**図表4-3**のよ
うな場合に，同条の通行権が問題となる。2項は，「池沼，河川，水路若しく
は海を通らなければ公道に至ることができないとき，又は崖があって土地と公
道とに著しい高低差があるとき」の通行権を規定する（2項は，**図表4-3**のE
所有地が河川のような場合）。

　図表4-3では，Aが通行権者となる（A所有地を袋地という）。Aは，210条
1項が通行権の目的となる土地を限定していないことから，B～Eのいずれの
所有地に対する関係でも同条1項の通行権を主張できる可能性がある（ただし，
実際にどのような通行権が認められるかについては，211条1項の定めによる）。この
点は，通行権の認められる土地を限定する後述の213条との1つの相違点であ
る。なお，1つの通行権が認められれば，「公道に通じない」状態が解消され

図表 4 - 3　袋　地

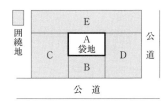

図表 4 - 4　213条の適用事例

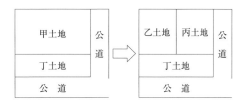

るので，複数・重複の通行権が認められるわけではない。

　210条が，袋地等の所有者に法定の通行権を認めるのは，その土地の利用との関係で，出入りのための通行が必要不可欠だからである。そこで，より具体的に，A所有地の利用方法との関係から，どのような状況下で通行権が認められるかが問題となる（➡ **Further Lesson 4-1**）。

　(2)　**通行の場所・方法，償金の支払い**　　通行権が認められる場合，その場所および方法は，「通行権を有する者のために必要」で，かつ，「他の土地のために損害が最も少ないものを選ばなければならない」（▶211条 1 項）。**図表 4 - 3** で，どのような通行権が認められるか。その場所・方法は，Aの「必要」だけでなく，他の土地（B〜E所有地）の事情も考慮して，その損害が最も少ないもの（ 1 つのこともあれば，複数の可能性もある）が選ばれることになる（この問題についても，➡ **Further Lesson 4-1**。通路の開設につき，同条 2 項参照）。

　212条により，210条の通行権者は，通行権の認められた他の土地の損害に対し，その償金を支払わなければならない。これも，213条と異なる点である。

　(3)　**分割・一部譲渡の場合の隣地通行権**　　**(a)** 213条の隣地通行権　　213条は，**土地の分割または一部譲渡**によって袋地が生じた場合に，残りの他の土地（残余地という）に対する通行権を規定する。**図表 4 - 4** で，甲土地をA・Bが共有していたところ，共有地の分割により，乙土地をA，丙土地をBが所有することになった場合（▶同条 1 項），そして，甲土地をBが単独で所有していたところ，同土地の一部を分割の上，Bが乙土地をAに譲渡した場合（▶同条 2 項）にその適用がある。これらの場合には，乙土地は，いわば意図的に袋地にされたのである。そこで，213条は，210条の例外として，Aの通行権の成立をBのような袋地の発生に関与した者の所有地（丙土地）に制限したのである。

　213条は，分割・一部譲渡によって袋地が生じる場合，その当事者間で通行

Further Lesson 4-1

▶▶▶▶▶ **袋地の意義と隣地通行権の具体的問題**

　210条以下の適用のある袋地等が，具体的にどのような土地であるかについては様々な問題がある。その中で，裁判で実際に問題になったのは，**図表4-3**（➡前頁）のA所有地に出入りするための通路が一応存在するが，通路幅が狭いことから，A所有地の利用方法との関係で支障をきたしている場合である（古くは，★大判昭和13・6・7民集17巻1331頁が隣地通行権を認める）。現在でも，次の2つの問題について議論がある。

　(1)　**自動車通行を前提とした隣地通行権の成否**　第1は，自動車による通行を確保するために隣地通行権の主張をなしうるか。これは，自動車社会の進展とともに顕在化してきたものであり，以前は，下級審裁判例や学説で判断が分かれていた。しかし，最判平成18・3・16民集60巻3号735頁が出たことにより，現在では，1つの問題解決の方向性が示されている。最高裁は，この問題について，「現代社会においては，自動車による通行を必要とすべき状況が多く見受けられる反面，自動車による通行を認めると，一般に，他の土地から通路としてより多くの土地を割く必要がある上，自動車事故が発生する危険性が生ずることなども否定することができない。したがって，自動車による通行を前提とする210条通行権の成否及びその具体的内容は，他の土地について自動車による通行を認める必要性，周辺の土地の状況，自動車による通行を前提とする210条通行権が認められることにより他の土地の所有者が被る不利益等の諸事情を総合考慮して判断すべき」と判示する（なお，差戻後の高裁判決で肯定）。

　(2)　**建築基準法上の接道要件を満たすための通行権の主張**　第2は，建築基準法の接道要件を満たすために隣地通行権の主張をなしうるか。具体的には，下図のような場合に，Aが，その所有地で建築を予定している建物につき，建築基準法の接道要件（2m）を満たす必要があることから，その隣接するB所有地上に隣地通行権を主張した事例がある（後掲★最判平成11・7・13）。

　判例は，「通行権そのものの問題ではない」として否定する（★最判昭和37・3・15民集16巻3号556頁）。なぜなら，Aの主張は，「土地利用についての往来通行に必要，欠くことができないから」ではなく，建築基準法等との関係上，そのような通路が必要とされるにすぎないからである。また，同判決を引用する最判平成11・7・13判時1687号75頁では，B所有地に建物が建てられている場合に，建築基準法上の一建物一敷地原則に抵触することも理由として挙げる。

　以上のような判例に対しては，A所有地の有効活用が図れなくなること等を理由に，それに批判的な見解も有力である。

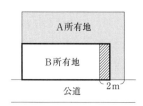

権の問題が生じることは予期され，その対応も当事者間で折込み済との前提から，210条の通行権と異なり，償金の支払いを要しないものと規定する（▶213条1項後段）。また，分割・一部譲渡の場合に210条を適用すると，Aは前図の丁土地に対しても通行権を主張できる可能性があり，土地の分割・一部譲渡に関与しない第三者に通行権の負担を強いることになる。これは公平でないという考えを213条は基礎に置く。

> **Case 4-1**　図表4-4（➡111頁）のような土地があったとして，(1)Aが甲土地を2つに分割すると同時に，乙・丙土地を各々B・Cに譲渡した場合（全部同時譲渡），また，(2)Aが甲土地を2つに分割した後，まず乙土地をBに譲渡し，その後，残余地である丙土地をCに譲渡した場合（残余地の特定承継）に，乙土地の所有者Bは，どのような隣地通行権の主張をすることができるだろうか。

(b)　213条の適用範囲　　**Case 4-1** は，(1)が分割と同時に行われた全部譲渡の事例であり，(2)は土地の一部譲渡によって袋地が生じた後に，残余地の譲受人が現れた事例である。いずれの事例も，213条と異なるところがあり，同条が適用されるのか，または原則に戻り210条によるのかが問題となる。両条のいずれによるかによって，Bに認められる通行権の目的となる土地，および償金の支払いの要否に違いが生じる。

判例は，**Case 4-1**(1)(2)いずれの事例も，213条の適用問題とする（(1)について★最判昭和37・10・30民集16巻10号2182頁，(2)について★最判平成2・11・20民集44巻8号1037頁：百選Ⅰ-67参照）。(2)の最高裁判決は，(i)相隣関係の規定が土地の利用調整を目的とするのであって，対人関係を定めたものではなく，(ii)213条の通行権は袋地にとっては物権的権利であって，残余地にとっては物権的負担と解すべきものであり，(iii)残余地の譲渡によって通行権が消滅するとすると，袋地所有者が法的保護を奪われるだけでなく，残余地以外の土地所有者に不測の不利益が及ぶ，という理由を挙げる。したがって，Bは，213条により，丙土地に対してのみ，償金の支払いを要しない通行権を主張することができる。

これに対し，学説では，特に(2)の事例の取扱いについて議論があり，判例のような考え方のほか，原則に戻り210条以下の適用を認める見解，213条の適用を認めつつも残余地の譲受人の保護との関係から償金の支払いを要するとする折衷的な見解などが主張されている。

**継続的給付の
設備設置権等**　相隣関係における現代的問題の１つに，電気・ガス・上下水道等の導線・導管を敷設等するための隣地の使用等に関する問題があった。2021年の改正により新設された213条の２および213条の３は，この問題に対応するため，導管等袋地の所有者に，電気，ガス，水道水等

✏️ **Topic 4-2**

私道通行権

　通行権に関する問題の１つに，建築基準法上の位置指定道路の通行の問題がある。位置指定道路とは，建築基準法42条１項５号により特定行政庁から位置の指定を受けた私道（私人が所有・管理する道路）をいう。この位置指定道路の通行については，たとえば，分譲住宅団地の開発にあたり，Ａ所有の私道（以下，本件土地）が道路位置指定を受け，長年その分譲住宅団地で生活し本件土地を生活道として通行してきたＢらがいる場合に，Ａから本件土地の所有権を譲り受けたＣがＢらの通行を妨害してきたときに，ＢらはＣに対し通行妨害の除去・禁止を求めることができるか，根拠となる権利は何かという問題が生じてくる。

　この問題につき，最高裁は，「建築基準法42条１項５号の規定による位置の指定（以下「道路位置指定」という。）を受け現実に開設されている道路を通行することについて日常生活上不可欠の利益を有する者は，右道路の通行をその敷地の所有者によって妨害され，又は妨害されるおそれがあるときは，敷地所有者が右通行を受忍することによって通行者の通行利益を上回る著しい損害を被るなどの特段の事情のない限り，敷地所有者に対して右妨害行為の排除及び将来の妨害行為の禁止を求める権利（人格権的権利）を有する」と判示した（★最判平成９・12・18民集51巻10号4241頁）。あわせて，その理由付けとの関係で，(i)「道路位置指定を受け現実に開設されている道路を公衆が通行することができるのは，本来は道路位置指定に伴う反射的利益」にすぎないとの原則が確認され，(ii)「日常生活上不可欠なものとなった通行に関する利益」が私法上も保護に値すると判示することには注意する必要がある。

　本判決の射程は，建築基準法42条２項の規定により指定を受けた私道にも及ぶ（★最判平成12・1・27判時1703号131頁）。なお，本判決は，現実に開設され利用に供されている道路についての判断であり，位置指定はされているが現実に開設されていない道路の場合とは異なる（これについては，★最判平成３・４・19集民162号489頁等参照）。

　本判決に関しては，通行を主張する者（Ｂら）に，隣地通行権（▶210条・213条）や通行地役権（➡第５章参照）が認められる場合に，重ねて人格権的権利に基づく主張が認められるかといった課題もある。

の継続的給付を受けることを目的とした他の土地への設備設置権または他人の所有する設備の使用権（以下，まとめて設置権等）を認めるものである。

土地の所有者に認められる権利は，209条と同様，請求権構成ではなく，（継続的な給付を受けるため必要な範囲内での）設置権・使用権である（▶213条の２第１項）。設置権等の内容については，同条２項が定め，そして，その行使にあたっては，事前の通知を必要とする（▶同条３項。なお，209条３項と異なり，事前の通知が困難な場合についての定めはない）。ここでの通知は，継続的給付を受けるための「設備の設置」，または他人が所有する「設備の使用」についてである。

これとは別に，設備の設置のために必要となる「土地の使用」，または当該他人所有の設備のある「土地の使用」については，同条４項が定める（▶209条１項ただし書および２〜４項の準用）。この他，設置権者の土地の損害に対する償金の支払い等については，同条５項以下が定める（各項の詳細は，▶同条５〜7

✐ **Topic 4-3**

竹木の枝の切除と233条の改正

　233条は，隣地の竹木の枝と根が越境してきた場合に関する規定であり，改正されたのは越境してきた枝の切除に関してである（根の切取りに関しては，２項が４項に繰下げ）。

　233条１項は，これまでと同様，土地の所有者の竹木の所有者に対する越境してきた枝の切除請求権を定める。従来の議論としては，竹木の所有者が土地所有者の請求に応じない場合等の取扱いが問題であり，この度，これらに対応する改正が行われた。

　まず，同条２項は，１項の切除請求権との関係で，当該竹木が共有である場合に，竹木の共有者がその請求の実現のために何ができるかを定める。切除請求を受けた共有者が枝を切り取る場合，この「切り取る」という行為が共有物のいかなる行為（変更，管理，保存）にあたるかということとも関係して，２項は，「各共有者は，その枝を切り取ることができる」と定め，単独での「切取り」が可能であることを明らかにした。

　次に，同条３項は，１項に対する例外として，土地の所有者に枝の切取権が認められる場合のあることを定める（切取りが認められる場合につき，３項１〜３号参照。これに伴い，土地の所有者による枝の切取りとの関係で隣地使用の必要が生じることが想定され，209条１項３号が定められたことに注意）。

項参照）。

　213条の3は，土地の分割または一部譲渡によって継続的給付を受けること
ができない土地が生じた場合の取扱いについて定め，隣地通行権における213
条の規定と同様の趣旨から，設備設置権が，他の分割者等の所有地についての
み認められることを明らかにする（同条1項後段により，土地の損害に対する償金
の支払いは不要）。

3　境界線付近での建物の築造

　その他の相隣関係の規定の中で，以下では，境界線付近の建築の制限（▶
234条以下）に関する問題について述べる。

　234条1項は，土地に建物を築造するに際し，境界線から50cm以上の距離
を保たなければならないと規定する（境界線付近の建築に関する慣習との関係につ
き，▶236条参照）。他方で，建物を建てる際にかかわりのある法律に建築基準
法があり，同法63条（改正前65条）の建物については，その外壁を境界線に接
して設けることができると規定されている。この規定の内容と50cmの距離の
保持を求める234条1項との関係が問題となり，判例は，同法63条を234条1項
の特則と解している（特則説。★最判平成元・9・19民集43巻8号955頁）。これに
対し，学説には，両条は全く無関係の規定と解する見解もある。

4　所有権の取得

　所有権は，贈与・売買等といった法律行為による取得のほか，相続や取得時
効によって取得することもある。取得の形態には2つのものがあり，前主の所
有権に基づいて後主がその所有権を取得する**承継取得**と，新たにある物の上の
所有権を取得する**原始取得**がある。売買や相続による取得は前者の例であり，
取得時効による取得は原始取得と解されている（判例・通説）。

　民法は，所有権の章で，所有権の取得につき1つの節を設けてまとめて規定
する（▶239条〜248条）。ここで定める所有権の取得は，すべて原始取得であ
り，その内容は，①**無主物先占**（▶239条），②**遺失物拾得**（▶240条），③**埋蔵物
発見**（▶241条），および④**添付**（付合・混和・加工の総称，▶242条以下）である。

1　無主物先占，遺失物拾得，埋蔵物発見

無主物先占　無主物とは，所有者のない物をいい，239条は，動産と不動産でその所有権の帰属を分けて規定する。同条1項は，無主の動産について，所有の意思をもって占有することで，占有者（先占者）にその動産上の所有権の取得を認める。同条2項は，無主の不動産が国庫に帰属すると規定する（無主の不動産との関係で，土地所有権の放棄に関して，**➡ Topic 4-4**も参照）。

同条の適用対象は，いずれも，「所有者のない物」であり，「所有者が明らかでない物」とは異なる。ただし，両者をいかにして区別（判別）するかは，現実には困難な問題である。具体的にどのような場合に無主物先占による所有権取得が認められるかについては，大判大正14・6・9刑集4巻378頁（狸を穴に閉じ込めた事例），最判昭和62・4・10刑集41巻3号221頁（ロストボールについてのゴルフ場経営者の所有権取得）などが参考になる。不動産については，無主であれば国庫に帰属することになるが，所有者不明であればそうならない。

遺失物拾得　遺失物とは，占有者の意思に基づかずに所持を離れた物であって，盗品でない物をいう（たとえば，通学途中に電車に置き忘れた傘など）。

このような遺失物について，240条は，遺失物法の定めるところに従い公告をした後3か月以内にその所有者が判明しないときに，その拾得者が所有権を取得すると規定する。また，遺失物法は，準遺失物（誤って占有した他人の物，他人の置き去った物および逸走した家畜，▶遺失2条1項）について，240条を準用する（▶遺失3条）。所有権を取得することができない物件については，遺失物法35条に規定がある（埋蔵物について同じ）。

埋蔵物発見　埋蔵物とは，「土地その他の物の中に外部からは容易に目撃できないような状態に置かれ，しかも現在何人の所有であるか判りにくい物」をいう（★最判昭和37・6・1集民61号21頁。ドックの水中に沈めておいた多量の銀塊が問題となった事例。ただし，否定例）。

241条により，埋蔵物についても，その所有権の取得に関しては，遺失物法の定めに従う。ただ，遺失物と異なり，公告後の期間は6か月である。

同条により，埋蔵物の所有権を取得する者は，原則として，その発見者であ

る。ただし，他人の所有する物の中から発見された埋蔵物については，発見者とその他人の共有となる（▶241条ただし書）。埋蔵物が文化財保護法の定める「文化財」（▶文化財2条参照）である場合は，同法の定める埋蔵文化財の規定

✐ Topic 4-4
土地所有権の放棄の可否，相続土地国庫帰属法の制定

　2021年の民法改正の議論においては，当初，土地所有権の放棄を認める制度の創設が検討の対象とされていた。しかし，実際には，①土地所有権の放棄に関する規律を民法に置くことなく，②新法（特別法）で土地所有権を国に直接移転する制度を創設するとの方向性が示され，結果として，「相続等により取得した土地所有権の国庫への帰属に関する法律」（相続土地国庫帰属法，施行日は2023年4月27日）が制定された。

　一般に，土地所有権の放棄については，現行民法に規定がないといわれている。ただ，民法の起草者の見解やその後の解釈論の展開をみると，理論上，所有権の放棄自体は原則可能であるとの解釈が支持されてきたといえる（たとえば，206条の「処分」との関係で放棄が論じられ，あるいは，239条2項の無主の不動産との関係で土地所有権の放棄の可否が論じられてきた）。しかし，以前から，特に不動産に関しては，誰にとっても価値のない不動産（いわゆる負動産）をめぐる問題が意識されるようになり，近年では，その所有の継続を望まない土地所有者が，国を相手方として，土地所有権の放棄を主張する訴訟が現れるに至っていた（★広島高松江支判平成28・12・21訟務月報64巻6号863頁。結論として，当該放棄は権利濫用等にあたり無効と判示）。

　ここで，新法の相続土地国庫帰属法との関係で，民法の解釈論で注意を要するのは，法制定の経緯との関係から，新法は，土地所有権の放棄の可否の延長線上にあり，新法の制定により，今後は，土地所有権の放棄が原則できないとの解釈が有力になるであろうことが法制審の議論などで指摘されていたことである。

　ところで，相続土地国庫帰属法は，相続等により取得した土地について，その所有者等が土地の所有権を国庫に帰属させることを可能とする制度を創設するものである。その制定に至る経緯からして，新法は，その所有を望まない所有者がどのような要件・手続の下で土地を手放すことができるかの具体的一例を示すものとみることができる。同法2条3項および5条1項の内容からすると，たとえば，建物のある土地，担保権等の設定のある土地，土壌汚染のある土地等のほか，崖のある土地，有体物・埋設物のある土地等についても，その通常の管理等に過分の費用・労力を要する土地は，国庫帰属を承認されることはない仕組みとなっている（詳しくは，同法2条3項および5条1項を参照）。

図表4-5　付合・混和・加工の規定の概要

不動産の付合	242条	詳細は次項「不動産の付合」参照
動産の付合	243条	主従の区別をなすことができる →合成物の所有権は主たる動産の所有者に帰属
	244条	主従の区別をなすことができない →各動産の所有者の共有となり，持分は，付合時の価格の割合に応じる
混和	245条	混和して識別不能→前二条の規定を準用
加工	246条	詳細は次項「動産の付合と加工」参照
添付の効果等	247条	付合，混和または加工の効果
	248条	付合，混和または加工に伴う償金の請求

（▶文化財92条〜108条）に従う。

2　添　付

　添付とは，付合・混和・加工の総称である（規定の概要は**図表4-5**参照）。以下では，それらのうち比較的重要なものについて述べる。

不動産の付合　　不動産の所有者は，その不動産に「**従として付合した**」物の所有権を取得する（▶242条本文）。不動産は，土地およびその定着物（▶86条1項）であるから，242条の適用が主として問題となるのは，土地または建物に従として付合した物が生じたときである。

　（1）「**従として付合した**」**の意味**　　不動産の付合で，「従として付合した」とは，具体的にどのような状態を指すのであろうか。

　従来の通説は，同条の趣旨を結合してできた物の「社会経済的価値の保存」に求め，付合を「分離復旧が事実上不可能ないし社会経済上著しく不利な場合」に認めてきた。より具体的には，結合した物の「分離が過分の費用を要するか，毀損をもたらす場合」にその物が付合したと捉え，付合した物の旧所有者の所有権を否定する（動産の付合に関する243条も参照）。ただし，このような理解については，文言の文理解釈として，243条との関係で問題がないわけではない。また，**Topic 4-5**のように有力な異論もある。

　（2）**242条ただし書**　　同条ただし書により，権原によって不動産に附属させた物がある場合には，その物を附属させた他人の権利は妨げられず，その他

人は，権利（所有権）を留保できる。

> **❖Case 4-2**　(1)　Aは野菜を作るためにB所有の土地を賃借した。その後，Aは
> 野菜を栽培し，しばらくして収穫期を迎えた。この場合に，収穫期を迎えた野菜
> は，誰の所有物だろうか。また，Aが何の権原もなく，野菜栽培をしていた場合は
> どうか。
> (2)　AはBから1棟の住居用建物を賃借した。その後，Aは，Bの承諾を得て，そ
> の建物を増築した。この場合に，増築部分の所有権はA・Bいずれに帰属するのだ
> ろうか。

(3)　**242条の具体的適用**　　**Case 4-2**で，(1)の「収穫期を迎えた野菜」の土
地への付合，そして，(2)の「増築部分」の建物への付合は，解釈論上ひとまず
認められると考えられる。**Case 4-2**(1)(2)の事例で，242条本文が適用されれ
ば，Bにその所有権が帰属することになる。問題になるのは，(1)では栽培をし
たAに，また，(2)では増築をしたAに，各々「収穫期を迎えた野菜」「建物の
増築部分」の所有権の留保が認められるかである。

✐**Topic 4-5**

付合，主物・従物

　　有力説は，242条の趣旨を，一物一権主義という近代的な商品所有権の
あり方との関係から，付着した部分を含めて1個の不動産として取引をし
た第三者の取引の安全の確保に求め，これを前提に，「取引社会の通常上
一物と考えられる場合」に付合を認める（これ以外の見解もある）。
　　このような見解の相違で，注意を要するのは，同じ事実状態であって
も，論者によって，付合の成否の判断が異なる可能性があり，そのこと
は，結果として，同条の適用の有無に影響を与えることである。
　　他方で，付合を理解するには，「主物・従物」（▶87条）と何が違うのか
ということも確認する必要がある。
　　主物・従物は，2つの別個・独立の物の存在を前提とし，各々の物の上
には，個々の所有権が認められる（同一人に帰属するが，2個の所有権が
ある）。これに対し，付合では，不動産の所有者に付合した物の所有権の
取得を認めるので（▶242条本文），一物一権主義との関係から，付合した
物は，その不動産の一部になる（この点で，主物・従物とは異なる）。こ
のことも関係して，「従として付合した」の意味は，不動産における付合
物と従物（「常用に供するため，…附属させた」）を区別するためにも重要
となる。

242条ただし書によると、所有権の留保が認められるためには、Aが「権原によって…附属させた」ことが必要となる。あわせて、一物一権主義との関係から、付合物上に不動産とは別の所有権を認めるためには、付合物が独立性を有する必要がある。以上のことを踏まえ、**Case 4-2**(1)(2)の事例の取扱いについて、解釈論の動向を確認する。

まず、(1)の事例では、Aは賃借権に基づいて栽培をし、野菜が収穫期を迎えている。A・B間の賃貸借契約では、できた野菜の所有権はAに帰属することを予定するものと考えられる。また、目的物である野菜（農作物）も、社会における取引通念に照らして考えると、土地からの独立性を認めることができる（**弱い付合**）。したがって、野菜は、Aの所有物となる。これに対し、Aが何の権原もなく野菜を栽培していた場合は、同条ただし書の要件を欠き、原則通り、Bがその所有権を取得する（★最判昭和31・6・19民集10巻6号678頁）。ところで、Aが土地に種を播いたにすぎない時点では、元A所有の種は土地の土壌と渾然一体となり、その独立性を認めることは困難であろう（**強い付合**）。つまり、そのような状態では、一般に、種は土地に付合し、Bがその所有権を取得すると解される（以上については異論もある）。

次に、**Case 4-2**(2)の事例であるが、判例は、まず、増改築部分が建物の区分所有権の客体となるかを問題とする。なぜなら、結論として、建物賃借人Aに増築部分の所有権を認める場合、1棟の建物の一部に（区分）所有権（➡144頁）を認めることになり、その客体たる要件を満たす必要があるからである。そして、判例は、増改築部分に構造上・利用上の独立性が認められる場合に、

✐ Topic 4-6

強い付合と弱い付合

　学説は、一般に、付合には強い付合と弱い付合があると解している。強い付合とは、附属した物が完全に独立性を失って不動産の構成部分になる場合をいい、弱い付合とは、附属物が独立性を維持しているとみることができる場合をいう。附属物が不動産の構成部分となっている場合、附属物の上に不動産の所有権とは別の所有権を認めることはできない。したがって、242条ただし書による所有権の留保は、弱い付合についてのみ認められると解されている。

Aに区分所有権の成立が認められる余地を残しつつも（★最判昭和38・10・29民集17巻9号1236頁），そのような独立性が認められない限り，増改築部分は建物に付合すると解している（★最判昭和44・7・25民集23巻8号1627頁：百選Ⅰ-69等，裁判例の多くは独立性を否定）。その結果，242条本文により，Bがその所有権を取得する。

　ここで，増改築部分に構造上・利用上の独立性が認められる場合に限って，242条ただし書の権原があるかが問われる。一般に，建物の賃借権には増改築をする権能までは含まれず，賃借権は権原にあたらない。ところで，242条ただし書の効果は，（Aの）所有権の留保である。結局は，Bの承諾にそのような内容が含まれているのであれば，権原にあたると解されよう（前掲★最判昭和38・10・29参照）。

| 動産の付合と加工 | **動産の付合**に関する243条・244条と**動産の加工**に関する246条は，次のような場合に，いずれが適用されるかが問題となる。|

> **⚎ Case 4-3** Aは，Bから建物の建築工事を請け負い，自らが調達し所有する資材を用いて工事を開始した。その後，A・B間で報酬に関する争いが生じ，Aは不動産に至らない段階で工事を中止し，建前（建築途上において未だ独立の不動産に至らない物）を築造したままの状態で放置した（建前の所有権はAに帰属することを前提とする）。A・B間で請負契約が合意解除された後，Bは，Cとの間で，建築工事を続行する請負契約を締結した。Cが自らの資材を提供して建前を独立の不動産である建物に仕上げた場合に，Aは，243条により，その建物所有権が自らに帰属するとCに主張することはできるだろうか。

　Case 4-3のAの主張は，建前が土地から独立した動産であることを前提に，独立の不動産となった本件建物を，「主たる動産である建前」と「Cの提供した資材」がCの工事により付合した結果生じた合成物とみることができれば可能となる。なぜなら，243条により，合成物の所有権は，主たる動産の所有者Aに帰属するからである。

　しかし，このような場合に，動産の付合に関する243条の適用を認めると，Cが行った工事の続行による価値の増加等は考慮されないことになる。そこで，最高裁は，**Case 4-3**のような事例では，243条ではなく，動産の加工に関

する246条2項の規定に基づいて建物所有権の帰属を決すべきと判示する（★最判昭和54・1・25民集33巻1号26頁：百選Ⅰ-68）。

　246条1項は，他人の動産に工作を加えた者（加工者）があるときに，原則として，その材料の所有者に工作物の所有権が帰属し，ただし，工作による価格の増加が材料の価格を著しく超える場合には，加工物の所有権は加工者に帰属すると規定する。同条2項は，加工者が材料の一部を提供した場合について，「加工者の提供した材料の価格＋工作によって生じた価格」が「他人の材料の価格」を超えるときに限って，加工者が加工物の所有権を取得すると定める。

　前掲・最判昭和54・1・25は，その判決理由で，「動産に動産を単純に附合させるだけでそこに施される工作の価値を無視してもよい場合とは異なり，右建物の建築のように，材料に対して施される工作が特段の価値を有し，仕上げられた建物の価格が原材料のそれよりも相当程度増加するような場合には，むしろ民法の加工の規定に基づいて所有権の帰属を決定するのが相当」とする。建物の所有権の帰属を決定するにあたり，246条2項に基づいて判断がなされることから，**Case 4-3** では，「Aの提供した材料・工作費用（建前の価格）」と

✐ Topic 4-7

建前はいつから建物（不動産）になるか

　この問題につき，判例は，木材を組み立てて地上に定着させ屋根を葺きあげただけでは法律上建物ではないとする（★大判大正15・2・22民集5巻99頁）。他方で，判例は，建物の目的とする使用に適当な構成部分を具備する程度にならない限り，完成した建物ということはできないが，不動産登記法上登記できる有体物（未完成の建物）を不動産と認めている（★大判昭和10・10・1民集14巻1671頁：百選Ⅰ-10）。同判決では，工事中の建物といえども，それが住宅用建物の完成に役立つものであることから，床や天井ができていなくても，屋根および周壁があり土地に定着して1個の建造物として存在するに至っていれば，建物（不動産）と認めるに足りるとの判断が下されている。

　以上のような判例および不動産登記実務との関係から，建前は，一般に，屋根および周壁またはこれらに類するものを有し（外気分断性），土地に定着した建造物となり（定着性・建造物性），その目的とする用途に供しうる状態に至れば（用途性），不動産としての建物になると考えられている（▶不登規則111条も参照）。

「Cの提供した材料・工作費用（完成した建物の価格−建前の価格）」の大小で所有権の帰属が決定されることになろう。

5　共有（共同所有）

1　共有（共同所有）の意義・形態

　共有（共同所有）とは，複数の者が1個の物を同時に共同して所有することをいう。共有に対し，1人の者が1個の物を所有することを**単独所有**という。

共有の形態　民法は，249条以下で，共有の原則形態について規定する。民法には，その他の個所でも，「共有」という語を用いた条文がある（たとえば，入会権に関する▶263条・294条，組合財産に関する▶668条，相続財産に関する▶898条等）。しかし，それらの共有の中には原則と異なるものが含まれ，共有には3つの形態（**共有・合有・総有**）があると解されている。

　(1)　**共　有**　第1の形態は，249条以下が定める共有（**狭義の共有**）である。この共有では，複数の所有者（共有者という）に持分権が認められ，各共有者は持分権を自由に処分でき，いつでも共有物の分割請求をなしうる（▶256条1項本文）といった点に，他の共有とは異なる特徴がある。

　(2)　**合　有**　合有は，代表的には，組合財産に関する668条の定める「共有」の意味するところと解されている。組合員の組合財産上の持分権を観念しうる点で狭義の共有と共通するが，共同の事業を営むという契約目的に基づく制約があることを前提に（▶667条），組合員による持分権の処分および組合財産の分割請求について制限があり（▶676条1項・3項。なお，2項の組合財産である債権の行使の制限は2017年改正で新設），これらの点で狭義の共有と異なる。組合のほか，学説には，898条の定める相続財産の「共有」を合有と解する見解があるが，判例は，基本的に249条以下の共有と異ならないと解している（★最判昭和30・5・31民集9巻6号793頁等。なお，2021年の改正では，共有説（判例）を前提とした議論が行われ，898条に2項が新設されたことの影響にも注意が必要となろう）。

　(3)　**総　有**　総有は，共有の性質を有する入会権（▶263条）や権利能力のない社団による物の所有関係を説明する際に用いられる。いずれの例でも，実

図表 4 - 6 （狭義の）共有・合有・総有の異同

	具体例	持分権	持分権の処分	分割請求権
狭義の共有	原則，遺産共有（判例）	あり	自由にできる	いつでも請求可
合有	組合	あり	できる（制限あり）	清算前は制限
総有	入会権（▶263条） 権利能力のない社団	なし	持分権自体なし	持分権自体なし

態としては団体（入会団体，社団）が目的物を所有するが，団体が法人格を有しない限り，団体の構成員が目的物を共同所有すると考えざるをえない。ただ，「団体による所有」という実態からすると，共同所有とはいっても，個々の構成員の目的物に対する持分権を認めることは実態を反映しておらず適当ではない。そこで，判例・学説は，このような共同所有を総有と呼び，持分権の存在を前提としないものと解している。その結果，総有では，構成員による持分権の処分や目的物の分割請求といったことも基本的に問題にならない（入会権について，➡159頁以下。権利能力のない社団の財産関係について，➡第１巻第３章参照）。

共有の法的構成と持分権　(1)　**共有の法的構成**　249条以下の定める共有を理論的にどのように理解するかについては，一物一権主義との関係もあって，古くから議論されている。

　学説は，主に，次の２つの考え方に分かれている。第１は，共有を「１個の所有権を複数の者が量的に分有する関係」と捉える見解である。この説によると，２人で１個の物を共有する場合，各人は１個の所有権を２分の１ずつ有する関係と理解される。第２は，共有でも，各共有者は１個の物に対し各々完全な所有権を有しており（その結果，人数分の所有権が観念される），しかし，目的物が１個であることから，各所有権は相互に重なり合って制約し合い，その総和が結果として１個の所有権に等しい状態になると解する見解である。

　(2)　**持分権**　各共有者が目的物に対して有する権利を**持分権**という。持分権を共有の法的性質との関係でどのように理解するかについては，前述の両説で理論上異なる。しかし，その権利が，基本的に所有権と同質の権利であるということ，その効力が目的物全体に及ぶといった点で，共通の理解が存在する。また，いずれの説による場合でも，最終的には，１個の物の上に１個の所

有権があるのと同じ状態を想定することから，持分権は割合的な権利として理解される（持分割合は一般に分数で表現される）。なお，民法の条文では，持分権も持分割合も，ともに持分という言葉で表現されている。

2　持分権に関する法律関係

共有の発生原因と持分割合　共有は，様々な原因に基づいて生じるが，それらは，①当事者の意思（合意）による場合と，②法律の規定による場合に分けることができる。①の例は，複数の者が共同で出資して1個の物を購入した場合であり，②の例は，議論はあるものの相続財産の共有（▶898条1項，判例）である。

　共有者間の持分割合は，共有の成立原因に応じて，当事者の合意や法律の規定によって定まる。

　意思による共有の成立の場合，持分割合についての合意の存在が想定され，それに従って，持分割合が定まる。黙示の合意でもよく，共同出資の事例では，合理的意思解釈として，出資額に応じて持分割合が定まると解される。

　法律の規定による成立の場合，その規定に従って，持分割合も定まる。たとえば，埋蔵物発見の241条ただし書のほか，動産の付合・混和に関する244条・245条などがある。相続財産の共有については，899条・900条以下がこれに関係する（2021年の改正で898条に2項が新設されたことに注意）。持分割合が明らかでない場合には，250条により，持分割合は，「相等しいもの」と推定される。

　なお，不動産では，持分割合を登記しなければならない（▶不登59条4号）。

Case 4-4　A・B・Cが甲土地を共有していたとする（持分は各3分の1）。この場合に，Bが，A・Cと協議をすることなく，単独で甲土地を占有・使用していたことから，Aらがその持分に応じた甲土地の使用を妨げられていたとして，A（またはC）はBに対しどのような主張をすることができるだろうか。

持分権の内容　(1)　**目的物の使用・収益権等**　249条1項により，各共有者は，「共有物の全部」について，「その持分に応じた使用」をすることができる。同項は，共有物の使用と述べるだけであるが，収益も行うことができると解されている。このことから，ここでの具体的な使用の

意味については，「共有物を実際に使用すること」と「収益を得ること」（収益権）の 2 つを含むと理解することができる。

　2021 年の改正では，共有物を使用する共有者と他の共有者との関係に関する 2 項および 3 項が新設された。

　2 項は，前述した使用のうち収益権に関するものといえ，共有物を使用する共有者がいる場合に，その共有者の他の共有者に対する使用の対価の償還義務を定める。償還する使用の対価は，使用する共有者の持分を超える部分であり，共有者間で別段の合意（ここの合意は，たとえば無償使用の合意等）がある場合は除かれる（なお，実際の使用については 252 条による。➡次項 3 参照。結局，多数決による使用方法の決定は，それだけでは，実際に使用する共有者以外の共有者の収益権を否定することはできないとの考えによる）。

　3 項は，共有者が善良な管理者の注意をもって共有物を使用する義務を負うことを定める。これは，共有物を使用している共有者は，他の共有者の持分との関係では，他人の物を管理しているのであり，そのことから，その使用にあたり，善良な管理者としての注意義務を負うとの考えによる。

✐ Topic 4-8

255 条とその関連問題

　255 条は，共有者の 1 人がその持分権を放棄し，または相続人なくして死亡した場合に，その持分が他の共有者に帰属することを定める。ここで，255 条に関しては，共有者の 1 人が相続人なくして死亡した場合に，相続法の関連規定との関係をいかに考えればよいかという問題が存在する。具体的には，特別縁故者に対する相続財産の分与について規定する 958 条の 2（▶2021 年改正前の 958 条の 3），および残余財産の国庫への帰属を規定する 959 条との関係が問題となる。判例は，前記 3 か条の適用関係について，255 条が 959 条（1962 年改正前の 959 条 1 項）の特則であるとした上で，「共有者の 1 人が死亡し，相続人の不存在が確定し，相続債権者や受遺者に対する清算手続が終了したときは，その共有持分は，他の相続財産とともに，法 958 条の 3 の規定に基づく特別縁故者に対する財産分与の対象となり，右財産分与がされず，当該共有持分が承継すべき者のないまま相続財産として残存することが確定したときにはじめて，法 255 条により他の共有者に帰属する」と判示する（★最判平成元・11・24 民集 43 巻 10 号 1220 頁：百選Ⅲ-57）。

　以上を前提に，**Case 4-4** のAのBに対する主張について考えると，まず，A自身も持分権を有することから，甲土地の占有・使用の請求，そのための土地の明渡請求が考えられる（なお，AのBに対するAの持分に応じた利用を妨げてはならないとする不作為請求を肯定する★大判大正11・2・20民集1巻56頁も参照）。最高裁は，過半数の共有持分を有する共有者（A・C）から少数持分権者（B）に対し共有建物の明渡しが請求された事例で，明渡請求の可否について，次のように判示していた。つまり，最高裁は，少数持分権者が他の共有者との協議を経ないで当然に単独で共有物を占有する権原を有するものではないことを前提としつつ，AらはBに対し「当然にその明渡を請求することができるものではない」とし，その理由について，Bも「自己の持分によつて，共有物を使用収益する権限を有し，これに基づいて共有物を占有するものと認められるからである」とした（★最判昭和41・5・19民集20巻5号947頁：百選Ｉ-70。さらに，最高裁は，同様の考え方が，甲土地につきBからその占有・使用を承認され現に目的物を占有・使用するDとの関係でも，基本的に妥当すると考えていた〔★最判昭和63・5・20判時1277号116頁。ただし，共有建物の事例〕）。ただし，本件のような共有者相互間における明渡請求の可否については，2021年の252条の改正が重要であり，改正法の影響については後述する（➡次頁参照）。

　そこで，次に，Aとしては，249条2項により，Bに対し自己の持分に応じた使用の対価の支払いを請求することが考えられる。前述の通り，同条2項は，Bの持分を超える使用の対価の償還義務を定めており，A・B・C間で協議が行われていない本件では，Aは，Bに対し自己の持分に応じた使用の対価の償還を請求することができると考えられる（改正前の判例として★最判平成12・4・7判時1713号50頁も参照）。

　(2)　**持分権の処分**　　持分権の処分（譲渡，担保の設定，放棄等）は，各共有者が自由にすることができる。このことを正面から定めた規定があるわけではないが，254条などはそれを前提とした規定である。放棄については，255条に規定がある。なお，持分権の処分を禁止する特約を当事者間ですることは可能であるが，それは債権的効力を有するにすぎない。

3 共有物の管理等に関する法律関係

> ■Case 4-5　Case 4-4 において，BがA・Cの同意を得ることなく，農地であっ
> た甲土地を宅地に変更したとして，A（またはC）はBに対してどのような主張
> をすることができるだろうか。

共有物の変更・
管理・保存

(1)共有物の変更　251条1項により，変更（行為）をす
るには共有者全員の同意が必要である（ただし，「形状又
は効用の著しい変更を伴わないもの」を除く。これについては，252条による）。変更
とは，共有物の性質または形状を変更すること（物理的変更）をいい，たとえ
ば，**Case 4-5** のBの行為（農地を宅地にした行為）がそれにあたる（★最判平成
10・3・24判時1641号80頁）。したがって，Bの変更は，同条に違反する。この
場合に，判例によると，**Case 4-5** のAは，原則的に，自らの持分権に基づく
妨害排除請求として，変更行為の禁止，さらには原状回復を請求することがで
きる（前掲★最判平成10・3・24）。ここで，法律的変更（共有物の売却といった法
律上の処分）が含まれるかは，学説で争いがある。含むとする見解がある一方
で，学説には，共有物全部の処分が他の共有者の持分の処分を伴うことから，
251条によるまでもなく，全員の同意が必要とする見解もある（結論において同
じ）。同条2項は，これまで問題とされてきた他の共有者が不明等の場合の取
扱いについて定める。同項が新設されたことにより，共有者の一部が不明等の
場合についても，裁判所は，共有者の請求により，当該不明等共有者を除く他
の共有者の同意を得て共有物に変更を加えることができる旨の裁判をすること
ができることとなった（この場合の裁判手続についても注意が必要で，詳しくは非訟
事件手続法の改正〔第3編第1章「共有に関する事件」新設〕，同法85条を参照）。

> ■Case 4-6　Case 4-4 で，AらがBに対して甲土地の明渡しを請求しようと考え
> ている。このAらの請求は認められるだろうか。また，**Case 4-4** とは異なり，B
> がA・B・C間の協議（252条1項）を経て甲土地を使用していた場合とで違いは
> あるだろうか。

(2) 共有物の管理・保存　(a) 2021年改正の内容　252条1項前段は，変
更と保存行為を除く管理について，「各共有者の持分の価格に従い，その過半

数で決する」と規定する。ここでの管理には，以下のことが含まれる。(i)共有物の形状・効用を変えない利用・改良行為（103条2項参照。具体例としては，共有物の使用方法の決定〔なお，共有物への使用権の設定は同条4項参照〕，共有物の使用貸借契約・賃貸借契約の解除〔★最判昭和39・2・25民集18巻2号329頁等〕等），(ii)変更のうち「形状又は効用の著しい変更を伴わないもの」，(iii)252条の2の定める「共有物の管理者」の選任等である。

　ここで，2021年の改正に関しては，次の2つのことに注意が必要である。第1に，同条1項後段が設けられたことにより，現に共有物を使用する共有者がいる場合でも，共有物の管理に関する事項（具体的には共有物の使用方法等）を持分の価格に従った過半数で決することができることが明らかとなったことである（後段の新設との関係で，3項も新設されたことに注意。全体的な改正の影響は後述する。➡132頁）。第2に，共有物についてすでに使用権を有する者（第三者だけでなく，共有者の場合もある）がいる場合と同条1項の関係である。たとえば，配偶者居住権・配偶者短期居住権を有する者がいる場合，後述の同条4項により一定の期間を超えない賃借権等が第三者のために設定されている場合，または被相続人と同居相続人との間の使用貸借関係が相続開始後も存続するとの推認がなされる場合（★最判平成8・12・17民集50巻10号2778頁：百選Ⅲ-63。この詳細は **Topic 4-9** も参照）が考えられる。これらの場合に，改正法では，各使用権の存在を前提に，使用権者による使用収益を共有者（使用権者を除く）が受忍する立場にあるという点で同様であるとの理解から，同条1項の規定によってその使用権を消滅させることはできず（要は，同条1項は共有者内部での意思決定方法を定めるにすぎない），別途，各使用権の消滅の要件を満たさない限り，その使用権が消滅することはないと解される。

　252条2項は，知ることのできない共有者がいたり，または共有者の所在が不明である等の理由により，1項による過半数の決定を実際にすることができない場合の取扱いについて定める。2項の適用があるのは，①共有者が他の共有者を知ることができず，またはその所在を知ることができないとき，②共有者が他の共有者に相当の期間を定めて管理に関する事項を決することについて賛否を明らかにすべき旨を催告したところ，その者が期間内に賛否を明らかにしないときである。これらの場合に，2項は，①②の他の共有者以外の共有者

の請求により，裁判所が，「当該他の共有者以外の共有者の持分の価格に従い，その過半数で共有物の管理に関する事項を決することができる旨の裁判」をすることができることを定める（この裁判手続についても，変更におけるのと同様，非訟85条参照）。

252条3項は，前二項の規定による決定が，共有者間の決定に基づいて現に共有物を使用している共有者に「特別の影響」を及ぼす場合の規定であり，そ

✍ Topic 4-9
使用貸借契約の成立の推認に関する判例法理と配偶者（短期）居住権

本文で指摘したように，不動産の共有に関連して，共有者間で使用貸借契約の成立を推認する判例法理が存在する。最高裁が，そのような判断を下すのは，たとえば，共同相続の場面で，これまで遺産に属する不動産に居住してきた相続人が，引き続きその不動産に居住するような場合である。最高裁は，共同相続人の1人であるAが相続開始前から被相続人Bの許諾を得て，遺産である甲建物でBと同居してきた場合に，「特段の事情のない限り，被相続人と右同居の相続人との間において，被相続人が死亡し相続が開始した後も，遺産分割により右建物の所有関係が最終的に確定するまでの間は，引き続き右同居の相続人にこれを無償で使用させる旨の合意があったものと推認される」と判示し，Bが死亡した時からその遺産分割が終了するまでの間は，Bの地位を承継した他の共同相続人等が貸主となってAとの間に甲建物の使用貸借契約関係が存続することを認めた（前掲★最判平成8・12・17）。

また，最高裁は，内縁の夫婦（C・D）が居住または共同事業のためにその共有する不動産を共同で使用してきた場合にも，「特段の事情のない限り，両者の間においては，その一方が死亡した後は他方が右不動産を単独で使用する旨の合意が成立していたものと推認する」判断を下している（★最判平成10・2・26民集52巻1号255頁参照）。その結果，Dが死亡し，その相続人がDの地位を承継したとしても，そのままでは，C・D間の前記単独使用に関する合意に変わりはない。

ところで，2018年の民法（相続法）の改正で新たに配偶者居住権の制度が設けられた（▶1028条～1041条）。この制度で認められる居住権には，①配偶者居住権（長期のもの，▶1028条～1036条）と②配偶者短期居住権（▶1037条～1041条）がある。これらは，生存配偶者の居住権を保護するための方策として導入された。特に②は，前掲・最判平成8・12・17の判例法理の欠点を補い，被相続人が居住建物を遺贈した場合や反対の意思を表示した場合でも，少なくとも6か月間は配偶者の居住を保護するものである。

のような場合には，当該使用共有者の承諾を得る必要がある。

252条4項は，従来その取扱いについて議論のあった共有物への使用・収益権（以下，まとめて使用権とする）の設定（たとえば，共有物の賃貸借契約）に関するものである。4項では，いわゆる短期賃貸借のような法の定める期間を超えない使用権の設定についてのみ，本条の定めに従ってそれが可能であることを明らかにした（期間を超える使用権の設定については，今後全員の同意が必要との結論の点で異論はないと思われるが，その理由付けをどうするかには，なお注意が必要である。前項(1)も参照）。

252条5項は，保存行為（共有物の現状を維持・保存する行為。たとえば，共有物の修繕，第三者に対する妨害排除請求等）について定め，各共有者は単独ですることができる。

(b)　改正の影響　　**Case 4-4** で触れたように，**Case 4-6** のAらのBに対する甲土地の明渡請求の可否については，2021年改正後の252条においても，前掲・最判昭和41・5・19が基本的には維持されていると考えられている（ただし，改正法の評価は一様ではない）。つまり，最高裁は，AらはBに対し「当然にその明渡を請求することができるものではない」としつつも，共有物の明渡請求の可能性との関係で，「その明渡を求める理由」の主張・立証が必要であると判示していたのであり，今後は改正法の下で次のようになると考えられる。以下では，Bが共有者間の決定に基づき甲土地を単独で占有・使用していたかどうかに分けて考える。

①共有者間の決定に基づいていない場合　　この場合，前記判例を前提とすることから，AがBに対し当然にその明渡しを請求することができないことに変わりはない。しかし，このような場合への対応のため，252条の改正（特に1項後段の新設）が行われた。たとえば，252条1項の定めるところにより，Aが単独で甲土地を占有・使用することが決せられれば，Aは，Bに対し，甲不動産の明渡しを請求することができることになろう（この場合，同条3項の内容からして，Bの承諾の要否は問題とならない）。

②共有者間の決定に基づく場合　　この場合のAのBに対する明渡請求の可否については，252条1項〜3項，特に1項の内容を踏まえて考えることになる。まず，そのままの状態でAがBに対し甲土地の明渡しを請求すること

ができないのはいうまでもなく，ここでも，ＡのＢに対する請求が認められるためには，前項①と同様のことが妥当すると考えられる（なお，252条1項は，すでに決定された使用方法の変更も同項により可能であることを前提に，同条に3項を置く）。

252条3項は，前項①と異なり，共有者間の決定に基づき現に甲土地を使用してきたＢの保護のための規定であり，同項により，新たに決せられたＡの単独での占有・使用との決定が，Ｂに「特別の影響を及ぼすか」どうかで，Ｂの承諾の要否に違いを生じる。「特別の影響を及ぼす」場合については，「当該変更の必要性及び合理性とその変更によって共有物を使用する共有者に生ずる共有者の不利益とを比較して，共有物を使用する共有者が受忍すべき限度を超える不利益を受けると認められる場合」が想定されており，具体的事案において，それが肯定されれば，Ｂの承諾を得る必要がある。

したがって，新たな使用方法の決定を理由に，ＡかＢに対し明渡しを請求する場合，その決定がＢに「特別の影響」を及ぼすのであれば，使用方法の決定との関係でＢの承諾が必要であり，明渡請求の可否についても，結局は，その承諾の有無に従うことになる。

(3) **共有物の管理者**　252条の2第1項により，共有物の管理者（この選任等については前項(2)参照）は，共有物の管理に関する行為（共有物の形状・効用を変えない利用・改良行為，変更のうち物の形状・効用の著しい変更を伴わないもの，保存行為）をすることができる。ただし，共有物の変更については，共有者全員の同意を得る必要がある（▶252条の2第1項ただし書）。2項は，管理者が共有者を知ることができない等の場合の「共有物の変更」と裁判所の裁判について定める。

共有者が共有物の管理にする事項を決した場合，管理者は，その決定に従ってその職務を行わなければならない（▶同条3項）。管理者がこれに違反する行為をした場合，その行為は，共有者に対する関係ではその効力を生じないことになるが，共有者は，これをもって善意の第三者に対抗することはできない（▶同条4項）。

共有物に関する負担・共有物についての債権　253条により，各共有者は，その持分（割合）に応じ，管理の費用を支払い，その他共有物に関する

図表 4 - 7　254条の債権

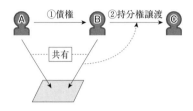

負担（たとえば，公租公課等）を負う（▶253条1項）。ある共有者がこの負担義務を1年以内に履行しないときは，他の共有者は，相当の償金を支払って，その共有者の持分権を取得することができる（▶同条2項）。その結果，義務を履行しない共有者は，共有関係から除外される。

254条は，共有者の1人（A）が他の共有者（B）に対し共有物についての債権を有する場合，当該債権を債務者である共有者の特定承継人（C）に対しても行使できると規定する（具体的には，**図表4-7**参照）。

同条は，Bによる持分権の譲渡との関係で，債権者である他の共有者Aを保護するものである。他方で，Cの立場からすると，A・B間の共有物についての債権の存在は，公示されているとは限らない。そこで，同条の適用のある債権には，どのような債権が含まれるか。学説は，共有物の利用・管理・負担についての債権を含むと解しているが，共有者間の共有物の不分割契約・分割契約に基づく債権については争いがある。最高裁は，分割契約に基づく債権について，254条の債権に該当するとし，その登記の有無にかかわらず特定承継人に対し行使できると判示した（★最判昭和34・11・26民集13巻12号1550頁）。これに対する学説の批判は強く，不動産登記法上の対応が必要との立法論的解決も主張されている（不分割契約については，➡136頁）。

4　共有と第三者との関係

共有では，持分権者が複数であることから，第三者との関係でも，単独所有の場合とは異なる問題が生じる。

持分権の確認　各共有者は，第三者がその持分権を否認するような場合に，自己の持分権の確認を請求することができる。この場合，判例は，各共有者が自己の持分権の範囲内での請求をすることを理由に，各共有者は，単独でその請求をすることができると解している（★大判大正13・5・19民集3巻211頁等）。

✒ Topic 4-10

登記請求権に関する具体的問題

　各共有者が単独で第三者に対し物権的請求権を行使する問題の１つに，第三者に対する登記請求の問題がある。たとえば，Ａ・Ｂ・Ｃの共有する甲不動産があったとして（持分割合は各３分の１），①Ｄが全くの無権利者であるにもかかわらず，甲不動産の単独所有者として登記されている場合，②Ｅが共有者のうちのＣからその持分権の譲渡を受け，ＣからＥへの持分移転登記がなされたが，Ｃ・Ｅ間の譲渡が無効であった場合に，各々，Ａは単独でどのような請求をすることができるだろうか。

　①の場合に，判例は，ＡがＤに対しその単独所有名義の登記を全部抹消するように請求した事案で，単独でのＡの請求を肯定する。その理由について，最高裁は，Ａの持分（権）に基づくＤに対するその登記の全部抹消請求は，妨害排除の請求に外ならず，いわゆる保存行為に属するとの理由で，それを肯定する（★最判昭和31・5・10民集10巻5号487頁等）。

　②の場合について，最高裁は，「不動産の共有者の１人は，その持分権に基づき，共有不動産に対して加えられた妨害を排除することができるところ，不実の持分移転登記がされている場合には，その登記によって共有不動産に対する妨害状態が生じているということができるから，共有不動産について全く実体上の権利を有しないのに持分移転登記を経由している者に対し，単独でその持分移転登記の抹消登記手続を請求することができる」と判示した（★最判平成15・7・11民集57巻7号787頁：百選Ⅰ-71）。この判決では，前掲・最判昭和31・5・10等が引き合いに出されつつも，保存行為への言及がないことから，学説の多くは，共有者の持分権を根拠に単独での請求を認めたものと評価する。

　ところで，登記請求の問題は，共有者相互間においても生じることがある。たとえば，Ａ・Ｂが甲土地を共有するとして，甲土地の登記名義がＢの単独所有となっていたことから，ＡがＢに対しＢ名義の登記の抹消手続等を請求することが問題となる。まず，Ｂの単独名義の登記があることから，Ａの持分権の範囲では，Ａ・Ｂ共有という実体的権利関係に反する状態がある。このような場合に，判例は，ＡのＢに対する妨害排除請求権の行使を認めるが，具体的にＡはＢに対しどのような請求ができるかが問題となる。Ｂの単独名義の登記は，Ｂの持分権に関する限りで実体関係に符合する。したがって，判例は，Ａはその登記の全部の抹消を請求することはできず，Ｂの持分（権）についての一部抹消（更正）登記手続を請求できるにとどまると解している（★最判昭和38・2・22民集17巻1号235頁：百選Ⅲ-77等。更正登記手続ができない場合の取扱いは，★最判平成17・12・15判時1920号35頁参照）。

共有関係の主張　ある物が共有者の共有関係にあることの第三者に対する主張は，共有者全員でしなければならないと考えられている（固有必要的共同訴訟）。具体的には，共有権（「数人が共同して有する1個の所有権」）の確認の訴え，共有者名義への所有権移転登記手続請求訴訟，共有地の境界（筆界）確定の訴えなどについて，判例はそのような判断を下す（★最判昭和46・10・7民集25巻7号885頁，最判昭和46・12・9民集25巻9号1457頁）。なお，判例には，境界（筆界）確定の訴えについて，共有者の中に訴えの提起に同調しない者がいる場合に，隣接する土地の所有者とともに，その非同調者を被告とした訴えの提起を認めたものがある（★最判平成11・11・9民集53巻8号1421頁）。

第三者による侵害への対応　第三者が無権原に共有者による共有物の利用を妨害等している場合には，判例・学説とも，各共有者が単独で妨害等をしている第三者に対し物権的請求権を行使できると解している（なお，全員での請求も可能）。見解が分かれるのは，その理由付けである。かつての判例には，無権利者に対する妨害排除請求権等の行使が，252条5項の保存行為にあたることを理由にするものや（★大判大正10・6・13民録27輯1155頁，大判大正10・7・18民録27輯1392頁），共有物の返還請求権について，不可分債権の規定を類推することを根拠にするものがあった（★大判大正10・3・18民録27輯547頁）。他方で，近時の多数説は，より直截に，各共有者の有する持分権の効力として，共有物に対する侵害が各共有者の持分権の侵害といえる場合に，その侵害の範囲で，単独で物権的請求権を行使しうると解している。

5　共有物の分割（不分割契約を含む）

各共有者は，256条1項本文により，いつでもその共有物の分割を請求することができる。共有を単独所有に移行させる制度が，共有物の分割である。

分割請求の自由とその制限　256条1項本文は，**分割の自由**を原則とするが，次の例外がある。

第1に，同条1項ただし書は，5年を超えない期間内での**不分割契約**ができることを定め，このような契約があれば，各共有者はそれに拘束される（契約の更新について，▶同条2項参照）。

図表4-8　A・B・Cが共有物甲を持分各3分の1で共有する場合の分割方法

①現物分割	A・B・Cが甲を現実に3分の1ずつに分けて取得する方法
②代金分割	甲を売却して代金を取得し，A・B・Cがその代金を3分の1ずつに分けて取得する方法
③価格賠償	甲をAが全部取得し，AがB・Cに対して各持分に相応する代価（価格）を支払う方法

※なお，協議において，上記①～③の組み合わせが行われることもある（たとえば，複数の共有物について，一括して，その分割協議をするような場合）。

　ここで，不分割契約のある共有物について，共有者の1人がその持分権を第三者に譲渡した場合の取扱いが問題となる。前述のように，不分割契約に基づく債権が254条の債権にあたるかという問題があるが，不分割契約については，それが不動産登記法上登記事項とされていることから（▶不登59条6号），不動産では，その登記がなければ，第三者（ここでは譲受人）に対抗することはできないと解されている。

　第2に，257条は，229条の定める共有物（境界標等）について，256条の適用自体を排除する。

分割の方法　民法は，共有者間での**協議による分割**を原則とし，その協議が調わないとき等に，**裁判による分割**を請求することができると規定する（▶258条1項）。

　(1)　**協議による分割**　協議が調う限り，共有者間でどのような分割を行うかは自由である。具体的な分割方法には，**図表4-8**のような方法がある。

　(2)　**裁判による分割**　258条1項は，共有者間で協議が調わないとき，または協議をすることができないとき（たとえば，共有者の一部が協議に応じない場合等）に，裁判による分割を請求することができることを定める。分割の訴えは，分割請求をする共有者が原告となり，それ以外の共有者全員を被告とする必要がある（固有必要的共同訴訟と解されている）。

　2021年の改正では，裁判による分割方法について，これまでの判例の動向（この詳細は **Topic 4-11** を参照）を踏まえた規定が設けられた。裁判分割で，まず検討されるのは，2項の定める①現物分割（1号），②賠償分割（部分的・全面的価格賠償，2号）の方法であり，両者は優劣の関係にないものとして規定された。次に，①②の方法による分割ができないとき，または分割によってその価

格を著しく減少させるおそれがあるときに，裁判所は，③競売による分割（代金分割）を命じることができ，③の方法が①②の方法に劣後する関係にあることを定める（3項）。

なお，4項は，2項で賠償分割が規定されたことに伴い，共有物の持分を取得した共有者が負うことになる金銭債務の履行を確保するために，遺産分割に関する規律（▶家事事件手続法196条）を参考として新設された規定である。

分割の効果　分割が行われると，分割方法に応じて，共有関係は将来に向かって消滅し，各共有者はこれまで有していた持分権を失い，自己に帰属するとされた新たな財産を取得する。取得する財産は，分割方

📝 Topic 4-11

最高裁の認めた具体的分割方法

最高裁は，2021年改正前258条2項の裁判による分割方法（条文上は，現物分割と競売による代金分割のみを規定）として，以下のような分割方法を認めていた。

(1)　最大判昭和62・4・22民集41巻3号408頁が示した多様な現物分割

・現物分割をするとともに，「持分の価格以上の現物を取得する共有者に当該超過分の対価を支払わせ，過不足の調整をする」という方法（一部価格賠償）

・「分割の対象となる共有物が多数の不動産である場合には，…右不動産を一括して分割の対象とし，分割後のそれぞれの部分を各共有者の単独所有とする」という方法（一括分割）

・「共有者が多数である場合，その中のただ1人でも分割請求をするときは，直ちにその全部の共有関係が解消されるものと解すべきではなく，当該請求者に対してのみ持分の限度で現物を分割し，その余は他の者の共有として残す」という方法（一部分割。なお，一部分割のまた別の方法について，★最判平成4・1・24家月44巻7号51頁参照）

(2)　最判平成8・10・31民集50巻9号2563頁：百選Ⅰ-72が認めた全面的価格賠償

・「共有物を共有者のうちの1人の単独所有又は数人の共有とし，これらの者から他の共有者に対して持分の価格を賠償させる方法」（全面的価格賠償）

　※ただし，このような方法が認められるのは，「当該共有物を共有者のうちの特定の者に取得させるのが相当であると認められ，かつ，その価格が適正に評価され，当該共有物を取得する者に支払能力があって，他の共有者にはその持分の価格を取得させることとしても共有者間の実質的公平を害しないと認められる特段の事情が存するとき」である。

法ごとに異なり，分割された目的物の部分の単独所有権のほか，新たな共有持分権，金銭債権，金銭など様々である。この他，分割の効果には，次のようなものがある。

(1) **共有者の担保責任等**　261条により，各共有者は，他の共有者が分割によって取得した物について，その持分に応じて，売主と同様の担保責任を負う。また，262条は，共有物分割後の共有者の証書保存義務について規定する。

> ✂ **Case 4-7**　A・Bが共有する甲土地について，Aの2分の1の持分権にAがCのために抵当権を設定し，その登記がされた。この場合に，A・B間で，(1)〜(3)の方法で共有物の分割がなされたとすると，分割後，Cの抵当権はどうなると考えられるか。
> (1) AがBに価格賠償をして，甲土地がAの単独所有となった場合
> (2) A・B間で甲土地を2つに分割し，乙土地をA，丙土地をBが各々単独で所有することになった場合
> (3) Aがその持分に応じた金銭等を取得することになった場合

(2) **持分権上の担保物権と分割の効果**　Case 4-7(1)の場合には，共有から単独所有になったことによって，従前存在した持分権は，消滅することになろう。しかし，Aの持分権はCの抵当権の目的であることから，Cの権利を害することとの関係上，持分権が存続するかが問題となる。通説は，この場合に，179条1項ただし書を類推することにより，Aの持分権は消滅せず，それを目的とする抵当権も存続すると解している。

Case 4-7(2)の場合は，甲土地は分割の結果乙・丙2筆の土地となっている。そのため，Cの抵当権はAが所有することになった乙土地のみを目的として存続するのか，それとも，持分権といえどもCの抵当権は甲土地に設定されたものであるので，依然甲土地全体（乙・丙土地）にAの持分割合に応じて存続するのかが問題となる。判例・通説は，後者の立場をとる（★大判昭和17・4・24民集21巻447頁）。

Case 4-7(3)の場合は，分割後，Aは甲土地についてその権利を失う代わりに金銭その他の物を取得することになった。この場合，Cの有する権利が抵当権であることから，Cは，372条（▶304条）により，Aが受けるべき金銭その他の物に物上代位することができる。ここで，問題であるのは，Cの抵当権そ

のものである。通説は，Cの不利益を考慮して，従来存在したCの抵当権が存続するものと解している。

遺産分割との関係　共有物の分割により共有関係を解消する場合，その共有が遺産共有であるかどうかで分割の手続が異なる。判例は，共同相続人間の遺産共有の解消は，共有物分割手続（▶258条）ではなく，遺産分割手続（▶906条以下）によるとする（★最判昭和62・9・4集民151号645頁）。

　ここで，以前から問題であったのが，共有物について遺産共有と物権法上の共有（通常共有）とが併存する場合の共有関係の解消である。判例は，①遺産共有持分と通常共有持分との間の共有関係を共有物分割手続により解消した上で，②遺産共有持分を有する者に分与された財産の共有関係を遺産分割手続により解消するとの立場をとる（★最判平成25・11・29民集67巻8号1736頁：百選Ⅲ-73）。

　258条の2第1項は，「共有物の全部又はその持分が相続財産に属する場合」に，共同相続人間で「当該共有物の全部又は持分」について「遺産の分割」をすべきときは，258条による分割ができないと定めることを通じて，遺産分割手続によることを示す。他方で，同項は，遺産共有と通常共有間の解消については定めないことから，その解消は258条により可能であると解される。つまり，同項は，従来の判例法理を前提に，その内容が定められたものといえる。

　上記の内容によると，遺産共有の解消は遺産分割手続による必要があり，遺産共有と通常共有が混在する場合，前記①②の2つの手続をとる必要がある。しかし，新設された本条2項は，遺産共有持分について，「相続開始の時から十年を経過したとき」は，258条による分割ができることを定めて，前記原則に対する例外を認めた（同項ただし書きによる制限あり。同ただし書きの申出の期間制限について，3項も参照）。この改正内容については，2021年改正で904条の3（相続開始の時から10年経過後の遺産分割について，特別受益および寄与分の規定〔▶903条〜904条の2〕を適用しない旨定める）が新設されたことにも注意する必要がある。つまり，相続人に認められる遺産分割上の権利を害することのないよう配慮する必要があるところ，904条の3の新設，相続開始後10年間遺産分割がなされていないという事情も考慮して，258条の2第2項は，一定の要件下で

例外的に共有物分割手続 1 回での共有関係の解消を可能としたのである。

6 所在等不明共有者の持分の取得・譲渡

共有不動産については，2021年の改正で，共有者が他の共有者を知ることができない，またはその所在を知ることができない場合（当該他の共有者を所在等不明共有者とする）への対応として，すでにみた共有物の管理等の他にも，次のような制度が新設された。第 1 は，所在等不明共有者の有する持分の取得に関する制度（以下，持分取得制度。▶262条の 2 ）であり，第 2 は，同持分の譲渡（権限の付与）に関する制度（以下，持分譲渡制度。▶262条の 3 ）である。

新設された両条は，ともに，①共有不動産に関するものであり，②共有者が他の共有者を知ることができず，またはその所在を知ることができないときに適用される（▶262条の 2 第 1 項・262条の 3 第 1 項）。両条により，裁判所は，③共有者の請求によって，各々，以下に示す旨の裁判をすることができる。まず，持分取得制度では，その共有者に，所在等不明共有者の持分を取得させる旨の裁判である（なお，請求をした共有者が 2 人以上の場合の取得については262条の 2 第 1 項後段参照）。次に，持分譲渡制度では，その共有者に，所在等不明共有者以外の共有者の全員が特定の者に対してその有する持分の全部を譲渡することを停止条件として所在等不明共有者の持分を当該特定の者に譲渡する権限を付与する旨の裁判である（これらの裁判手続については，非訟87条・88条参照）。

両制度とも，所在等不明共有者の持分が遺産共有である場合（共同相続人間で遺産分割をすべき場合に限る）には，相続開始時から10年を経過する前に，裁判所は，前記裁判をすることができない（▶262条の 2 第 3 項，262条の 3 第 2 項）。また，持分取得制度についてのみ，同制度の内容とも関連して，他の共有者のする当該共有不動産の分割請求または遺産分割請求との関係について定める規定が設けられている（▶262条の 2 第 2 項）。

この他，両制度によりその持分を失った所在等不明共有者の持分の時価相当額の支払請求については262条の 2 第 4 項，262条の 3 第 3 項が定める。また，両条は，不動産の使用・収益権の（準）共有への準用が予定されている（▶262条の 2 第 5 項・262条の 3 第 4 項）。

7　準 共 有

　共有に関する規定は，「数人で所有権以外の財産権を有する場合」（準共有という）に準用される（▶264条本文。なお，かっこ書きにより262条の2および262条の3を除く）。準共有は，地上権，永小作権，地役権，抵当権の他，債権である賃借権，著作権・特許権といった知的財産権，鉱業権，漁業権などでも認められる。

　同条ただし書により，法令に特別の定めがある場合は，それらの規定による。たとえば，地役権の不可分性に関する規定（▶282条・284条・292条）や債権については多数当事者の債権関係に関する427条以下の規定などがある。

6　所有者不明不動産管理命令・管理不全不動産管理命令

　2021年の改正では，所有者不明土地・建物管理命令，および管理不全土地・建物管理命令の2つの制度が検討され，両制度が民法第2編第3章所有権に第4節および第5節として新設された。

所有者不明土地・建物管理命令　　この制度は，所有者を知ることができず，またはその所在を知ることができない土地等（共有の場合についても規定し，その場合は土地の共有持分）について，裁判所が，所有者不明土地管理人を選任し，その管理人による当該土地等の管理を命ずる処分を可能とするために設けられたものである（▶264条の2第1項。以下では，土地を中心に概説する。建物については，264条の8を参照）。

　裁判所が，前述の処分をするには，①当該土地等について，②（管理人による管理の）必要があると認められ，そして，③利害関係人の請求（申立て）がなされることが必要となる（▶264条の2第1項）。管理を命ずる場合，裁判所は，当該命令において，所有者不明土地管理人を選任しなければならない（▶同条4項。建物についても，264条の8第4項参照）。

　所有者不明土地管理人の権限については，264条の3が定めており，1項は，管理命令の対象とされた当該土地等の管理・処分権が管理人に専属すること，そして，2項は，当該不明土地等の管理に関する権限を定める。また，264条の5第1項は，管理人の善管注意義務を定める（その他の詳細は，新設さ

れた第4節の規定を参照のこと。また，264条の3～264条の7は264条の8第5項により，建物管理に準用される）。

管理不全土地・建物管理命令　この制度は，所有者による土地の管理が不適当であることによって，他人の権利・法的利益が侵害され，または侵害されるおそれのある場合に，裁判所が，管理不全土地管理人を選任し，その管理人による当該土地の管理を命ずる処分を可能とするために設けられたものである（▶264条の9第1項。ここでも，土地を中心に概説する。建物については，264条の14を参照）。

　裁判所が，前述の処分をするためには，①所有者による土地の管理が「不適当」であることによって，他人の権利・法的利益が侵害され，またはそのおそれがあり，②（管理人による管理の）必要があると認められ，そして，③利害関係人の請求（申立て）がなされることが必要となる（▶264条の9第1項）。ここでも，所有者不明の場合と同様，裁判所は，当該命令において，管理不全土地管理人を選任しなければならない（▶同条3項。建物については，264条の14第1項参照）。

　この制度における管理人の権限および義務については，264条の10および264条の11に規定が置かれており，前項の所有者不明の制度と類似する内容となっているが，次の点で異なる。つまり，所有者不明土地管理人では，管理命令の対象とされた土地等の管理・処分権が管理人に「専属する」とされているが，管理不全土地管理人については「管理及び処分をする権限を有する」とされていることに注意が必要である（▶264条の10第1項）。これに関連して，土地の処分については，同条3項により，裁判所が許可をするにあたっては，所有者の同意が必要とされている。以上のことから，前項の所有者不明の制度と比較して，管理不全の場合は，管理人の管理・処分権限が制限された内容となっている（なお，所有者不明の場合と異なり，管理不全の場合は，264条の4に対応するような規定のないことも注記しておく。この他の詳細については，新設された第5節の規定を参照。また，264条の10～264条の13は264条の14第4項により，建物管理に準用される）。

区分所有建物の取扱い　上記で触れた両制度の建物管理命令については，いずれも区分所有建物の専有部分および共用部分には適用されない

（▶区分所有6条4項）。

7　建物の区分所有

　分譲マンションのような建物では，建物の一定区画（たとえば，**図表4-9**の202号室）を目的物とした売買契約が締結される。そこでは，建物の一定区画を目的とした特殊な所有権の存在が前提となっているが，1棟の建物に1個の所有権という原則からすると，そのような特殊な所有権を認めるには，特別な制度が必要となる。この特別な制度を定めるのが，**「建物の区分所有等に関する法律」**（以下，区分所有法とする）である。

1　区分所有建物の法律関係

建物に関する法律関係　区分所有法は，1棟の建物の構造上区分された部分に個別の所有権を認めることを目的とした法律である（▶同法1条）。同法2条は，1条の定める建物の部分（詳しくは▶1条）を目的とした所有権を**「区分所有権」**と定義づけ，1棟の建物の区分所有権の目的となる部分を**「専有部分」**，それ以外の建物の部分等を**共用部分**とする（▶同法2条1項・3項・4項。なお，共用部分の詳細は，4項の他，同法4条も参照）。

　専有部分には，前述のように，個別の区分所有権が認められるが，共用部分は，区分所有者（▶同法2条2項）の共有に属する（詳しくは，▶同法11条参照）。

敷地に関する法律関係　区分所有建物においても，土地上に専有部分を所有するためには，その敷地を利用する権利が必要となる。区分所有法は，その2条で，「建物の敷地」および「敷地利用権」を定義づける（▶同条5項・6項参照）。ここで，敷地利用権については，一般に，次の2つの場合がある。第1は，区分所有者全員がその敷地を所有（共有）する場合である。第2は，他人の土地に賃借権や地上権等が設定されて建物が建てられている場合で，区分所有者は，その敷地利用権を準共有（▶264条）する。

区分所有建物と処分　区分所有権は，それが所有権の一種であることから，譲渡等をすることができる。専有部分は，区分所有権の目的となるだけでなく，担保権や利用権の目的とすることもできる。これらの点で

図表 4 - 9　区分所有建物の登記例（抜粋）**と権利関係**

表　題　部　（専有部分の建物の表示）			不動産番号	1 6 1 7 X X X X X X X X X	
家屋番号	京都市北区上賀茂岩ケ垣内町××番の２０２			余　白	
建物の名称	２０２			余　白	
① 種　類	② 構　　造	③ 床　面　積　㎡		原因及びその日付〔登記の日付〕	
居宅	鉄筋コンクリート造１階建	2 階部分　　　77：00		令和４年２月８日新築〔令和４年２月１４日〕	
表　題　部　（敷地権の表示）					
①土地の符号	②敷地権の種類	③　敷　地　権　の　割　合		原因及びその日付〔登記の日付〕	
1	所有権	6分の1		令和４年２月９日敷地権〔令和４年２月１４日〕	
所　有　者	京都市中京区○○○町××番地　　　△△△△△株式会社				

権　利　部　（甲区）（所有権に関する事項）				
順位番号	登　記　の　目　的	受付年月日・受付番号	権　利　者　そ　の　他　の　事　項	
1	所有権保存	令和４年４月１３日第６６２７号	原因　令和４年３月９日売買所有者　京都市北区上賀茂岩ケ垣内町××番の202法　律　花　子	

（以下略）

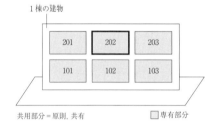

１棟の建物

| 201 | 202 | 203 |
| 101 | 102 | 103 |

共用部分＝原則，共有　　　　□専有部分

※１棟の建物に１個の所有権が原則。区分所有法によると，たとえば左図の202号室（建物の一部）が専有部分で１個の区分所有権の目的となる。それ以外の建物の部分（廊下・階段室）等を共用部分という。敷地の権利関係は，区分所有者による敷地の共有または賃借権等の準共有。

は，建物の所有権とそれほど異なるところはない。

　しかし，区分所有建物では，専有部分，共用部分，敷地利用権に相互関連性があり，区分所有権の目的たる専有部分の処分にあたっては，その処分が他にどのような影響を与えるかを考える必要がある。このことから，区分所有法には，次のような規定が置かれている。

　まず，区分所有法15条１項により，共用部分につき区分所有者の有する持分（権）は，その専有部分の処分に従うことになる。また，同条２項は，原則として，その持分（権）の専有部分と分離した処分を禁じる（**分離処分の禁止**）。ここで，同法11条３項が共用部分について民法177条の適用を排除することから，専有部分の処分についての対抗要件を備えることで，共用部分の処分についても第三者に対抗することができる。

　次に，区分所有法22条1項は，敷地利用権についても，原則，専有部分と分離した処分を禁止する（本文。詳細については，▶同法22条以下参照）。

2　区分所有建物の管理関係

　区分所有法は，建物等の管理についての規定を置く。専有部分の管理は各区分所有者に委ねられるので，ここでの管理は，共用部分および敷地についてである。共用部分の管理には，変更・（狭義の）管理・保存行為がある。

管理のための団体　　区分所有法3条は，**管理のための団体**について規定する。同条により，区分所有者は，区分所有関係に入ることで，当然に団体の構成員となり，その団体自体法律上当然に存在するものとして取り扱われる。

　この団体は，「集会を開き，規約を定め，及び管理者を置くことができる」（▶同法3条）。また，一定の条件を満たす場合に，この団体は，法人になることができる（▶同法47条以下）。

集会・規約・管理者　　区分所有法が，管理のための団体を定める目的の一つに，建物等の管理を多数決で可能にすることがある。そのため，同法は，**集会・規約・管理者**についての規定を置く。

　(1)　**集　会**　　集会は，団体の意思決定機関である。建物・敷地等の管理に関する事項は，原則として，集会の決議で決定される（▶同法17条・18条・34条以下）。議事決定については，原則として，区分所有者および議決権の各過半数による（▶同法39条1項）。管理者の選任，および規約の設定も，集会の決議による（▶同法25条1項・31条1項）。

　(2)　**規　約**　　規約の設定は，区分所有者および議決権の各4分の3以上の多数による集会の決議によりすることができる（▶同法31条1項。規約の変更・廃止についても同じ）。規約事項については，同法30条が規定し，「建物又はその敷地若しくは附属施設の管理又は使用に関する区分所有者相互間の事項」（▶同条1項）等を定めることができる。規約は，書面等により，作成しなければならない（▶同条5項）。

　(3)　**管理者**　　区分所有者は，規約に別段の定めのない限り集会の決議によって管理者を選任することができる（▶同法25条1項）。管理者の権限につい

ては，同法26条が規定し，共用部分等の保存，集会の決議の実行，規約で定め
た行為をする権利・義務（▶同条１項）のほか，管理者はその職務に関し区分
所有者を代理すること（▶同条２項）などが定められている（この他，▶同法27
条・57条等も参照）。

復旧・建替え　区分所有法は，区分所有建物の管理（共用部分の管理につい
ては同法17条，18条が規定）のうち，**復旧**および**建替え**につ
いて，特別な取扱いをし，同法第８節が，それらについて規定する。

(1)　**復　旧**　復旧が行われるのは，建物の一部が滅失した場合である（全
部滅失の場合は，再建）。ここで，専有部分の滅失については，各区分所有者
が，自己の専有部分の復旧をすることができる（▶同法61条１項本文）。

共用部分の復旧については，その滅失が，建物価格の２分の１以下に相当す
る部分の滅失かどうかで，その復旧に関する定めが異なる。なお，区分所有法
は，通常時の管理（共用部分の維持・利用・改良，▶同法17条・18条参照）とは別
に，非常時の管理として対処するために，以下のような特別な定めを置く（民
法の共有との関係では，広い意味での管理は，▶251条・252条参照）。

(a)　**２分の１以下に相当する部分が滅失した場合**　同法61条１項本文によ
り，各区分所有者は，共用部分の復旧をすることができる。しかし，ただし書
により，復旧の工事に着手するときまでに，同条３項の復旧の決議，または建
替えの決議（▶同法62条１項・70条１項）があったときは，それが制限されるこ
とから，各区分所有者による共用部分の復旧は，それらの決議がなされないと

✏ **Topic 4-12**

マンションの建替え・再建についての立法動向

わが国では，いわゆるマンション（区分所有建物）は，1950年代から建
設が開始され，築年数30年以上のものが増えており，老朽化に伴う問題が
生じている。また，1995年の阪神・淡路大震災以降，災害による損傷等で
もマンションの復旧・建替えという問題が生じたことは周知の通りであ
る。このような状況を受けて，わが国では，近時，種々の立法がなされて
いる。具体的には，2002年のマンションの建替えの円滑化等に関する法律
があり，また，災害時対応の立法としては，1995年の被災区分所有建物の
再建等に関する特別措置法（最近の重要な改正は，東日本大震災後の2013
年改正）がある。

きに限られる。復旧をした区分所有者の費用償還請求については，同法61条2項が規定する。

　ここでの復旧の決議については，同法61条3項が規定する。同項により，区分所有者の団体は，集会の（普通）決議（➡146頁）で復旧の決議をし，共用部分の復旧をすることができる。決議に反対した区分所有者の費用負担も含め，共用部分の負担については，同法19条が規定する。

　(b)　建物の価格の2分の1を超える部分が滅失した場合　同法61条5項により，復旧の決議をするためには，区分所有者および議決権の各4分の3以上の多数による集会の決議が必要となる。また，同条7項により，復旧に反対する区分所有者は，決議賛成者の全部または一部に対し，建物と敷地に関する権利を時価で買い取るように請求することができる。これにより，復旧に反対する区分所有者は，区分所有関係から離脱することができる。

　(2)　**建替え**　区分所有建物の建替えについては，同法62条以下が規定する。建替えとは，従前あった建物を取り壊し，その敷地に新たに建物を建築することである（同法の建替えについては，▶62条1項も参照）。

　建替えは，既存の建物の取壊しを伴うことから，区分所有権の消滅を生じさせる。そこで，区分所有法は，建替えの決議によって建物の建替えを可能とする一方，その決議に反対する区分所有者にも配慮する制度を設けている（なお，民法の原則からしても，区分所有者全員の同意がある場合には，建替えは可能であり，区分所有法は，以下のようにそれと異なる特別な定めを置く）。

　同法62条1項により，建替えは，区分所有者および議決権の各5分の4以上の多数による集会の決議によってすることができる。この決議がなされると，既存建物の取壊しが必要となるため，同法63条は，建替えに参加する区分所有者の建替えに参加しない区分所有者に対する区分所有権等の時価での売渡請求権を認める（▶同条5項）。

第5章 用益物権

1 用益物権総論

意　義　用益物権は，他人の物を使用収益することを内容とする物権である。わが国においては，用益物権として，**地上権**（▶265条～269条の2），**永小作権**（▶270条～279条），**地役権**（▶280条～293条），共有の性質を有しない**入会権**（▶294条）が定められており，土地を対象とするものに限定されている。

性　質　用益物権は他人の土地を使用収益することを内容としているため，用益物権が設定されていると，その範囲で当該土地所有者の使用収益権能は制約されることになる。また，用益物権も物権であるため，権利者は，第三者に対しても自己の使用収益権の存在を主張することができ，それを妨害する者に対しては妨害の排除を請求することができる。

　他人の土地を利用するという目的は，土地所有者との間で賃貸借契約（▶601条）や使用貸借契約（▶593条）を結んで達成することもできる。しかし，それらの契約によって発生する利用権は債権であり，契約の相手方である土地所有者には債権内容の実現を主張できるが，原則として，①第三者（例：同一の土地所有者から利用権を設定された他の者，土地所有者から土地所有権の譲渡を受けた者等）に対しては，自己の利用権が優先することを主張できない点，②土地所有者の承諾がなければ，当該土地を他人に使用させたり，利用権自体を他人に譲渡したりすることができないという点（▶594条2項および612条1項参照）などにおいて，用益物権とは異なっている。

　ただし，建物所有目的の土地賃借権は借地借家法によって，農地賃借権は農地法によって，それぞれ第三者に対して対抗力を備える方法が付与され，かつ，存続保障制度が整備されているため，物権に準じた取り扱いがなされるよ

うになってきている（「賃借権の物権化」）。どのような内容を持つ権利を物権とし，または，債権とするかは，国や時代により異なるところであるが，近時，立法論として，どのような点に着目して不動産についての利用権を物権・債権に分類していくべきなのか議論されるようになってきている

なお，制限物権の設定行為の捉え方については，**➡ Topic 5-1**を参照。

2 地 上 権

図表 5-1　地上権設定当事者間の関係

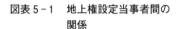
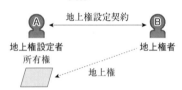

地上権設定契約
地上権設定者（A）　地上権者（B）
所有権
地上権

意　義　地上権は，工作物または竹木を所有する目的で，他人の土地を使用することができる権利である（▶265条）。他人の土地の上において，建物を建築して利用する場合や，立木を育成して林業を営む場合に利用されることが多い

が（同じような目的で設定される土地賃借権の法的性質との異同については，**図表 5-2**を参照），「工作物」には道路，鉄道，水路，配水管等多様なものが含まれる。

✐ Topic 5-1

設定行為の法的性質

　入会権以外の用益物権は，設定者および権利者となるべき者との間の設定契約や設定者の遺言等によって設定されることが予定されている。これらの設定行為の法的性質，特に，設定契約の法的性質については，近時，新しい理解も提示されるようになっている。

　従来，用益物権の設定契約は，物権の発生そのものを目的とした物権契約であると説明されてきた。それに対して，近時は，所有権移転のロジックに並行させ，用益物権が設定される場合，少なくとも観念的には，用益物権設定の原因契約（債権契約）と用益物権設定契約（物権契約）とがなされているものと捉え，両者の間において一定の有因性（前者の効力が否定されれば，後者の効力も否定される関係）を認める論者が出てきている（この場合，さらに，契約上の地位の移転の要件を満たすと，設定者の特定承継人や用益物権者の特定承継人が設定当事者の地位を引き継ぐ可能性が出てくることになる）。ただ，この問題については，物権契約としての性格しか持たないと捉えることの具体的帰結，債権契約・物権契約の併存を認めた場合における有因関係の内容，遺言により設定される場合との整合性など，いまだ解明されていない点が多く，将来の議論に委ねられている部分が大きい。

図表5-2　地上権・永小作権と債権的土地利用権との比較

	存続期間	法定更新・解約申入れの制限等の有無	第三者対抗力の獲得方法	妨害排除請求の可否	利用権の譲渡・他人への利用権設定	利用権への抵当権の設定
地上権	下限・上限の定めなし	なし	あり（地上権の登記または地上建物の登記）	可能（※）	自由	可能
永小作権	20年以上50年以下（278条）	なし	あり（永小作権の登記）	可能（※）	自由（272条。ただし，農業委員会の許可が必要・農地3条）	可能
土地使用借権	下限・上限の定めなし	なし	なし	なし	貸主の承諾が必要（594条2項・3項）	不可能（ただし，地上建物の抵当権の効力が及ぶ）
特別法の適用のない土地賃借権	下限なし50年以下	使用継続による更新の推定のみ（619条）	原則なし（特約に基づく土地登記簿への賃借権の登記・605条）	特約に基づく。土地登記簿に賃借権の登記があれば可能（605条の4条）	賃貸人の同意が必要（612条）	不可能（ただし，地上建物の抵当権の効力が及ぶ）
借地借家法が適用される土地賃借権	30年以上上限なし（借地借家3条）	あり（借地借家5条・6条）	あり（借地上の建物の登記・借地借家10条）	左記の対抗要件があれば可能（605条の4）	賃貸人の同意または同意に代わる許可（借地借家19条）が必要	不可能（ただし，地上建物の抵当権の効力が及ぶ）
農地法が適用される土地賃借権	下限なし50年以下	あり（農地17条・18条）	あり（借地の引渡し・農地16条）	左記の対抗要件があれば可能（605条の4）	賃貸人の同意および農業委員会の許可が必要（612条・農地3条）	不可能

※　実質的無権利者による妨害の場合には，登記不要。

発生原因・取得原因　地上権は，通常，土地所有者から設定されることにより発生する。すなわち，土地所有者と土地の利用を望む者との間の地上権設定契約や，地上権を設定する旨の土地所有者の遺言等によって発生する。また，土地およびその土地上の建物の一方または双方について，抵当権が実行されたり，差押えに基づく競売が行われることにより，法律上当然に地上権が発生することもある（法定地上権：▶388条，民執81条。➡203頁以下。なお，立木ニ関スル法律に基づき立木の登記がなされている場合には，立木のためにも法定地上権が成立することがある。▶立木5条）。さらに，時効により地上権が取得されることもある。

適用法規　建物の所有を目的としない地上権は，もっぱら265条から269条の2までの規定によって規律される。しかし，建物の所有を目的とする地上権は，借地借家法上の「**借地権**」に該当するため，借地借家法の借地に関する部分が民法の規定に優先して適用される。

存続期間　(1)「借地権」に該当しない地上権　設定行為（設定契約・遺言）において，存続期間の定めがある場合には，その定められた期間が存続期間となる。存続期間を永久とする地上権を設定できるか否

かについては争いがあるが，古い判例（★大判明治36・11・16民録９輯1244頁）は，民法に地上権の期間を制限すべき規定がないことを理由に永久の地上権を設定することも可能であるとしている。学説においては，所有権の権能の分属を認めることになり，所有権の絶対性に反することになるとして異論を唱える者も多い。また，期間の定めがない場合には，当事者の請求により，裁判所が20年以上50年以下の範囲内において存続期間を定める（▶268条）。

(2)　「借地権」に該当する地上権　　設定行為により30年より長期の期間を定めた場合を除き，存続期間は30年となる（▶借地借家３条）。

効　力　(1)　**地上権設定者・地上権者間の関係**　　地上権者は目的の範囲で土地を使用することができ，設定者はそれを忍容しなければならない。また，地上権者は，設定者に対して登記請求権を有する。地上権の設定を受ける土地の登記簿には，地上権の目的，地代またはその支払時期の定めがあるときはその定め，存続期間などが記載される（▶不登80条）。地上権の設定において地代は必須の要素ではないが，特約がある場合には，地上権者は設定者（地主）に対して地代を支払う義務を負うことになる。地代支払義務は，登記をしておけば地上権の譲受人に対しても主張することができる（不登78条はこのことを前提としている）。

地上権者は，土地所有権者の承諾を得ることなく，自由に地上権を譲渡したり，当該土地を第三者に賃貸したりすることができる。また，地上権者が死亡すれば，地上権は当然に相続の対象となる。地上権に抵当権等の担保権を設定することも可能である（▶369条２項参照）。

(2)　**第三者との関係**　　地上権者は，登記をしておけば，第三者（別に地上権設定を受けた者や土地譲受人など）に対抗できる。なお，建物所有を目的とする地上権については，当該土地上に存在する建物の登記をすることによって，第三者に対抗できる（▶借地借家10条）。

また，地上権の行使を妨げる者に対しては，地上権者は，物権的請求権を行使して，妨害を排除したり，返還を求めたりすることができる。近隣の土地所有者との関係は，所有権の相隣関係に関する規定が準用される（▶267条）。

消　滅　地上権は，期間の満了により消滅する（ただし，借地借家法が適用される地上権については，法定更新制度がある。▶借地借家５条）。

また，期間が満了していない場合であっても，土地所有者・地上権者間の合意により地上権を消滅させることができる。存続期間の定めがなく，特段の慣習もない場合，地上権者は，いつでもその権利を放棄して，地上権を消滅させることができる（▶268条1項本文）。ただし，地代支払いの定めのある地上権であるときは，放棄の1年前に土地所有者に放棄の予告をするか，期限の到来していない1年分の地代を支払わなければならない（▶同項ただし書）。また，地代支払いの定めがある場合に地上権者が2年分以上地代の支払いを怠ったときは，土地の所有者は，地上権の消滅を請求することができる（▶266条1項により準用される276条）。さらに，地上権は，他の用益物権と同様に，所有権と地上権が同一人に帰属すると混同によって消滅する（▶179条1項）。地上権者が20年間継続して土地の使用収益を行わない場合には，地上権は時効によって消滅する（▶166条2項）。

■ **Cace 5-1**　鉄道業を営むＡ社は，地下架線の設置を計画した。しかし，この事業の完成のためには，商店街やビルが存在する他人の土地の地下を通過させる必要がある。それらの土地自体を購入する資金はないが，何とかこの事業を実施することはできるだろうか。

土地の所有権については，その支配権が対象となっている土地の上下に及ぶものとされているが（▶207条），地上権については，地下または空間の上下の一定の範囲を定めて権利の対象とすることができる（**区分地上権**，▶269条の2）。この場合，登記簿にも，区分地上権の目的とされる範囲が登記される（▶不登78条5号。**図表5−3**参照）。実際には，地下の疏水トンネル・自動車高速道路用トンネル・鉄道用トンネル，空中を通る連絡通路・エスカレーター，地下鉄吸気施設，地下浄化槽等の設置のために利用されている。ただし，公共事業のために**大深度地下**を利用する必要がある場合には，「大深度地下の公共的使用に関する特別措置法」（以下，大深度法とする）により，国土交通大臣または都道府県知事の使用の認可を得れば，所有者から地上権等の設定を受けなくてもよいものとされているため（➡108頁），大深度地下に至らない深度の利用が対象となっているものが多い。

Cace 5-1では，土地所有者との間で区分地上権を設置してもらえば，土地所有者の地上の利用を妨げないため比較的低額な設定料・地代と引き替えに地下

図表5-3　区分地上権の登記の例

権　利　部　（乙　区）（所有権以外の権利に関する事項）			
順位番号	登記の目的	受付年月日・受付番号	権利者その他の事項
1	地上権設定	令和4年6月17日 第○○○号	原因　令和4年6月17日設定 目的　トンネル設置 範囲　地表下10mから地表下40m 存続期間　令和4年6月17日からトンネル存続期間中 地代　無償 地上権者　東京都千代田区○○町○丁目○番○号 　　株式会社　○○鉄道

トンネルを設置・利用できることになる。また，鉄道事業は大深度法の対象事業となっているので（▶大深度4条4号），地下架線化計画が大深度地下の適用対象地域である場合は，国土交通大臣または都道府県知事の使用認可を得ることによって，土地所有者から地上権の設定などを得ることなく利用できる。

3　永小作権

意　義　**永小作権**は，耕作または牧畜のために，小作料を支払って他人の土地を利用する権利である（▶270条）。永小作権の権利者は，「永小作人」と呼ばれる。

　重層的土地支配を払拭し，近代的所有関係を標榜する現行民法においても，小作料を収取できる立場にある地主と現実の耕作者との関係を規律する制度として永小作権制度が定められ，戦前においては，かなりの数の永小作権が存在していた。しかし，戦後の農地改革によって，不在地主等の所有地が買収されるとともに，それが実際の耕作者に払い下げられ，従来の永小作人の多くは自作農化していった。さらに，農地法が制定され，農地賃借人の保護に関する制度が充実し，永小作権よりも農地賃借権の方が耕作者にとって有利な点が出てきたため，永小作権の設定はほとんど行われなくなり，存続している永小作権は全国でもわずかな数にとどまっている。

発生原因　永小作権は，土地所有者が永小作人となる者のために契約・遺言等によって永小作権を設定するという形で発生する。ただし，農地または採草放牧地に永小作権を設定するためには農業委員会の許可

が必要である（▶農地3条）。

　その他，利用権原をもたない者が小作料を支払いながら他人の土地で耕作を継続することにより永小作権を時効取得するということも理論上は起こりうる。

存続期間　設定行為により20年以上50年以下の範囲で永小作権の存続期間を定めることができる（▶278条1項）。設定行為で50年より長い期間を定めたときであっても，50年に縮減される。設定行為に存続期間の定めがない場合，当該地域において永小作権の存続期間についての慣習があるときにはその慣習によって存続期間が定まり，慣習がないときには存続期間は30年とされる（▶同条3項）。

　永小作権は更新することができるが，更新後の存続期間は，更新時から50年を超えることができない（▶同条2項）。

効　力　(1)　**永小作権設定者（土地所有者）・永小作権者間の関係**　永小作人は，当該土地において設定行為で定められた耕作・牧畜をすることができる。永小作人は，設定行為で禁止されていない場合には，永小作権を譲渡したり，永小作権の範囲内で土地を賃貸することができる（▶272条）。ただし，永小作権の譲渡や農地賃貸のためには，農地法3条に従って所定の許可を得る必要がある。さらに，永小作権に抵当権を設定することも可能である（▶369条2項）。他方，永小作人は，永久の損害を生じさせるような変更を土地に加えることができず（▶271条），永小作権消滅の際には土地を原状に復して返還する必要がある。

　(2)　**第三者との関係**　永小作権の設定・移転は，登記をしなければ第三者に対抗できない（農地の賃貸借について引渡しを対抗要件とする農地法16条1項は永小作権には適用されない）。また，永小作権の行使を妨害する者に対しては，物権的請求権を行使し，妨害を排除することができる。

消　滅　永小作権は，当事者の合意によるほか，存続期間の満了，20年間継続して当該土地上において耕作または牧畜を行わない場合の消滅時効（▶166条2項）や，所有権と地上権が同一人に帰属した場合の混同によって消滅する（▶179条1項）。

　その他，永小作権特有の消滅原因としては，①不可抗力による3年以上継続する無収益または5年以上継続する減収（小作料より少ない収益しか得られない状

態）を理由とする永小作権の放棄（▶275条），および②永小作人が2年分以上
の小作料の支払いを怠った場合における土地所有者による消滅請求（▶276条）
がある。

4　地　役　権

意　義　　**地役権**とは，他人の土地（**承役地**）から設定行為によって定め
られた自己の土地（**要役地**）のための便益を享受することがで
きる権利である（▶280条）。

　一定の土地の利用のために他人の土地を利用する権利としては，相隣関係上
の諸権利がある（➡108頁以下）。それらの権利は，法律上当然に発生するた
め，「法定地役」とも呼ばれる。それに対して，地役権は，他の土地の所有者
と交渉の上，合意によって発生させる約定の利用権原であり，「約定地役」と
呼ばれる。地役権の便益の内容は限定されていないが，あくまで要役地の利用
価値を増進させるものでなければならず，土地とは無関係な地役権者の人的な
便益を目的とするものは認められない（「非人役的性格」）。

　また，地役権者は，設定行為で定められた範囲で承役地を利用することがで
きるだけであり，排他的な占有権原は持たずそれと両立する地役権設定者の利
用行為が制約されることはない（共同利用的性格）。同一土地上に内容の矛盾し
ない複数の地役権を設定することも可能である。

便益の種類　　便益の種類は，設定行為の内容に応じて様々である。実際に
は，歩行通行や自動車通行のための通行地役権，地上および
地中のガス・上下水道・電気・電話の配管配線のための地役権，地表または地
下における通水地役権，高圧架空電線の架設のため地下または空間について上
下の範囲を定めて設定される地役権などが多い。その他にも，要役地からの眺
望を確保するために承役地の地上建築を制限する眺望地役権，要役地の日照を
確保するために承役地の地上建築を制限する日照地役権，特例容積率適用地区
制度における容積率の利用権譲渡に伴って一定の容積率を超える建物を建築し
ないという不作為を内容とする地役権，発電用水の貯留および洪水時の一時湛
水のための湛水地役権などもみられる。

図表 5 - 4　地役権の例

1. 通行地役権

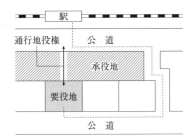

2. 電線路地役権

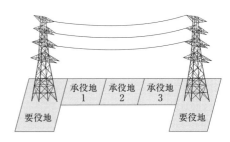

地役権の発生原因　地役権は，承役地所有者・要役地所有者間の契約によって設定することができる。周辺一帯の分譲における具体的経緯や道路開設時における敷地提供関係等に照らして，承役地とされる土地の所有者が地役権の発生を許容していたと考えられる場合には，明示的な地役権設定合意がなかったときであっても，**黙示の設定合意**を認定して，地役権の存在を肯定する裁判例が多くみられる（なお，他人の土地の上に現に存する位置指定道路〔私道〕について日常生活上不可欠な通行利益を有している者に関しては，黙示の設定合意を認めることができない場合であっても，通行をすることを妨げられない人格権的権利が存すると解されている点については，最判平成 9・12・18民集51巻10号4241頁を参照）。

　また，外形上認識することができる態様で自己の土地の便益を図るために他人の土地の利用を長期間継続した場合には，地役権の時効取得が認められる（▶283条）。通行地役権の時効取得に関しては，「継続的」に権利行使されていたかどうかの判断基準について争いがあるが，判例は，要役地所有者が自ら当該通路を開設した場合でなければ283条の「継続」の要件を備えているとはいえないという態度を堅持している（★最判昭和30・12・26民集 9 巻14号2097頁，最判昭和33・2・14民集12巻 2 号268頁，最判平成 6・12・16判時1521号37頁）。学説上は，要役地所有者自身によって開設された場合でなくても，要役地となる土地の所有者が当該通路の維持管理を行い，引き続いて通行していたときには，283条の「継続」の要件を備えているものと解すべきであるとするものが多い。

地役権の移転　地役権は，要役地の便益を図ることを目的とした権利であるから，要役地が移転されると当然に移転するのが原則であり（▶281条1項），要役地所有権と分離して譲渡し，または他の権利の目的とすることはできない（▶同条2項）。それゆえ，地役権の移転についての対抗要件は，要役地所有権についての移転登記で足りる。

効　力　(1)　**承役地所有者・要役地所有者間の関係**　要役地所有者は，設定行為で定められた形態において，承役地から直接便益を受けたり，承役地所有者の承役地利用について制約を求めたり，承役地所有者に一定の行動を求めたりすることができる。承役地所有者は，地役権者の便益享受を妨げたり，制約されている態様での承役地利用をすることができない。また，地役権者は，承役地所有者に対して地役権についての登記請求権を有する。承役地の登記簿には，要役地の所在，地役権設定の目的および範囲，要役地が移転された場合に地役権が随伴しないことを定めたときには，その旨，承役地所有者が地役権のために一定の工作物等を設置・維持する特約があるときには，その定めなどが記載される（▶不登80条）。

　地役権の存続期間については定めがなく，登記事項ともなっていない。地役権による便益享受の対価についても同様である。

　(2)　**第三者との関係**　地役権者は，承役地の登記簿に地役権の登記をしておけば，その後に登場した承役地に関する物権取得者に対して自己の権利を対抗できる。ただ，通行地役権の登記が現実になされる例はそれほど多くない。最高裁は，未登記の「通行地役権の承役地が譲渡された場合において，譲渡の時に，右承役地が要役地の所有者によって継続的に通路として使用されていることがその位置，形状，構造等の物理的状況から客観的に明らかであり，かつ，譲受人がそのことを認識していたか又は認識することが可能であったときは，譲受人は，通行地役権が設定されていることを知らなかったとしても，特段の事情がない限り，地役権設定登記の欠缺を主張するについて正当な利益を有する第三者に当たらない」とする（★最判平成10・2・13民集52巻1号65頁：百選I-59。この場合に，地役権者の承役地譲受人に対する登記請求権を有することについて，★最判平成10・12・18民集52巻9号1975頁を参照）。

　なお，地役権者は，地役権の行使を妨げる者がいる場合には，物権的妨害排

図表5-5　地役権の登記

1. 承役地の登記の記載

順位番号	登記の目的	受付年月日・受付番号	権利者その他の事項
1	地役権設定	令和4年6月17日第○○○号	原因　令和4年6月17日設定 目的　(1)送電線の架設および保守等のための土地立入，(2)送電線路の最下垂時における電線から3.6mの範囲内における構造物の築造の禁止，ならびに送電線路に支障となる工作物の設置，竹木の植栽等禁止，(3)爆発，引火性を有する危険物を製造，取扱いまたは貯蔵禁止 範囲　東側20㎡ 要役地　京都府京都市北区上賀茂○○町△△番 地役権図面　第○○○号

権 利 部 （乙 区）（所有権以外の権利に関する事項）

2. 要役地の登記の記載

権 利 部 （乙 区）（所有権以外の権利に関する事項）

順位番号	登記の目的	受付年月日・受付番号	権利者その他の事項
1	要役地地役権	余　白	承役地　京都市北区上賀茂○○町××番 目的　(1)送電線の架設および保守等のための土地立入，(2)送電線路の最下垂時における電線から3.6mの範囲内における構造物の築造の禁止，ならびに送電線路に支障となる工作物の設置，竹木の植栽等禁止，(3)爆発，引火性を有する危険物を製造，取扱いまたは貯蔵禁止 範囲　東側20㎡ 令和4年6月17日登記

除請求をすることができる。

消　滅　地役権は，存続期間の満了（存続期間の定めのある場合），要役地所有権と承役地所有権が同一人に帰属したことによる混同，地役権者による地役権の放棄のほか，承役地所有者による承役地所有権の放棄（▶287条），承役地占有者による承役地の取得時効の完成（▶289条・290条），地役権についての消滅時効の完成（▶291条〜293条）等によって消滅する。

5　入　会　権

意　義　入会権は，入会集団が所有する山林原野等の土地（共有の性質を有する入会権，▶263条），または，入会集団以外の者が所有する山林原野等の土地（共有の性質を有しない入会権，▶294条）を入会集団が管理・支配し，入会集団の構成員が慣習に従って使用収益する権利である。対象とな

る入会林野には，江戸時代から入会集団に管理され続けてきたものもあるが，明治初期の土地官民有区分の際に，いったん官地に編入され，その後，政府によって入会慣行が黙認されたり，縁故払下げがなされることにより復活したものもある（★最判昭和48・3・13民集27巻2号271頁参照）。

入会は，当初，慣習に従って，生活に必要な立木その他の地上の産物を使用・収益・処分する権能を入会集団の個々の構成員に認めたり，入会集団として収益を上げ，公共的財産の管理・維持のための材料・費用を捻出するといった機能を営んでいた。しかし，現在，入会集団によっては，入会林野の用益方法を変更し，貨幣経済的契約利用形態に変化させてきている。たとえば，入会林野に杉など経済的価値の高い立木を植栽し，そこで育成された立木を売って現金化して，入会集団所有の施設の建設・管理・維持費用に充てたり，構成員に金銭を分配する入会集団もめずらしくない。また，入会地を第三者に賃貸して賃料収入を構成員に分配する入会集団も数多く存在する。入会権によって達成しようとする目的には制限がなく，入会林野を入会集団のためにどのように活用するかは，入会集団が決定する。

入会関係の発生　総体としての入会権は，入会集団が，一定の慣習的ルールの下で，対象となる土地を集団として管理・支配してきたという事実に基づいて発生する。

入会権者　個別の入会権は，入会集団の各構成員に帰属する。入会集団の構成員となるための資格は，通常，入会慣習によって定められている。実際には，入会集落を構成する世帯の世帯主を入会権者とする入会慣習が多い。ただし，入会慣習が現在において公序良俗に反する内容を有している場合（たとえば，入会権者を男性に限るなど）には，その入会慣習に従った取扱いが無効とされる（★最判平成18・3・17民集60巻3号773頁）。

入会地の管理・処分　入会地の管理は，入会集団が慣習に従い集団として行う。入会地の利用態様の変更（例：第三者への賃貸）や処分（例：入会地の売却）を行う際には，慣習に従った入会集団の意思決定が必要となる。また，判例は，入会権の処分につき，慣習が必ずしも入会集団の構成員全員の同意を要件としていない場合でも，それが公序良俗に反するなどその効力を否定すべき特段の事情が認められない限り有効であり，慣習に従った方法での売

却・交換等には効力が認められるとしている（★最判平成20・4・14民集62巻5号909頁）。

入会権者の権利義務　入会権者は，各自，慣習や入会集団の意思決定に従い，入会地を使用することができる。また，入会権者が，直接的に使用したり，自然的産物を収取するのではなく，入会地から発生する経済的収益の配分を受けるという形で利益を享受する形態がとられていることもある。

また，入会集団の構成員としての地位を維持するためには，入会集団において定められている義務を果たさなければならないことが多い（例：公租公課分担義務，下刈・枝打ち等の労務提供義務等）。入会集団の義務を果たさないため構成員としての地位を喪失すれば，入会権を行使することもできなくなる。

入会権は，入会慣習によって認められていないのであれば，譲渡することや担保に供することができず，入会権者が死亡した場合にも，相続の対象とならない。

対外的関係　入会権は登記することができないので（▶不登3条参照），登記なくして対抗できるものと解されている。共有の性質を有する入会については便宜的に一部の者の所有名義で登記されていることがあるが，土地所有権は，登記名義とは関係なく，入会集団の構成員全員に総有的に帰属している。

入会権は入会集団の構成員全員に総有的に帰属するものであるから，総体としての入会権の存在確認を求める訴えは，入会権が共有の性質を有するかどうかを問わず，入会集団の構成員全員が当事者として関与し，その間で合一にのみ確定することを要する固有必要的共同訴訟となる。したがって，入会権の存在確認を求める訴えは，原則として，入会権者全員で提起しなければならない（★最判昭和41・11・25民集20巻9号1921頁）。入会集団の構成員のうちに入会権の確認を求める訴えを提起することに同調しない者がいる場合には，入会権の存在を主張する構成員は，訴えを提起することに同調しない者を被告に加えて，入会権の確認を求める訴えを提起することができる（★最判平成20・7・17民集62巻7号1994頁）。また，入会団体が権利能力なき社団にあたる場合には，入会団体として入会権の確認を求める訴えを提起することができ，その場合，特定の者が権利能力なき社団である入会団体の代表者として訴訟を追行するには，

当該入会団体の規約等において当該不動産を処分するのに必要とされる総会の議決等の手続による授権があれば足りる（★最判平成6・5・31民集48巻4号1065頁：百選Ⅰ-74）。

それに対して，各構成員が入会権の対象である山林原野において入会権の内容である使用収益を行う権能は，入会集団の構成員たる資格に基づいて個別的に認められる権能であって，各自が単独で行使することができるものであるから，その使用収益権を争う場合，または，その行使を妨害する者がある場合には，構成員各自が単独で，その者を相手方として自己の使用収益権の確認または妨害の排除を請求することができる（★最判昭和57・7・1民集36巻6号891頁）。

入会権の喪失　入会権者が一定の村落から転出することにより権利を喪失するとされていることが多いが（★大判明治33・6・29民録6輯6巻168頁参照），そのような権利喪失原因も各入会慣習に定められており，入会集団ごとに取扱いが異なっている。

また，入会権者は，特段の慣習や入会集団における合意がない限り，脱退に際して，入会地の分割請求をすることはできないと理解されている。しかしながら，脱退者にどのような権利を認めるかも，入会慣習および入会集団の意思決定に委ねられるのであり，各入会において脱退者に現物の分割や一定の配当金等の請求を認めても差し支えない。

入会関係の消滅　入会集団の構成員全員の同意がある場合には，入会関係を解消して共有の性質を有する入会地を分割し，各個人の所有とすることができる。同様に，入会集団の構成員全員の同意がある場合には，共有の性質を有する入会地を第三者に売却して入会関係を解消することも可能である。

また，入会林野等に係る権利関係の近代化の助長に関する法律に基づき，入会関係を近代的権利に転換することを目的とした入会林野整備計画書が作成され，当該計画書が都道府県知事に認可された上で公告されると，公告の日に入会権が消滅する（▶同法12条）。その他にも，入会的統制が自然的に消滅することにより，入会関係自体が消滅することもある。

第6章　抵　当　権

1　抵当権の意義

序　説　　(1)　**債権者平等の原則と，債権回収・履行確保**　　抵当権とは，債務者または第三者が占有を移転しないで債務の担保に供した目的（客体）について，他の債権者に先立って自己の債権の弁済を受ける担保物権のことをいう（▶369条）。

　担保物権とは，物を債権回収の確保のために用いる権利のことである。たとえば，A会社が，G会社から5000万円の融資，V会社から1000万円の融資，W会社から1000万円の融資を受けた場合に，Aのめぼしい財産として甲土地があるとしよう。債権者の1人Gに着目すると，Gが抵当権などの担保物権の設定を受けていなければ，Aの債権不履行時には，（無担保の）一般債権者として強制執行の手続によって債権の満足を図ることになる（これは，Aに対する5000万円の貸付金債権にかかる，勝訴の確定判決等を債務名義として〔▶民執22条〕，金銭債権にかかる強制執行〔金銭執行〕の手続によることになる〔▶民執43条以下〕）。そして，他の債権者V・Wがその手続に関与すれば，競売によって得られた甲の売却代金（3500万円としよう）は，G・V・Wそれぞれの債権額に応じて，

$$各債権者が受ける配当額 = 競売による代金 \times \frac{各債権者の債権額}{総債権額}$$

で比例配分される（5：1：1の割合→G2500万円・V500万円・W500万円）。これを，債権者平等の原則という。

　債権者平等の原則を前にして，一般債権者としては，他の債権者に先駆けて，事実上の優先弁済を受けることもある（たとえば，GがAから代物弁済として甲を譲り受けることなど。その他，債権譲渡，相殺なども，同様の機能を有する）。また，自分の債権の履行を確保するために，各種の人的担保（保証など），物的担

図表6-1　抵当権の意義

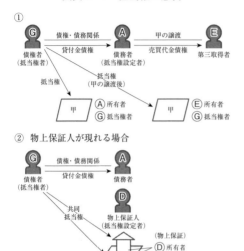

①

② 物上保証人が現れる場合

保（質権，抵当権，譲渡担保など）の設定を受けることもある。

(2) 抵当権の意義　それでは，Gが，抵当権の設定を受けるとしよう（**図表6-1**を参照）。この場合，①債務者A所有の甲土地を目的物とすることはもちろん，②Aの社長D所有の土地およびその土地上の建物を目的物とすることもできる。このとき，債務者Aではない「第三者」D所有の土地建物が，GのAに対する貸付金債権を担保する。これを物上保証といい，D

のことを物上保証人という（369条1項は，これを，「『第三者』が……債務の担保に供した不動産」と表現する）。抵当権の目的（客体）は必ずしも債務者所有の財産に限らないのである。

　①の債務者Aと②の物上保証人Dを，まとめて「抵当権設定者」と呼ぶ。債務者と債権者（抵当権の設定を受けて「抵当権者」となる）の間には，抵当権によって担保される債権（被担保債権）を発生させる債権・債務関係があるのに対して，物上保証人と抵当権者の間には債権・債務関係は存在しない。物上保証人は，（債務は負わないが）担保に供した財産の限度で「責任を負う」にすぎない。「責任を負う」とは，債務が履行されないときに，抵当権が実行され目的物が競売されるとその財産を失う，というリスク（「物的責任」）を負担することを意味する（実行後の求償権につき，372条の準用する351条も参照）。

　用語に関連して，①でAが甲をEに売却したというときに，抵当権の負担の付いた甲の所有権を取得した者Eのことを，第三取得者という。第三取得者も，物上保証人と同様の法的地位に置かれる。AからEへの所有権移転登記はGのための抵当権設定登記に後れるから，Aの債務不履行時にGが抵当権を実行すれば，Eは甲を失うことになる（▶177条）。言い換えれば，抵当権は第三

取得者にも追及できる（抵当権には追及効〔追及力〕がある）ということである。また，②のD所有の土地と建物などのように，数個の不動産に抵当権を設定することができ，これを共同抵当という。

　抵当権は，合意（契約）によって設定される約定担保物権である。また，抵当権者が優先弁済を受けることができる（優先弁済型担保）。そして，抵当権者への目的物の引渡し（占有移転）を要しない（非占有型担保）。したがって，抵当権は，引渡しに代わる公示方法が整備されている客体にしか設定できない。典型的には不動産である（その他には，地上権や永小作権がある〔▶369条2項〕）。

図表6-2　特別法上の抵当権

立木抵当（立木ニ関スル法律） 　樹木の集団（所有権保存登記がされたもの）
動産抵当 　船舶抵当（商847条） 　　船舶登記がされたもの 　自動車抵当（自動車抵当法） 　　自動車登録がされたもの 　航空機抵当（航空機抵当法） 　　航空機登録がされたもの 　建設機械抵当（建設機械抵当法） 　　所有権保存登記がされたもの
工場抵当（工場抵当法） 　工場の土地建物のほか，工場に設置された機械，器具その他工場の用に供する物に抵当権の効力が及ぶ（目録を添付して登記されたもの）
財団抵当 　工場財団（工場抵当法） 　1個または数個の工場について，土地建物，工場供用物件等からなる財団を組成したとき（所有権保存登記がされたもの） ※工場財団のほか鉱業財団（鉱業抵当法）などのように財団を1つの不動産とみなすタイプと，鉄道財団（鉄道抵当法）などのように財団を1つの動産とみなすタイプがある。

　抵当権は非占有型担保であり，抵当権の実行前は，設定者に目的物の占有が留められる。抵当権が実行されると，目的物が競売され換価されたり，目的物の管理権を奪われて，管理人によって管理されたりする。そして，その換価金や収益金から，抵当権者が優先的に弁済を受けることができる。

　民法上の抵当権のほかにも，特別法上の抵当権がある（**図表6-2**）。経済発展を背景に，民法上の抵当権の制約を克服して，様々な財産権を客体として担保化できるようにするために，立法が展開してきたわけである。もっとも，現在では，譲渡担保（➡284頁以下）によってその役割を取って代わられていることが多い。

質権と抵当権　抵当権は，担保物権の女王と呼ばれる（理論的にも実務的にも担保物権の中心をなす，ということ）。特に質権（不動産質権）と比較してみると，質権では，引渡しを要する（▶344条）。特に占有改定は不可である（▶345条。➡234頁）。これに対して，抵当権では，引渡しを要しない（▶369条1項）。そして，先の例（➡163頁）では，Aの事情として，甲の使用収

益を続けられないと意味がないだろう。他方で，Gの事情としても甲を管理する面倒なく（▶357条を参照），優先弁済を受けることができるのであればそれでよいだろう。実務では，不動産を客体として担保を設定するときは，もっぱら抵当権が用いられ，不動産質権はあまり使われていない。

抵当権の性質　抵当権は，被担保債権の存在を前提とする（付従性）。被担保債権が不存在または無効であるときは，抵当権は成立しない（成立における付従性。➡ **Topic 6-1**）。被担保債権が弁済によって消滅したときは，抵当権も消滅する（消滅における付従性）。被担保債権が譲渡されると，抵当権はそれに伴って移転する（随伴性）。その登記は付記登記による（▶不登4条2項，不登規3条5号）。

　また，抵当権者は，被担保債権全部の弁済を受けるまでは，目的物の全部について権利を行使することができる（不可分性。▶372条の準用する296条）。それまで抵当権は消滅しない。

　さらに，たとえば抵当権の目的物が滅失した場合に目的物の価値が形を変えて生じる賠償金や，目的物から派生して生じる賃料など，目的物に代わる金銭その他の物にも抵当権の効力が及んで，抵当権者はこれについて一定の要件の下で権利を行使することができる（物上代位性。▶372条の準用する304条）。もっとも，抵当権では，304条が挙げる「目的物の売却，賃貸，滅失又は損傷」のすべての場合に物上代位が認められるかどうか議論がある（➡193頁以下）。

　これらの性質は，担保物権に共通の性質とされる（通有性）が，必ずしもそうとは限らない。担保物権の種類および性質に応じて検討せざるをえない。ま

✏ Topic 6-1

員外貸付と抵当権の帰すう

　判例をみると，労働金庫の員外貸付が無効とされる場合であっても，その担保のために設定された抵当権が競売により実行されて第三者が買い受けたときに，債務者である設定者がその弁済をせずに，その貸付の無効を理由として，抵当権ないしその実行手続の無効を主張することは，信義則に反して許されないとした例がみられる（★最判昭和44・7・4民集23巻8号1347頁：百選Ⅰ-80）。解除による原状回復義務と保証人の責任にかかる最判昭和40・6・30（民集19巻4号1143頁：百選Ⅱ-18）ほかともあわせて，整理してみてほしい。

た，抵当権のうち一般の抵当権（普通抵当権）については当てはまっても（元本確定前の）根抵当権については当てはまらない（特に，付従性や随伴性が緩和されている。➡228頁）。

2　抵当権の設定

抵当権設定契約　抵当権設定契約は，債権者と債務者または第三者の間（▶369条1項）の，諾成・不要式の契約である（もっとも，書面によるのが通常であろう）。また，抵当権を設定させるという効果のみを有する物権行為である。設定契約は，被担保債権を発生させる契約と同時に結ぶ必要はない。

公示（対抗要件）　(1)　**趣　旨**　抵当権の設定も，物権変動に他ならず，公示の原則が当てはまる。公示方法は，登記である（▶177条）。抵当権は非占有型担保であり，その設定後も，目的物の所在が変わるわけではない。そうすると，公示の原則の枠内で，登記の意義が重視されてよい。

　実際上は，登記のない抵当権は意味がない。そのような抵当権を実行するには手続の制約がある（▶民執181条）し，実行できてもその手続に関与した他の担保権者または債権者に対して対抗できず，結局優先弁済を受けることができないからである。学説では，さらに，第三者からみた余剰価値の予測可能性の確保という観点で，登記の意義が強調されることもある。

　(2)　**登記事項**　抵当権に関する登記は，不動産登記簿の登記記録のうち権利部乙区に記載される（➡34頁）。主な登記事項として，登記原因（▶不登59条3号），抵当権者が誰か（▶不登59条4号），被担保債権の額（▶不登83条1項1号），債務者が誰か（▶不登83条1項2号）のほか，利息に関する定め（▶不登88条1項1号），債務不履行時の損害賠償に関する定め（▶375条2項，不登88条1項2号），被担保債権に付された条件（▶不登88条1項3号），抵当権の効力の及ぶ目的物の範囲に関する定め（▶370条ただし書，不登88条1項4号）などがある。

被担保債権　被担保債権については，設定契約の定め（合意）があればそれによる。被担保債権は，典型的には金銭債権である。

　金銭債権を念頭に，1口の債権の一部を被担保債権とすることができる。これを一部抵当という。

　債権者が1人である場合に，1人の債務者に対する数口の債権について1つの抵当権の被担保債権とすることができる（★最判昭和33・5・9民集12巻7号989頁）。実務では，複数の債務者に対する数口の債権についても1つの抵当権の被担保債権とすることを認める。これに対して，債権者が複数いる場合に，各債権者の数口の債権について1つの抵当権の被担保債権とすることを認めない。その理由は，他の債権者の被担保債権について抵当権者となると，付従性に反することになるとみるからである。

　条件付債権を被担保債権とすることもできる（★大判昭和14・5・5新聞4437号9頁，前掲最判昭和33・5・9）（▶不登88条1項3号も参照）。将来債権についても，同様としてよい。

　抵当権の付従性との関係では，金銭消費貸借契約にかかる金銭未交付段階で抵当権を設定することができるか。消費貸借は原則要物契約である（▶587条）から，付従性と抵触しないかが問題となる（かつての判例は，その後に成立した貸付金債権を有効に担保するとしてきた）。2017（平成29）年の債権法改正で，書面による消費貸借は（要物契約でなく）諾成契約とされた（▶587条の2）ので，契約時に貸付金債権が発生する。通常は書面によるから，付従性との抵触が問題となる場面もほとんどないだろう。

　元本以外にどこまで担保されるかという観点では，利息と遅延損害金（遅延利息）は，通算して最後の2年分に限られる（▶375条。➡173頁以下）。

目　的　物　　目的物についても，設定契約の定め（合意）があればそれによる。目的物は，典型的には不動産である。

　特別法上の抵当権では，公示方法として登記・登録制度その他が整備されている動産として，たとえば船舶，自動車，航空機等を目的物とすることができる（➡165頁）。

　日本法では，土地と建物は別個独立の不動産である。たとえば，土地上の建物については，その建物はその土地に付合することはなく，それゆえそれぞれに抵当権を設定することができる（➡175頁）。

　土地の一部についても，分筆登記をすれば，その一筆に抵当権を設定するこ

とができる。建物の一部についても，建物分割登記（▶不登54条1項1号）をすれば，その1棟に抵当権を設定することができる。また，建物区分登記（▶不登54条1項2号）をすれば，その区分建物に抵当権を設定することができる。共有の場合の持分権にも，抵当権を設定することができる。

同一の債権を担保するために，数個の不動産に抵当権を設定することを共同抵当という。また，（既に抵当権が設定されている）同一の不動産に，複数の債権者が重複の関係で数個の抵当権を設定することもできる。その抵当権の順位は，登記の先後による（▶373条。➡170頁）。

どこまで効力が及ぶかという観点では，抵当権は，抵当地の上に存する建物を除き，その目的である不動産に付加して一体となっている物に及ぶ（▶370条）。また，債務不履行後の果実に効力が及ぶ（▶371条。➡174頁以下）。

抵当権と利用権 　特に，抵当権者と，（抵当権設定〔登記〕の先後で抵当権の目的不動産について賃借権の設定を受けた）賃借人等との間の法律関係が問題となる。①A所有の甲土地について，Pが，建物所有の目的

✐ Topic 6-2

地味だが滋味ある場面

　抵当権の目的（客体）となるのは，その他，地上権や永小作権である。そして，これらを客体として抵当権を設定したとき，その地上権者や永小作人は，その権利を放棄しても，抵当権者に対抗できない（▶398条）。しかし，こうした場面はほとんどない。

　もっとも，判例をみると，398条等の法理が意味をもつ場合がある。すなわち，たとえば，A所有の甲土地についてAとPの間で賃貸借契約が結ばれた後，Pが甲の上に乙建物を建築した場合（建物保存登記あり）には，Pの借地権を第三者に対抗することができる（▶借地借家2条・10条）。その後，乙についてPとMの間で賃貸借契約が結ばれた（これは甲の転貸にはあたらないことに留意）後，AとP間の賃貸借契約が合意解除された場合には，特段の事情がない限り，Aは，解除の効果を，Mに対抗できない。「このことは民法398条，538条の法理からも推論することができるし，信義誠実の原則に照しても当然のことだからである」という（★最判昭和38・2・21民集17巻1号219頁）。

　なお，法律関係に関連して，適法な転貸については明文の規定がある（▶613条3項）。

でＡとの間で賃貸借契約（▶601条）を結び，甲の上に乙建物を建築する（建物保存登記あり）と，敷地である甲の利用については，（不動産賃貸借の登記〔▶605条〕がなくても）Ｐは借地権を第三者に対抗できる（▶借地借家2条・10条）。その後，甲にＺ銀行のために抵当権が設定された場合（借地権をＺに対抗できる），その抵当権が実行されたときであっても，抵当権設定登記前の賃借人であるＰは，借地権（約定利用権）を買受人に対抗することができる（▶177条）。それでは，順番を，抵当権設定→賃貸借契約締結→甲土地の上への乙建築，と入れ替えてみるとどうだろうか。抵当権の実行までは，Ｐは甲の利用を続けることができる。しかし，その後抵当権が実行されると，抵当権設定登記後の賃借人であるＰは，借地権を買受人に対抗できない（▶177条）。また，法定地上権も成立しない（388条の要件を満たさないから。➡203頁以下）。結局，買受人との関係で甲にかかる占有権原がないため，Ｐは，乙を収去して，甲を明け渡さなければならなくなる。

　また，②Ｂ所有の丙建物（賃貸マンション）について賃貸借契約が結ばれると，賃借人は，（不動産賃貸借の登記がなくても）それぞれ各号室の引渡しを受けていれば，その建物賃借権を第三者に対抗することができる（▶借地借家31条）。その後，丙にＺ銀行のために抵当権が設定された場合（賃借権をＺに対抗できる）に，その抵当権が実行されたときであっても，抵当権設定登記前の賃借人は，建物賃借権（約定利用権）を買受人に対抗することができる。それでは，順番を，抵当権設定→賃貸借契約締結→各号室の引渡し，と入れ替えてみるとどうだろうか（そして一般に，賃貸用物件は，建築当初から抵当権が設定されている場合がほとんど）。これも，抵当権の実行までは，賃借人は各号室の利用を続けられるが，抵当権が実行されたときは，抵当権設定登記後の賃借人は，そのままでは，建物賃借権を買受人に対抗できず，不都合を生じる。そこで，民法は，抵当権と利用権の調整のための制度を定めている（➡182頁以下）。

3　抵当権の登記—順位との関係

抵当権の順位　　**(1)　抵当権の順位**　　数個の抵当権が設定されたときは，その抵当権の順位は，登記の先後による（▶373条）。最初

に登記された抵当権が1番抵当権，次が2番抵当権となる。そして，たとえば1番抵当権の被担保債権が弁済されて消滅すると，2番以下の抵当権について，当然に順位が昇進する（順位昇進の原則）。このように，優先弁済的効力のある担保物権は，1つの物にも複数併存しうる。ただし，その相互間では，順位がつけられる（➡ Topic 1-2）。

　(2)　**抵当権の処分**　抵当権の順位は，各抵当権者の合意によって変更することができる（抵当権の順位の変更。▶374条1項本文）。ただし，利害関係を有する者があるときは，その承諾を得なければならない（絶対的効力。▶同項ただし書）。そして，順位の変更の登記が効力要件となる（▶同条2項）。

　抵当権の譲渡・放棄は，当該処分にかかる抵当権者が無担保の一般債権者に対して優先弁済枠（もともと配当を受けられる枠）を融通することである。抵当権の順位の譲渡・放棄は，当該処分にかかる抵当権者相互間で優先弁済枠（もともと配当を受けられる枠）を融通することである（▶376条）。なお，抵当権の処分としての抵当権の放棄と，物権の消滅事由としての抵当権の（絶対的）放棄は異なる（➡216頁）。

　これら抵当権の処分は，当事者（処分者と相手方）以外の他の債権者の同意等を要しない。他方で，当該処分の効力は他の債権者には及ばない（相対的効力）。そして，登記が第三者に対する対抗要件となる（▶177条）。これは付記登記による（▶376条2項，不登4条2項・90条・不登規3条4号）。また，債務者に対する通知，承諾が，債務者らに対する対抗要件となる（▶377条）（これらについては転抵当と同様のことが当てはまるので，そこでの説明もあわせて参照してほしい〔➡189頁以下〕）。

　抵当権の順位の変更と，抵当権の処分については，**図表6-3**で詳しく解説する。

登記の有効要件（対抗力の問題）　従前の判例をみると，抵当権設定登記についても，流用登記は無効であるとしてきた（★大判昭和6・8・7民集10巻875頁）。流用登記は実体的権利関係に合致しないというのがその論拠である。

　しかし，その後の判例を踏まえて整理してみると，流用登記は直ちに無効であるというのは，流用前の第三者が出現する場面でしか当てはまらない。すな

図表6-3　抵当権の順位の変更，抵当権の処分

P会社は，S銀行から5000万円の融資を受けるにあたって，Pの所有乙建物（評価額3億円相当）にSのために1番抵当権を設定した。Pはさらに，T銀行から1億円の融資を受けるにあたって，Tのために2番抵当権を設定した。Pはさらに，U銀行から1億5000万円の融資を受けるにあたって，Uのために3番抵当権を設定した。Pにはその他に無担保の一般債権者Gがおり，Gの債権額は1億円である。その後，競売により抵当権が実行され，乙の売却代金は2億8000万円であった。

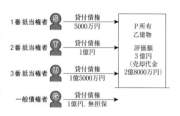

	S銀行	T銀行	U銀行	G
当初の被担保債権	5000万円	1億円	1億5000万円	1億円
当初の抵当権の順位	1番抵当権者	2番抵当権者	3番抵当権者	（無担保）一般債権者
①　PはS・T・Uのいずれにも弁済せず，その後抵当権実行	5000万円	1億円	1億3000万円	0円
②　PはSには既に弁済，T・Uには弁済せず，その後抵当権実行	（5000万円）	1億円	1億5000万円	3000万円
③　S・T・Uの合意で，1番U・2番T・3番Sの順位へと変更，その後抵当権実行	3000万円	1億円	1億5000万円	0円
	このケースでは，当事者でない抵当権者Tの利害に影響を及ぼさないが，順位の変更は，抵当権者全員の同意を要する（374条1項）。担保の価値や抵当権の額によって事情が異なってくるから。また，全員の合意があったとしても，利害関係者がいる場合は，その者の承諾を得なければならない（同項ただし書）。			
④　SがUに抵当権の順位を譲渡，その後抵当権実行	3000万円	1億円	1億5000万円	0円
	抵当権者SとUの関係では，Sの優先弁済権（もともと配当を受けられる枠）がUに移転する。その結果，Uは，Sの枠から5000万円とUの枠から残り1億円の配当を受ける。Sは，乙の売却代金2億8000万円からTとUが優先弁済を受けるべき2億5000万円を控除した残額3000万円の配当を受けることになる。			
⑤　SがUに抵当権の順位を放棄，その後抵当権実行	4500万円	1億円	1億3500万円	0円
	抵当権者SとUの関係では，Sの優先弁済権をUに対して主張しない，という意味で，SとUでSの優先弁済枠とUの優先弁済枠をそれぞれ被担保債権額に応じて準共有することになる。その結果，SとUは，Sの枠5000万円を1：3で比例配分した額とUの枠1億3000万円を1：3で比例配分した額の，それぞれの合算分の配当を受ける（計算上は，合算した1億8000万円を1：3で比例配分した額となる）。			
⑥　SがGに抵当権を譲渡，その後抵当権実行	0円	1億円	1億3000万円	5000万円
	抵当権者Sと一般債権者Gの関係では，Sの優先弁済枠がGに移転する。その結果，Gが受ける配当額は5000万円となる。			
⑦SがGに抵当権を放棄，その後抵当権実行	1666.67万円	1億円	1億3000万円	3333.33万円
	抵当権者Sと一般債権者Gの関係では，Sの優先弁済権をAに対して主張しない，という意味で，SとGでSの優先弁済枠をそれぞれの被担保債権額に応じて準共有することになる。その結果，SとGは，Sの枠5000万円を1：2で比例配分した額の配当を受ける。			

※抵当権の処分は，実際上は，債務者である設定者の資金調達に助力する際に意味をもつ。たとえば，Pが第三者であるGから有利な条件で1億円を借り入れて，1番抵当権者Sに被担保債権を弁済（繰上返済）してSの抵当権を消滅させることなどを考えている場合に，GとしてはPに対して様々な物的担保の提供を強く求めているとき，その1つとして，SがGに抵当権を譲渡して，その優先弁済枠（もともと配当を受けられる枠）を移転させる，という方法をとることがある。

わち，流用の当事者は，流用登記の無効を主張できない（★最判昭和37・3・15集民59号243頁）。

　また，流用後の第三者は，流用登記の無効を主張できない（★大判昭和11・1・14民集15巻89頁。最判昭和49・12・24民集28巻10号2117頁も参照）。第三者は流用後の登記を前提として，したがって抵当権の存在を前提として法律関係に入ったというのがその論拠である。判例にみえるように，「登記が無効かどうかの問題」と，「登記の無効を主張できるかどうかの問題」を区別して考えるべきだろう。

4　抵当権の効力—被担保債権や目的物との関係

　ここでは，抵当権の効力として，元本や利息が抵当権でどこまで担保されるのかという問題（被担保債権の範囲）と，不動産本体以外を実行段階で競売の対象とすることができるかという問題（目的物の範囲）をまとめて扱う。

被担保債権の範囲　被担保債権の範囲は，当事者の合意，つまり設定契約の定めがあればそれによる。しかし，実際に優先弁済を受けることができる範囲は，別個に考えなければならない。なぜなら，後順位抵当権者，他の一般債権者の予測可能性を確保しなければならないからである。

　元本については，設定契約で被担保債権に含むと定めた場合であっても，実際に優先弁済を受けることができるのは，登記された範囲に限られる。

　つぎに，利息，遅延損害金（遅延利息）については，通算して最後の2年分に限られる（▶375条）。「債務の不履行によって生じた損害の賠償を請求する権利」（▶同条2項）とは，遅延賠償にかかる請求権のことを指す。弁済期到来時には，未払いのまま残存している2年分の利息，弁済期から1年後には，残存している1年分の利息と1年分の遅延損害金，弁済期から2年後には，残存している2年分の遅延損害金について，優先弁済を受けることができる。

　法定利率による遅延損害金は登記を要しない（▶419条1項・404条）。法定利率を超える遅延損害金は，登記がなければ優先弁済を受けることができない（▶不登88条1項2号）。

　元本および利息を合算した総額について賦払いとすべくその総額を被担保債

権として登記しているときは，375条の制限はかからない（★大判大正9・12・18民録26輯1951頁）。

　以上の，「被担保債権の登記＋375条の制限」から，第三者は，余剰価値の予測が可能となる。

　他方で，債務者との関係ではどうか。債務者は，元本，利息等の債権が存在する限り，その全額を弁済しなければならない（★大判大正4・9・15民録21輯1469頁，大判大正9・6・29民録26輯949頁）。そうすると，他に後順位抵当権者や，差押債権者等が関与しない場面では，債権者からみれば，375条の制限はかからない。

　なお，根抵当権については，375条の制限はかからない（➡230頁）。

目的物の範囲　　**(1) 序　説**　　目的物の範囲も，当事者の合意，つまり設定契約の定めがあればそれによる。

　不動産を目的（客体）とするとき，目的不動産本体には抵当権の効力が及ぶとして，それではその本体以外に付属された物（付合物や従物等を，まとめて付属物と呼ぶ）はどうか。検討すべき局面を，さらに以下の①②に分けることができる。

①　実行段階の優先弁済的効力との関係　　競売の対象とすることができるか（ここで扱う）。

②　実行前の効力との関係　　抵当権侵害の場合に，一定の法的主張をすることができるか（➡184頁以下）。

　(2) 付属物（付合物や従物等）　　不動産の付属物に抵当権の効力が及ぶかどうか。解釈上の手がかりとなりうる規定としては，抵当権は不動産に付加して一体となっている物（付加一体物）に及ぶものとする370条と，従物は主物の処分に従うものとする87条2項がある。

✂ Case 6-1　Xが Z銀行のために所有丁土地および丁土地上の所有戊建物に共同抵当権を設定した場合に，次のようにして丁や戊に付属された物に抵当権の効力が及ぶか。特に，競売の対象とすることができるか。
　(1) 丁について，抵当権設定前に，丁の上に，（戊とは別の）建物が建築され，植木が植栽され，庭石が設置され，石垣が構築されていたとき。
　(2) 戊について，抵当権設定後に，ユニットバスが増築され，システムキッチン

が設置され，エアコンが代替され，建具（窓，雨戸とその付属部品）が更新されたとき。

(a) 付合物　不動産に付合してその一部（構成部分）となった物（付合物。
▶242条本文を参照）には抵当権の効力が及ぶことに異論はみられない。370条の
付加一体物にあたるというのがその論拠である。判例によると，付合の時期
と，抵当権設定時期の先後を問わない（抵当権設定時の付合物について，〔土地〕
抵当権設定時の植木，取り外し困難な庭石を，土地の構成部分とみる：★最判昭和44・
3・28民集23巻3号699頁：百選Ⅰ-81，抵当権設定後の付合物について，〔建物〕抵当
権設定後に備え付けられた，雨戸・戸扉等の建具類を，建物の構成部分とみる：★大判
昭和5・12・18民集9巻1147頁）。

Case 6-1(1)の植木，庭石，石垣は丁土地への固着の程度次第で，また**Case
6-1**(2)のユニットバス，システムキッチン，エアコン（特にビルトインエアコン
など）は戊建物への固着の程度次第で，付合物として抵当権の効力が及ぶ，と
説明することになる（取り外しが容易なものは次述(b)の従物として効力が及ぶとみる
ことになる）。**Case 6-1**(1)の丁土地上の戊建物についていえば，一般に建物は
土地に付合することはなく（➡168頁），建物には土地の抵当権の効力は及ばな
い（▶370条）。

なお，370条の文脈で付合物をいうとき，他人の物（▶242条。➡119頁）のみ
ならず，設定者自身の物が付属したときも含まれる。つまり，不動産に付合し
てその一部（構成部分）となるかどうかに着目している。

抵当権の効力が及ばない例外として，①設定行為，つまり設定契約に別段の
定めがあるとき（▶370条ただし書前段。別段の定めについて登記必要〔▶不登88条1
項4号〕），②債務者の行為について詐害行為取消請求をすることができるとき
（▶370条ただし書後段。たとえば，債務者である設定者が，他の債権者を害することを
知って他の物を付属させた場合〔事実行為でよい〕で，債権者である抵当権者が，他の
債権者を害することについて悪意であるとき），③権原に基づく付属物の所有権の
留保があるとき（▶242条ただし書。➡119頁）がある。

(b) 従 物　従物にも抵当権の効力が及ぶことに異論はみられない。現在
の判例をみると，抵当権設定時の従物について，効力が及ぶという（〔土地〕抵

当権設定時の石灯籠，取り外しの容易な庭石を従物とみる：前掲★最判昭和44・3・28，〔建物〕抵当権設定時の地下タンク，ノンスペース型計量機，洗車機などの諸設備を従物とみる：★最判平成2・4・19判時1354号80頁）。ただし，その論拠はやや微妙である（主物である目的不動産本体にかかる抵当権設定登記をもって，「抵当権の効力から除外する等特段の事情のないかぎり，民法370条により従物たる右物件についても対抗力を有する（傍点引用者）」〔前掲★最判昭和44・3・28〕としている）。

　学説では，設置時期と抵当権設定時期の先後を問わないとしている。設置時期が不明である場合には効力が及ぶかどうかわからない，ということになってしまうと，手続の観点で困難が生じることなどが，その論拠である。

　効力が及ぶというその根拠については，従物も370条の付加一体物に包摂されるとするのが通説である（包摂説）。この見解によると，「付加して一体となっている」物（▶370条）とは，「経済的一体性」が認められる物を意味す

✏ Topic 6-3

従物の方が高価である場合

　従物に抵当権の効力が及ぶとき，従物の方が高価である場合であっても競売の対象となるが，それでよいか。特に設定者が，抵当権の効力が及ばないと主張して争う場面が，しばしばみられる（効力が及ばないとすれば，設定者が，別個にこれを処分して，資金を調達することもできるだろう）。

　下級審裁判例をみると，効力が及ばないという明示または黙示の合意を認定できない（つまり，効力が及ぶ），としたものがある（〔建物〕抵当権設定後の，キャバレー営業に必要な特別の舞台設備，舞台照明設備，音響設備およびネオン設備などを従物とみる：★東京高判昭和53・12・26下民集29巻9～12号397頁。主物である建物本体との関係では，これらの設備は数倍程度の価値〔数億円相当〕があったようである）。他方で，仮に，黙示の合意を認定できるとしても，370条ただし書前段の場合には，別段の定めについて登記を要する（▶不登88条1項4号）から，その登記がなければ，第三者には対抗できない（たとえば，買受人との関係）。

　また，本文で説明した最高裁平成2年判決の具体的な事案では，設定者が，効用の面からも，価値の面からも，地下タンクこそが主物であり目的不動産本体であるガソリンスタンド店舗は従物にすぎない（つまり，地下タンクほかには効力が及ばない），などと主張して争ったが，最高裁は，主従関係にかかる原審の判断を是認した上で，従物である地下タンクほかにも効力が及ぶとした。

る。そして，従物は，主物との関係で経済的に一体であるから，付加一体物に包摂されると解することになる。

　これに対して，従物は370条の付加一体物に包摂されないとする見解がある（非包摂説）。この見解によると，付加一体物（▶370条）とは付合物（242条を参照）のみを意味する。そして，従物は370条の付加一体物に包摂されず，従物の本質にかかる87条2項の適用があるのみである。その上で，「主物の処分」（▶87条2項）とは，「抵当権の設定から抵当権の実行までの全体」を意味すると解することになる。そうすると，抵当権設定時の従物のみならず，設定後の従物にも，効力が及ぶわけである。この見解に対しては，「主物の処分」とは，主物に関する処分行為の意味である（抵当権でいうと，抵当権設定行為の意味）と理解するのが素直なはずで，そうすると，抵当権設定時の従物にしか効力が及ばないではないかという批判がある。

　もっとも，そもそも何が従物にあたるのかについては，明確な判断基準があるわけではない。**Case 6-1**(2)のユニットバス，システムキッチン，エアコン（一般のルームエアコンなど）は，付合物として抵当権の効力が及ぶのか従物として効力が及ぶのか，建物への固着の程度のほか，それらの物の効用などをあわせて，具体的に判断していくしかないだろう。他方で，当事者の合意のほか，第三者の合理的意思，その他社会通念をも考慮して，そもそも効力が及ばないとみるべきときもあるだろう（たとえば，ルームエアコンもテレビや冷蔵庫などの大型家電製品一般と同じように扱うときなど。➡ **Topic 6-3**も参照）。

　(c)　対抗要件等　付属物に抵当権の効力が及ぶというとき，それについて独立の対抗要件を要しない。不動産本体にかかる抵当権設定登記で公示されるからである。不動産の上に存する限り，抵当権の効力が及ぶことを第三者に対抗できるのである（それでは，不動産から分離・搬出されたらどうかが，問題となる。➡179頁以下）。

　なお，他の債権者が付属物に対して強制執行したときは，第三者異議の訴え（▶民執38条）によって，その排除を求めることができる（前掲★最判昭和44・3・28）。

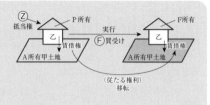

Case 6-2　A所有の甲土地について，Pは建物所有の目的でAとの間で賃貸借契約を結び，乙建物を建築した（建物保存登記あり）。その後，乙にＺ銀行のために抵当権が設定された場合に，競売により抵当権が実行されＦが乙を買い受けたとき，敷地利用をめぐる法律関係はどうなるか。

(3)　**従たる権利**　判例によると，目的不動産たる建物の所有に必要な敷地の賃借権は，買受人に移転する（★最判昭和40・5・4民集19巻4号811頁：百選Ⅰ-82，最判昭和52・3・11民集31巻2号171頁）。学説では，これについて，建物の従たる権利である賃借権を従物に準じて扱うものとして説明してきた。主物と従物と同様の結合関係を，物と権利との関係にも認めた上で，主物の処分としての建物の譲渡に従う（87条2項類推適用）というわけである（もっとも，借地権価額の方が建物価額より高額になることもある。➡205頁〕）。**Case 6-2**では，乙建物の敷地である甲土地にかかる賃借権は買受人Ｆに移転する。仮に，敷地の賃借権がＦに移転しない（甲の所有者Aとの関係で，甲の占有権原がない）ということになれば，Ｆは，乙を収去して，Aに甲を明け渡さなければならない。そうすると，一般に，借地上の建物に抵当権を設定することなどできなくなってしまうだろう（誰もその買受人とならないだろうから）。そのような結論にはならないのである。

　なお，敷地賃借権の買受人への移転は，賃借権の譲渡にほかならず，「民法612条の適用上賃貸人たる土地所有者に対する対抗の問題」となる（前掲★最判昭和40・5・4）。したがって，**Case 6-2**において甲の所有者Aの承諾が必要となる（もっとも，借地権の譲渡について，裁判所による承諾に代わる許可制度がある〔▶借地借家2条・20条〕）。

(4)　**果　実**　たとえば，果樹園に抵当権が設定された場合（天然果実を生じる）や，賃貸用物件に抵当権が設定された場合（法定果実〔賃料〕を生じる）に，果実に抵当権の効力が及ぶか。

　民法は，果実には抵当権の効力が及ばないことを原則としつつ，債務不履行後に生じた果実には及ぶものとしている（▶371条）。371条にいう果実は，天然

果実か法定果実かを問わない。

　371条の趣旨は，債務不履行前と不履行後で分けて説明できる。債務不履行前についてはどうか。設定者は，目的不動産の使用収益を継続することができる。そうすると，果実に抵当権の効力が及ばないとしておかなければ，設定者に収益を認める意味がないのである。

　それでは，債務不履行後についてはどうか。371条は，2003（平成15）年の担保執行法改正で，担保不動産収益執行制度（▶民執180条2号）の創設にあわせて，その実体法上の根拠規定として新設された。そして，同制度の創設は，賃料債権に対する物上代位を否定する趣旨ではないとされている。そうすると，371条は，その実体法上の根拠規定となるともいえる（➡196頁以下）。

> **▉▉ Case 6-3**　Kが，所有建物をオフィスビルからメディカルビルへと改築するために7銀行から借入れをするにあたり，この建物にZのために抵当権を設定した。その後，この建物に設置されたキュービクルが取り外されて，第三者に売却されたとき，そのキュービクルに抵当権の効力が及ぶか。特に，抵当権の実行段階で競売の対象とすることができるか。
> ※キュービクルとは，医療機器などを作動させるために建物に設置される高圧受電設備で，取外しは可能，また，取り外されたものが，再生品として販売されている。

　(5)　**分離物**　　目的不動産に付加されていた物が，その不動産から分離されて動産となった場合に，その動産に抵当権の効力が及ぶか。

　判例をみると，手がかりになるものはあるが，決め手に欠ける（大審院の古い裁判例として，★大判明治36・11・13民録9輯1221頁，大判大正5・5・31民録22輯1083頁では，どちらも伐採木材〔伐木〕にかかる事例〔大審院大正5年判決は，伐木に対する一定の権利主張を認める〕。また，最高裁の判例として，★最判昭和57・3・12民集36巻3号349頁：百選I-87。「工場抵当法2条の規定により工場に属する土地又は建物とともに抵当権の目的とされた動産が，抵当権者の同意を得ないで，備え付けられた工場から搬出された場合には，第三者において即時取得をしない限りは，抵当権者は搬出された目的動産をもとの備付場所である工場に戻すことを求めることができる」，というのであるが，これは，同法3条の規定により目録を添付して登記された動産にかかる事例で，即時取得が成立しない限り，抵当権の効力が及ぶことについては同法5条に定めがある）。

学説では，様々な見解がみられる。分離物が目的不動産の上に存在するままであるときについては，抵当権の効力が及ぶことには異論はみられない。その法的構成として，分離物は370条の付加一体物に包摂されるとみるものもある。これに対して，370条の付加一体物には包摂されないとみた上で，効力が及んでいることを第三者に対抗できるかどうか（▶177条）を基準とするものもある（「公示の衣」論）。また，これらと視点を異にして，端的に（分離物自体にかかる）即時取得が成立するかどうか（▶192条）を基準とするものがある。

分離物が既に目的不動産の外に搬出されているときについては，搬出されると効力がもう及ばなくなるとみるもの，（公示の衣から出て）第三者に対抗できなくなるとみるもの（➡66頁），また，即時取得が成立するかどうかを基準とするもの（➡74頁）などがある。**Case 6-3** で，建物から分離されたキュービクルが建物の外に搬出されてもなお，建物抵当権の効力が及ぶと考えるかどうかが，ポイントになるだろう。

なお，仮に搬出された分離物に抵当権の効力が及ぶことがあるとしても，分離物自体について競売手続を開始できるわけではない。そうではなく，抵当権者は，まずは分離物を目的不動産の上に返還させるべく請求することになる（➡184頁以下）。

5　抵当権の実行前の効力

抵当権は非占有型担保であり，設定者は，実行前は目的不動産の使用収益を継続することができる。さらに，目的不動産の処分すら可能である。他方で，抵当権者の利益を不当に害することは許されない。ここでは，実行前の効力を，設定者側と抵当権者側のそれぞれの観点で説明する。

1　設 定 者 側

第三取得者の法的地位　(1) 序 説　たとえば，A会社がG会社から1億円の融資を受けるにあたって，A所有の甲土地にGのために抵当権を設定した場合に，その後，Aが，甲をEに売却したとしよう。抵当権の実行に至らない段階で，第三取得者Eが抵当権の負担の付かない甲の所有権を確

保しようとすれば，抵当権を消滅させるほかない。

　①被担保債権額が目的不動産の評価額より小さい（たとえば，甲の評価額1億2000万円とする）場合には，抵当権を消滅させるには，A・G・Eの3者間の合意のほか，Eによる債務引受（▶470条以下）や，第三者弁済（▶474条以下）が有用である（代金額や求償による調整〔相殺等〕を通じて，Eが被担保債権額相当額の1億円を支払って，評価額1億2000万円の甲を取得できるようにすればよい）。これに対して，②被担保債権額が目的不動産の評価額より大きい（たとえば，甲の評価額8000万円とする〔担保割れ〕）場合には，抵当権を消滅させようにも，Eの負担となる出捐が避けられない（Eは被担保債権額相当額の1億円を支払っても，評価額8000万円の甲を取得することしかできない）。それでも，Eが，経済的な利害打算のもとで，またはやむをえず，これを買い受けることがある。そこで，民法は，このような場合に抵当権を消滅させるための固有の制度として，代価弁済と，抵当権消滅請求の2つの制度を設けている。買い受けた抵当不動産の流通を図ること，または買受後の事後処理を可能にすることが，その趣旨である。

　(2)　**代価弁済：抵当権者の主導で抵当権を消滅させる方法**　　代価弁済とは，抵当権者の請求に応じて，第三取得者が抵当権者に抵当不動産の代価を弁済すれば，抵当権を消滅させることができる制度のことである（▶378条）。(1)②で，抵当権者Gが第三取得者Eに対して，Eと設定者Aで合意した甲の代価をGに弁済すれば抵当権を消滅させると申し出て，Eがこれに応じる形となる。Eは，代価を，AではなくGに支払うことになる。

　代価弁済は，あくまで，抵当権者と第三取得者の合意による。特に，第三取得者としては，代価弁済に応じる義務はない。(1)②で，被担保債権額が甲の代価より大きい（たとえば，甲の代価8000万円）ときは，事情次第で，Eには第三者弁済によるよりメリットがあることもあろう（制度上の相違をごく単純化していうと，第三者弁済によるなら被担保債権1億円全額の弁済を要するが，代価弁済によるなら甲の代価8000万円の弁済で足りるわけである）。しかし，代価次第では，Eにメリットがないこともある。また，仮にGのほか複数の抵当権者がいれば，Gの先順位抵当権を消しても，後順位の抵当権は残る（順位昇進の原則）から，Eにメリットがないだろう（Eがメリットの有無を判断すればよい）。もっとも，実務では，代価弁済はほとんど例がない。

(3) **抵当権消滅請求：第三取得者の主導で抵当権を消滅させる方法** 抵当権消滅請求とは，第三取得者が抵当権者に対して，代価，または抵当物件を自らが評価して「特に指定した金額」（消滅請求金額）を提供して，抵当権を消滅させるよう請求できる制度のことである（▶379条以下，383条）。(1)②で，第三取得者Eが抵当権者Gに対して，甲の代価を提供して抵当権を消滅させたいと申し出て，Gがこれに応じる形となる。Gは，Eから提示された金額に納得できるときは，抵当権消滅請求を承諾すればよい。納得できないときは，383条所定の書面の到達から2か月以内に，抵当権を実行して競売を申し立てる必要がある（▶384条1号）。競売を通じていわば市場に問うことになるわけである（Eは抵当権消滅請求をするためにAへの代金の支払いを留保することができる〔▶577条。同条にいう「契約の内容に適合しない」とは，(1)②では，A・E間で抵当権等の存在を考慮して代金額が定められていなかった場合のことをいう〕）。

実際上，抵当権消滅請求が問題となるとすれば，建物買取請求権が行使された場合の事後処理のためくらいだろうといわれている（2003年改正前民法378条滌除制度にかかる，★最判昭和39・2・4民集18巻2号233頁を参照。建物買取請求権の目的である建物に抵当権が設定されていた場合について，借地権者から建物買取請求権が行使されたときの，借地権設定者である建物買受人との関係）。

この制度は，2003年の担保執行法改正で，旧378条以下滌除制度（これが執行妨害に濫用された）を改めたものである。

(4) **補 説** 第三取得者の法的地位に関連して，抵当権の実行段階では，第三取得者も買受人となることができる（▶390条）。また，第三取得者は，目的不動産について必要費または有益費を支出したときは，競売による売却代金から優先して償還を受けることができる（▶391条。★最判昭和48・7・12民集27巻7号763頁も参照）。

抵当権設定登記後の賃借人の法的地位

(1) **序 説** 抵当権が設定され登記を経由した後の，目的不動産の賃借人は，そのままでは賃借権（約定利用権）を抵当権者や抵当権実行時の買受人に対抗できない（➡169頁以下。消除主義と引受主義については，➡ **Topic 6-5**）。そこで，民法は，抵当権と利用権の調整のための制度として，明渡猶予期間制度と，抵当権者の同意による賃貸借の対抗力付与制度を定めている。抵当権の実行段階も視野に入れつつ，

ここで説明しよう。

(2) **明渡猶予期間制度**　　建物抵当権登記後の建物賃借人は，抵当権が実行されたとき，その明渡しについて，一定の猶予期間が認められる（▶395条）。これを明渡猶予期間制度という。抵当権者の同意による賃貸借の対抗力付与制度（▶387条）との関係では，こちらがいわば原則規定である。

建物抵当権設定登記後の建物賃借人は，抵当権が実行されると，そのままだといきなり日常生活や事業活動の場を失うことになる。そうなると，賃借人にとって不利益が大きい（代替の物件を探して直ちに移転することなどできないから）。このとき意味をもつのが，この制度である。

対象となるのは，典型的には，建物の元賃借人であって，競売手続開始前から利用を継続してきた「抵当建物使用者」（▶395条1項1号）である（建物抵当権設定登記後の賃借権は買受人に引き受けられず，その元賃借人は買受時から占有権原を失うことに留意）。土地の元賃借人にはそもそも適用がない（その占有を短期間に限り保護する実益がないから）。建物の使用貸借に基づく占有にも適用がない。また，無権原占有にも適用がない（特別な保護を与える必要性がないから）。

以上の要件を満たすと，6か月の明渡猶予期間が認められる。なお，「抵当建物使用者」（建物の元賃借人）は，6か月の明渡猶予期間中は，賃料支払義務を負わない一方，建物買受人に対して，使用の対価（通常は，賃料相当額）にかかる不当利得返還義務を負う（▶395条2項を参照。買受人の買受時から，賃借権その他，使用を正当化する占有権原なしに，建物の使用利益を得ていることになる〔明渡しを猶予されるにとどまる〕から）。

(3) **抵当権者の同意による賃貸借の対抗力付与制度**　　抵当権設定登記後の賃借人も，抵当権者の同意を得て，その賃借権について，抵当権に優先する対抗力が認められる（▶387条）。明渡猶予期間制度（▶395条）との関係では，こちらがいわば例外規定である。

一般に，収益性物件で，優良な賃借人がいるのであれば，抵当権者にとっても，また買受人にとっても，抵当権実行後に当該賃貸借を維持存続させることにメリットがある。このとき意味をもつのが，この制度である。

対象となるのは，「登記をした賃貸借」である（▶387条1項）。登記をした賃貸借であれば，建物の賃貸借でも土地の賃貸借でもよい。これに対して，特別

法で対抗力の認められる場合（典型的には，借地借家10条・31条）では要件を満たさない（抵当権に優先する賃借権の内容を公示できるものでなければならないから）。

抵当権者が複数いる場合には，その全員の同意および同意の登記が必要である（▶387条1項）。その同意の登記は，対抗要件のみならず効力要件となると考えられている（▶374条2項と同趣旨）。これは主登記による。また，差押債権者など，抵当権者の同意によって不利益を受ける者（たとえば，被担保債権の差押債権者，転抵当権者等）がいる場合には，その全員の承諾が必要である（▶387条2項）。

以上の要件を満たすときは，抵当権が実行され，目的不動産が競売により売却されても，賃借権は消滅せず，賃借権を買受人に対して対抗でき，当該賃借権は買受人に引き受けられる。敷金関係も買受人に承継される。

以上の2つの制度は，2003年の担保執行法改正で，旧395条短期賃貸借保護制度（これが執行妨害に濫用された）を廃止して新設されたものである。なお，それにあわせて，敷金も不動産賃貸借の登記事項とされた（▶605条，不登81条4号）。その理由と目的は，敷金の有無および額が，買受人等目的不動産の新所有者にとって，一般的に重要であると考えられる（▶605条の2第4項も参照）からであり，買受人により引き受けられる賃借権の内容を明確化しつつ，高額の敷金差入れ等を仮装共謀した執行妨害等をできるだけ排除するためである。

2 抵当権者側

> **Case 6-4** Case 6-3（➡179頁）の設定者Kや，第三者Lが目的不動産である建物からキュービクルを分離・搬出したとき，または損傷したとき，抵当権の侵害があるとすればどのような場合か。
> **Case 6-5** 次の場合に抵当権の侵害があるとすればどのような場合か。
> (1) A所有の甲土地にGのために抵当権が設定された場合に，ⓐ第三者L（権原なし）やⓑ甲の賃借人P（権原あり）が甲の上に建物を建てて占有しているとき。
> (2) B所有の丙建物にZのために抵当権が設定された場合に，ⓐ第三者L（権原なし）や，ⓑ丙の賃借人R（権原あり）が丙を占有しているとき。

抵当権侵害 　(1) 序 説 　不動産の損傷などの場合は，仮にそれが所有権の侵害であれば，不動産の価値が毀損されたことを理由と

して，不法行為に基づく損害賠償を請求することができる（▶709条）。それでは，**Case 6-4** で，抵当権の目的不動産本体から物が分離・搬出されたとき，または損傷されたときはどうか。抵当権では実行時に被担保債権全額を回収できるならば，損害賠償請求は問題にならない（★大判昭和3・8・1民集7巻671頁を参照）のだとすると，所有権侵害とは異なるのだろうか。

また，抵当権の実行前は，設定者は目的不動産の使用収益を継続することができ，抵当権者もその支配には関与しない。そうすると，**Case 6-5**(1)(2)で，ⓐの不法占有の場合であっても，当然には抵当権に基づく妨害排除請求権が認められないのではないか，と考える余地が残る。

そうすると，**Case 6-4** や **Case 6-5** で抵当権の侵害があるとすればどのような場合で，抵当権者はその場合どのような法的手段をとることができるのだろうか。

(2) **第三者に対する請求** (a) 目的物の分離・搬出，または損傷の場合 **Case 6-4** で，たとえば設定者Kや第三者Lが耐用年数をむかえたキュービクルを交換するというのであれば，それはむしろ担保価値の維持に資することにもなるので，取り外したキュービクルには効力が及ばない，としてよい（抵当権者Z・設定者Kの間では少なくとも黙示の合意を認定できるだろう）。問題を生じるとすれば，通常の用法に従った使用収益を超える処分その他の不法行為などの場合である。

そして，**Case 6-4** で，第三者Lがキュービクルを取り外そうとする場面などでは，抵当権者Zには，抵当権に基づく物権的請求権のうち，Lに対する妨害予防請求権または妨害排除請求権が認められる（★大判昭和6・10・21民集10巻913頁も参照：この問題にかかる判例として一般化することができる）。Lがすでに取り外した場面では，動産となった分離物であるキュービクルに抵当権に効力が及ぶ（ZがLに対抗することができる）と考えるかどうか（➡179頁）に応じて，効力が及ぶ限り，Lに対する返還請求権も認められる（物権的請求権については，➡19頁以下）。

第三者Lによる抵当権の侵害の結果，目的不動産の価値が減少して，被担保債権全額の弁済が受けられないとき，抵当権者Zには不法行為を理由とする損害賠償請求権が認められる（★大判昭和7・5・27民集11巻1289頁）。他方で，目

的不動産の所有者Kにも不法行為を理由とする損害賠償請求権が認められる。そうすると，Z固有の損害賠償請求権と，Kの損害賠償請求権が併存するかが問題となる。学説では，現在では，Kの損害賠償請求権に対する，Zの物上代位（➡195頁）によるべきであるという見解が多数である。もっとも，特にLがZを害することを企図していたとき（害意が認められるとき）は，Z固有の損害賠償請求権を認めてよい，とする見解もある。

　なお，抵当権侵害の場合に，他に保証人等の人的担保が設定されていることは損害発生の障害とならないとされている（★最判昭和61・11・20判時1219号63頁を参照）。

　(b)　目的物の占有の場合　　現在の判例によると，**Case 6-5**(1)(2)の抵当権者GやZには，一定の要件の下で，抵当権に基づく妨害排除請求権が認められる（★最大判平成11・11・24民集53巻8号1899頁，最判平成17・3・10民集59巻2号356頁：百選Ⅰ-86）。ここでは，判例にそくして，要件と効果を確認しよう。**Case 6-5**(1)(2)で，ⓐの不法占有の場合には，「第三者が抵当不動産を不法占有することにより，競売手続の進行が害され適正な価額よりも売却価額が下落するおそれがあるなど，抵当不動産の交換価値の実現が妨げられ抵当権者の優先弁済請求権の行使が困難となるような状態があるとき」に，抵当権に基づく妨害排除請求権が認められる（単に第三者が権原なく占有するというだけで妨害排除請求が当然に認められるものではなく，執行妨害による売却価格下落などの諸事情が加重要件となることに留意）。ⓑの適法占有の場合にも，「抵当権設定登記後に抵当不動産の所有者から占有権原の設定を受けてこれを占有する者についても，その占有権原の設定に抵当権の実行としての競売手続を妨害する目的が認められ，その占有により抵当不動産の交換価値の実現が妨げられて抵当権者の優先弁済請求権の行使が困難となるような状態があるとき」に，抵当権に基づく妨害排除請求権が認められる（賃借人が占有するのであっても，占有権原の設定について執行妨害目的があることを要件として，妨害排除請求権が認められることに留意）。さらに，目的不動産の所有者について，抵当権侵害が生じないように目的不動産を適切に維持管理することを期待できないのであれば，占有者から抵当権者への直接の明渡しも認められる（前掲★最判平成17・3・10）。

　なお，**Case 6-5**(1)(2)で，ⓐ不法占有の場合に，抵当権者GやZは，第三者

✎ Topic 6-4

占有による抵当権の執行妨害に対する対応：特に濫用的賃貸借との関係

1 序 論

2003年改正前民法395条は、602条所定の期間を超えない賃貸借（短期賃貸借）は抵当権設定登記後に登記されたものであっても抵当権者に対抗できる（同条本文）。ただし、その賃貸借が「抵当権者に損害を及ぼすとき」は、裁判所が抵当権者の請求に応じて解除できる（同条ただし書）、としていた（旧短期賃貸借保護制度）。

しかし、この旧短賃保護制度が濫用されることがしばしばあった。特に、「競売屋」や「占有屋」による、抵当権の執行を妨害する目的での濫用的短期賃貸借（詐害的短期賃貸借）が、社会問題となっていた。

2 濫用的短期賃貸借に対する法的手段

もっとも、当時から、濫用的短期賃貸借（濫用的短賃）に対する一定の対応みられた。

(a) （裁判）実務等

①職権による賃借権登記の抹消　　（裁判）実務では、賃借権の登記等があっても、実体を欠いているとみられるときは、「保護されるべき賃借権が存在しない」として、抵当権実行時に、裁判所が職権で登記を抹消することもあった。

②賃貸借解除請求　　判例も、旧395条ただし書にいう「抵当権者に損害を及ぼすとき」について、広く解除を認めるようになった（★最判平成 8・9・13民集50巻 8 号2374頁）。

③抵当権に基づく妨害排除請求等　　かつての判例は、抵当権に基づく妨害排除請求権等を認めなかった（★最判平成 3・3・22民集45巻 3 号268頁）。しかし、その後、（目的不動産所有者の）所有権に基づく妨害排除請求権の、抵当権者による代位行使を認めた（前掲★最大判平成11・11・24）。さらに、本文で説明したように、一定の要件の下で、抵当権に基づく妨害排除請求権を認めるようになった（前掲★最判平成17・3・10。具体的な事案では、目的不動産の占有が適法の長期賃貸借によるので旧395条ただし書解除が不可、また、賃借人等が占有権原を有していて所有者による妨害排除請求は問題にならず、それゆえ、抵当権者による代位行使も不可、などの事情もあった）。

(b) 民事執行法の保全処分制度

民事執行法の保全処分制度も、執行妨害等に対応すべく、ⓐ売却のための保全処分等（▶民執188条の準用する55条）、ⓑ買受けの申出をした差押債権者のための保全処分等（▶民執188条の準用する68条の 2 ）、ⓒ最高価買受申出人または買受人のための保全処分等（民執188条の準用する77条）、さらにⓓ担保不動産競売の開始決定前の保全処分等（▶民執187条）と、制度が拡大されて（特にⓓ）、またそれぞれの要件緩和、効力強化を経て、現在に至る。

その結果、執行妨害対策としては、抵当権に基づく妨害排除請求権によるより、民事執行法の保全処分による方が優れているとみられている。

※併用賃借権

他方で、当時、抵当権者自身が、抵当権の設定時に、併せて短期賃借権の設定を受けることとして、仮登記をしておくこともあった（併用賃借権）。将来の濫用的短賃に備えた、自衛・対抗手段であった。しかし、判例は、その仮登記を本登記にあらためても、賃借権としての実体を有するものではないとして、「対抗要件を具備した後順位の短期賃借権を排除する効力を認める余地はない」とした（★最判平成元・6・5民集43巻 6 号355頁）。

が目的不動産を占有していたことで賃料相当額の損害を被ったとして，明渡しまでの間の賃料相当額の支払いを求めることはできない。抵当権は非占有型担保であること，そして，抵当権者が抵当権に基づく妨害排除請求により取得する占有は，所有者に代わり目的不動産を維持管理することを目的とするいわゆる管理占有であることから，その間の使用収益にはかかわらないというのが，その論拠である（前掲★最判平成17・3・10）。

　学説では，妨害排除請求権が認められるのは抵当権の実行時に限られるのかどうか，議論がある。抵当権の実行前はどうかが問題となる（最高裁平成11年大法廷判決も最高裁平成17年判決も，競売の開始決定後の妨害排除請求等にかかる事案である）。また，執行妨害目的について，考慮すべきは「占有権原の設定時」の当事者の主観的態様に限られるのかどうか，議論がある。たとえば主観的態様の認定が困難な場合や，占有権原が問題なく設定されたが，その後当事者が妨害目的に翻意した場合はどうかが問題となる（最高裁平成17年判決は，「占有権原の設定につき（傍点筆者）執行妨害目的があること」を加重要件としている。これは，正常型の賃貸借は妨害排除の対象とならないことを明確にする，という意味をもつ）。

　(3)　**債務者，設定者，目的不動産所有者に対する請求**　　(a)　期限の利益喪失・増担保請求　　一般に，債務者が担保を滅失・損傷・減少させたときは，期限の利益を喪失する（▶137条2号）。そうすると，担保権者は，残担保について担保権を実行できるようになる。

　また，債務者が担保価値減少行為をした場合について，相応の合意（特約）があれば，担保権者は増担保を請求できる（▶137条3号を参照）。

　この増担保請求については，債務者は当然に増担保義務を負うわけではない（明示または黙示の合意が必要）。また，債務者が請求に応じて増担保を提供すれば，期限の利益を喪失しなくて済む（いわば復活する）ということにすぎない。実務では，期限の利益喪失特約（該当事由を137条1号・2号の事由以外にも拡張）とともに，増担保の特約（該当事由を債務者の行為以外にも拡張）が締結されることが多い。

　(b)　物権的請求権，損害賠償請求権等　　許された使用収益を超える処分など，債務者である設定者による目的不動産の価値減少行為については，債権者である抵当権者には物権的請求権や不法行為を理由とする損害賠償請求権が一

応認められるものの，債務
者に対する損害賠償請求に
はあまり意味がない。理論
上は，被担保債権の額（登
記事項）は変わらない一方
で，担保の価値減少分（も
との物的担保の一部）を，損
害賠償に置き換える，つま

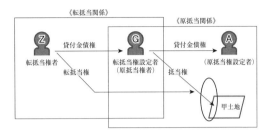

図表6-4　転抵当

り債務者の一般財産をもって埋め合わることにしかならないからである（その
実現は期待できないだろう）。むしろ，価値減少分の増担保を請求するのがよい。

　これに対して，物上保証人や第三取得者による価値減少行為についての損害
賠償請求には意味があるといってよい（物上保証人や第三取得者も担保価値を維持
すべき義務を負っていると考えられる〔★最判平成18・12・21民集60巻10号3964頁：百
選Ⅰ-79を参照。➡251頁〕ので，その義務の違反をいうことになろう）。理論上は，
担保の価値減少分が，（債務者とは別の）これらの者の一般財産で埋め合わされ
るからである。もちろん，できれば増担保の請求をするのがよい。

転　抵　当　　（1）**転抵当の意義**　　抵当権者（原抵当権者）がその抵当権
（原抵当権）を自分の債務または他人の債務の担保とすること
を，転抵当という。たとえば，G会社が，A会社に対する貸付金債権を担保す
るためにA所有の甲土地に設定を受けた抵当権を，Z銀行のGに対する貸付金
債権の担保としたとしよう（**図表6-4**）。GがZのために担保に供するのが典
型的な不動産ではなく，Aから設定を受けた抵当権であるといえば，イメージ
をつかみやすい（ただし，転抵当の関係において担保に入れられる目的〔客体〕が何
であるか，その法律構成については次述(2)でみるような議論がある）。

　転抵当は，原抵当権の設定者である債務者Aの承諾を得ればもちろん，承諾
を得ないですることもできる（▶376条1項）。前者を承諾転抵当，後者を責任
転抵当と呼ぶことがある。

　実務では，オフィスビルへの入居にかかる保証金相当額の融資について，銀
行が入居者から転抵当の設定を受けることがある。その他，系列金融機関の間
で，銀行本体がノンバンクから転抵当権の設定を受けることなどもある。ただ

いずれにしても，転抵当はあまり使われていない。

　転抵当は，抵当権の処分の一種である。抵当権の譲渡・放棄等は，債権者である抵当権者が債務者である設定者の資金調達に助力する際に意味をもつ制度とみることができる（**図表6-3**）。これに対して，転抵当は，抵当権者自身の資金調達に資する制度とみることができる（その意味では，抵当権の被担保債権の譲渡〔➡166頁〕と転抵当が同列に並ぶ）。

　(2)　**転抵当権の設定**　　転抵当権設定契約の当事者は，原抵当権者Ｇと転抵当権者Ｚである。原抵当権の設定者である債務者Ａはもちろん，後順位抵当権者等の同意を要しない。原抵当権の被担保債権と転抵当権の被担保債権の額の大小や，弁済期の先後は，設定契約の有効性に影響しない。抵当権の処分の一種として，登記が第三者に対する対抗要件となる（▶177条）。これは付記登記による（▶376条2項，不登4条2項・90条，不登規3条4号）。

　原抵当権の設定者である債務者Ａらも転抵当によって一定の法的拘束を受けることから，「主たる債務者」Ａに対する通知またはその承諾がＡらに対する対抗要件となる（▶377条1項。467条に従ってその通知または承諾をするというのであるが，確定日付のある証書によることは必要でない〔第三者に対する関係は登記による（▶177条）〕。また，一定の法的拘束を受ける「債務者，保証人，抵当権設定者及びこれらの者の承継人」〔▶377条1項〕というのは，原抵当権の被担保債権を弁済する可能性のある者の例示にすぎない，とされている）。

　(3)　**転抵当の法律構成**　　転抵当（責任転抵当）の法律構成については，大別して，①共同質入説と②単独処分説の2つの考え方がある（転質〔責任転質〕の法律構成についても同様の議論があるので，そこでの説明もあわせて参照してほしい。➡242頁）。

　共同質入説は，その大枠では，転抵当の関係において，原抵当権とともに，原抵当権の被担保債権がともに質入れされるとみる。この見解に対しては批判もある。原抵当権設定者である債務者Ａらが転抵当によって一定の法的拘束を受けることについては規定がある（▶377条）のだから，その限りでは，共同質入という構成こだわらずともよいことを，ここでは指摘しておこう。単独処分説は，その大枠では，転抵当の関係において，原抵当権の被担保債権と切り離して，抵当権が担保に入れられるとみる。もっとも，その意味については，さ

らに見解が分かれる。たとえば，ⓐ抵当権再度設定説，ⓑ抵当権質入説，ⓒ抵当権担保設定説などがある。このうち，ⓐの見解は，抵当目的物に再度抵当権が設定される（そうすると，抵当目的物再度抵当権設定説と呼ぶのが相応しい）というより，むしろ，原抵当権者Gが把握した担保価値を，転抵当権者Zに把握させるのが主張の本意だとされ，これが通説である。ⓑの見解では質権が，ⓒの見解では端的に担保権が設定される，という（そうすると，376条1項の文言に沿うものだといえる）。ただ，以上のいずれの見解によるとしても，結論に差が生じるものではない。

(4) **実行前の法律関係**　原抵当権の設定者である債務者Aも一定の法的拘束を受ける。すなわち，377条1項の対抗要件具備後は，Aは，原抵当権の被担保債権の弁済期が到来したときであっても，弁済その他によって原抵当権を消滅させてはならない。（▶377条2項。転抵当権者Zに対抗できない）。他方で，原抵当権者Gは，取立てその他によって，また原抵当権の放棄等によって原抵当権を消滅させてはならない。

(5) **実 行**　転抵当権を実行するには，転抵当権の被担保債権と原抵当権の被担保債権の弁済期がともに到来していることを要する。転抵当権が実行されると，まず転抵当権者Zが優先弁済を受ける。残余があれば，原抵当権者Gが弁済を受ける。転抵当権の被担保債権額が原抵当権の被担保債権額を超えるときであっても，Zが優先弁済を受けるのは，原抵当権の被担保債権額の範囲に限られる。

転抵当権の被担保債権の弁済期到来前に原抵当権の被担保債権の弁済期が到来した場合には，転抵当権者Zは，原抵当権の設定者である債務者Aに，原抵当権の被担保債権につき弁済すべき金額を供託させることができる（転抵当権は，供託金〔原抵当権者Gの供託金還付請求権〕の上に存続する）とされるが，細部では見解が分かれる。

6　抵当権の実行

1　序　説

民事執行法による抵当権の実行は，担保不動産競売と担保不動産収益執行に

よる（▶民執180条以下）。

　担保不動産収益執行制度創設後も，賃料債権に対する物上代位は可能である（これを否定する解釈はみられない）。

　民事執行法の手続による抵当権の実行は，裁判所の助力を得たいわば公的実行である。これに対して，民事執行の手続によらない抵当権の実行を，私的実行という。実務では，被担保債権の弁済期到来後，すなわち債務不履行時に，債務者との合意で，抵当権者が目的不動産を取得したり，処分したりすることがある。後者を任意売却（任売）という。

　流質契約の禁止（▶349条。➡240頁）に相当する制度は，抵当権には存在しない。したがって，設定契約の定め，または被担保債権の弁済期到来前の特約（合意）で，あらかじめ被担保債権の弁済期が到来すれば目的不動産をもって代物弁済する（抵当権者が目的不動産を取得する）ものとしたり，競売手続によらずに売却する（処分する）ものとしたりすることは禁じられない。これを 流抵当または抵当直 流 の特約という。ただ，仮登記担保の清算義務（▶仮登記3条。➡314頁）と同じく，流抵当でも清算義務が課される（「丸取り」は認められない）とみられる。

2　担保不動産競売

　強制執行の手続における強制競売の手続に準じる（▶民執188条の準用する45条以下）。大概，（保全処分→）競売の申立て→競売開始決定・差押え→売却準備・実施→配当という経過をたどる。他の担保権者または債権者の申立てにより競売手続が開始した場合には，（先順位）抵当権者はその配当手続内において優先弁済を受けることができる（▶民執188条の準用する59条1項・87条1項4号）。

　買受人となれない者として，債務者（▶民執188条の準用する68条）が挙げられる。対して，買受人となれる者として，抵当権者（▶民執188条の準用する68条の2），第三取得者（▶民390条）が挙げられる。

　所有権移転・取得時期，危険の移転時期は，代金納付時である。

3　担保不動産収益執行

　強制執行の手続における強制管理の手続に準じる（▶民執188条の準用する93条

以下）。大概，（保全処分→）収益執行の申立て→収益執行開始決定・管理人選任
→管理・収益→配当という経過を辿る。

4　物 上 代 位

序　説

たとえば抵当権の目的物が滅失した場合に目的物の価値が形を
変えて生じる賠償金や，目的物から派生して生じる賃料など，
抵当権の目的物に代わる金銭その他の物にも抵当権の効力が及んで，抵当権者
がこれについて一定の要件の下で権利を行使することを，物上代位という。

　抵当権に基づく物上代位の要件は，①代償物（代位物）性（▶372条の準用する
304条 1 項本文）と，②「その払渡し又は引渡しの前」の差押え（▶同項ただし
書）である。このうち，要件①については，抵当権の効力が及ぶ代償物の範囲
が問題となる。また，要件②については，差押えの趣旨が問題となる。

　物上代位にかかる差押えの手続は，強制執行の手続における債権執行の手続
に準じる（▶民執193条 2 項の準用する民執143条以下。物上代位にかかる差押えは，
本来は，代償物そして強制執行を保全するためのものとみられるが，そのための法の定

✐ **Topic 6-5**

担保不動産競売の手続にかかる補足

　1　原則：消除主義・例外：引受主義

　売却によって目的不動産上の権利（負担）を消滅させることを，消除主
義という（▶民執59条 1 項・ 2 項）。これが原則である。これに対して，
目的不動産上の権利を買受人が引き受けることを，引受主義という。例外
として買受人に引き受けられる権利として，典型的には，抵当権設定前の
対抗力のある賃借権（▶605条，借地借家10条・31条など），抵当権設定後
の抵当権者の同意による対抗力付与制度による対抗力のある賃借権（▶
387条）。その他，留置権，一定の質権等（▶民執59条 4 項・87条 1 項 4
号）がある。

　2　剰余主義

　売却代金をみて，執行費用のうち共益費用（手続費用），公租公課の租
税等債権，先順位抵当権者その他優先する担保権者の被担保債権すべてを
弁済すると剰余（他に配当すべき余剰）が生じる見込みがない場合に，抵
当権者が一定の対応をとらないときは，裁判所は競売手続を取り消さなけ
ればならない。これを，剰余主義という（▶民執63条）。

めを欠くので，債権執行の手続によらざるをえないといわれる）。担保権の存在を証する文書（▶民執181条1項1号〜3号）を提出して（民執193条1項），差押えを申し立てる（▶民執193条2項の準用する民執143条）ことになる。

| 代償物（代位物）性：要件① | 抵当権では，（372条の準用する）304条1項本文が挙げるすべての場合に物上代位が認められるかどうか議論がある。 |

ここで問題となる代償物には，2種類のものがある。1つは，目的物の価値変形物（価値代替物）としての価値である。これを代償的価値という（典型的には，売買代金債権，損害賠償請求権）。それへの物上代位を，代替的物上代位などという。もう1つは，抵当権の効力が及んでいた目的物の価値変形物ではなく，目的物から派生する価値である。これを派生的価値という（典型的には，賃料債権）。それへの物上代位を，付加的物上代位などという。なお，代償物というものの，物自体を対象とすることはまれで，金銭の支払いにかかる債権または請求権が問題となる場合がほとんどである（「その払渡しまたは引渡しの前」の差押えが要件となる〔▶372条の準用する304条1項ただし書〕から）。

✐ Topic 6-6

担保不動産収益執行の手続にかかる補足

1　担保不動産競売との関係

抵当権者は，担保不動産競売と担保不動産収益執行を併用することができる。売却が実施されて買受人が現れるまで，収益執行は継続する。

2　物上代位との関係

①賃料債権に対する物上代位が開始した後で，担保不動産収益執行が開始したときは，収益執行が優先する（物上代位側の差押命令等の効力停止。▶民執188条の準用する93条の4第1項）。もっとも，物上代位権の行使に基づいてすでに差押えをしていた抵当権者は，配当を受けることができる（▶民執188条の準用する93条の4第3項）。②担保不動産収益執行が開始した後で，賃料債権に対する物上代位が開始したときは，物上代位側の差押命令があっても，担保不動産収益執行側の差押えに劣後するので，管理人が賃料を取り立ててしまって，物上代位側の差押えは空振りになる，といわれている。もっとも，すでに収益執行開始決定がされている不動産について，さらに収益執行の手続を申し立てることができる（二重開始決定。▶民執188条の準用する93条の2）。そうすると，②では物上代位にこだわらなくてもよい。

(1)　**目的不動産の売却による「金銭」**　　たとえば，A 会社が，A 所有の甲土地に G 会社のために抵当権を設定した後，E に甲を売却したとしよう。A の E に対する売買代金債権に対する物上代位は認められるか。みるべき判例はとぼしく，判例の立場は明らかでない。学説では，売却代金を交換価値の具体化と捉えつつ，売買代金債権に対する物上代位は否定されない，というのが通説である。このとき，抵当権者 G は，物上代位か，いまや第三取得者 E 所有の甲土地を競売にかける（追及効〔追及力〕）かを選択することができることになる。これに対し，物上代位を否定するのが多数である。その論拠として，1 つは，特に動産売買先取特権と比較したときの，抵当権の追及効が挙げられる。動産の第三取得者が現れると当該動産に先取特権を追及できない（▶333 条。➡277 頁）ので，物上代位を認める必要があるが，この例では E は抵当権の負担の付いた甲の所有権を取得するのであって（➡164 頁），G としては A の債務不履行時に抵当権を実行すればよく，物上代位を認める必要がないというわけである。もう 1 つは，代価弁済の制度の存在が挙げられる。この例では G は代価弁済によって売却代金債権について E から直接支払いを受けることができるのだから，物上代位を認める必要がない，というわけである。

(2)　**目的不動産の滅失・損傷によって受けるべき「金銭」**　　たとえば，P が，P 所有の乙建物に Z 銀行のために抵当権を設定した後，放火により乙が焼失したとしよう。判例をみると，①不法行為者に対する損害賠償請求権に対しても，②保険会社に対する火災保険金請求権に対しても，物上代位を認めている（①について，★大判大正 6・1・22 民録 23 輯 14 頁，②について，★大連判大正 12・4・7 民集 2 巻 209 頁）。

　学説では，②の火災保険金請求権に対する物上代位については，理論面から異論もみられなくはない（火災保険金請求権は，厳密にいうと，保険会社に対する保険料の支払いの対価だから）。もっとも，実務では，保険金請求権に対する物上代位は，それほど問題にならない。なぜなら，住宅ローンを利用する場合に，銀行・金融機関が，土地・建物に抵当権の設定を受けるほか，建物に関する火災保険金請求権に質権の設定を受けることが一般的だからである。

　なお，これらの代償の価値に対する代替的物上代位は，被担保債権の弁済期到来前であっても認められると考えられている。そうしないと，「その払渡し

または引渡しの前」の差押え（▶372条の準用する304条1項ただし書）ができなくなってしまうからである。

（3）**目的不動産の賃貸による「金銭」**　たとえば，B所有の丙建物（賃貸マンション）に，建築当初からZ銀行のために抵当権が設定されていて，その後，賃借人が入居したとしよう。

　平成初期（1990年代初頭）にバブル経済が崩壊し，その後の景気後退，低迷期に着目されたのが，賃料債権に対する物上代位である。当時，不動産価格の下落により，競売による売却代金では納得のいくような債権回収を図れなかった。そこで，実務では，賃料債権に対する物上代位が利用されるようになったのである。ただ，それに伴い様々な法的問題が浮かびあがった。

　学説では，そもそも賃料債権に対する物上代位が認められるかどうか議論がある。賃料を目的不動産の「交換価値のなし崩し的な具体化」と捉えた上で，賃料債権に対する物上代位が認められる，というのが通説である。この見解は，不動産（建物）の価値は年月とともに減少し，価値の減少（経年劣化分）が，賃料という形でなし崩し的に具体化するものとみるのが特徴である。しか

✐ Topic 6-7

買戻しと抵当権の帰すう

　たとえば，売主が買主に一定の条件・規制等を遵守させるために買戻特約（▶579条）を利用したとしよう。判例によると，「買戻特約付売買の買主から目的不動産につき抵当権の設定を受けた者は，抵当権に基づく物上代位権の行使として，買戻権の行使により買主が取得した買戻代金債権を差し押さえることができる」（★最判平成11・11・30民集53巻8号1965頁）。売主は，買戻権の行使によって，特約で留保されていた解除権を行使するのであるが，「買戻特約の登記に後れて目的不動産に設定された抵当権は，買戻しによる目的不動産の所有権の買戻権者への復帰に伴って消滅するが，抵当権設定者である買主やその債権者等との関係においては，買戻権行使時まで抵当権が有効に存在していたことによって生じた法的効果までが買戻しによって覆滅されることはない」こと，また，「買戻代金は，実質的には買戻権の行使による目的不動産の所有権の復帰についての対価と見ることができ，目的不動産の価値変形物として，……目的物の売却又は滅失によって債務者が受けるべき金銭に当たるといって差し支えない」ことが，その論拠である。

し，異論も強い。すなわち，賃料は経済的にみて不動産の利用の対価であって，価値の減少（経年劣化分）と結びつくとはいえず，土地については，そもそも「交換価値のなし崩し的な具体化」論はあてはまらないと批判される。また，賃料はあくまで不動産の利用の対価であるとみるのであれば，（本来的には）賃料債権に対する物上代位がそもそも認められるべきでないとする主張も，なお有力である。

他方で，判例は物上代位を認めることで確定している（★最判平成元・10・27民集43巻9号1070頁：百選I-83）。文理解釈（372条によって304条が準用されていること），また抵当権の非占有担保としての性質と賃料債権に対する物上代位の両立可能性（抵当権設定者の目的物に対する使用を妨げることにはならないこと）が，その論拠である。

被担保債権の弁済期到来前に生じた賃料債権が未払いのまま残存しているときに，被担保債権の弁済期到来後にこれに対する物上代位が認められるかどうか。学説では見解が分かれる（肯定説をとろうとすれば，371条の文言にかかわらず372条で物上代位を認めることになろうが，解釈上難がある。かといって，否定説をとれば，物上代位の場合と担保不動産収益執行の場合の離齬が問題となる〔収益執行は認められる（▶民執93条2項）〕。実務では従来から物上代位も認めている）。

「その払渡し又は引渡しの前」の差押え：要件②　（372条の準用する）304条1項ただし書の差押えの趣旨，そして，物上代位の趣旨については議論がある。賃料債権に対する物上代位にかかる判例が現れる前後で整理しながら説明しよう。

(1)　**最判平成10年1月30日以前**　賃料債権に対する物上代位に注目が集まる前から，（代替的物上代位を念頭に）大別して①特定性維持説と②優先権保全説の，2つの考え方がみられた。

①特定性維持説は，物上代位の趣旨について，抵当権の効力が当然に価値変形物にも及んで，それゆえ当然に物上代位が認められるとする。もっとも，抵当権において物上代位権を行使することも，抵当権という物権の行使にほかならない。そして，物権の行使は，その目的（客体）が特定しているときに可能である。そこで，差押えの趣旨について，物上代位の目的（客体）の特定性を維持すること（一般財産への混入防止）にあるとみる。そうすると，他人が差し

押さえたというのであってもよい。

②優先権保全説は，物上代位の趣旨について，抵当権者には，政策的な観点で，その抵当権の実効性を確保するため，特別に物上代位権が認められるとする（ここを捉えて，「特権説」と呼ばれる）。抵当権も物権である以上，目的物自体が消滅すれば抵当権も消滅するのが原則であるが，特別に物上代位権が認められるというわけである。そこで，差押えの趣旨について，特別に認められる物上代位権を保全することにあるとみる。そうすると，抵当権者は自ら差押えをしなければならない。

大審院の古い判例をみると，特定性維持説から優先権保全説へと，変遷がみられた（前者につき，★大判大正4・3・6民録21輯363頁：代替的物上代位にかかる事案。後者につき，★大連判大正12・4・7民集2巻209頁：代替的物上代位にかかる事案。転付命令による債権の「移転」と，抵当権に基づく物上代位との衝突）。その後，最高裁では，動産売買先取特権に基づく物上代位についても，判例が現れた（★最判昭和59・2・2民集38巻3号431頁，最判昭和60・7・19民集39巻5号1326頁：百選Ⅰ-78。➡279頁）。これらの位置づけをめぐって，後述(3)でみるような議論がある。

> **Ⅰ Case 6-6**　B所有の丙建物（賃貸マンション）に，Z銀行のために抵当権が設定され登記も備えられた。そして，Bは，丙の各号室を賃貸した。
> 　その後，Bが，将来1年分の賃料債権をHに包括的に譲渡し，債権譲渡の確定日付のある通知が各賃借人に到達した。さらにその後，Zが，それと同じ将来1年分の賃料債権に対して物上代位権を行使することとしてこれを差し押さえて，物上代位に基づく差押命令が各賃借人に送達された。
> 　債権譲渡の譲受人Hと物上代位権を行使した抵当権者Zの間の優劣は，どのようにして決まるか。

(2)　**最判平成10年1月30日**　賃料債権に対する物上代位については，まず，賃料債権にかかる債権譲渡と抵当権に基づく物上代位との衝突についての判例が現れた（★最判平成10・1・30民集52巻1号1頁：百選Ⅰ-84：付加的物上代位にかかる事案）。その判旨を捉えて，第三債務者保護説と呼ばれている。

すなわち，この判例によると，（372条の準用する）304条1項ただし書の差押えの趣旨は第三債務者を二重弁済の危険から保護することにある（賃料債権に

抵当権の効力が及ぶことから，第三債務者が債務者である設定者に弁済をしても債権者である抵当権者に対抗できないという不安定な地位に置かれる可能性があるため，物上代位に基づく差押命令の送達時〔▶民執145条3項〕よりも前は設定者に弁済をすればよく，その弁済を抵当権者にも対抗できるようにして，第三債務者を二重弁済の危険から保護するというわけである〔**Case 6-6** では，抵当権者Ｚからみて第三債務者にあたるのは丙建物の各賃借人であることに留意〕）。そして，その趣旨目的に照らすと，「その払渡しまたは引渡し」には債権譲渡は含まれず，「抵当権者は，物上代位の目的債権が譲渡され第三者に対する対抗要件が備えられた後においても，自ら目的債権を差し押さえて物上代位権を行使することができる」とする。

　この衝突問題について，優劣決定基準としては，債権譲渡側については債権譲渡の第三者対抗要件具備時期（確定日付のある通知の到達時〔▶467条特に2項〕），物上代位側については抵当権設定登記時となる。特に物上代位側についていえば，抵当権設定の公示方法は登記（▶177条）であるから，登記をみれば，賃料（債権）について抵当権の効力が及ぶこと，つまり物上代位の対象となることがわかるというわけである（登記時基準説）。**Case 6-6** では，第三者にあたる債権譲渡の譲受人Ｈとの関係で，物上代位権を行使した抵当権者Ｚが優先するという結論となる。

　つぎに，賃料債権にかかる，一般債権者による差押えと抵当権に基づく物上代位との衝突についての判例が現れた（★最判平成10・3・26民集52巻2号483頁：付加的物上代位にかかる事案）。ここでの衝突問題についても，優劣決定基準としては，一般債権者の差押え側については差押命令の送達時（▶民執145条3項），物上代位側については抵当権設定登記時となる。すでに判例は，467条の債権譲渡の対抗要件の構造（債務者の認識を基軸とする）に鑑みて，債権譲渡相互間の競合等にかかる優劣決定基準として，確定日付のある通知の到達の先後によるとしてきた（★最判昭和49・3・7民集28巻2号174頁：百選Ⅱ-23。判旨を捉えて到達時説と呼ばれる）。これは，債権執行における，差押命令の送達にかかる規律と同じである。したがって，平成10年1月判決と平成10年3月判決で同じ準則があてはまるものと考えられる。特に物上代位側についていえば，第三債務者との関係では物上代位に基づく差押命令の送達時が基準時となるのも同じである（一般債権者による差押え側でいう差押えと，物上代位側の差押えを混同し

ないように留意)。

> **❖ Case 6-7**　Xの所有丁土地上の所有戊建物に，Ⅰのために抵当権が設定され登
> 記も備えられた。
> 　その後，T自治体による中央卸売市場建設にかかる土地収用に伴って，XはTに
> 丁を売却し，丁土地上の戊につき移転補償請求権を取得した。さらにその後，H
> が，その移転補償請求権を差し押さえ，転付命令がTに送達されて確定した。他方
> で，Ⅰが，それと同じ移転補償請求権に対して物上代位権を行使することとしてこ
> れを差し押さえて，差押命令がTに送達された（時系列でみると，Hの差押えにか
> かる転付命令の送達後その確定前に，Ⅰの物上代位にかかる差押命令がTに送達さ
> れたことが，判明している）。
> 　転付命令を受けた債権者Hと物上代位権を行使した抵当権者Ⅰの間の優劣は，ど
> のようにして決まるか。

　(3)　**最判平成10年1月30日以後**　　一般債権者による差押え・転付命令によ
る債権の「移転」と，抵当権に基づく物上代位との衝突についての判例が現れ
た（★最判平成14・3・12民集56巻3号555頁：代替的物上代位にかかる事案）。この
判例によると，転付命令が第三債務者に送達される時までに抵当権者が差押え
をしなかったときは，転付命令の効力を妨げることはできず，転付命令が確定
すれば，抵当権者は抵当権の効力を主張することはできない。

　この衝突問題については，優劣決定の基準時としては，差押え・転付命令側
については転付命令の送達時，物上代位側については差押命令の送達時となる
（転付命令の送達が先であれば，転付命令は，通常，物上代位にかかる差押命令の送達
に妨げられずに確定すること，それをもって手続は完了することにも留意）。**Case 6-7**
では，転付命令を受けた債権者Hとの関係で，物上代位権を行使した抵当権者
Ⅰが優先するという結論となる。

　一般に，差押え・転付命令による債権の「移転」（▶民執159条）は，債権譲
渡に類似するとされてきた（この点につき，前掲★大連判大正12・4・7も参照）。
しかし，(2)の衝突問題と，(3)の衝突問題とでは，「結論が全く逆になっている」
といわれることがある。学説では，やはり転付命令による債権の「移転」は債
権譲渡とは違うこと（制度上の相異）を指摘しつつも，(2)の判例の射程を(3)の
判例が限定したと解するのが有力である。さらに，判例がむしろ優先権保全説
と親和的であると解するものもある。

　さらに，その後の，債権譲渡等と先取特権に基づく物上代位との衝突にかかる判例では，物上代位側の差押えの趣旨について，抵当権とは異なることを明らかにした（★最判平成17・2・22民集59巻2号314頁。➡280頁）。

　学説では，(1)～(3)の判例の展開をどのように評価したらよいかという観点で，たとえば，代替的物上代位と付加的物上代位を区別する（そうすると，(2)の判例の先例としての意義はなお失われない）か，端的に優先権保全説的な判例理論への「回帰」と評価する（そうすると，(2)の判例の先例としての意義は揺らぐ）か，また，抵当権に基づく物上代位と先取特権に基づく物上代位で平仄を合わせられるかなど，複雑な議論が展開されている。

　ちなみに，賃料債権についていえば，将来の賃料債権の譲渡や一般債権者による差押えはしばしば問題になるのに対して，転付命令の対象は「券面額」のある金銭債権であるから（▶民執159条1項），未発生将来の賃料債権の，転付命令による「移転」はそもそも問題とならないと考えられている。

賃料債権に対する物上代位に関するその他の判例の紹介

　1　転貸借の賃料債権に対する物上代位：原則否定（★最決平成12・4・14民集54巻4号1552頁）

　原則として，転貸賃料債権に対する物上代位は認められない。すなわち，(372条の準用する)304条1項の「債務者」には，目的不動産の賃借人（転貸人）は含まれない。転貸人は，自己に属する債権をもってする物的責任を負わないからである。また，物上代位を封じておかないと，転貸借による正常な利用を妨げることにもなってしまう。例外として，「所有者の取得すべき賃料を減少させ，又は抵当権の行使を妨げるために，法人格を濫用し，又は賃貸借を仮装した上で，転貸借関係を作出したものであるなど，抵当不動産の賃借人を所有者と同視することを相当とする場合」には，このような物上代位も認められる（詐害的転貸借の場合の，物上代位限定肯定説）。

　2　賃料債権を受働債権とする相殺等と，抵当権に基づく物上代位との衝突

　(a)　抵当権設定登記後に賃貸人に対して取得した債権を自働債権とする相殺との関係（★最判平成13・3・13民集55巻2号363頁：百選Ⅰ-85）

　（目的不動産にかかる〔旧〕賃貸借契約の解約後，あらためて〔新〕賃貸借契約が結ばれた場合の，保証金（差額）返還請求権を自働債権とする相殺〔相殺合意あり〕について）抵当権者が差押えをした後は，目的不動産の賃借人による，抵当権設定登記後に賃貸人に対して取得した債権を自働債権とする賃料債権との相殺は認められない（相殺をもって抵当権者に対抗できない）。この

ような相殺をあらかじめ合意していた場合であっても，その相殺合意の効力を抵当権者に対抗できない。「物上代位により抵当権の効力が賃料債権に及ぶことは抵当権設定登記により公示されているとみることができる」から，このような相殺に対する賃借人の期待を，抵当権の効力に優先させる理由はないとする。この衝突問題については，優劣決定基準としては，物上代位側：抵当権設定登記時となる（その意味で，登記時基準説の線上にあるとみられる）のではあるが，抵当権者が差押えをする前は，賃借人による相殺は制限されない。賃料債権を受働債権とする相殺と，担保不動産収益執行との衝突にかかる★最判平成21・7・3民集63巻6号1047頁（抵当権設定登記後に賃貸人に対して取得した債権を自働債権とする相殺をもって管理人に対抗できるとした）ともあわせて，整理してみてほしい。

　(b)　敷金の充当との関係（★最判平成14・3・28民集56巻3号689頁）

　抵当権者が差押えをした場合においても，賃貸借契約が終了し，目的不動産が明け渡されたときは，賃料債権は，敷金の充当によりその限りで当然に消滅する。敷金返還請求権の発生時期等にかかる明渡時説（▶622条の2）を前提とすると，敷金の充当による賃料債権の当然消滅は，敷金契約の効果であり，相殺とは異なる。そして，「敷金契約が締結された場合は，賃料債権は敷金の充当を予定した債権になり，このことを抵当権者に主張することができる」とする。この衝突問題については，物上代位の対象という観点では，いわば賃料債権に内在する制約があるといえるだろう。

　(c)　補説

　学説では，特に(a)の衝突問題について誰がどのように優先するかという点で，本文で説明した従前の判例（登記時基準説）をベースとするか，差押前に取得した債権による相殺にかかる無制限説（▶511条）をベースとするかで議論がある。特に後者に対していうと，511条にいう差押えにつき，一般債権者による差押えと，物上代位に基づく差押えを同視するのを慎重に避けて，511条1項の適用を否定する見解も有力である。他方で，2017年の債権法改正で，差押え前の原因に基づいて差押え後に生じた債権をもってする相殺が認められる，とする明文の規定が新設された（▶511条2項）から，これが従前の判例（登記時基準説）に与える影響を見極めようとする動きもある（改正民法下では，判例はまだ現れていない）。

図表6-5　法定地上権の意義

① 土地に抵当権が設定されたとき

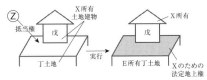

② 建物に抵当権が設定されたとき

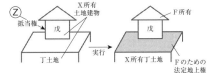

5　法定地上権

> **法定地上権**
> **の意義**

　土地およびその土地上の建物がもともと同一の所有者に属していた場合に，その土地または建物の一方または双方に抵当権が設定され，それが競売により実行された結果，土地と建物の所有者が異なるに至ったときに，法律により成立する地上権のことを，法定地上権という。すなわち，一定の要件のトで，土地に地上権（法定地上権）が設定されたとみなされる（▶388条前段。もっとも，地代が必要〔▶388条後段〕）。

　たとえば，X所有の丁土地の上に，X所有の戊建物がある場合を例としよう。そして，丁か戊か一方のみにZ銀行のために抵当権が設定された場合に，①丁に設定された抵当権が実行されたときは戊の所有者Xが，②戊に設定された抵当権が実行されたときは戊の買受人Fが，そのままでは敷地利用権を有していないことになる。もし仮に，丁を権原なく占有していることになれば，たちまち戊を収去して土地を明け渡さなければならなくなる。土地と建物は別個独立の不動産とされる以上，このような事態が生じることを避けられず，敷地の利用にかかる法的手当てが必要となる。そこで意味をもつのが，法定地上権の制度である（**図表6-5**。➡ **Topic 6-8**など）。

　その制度趣旨は，広く，建物の存続・保護の観点から説明される。すなわち，そのままでは，「土地が競売によって売却されても，土地の買受人に対して土地の使用権を有しているものとする建物の所有者や土地の使用権があるものとして建物について担保価値を把握しているものとする抵当権者の合理的意思に反する結果となる」ので，法定地上権の成立を認める。「その結果，建物を保護するという公益的要請にも合致することになる」のである（★最判平成9・2・14民集51巻2号375頁：百選Ⅰ-89を参照）。こうした当事者の合理的意思

と，公益的要請について，問題となる場面ごとに重点の置き方が異なってくる。

なお，民事執行法その他にも，同趣旨の規定がみられる（▶民執81条など）。

要　件　法定地上権の成立要件は，ⅰ抵当権設定当時に土地の上に建物が存在すること，ⅱ抵当権設定当時に土地と建物が同一の所有者に帰属していたこと，ⅲ土地または建物の一方または双方に抵当権が設定されたこと，ⅳ競売の結果，土地と建物の所有者が異なるに至ったことである（▶388条前段）。ここで，要件ごとに説明しよう。なお，判例では，結局，要件ⅰを満たすかどうかが決め手になっていることを，あらかじめ指摘しておく。

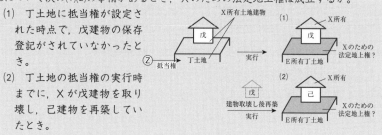

Case 6-8　丁土地および丁土地上の戊建物の所有者Xは，Z銀行のために丁に抵当権を設定した。結局，競売により抵当権が実行され，Eが丁を買い受けた。これについて次の(1)(2)の事情があるとき，Xのための法定地上権は成立するか。
　(1)　丁土地に抵当権が設定された時点で，戊建物の保存登記がされていなかったとき。
　(2)　丁土地の抵当権の実行時までに，Xが戊建物を取り壊し，己建物を再築していたとき。

（1）**抵当権設定当時に土地の上に建物が存在すること：要件ⅰ**　（a）**建物が存在した場合**　この場合，**Case 6-8**(1)の土地抵当権の設定時には建物保存登記がされていなかったとき（建物保存登記未了事例）でも，法定地上権が成立する（★大判昭和7・10・21民集11巻2177頁，大判昭和14・12・19民集18巻1583頁。最判昭和44・4・18判時556号43頁も参照。土地抵当権の実行後の建物譲受人が建物保存登記をしたときも，建物とともに譲り受けた法定地上権を土地買請人に対抗できる）。これについて，現在では，実務上の現地主義による説明がされている（現地調査をすれば上物の存在がわかるから）。

Case 6-8(2)の土地抵当権の実行時までに建物が再築されていたとき（土地・建物共同抵当でない建物再築事例）でも，法定地上権が成立する（★大判昭和10・8・10民集14巻1549頁，最判昭和52・10・11民集31巻6号785頁）。建物が再築されたときのほか，建物が改築されたときも同様である。なお，（当時の）判例は，旧

建物を基準として法定地上権の内容を決める。抵当権者は旧建物の存在を前提として土地の担保価値を評価していたというのがその理由である。これについて、旧借地法下では、存続期間の点で非堅固建物と堅固建物を区別していた（30年と60年）ので、成立すべき法定地上権の内容も、非堅固建物たる旧建物と堅固建物たる新建物のどちらを基準とするか、という問題があったが、借地借家法ではその区別はなくなった（▶借地借家3条。存続期間は一律30年）ので、法定地上権の内容も異ならない（判決文を読むときに留意）。

　(b)　建物が存在しなかった場合：更地抵当　　ここで、あらかじめ更地と底地の区別を説明しておこう。建物等の上物がなく借地権などの負担も付かない土地を更地、それらの負担の付いた土地を底地という。一例として現在の東京都路線価図をみると、中央区銀座付近では、（ある土地に借地権を設定する場合の）借地権の評価額を算定するための基準である借地権割合が90％にまで及んでいる。たとえばある土地について、更地の評価額は1億円、借地権割合は90％であるとすると、借地権の評価額は9000万円（更地の評価額1億円×借地権割合90％）、底地の評価額は1000万円で、借地権の評価額が相当高額になるわけ

✐ Topic 6-8

日本法独自の制度としての法定地上権

　法定地上権の制度は、土地と建物は別個独立の不動産であることから派生する、日本法独自の制度である。

　本文の例（➡203頁）で、自分の建物のために自分の土地に何らかの利用権（自己賃借権または自己地上権なるもの）を設定することができるようにした上で、建物は土地と一括でしか処分できず、土地は建物のその利用権付でしか処分できないとするのであれば、法定地上権は必要がないだろう。かつては、相応の制度が構想されたこともあるが、それでは日本法における土地と建物の関係を根本から転換することになるため、結局見送られた。

　なお、借地借家法には、自己借地権の制度がある（▶借地借家15条）。土地に借地権を設定する場合に、土地所有者である借地権設定者が第三者とともに借地権者となるときに限って自己借地権が認められる（たとえば土地所有者がその土地の上に区分所有建物〔典型的には分譲マンション〕を建築して、各戸を順次に分譲する場合に、土地所有者と買主で借地権を準共有することになるときなどは、自己借地権が有用である）。

である。これを前提に，具体例をみよう。

　土地に抵当権が設定された時点では建物が存在しなかったという場合（更地
抵当）では，法定地上権は成立しない（★大判大正4・7・1民録21輯1313頁）。
そうしないと抵当権者が不測の損失を被るからというのがその理由である。す
なわち，抵当権者は，当初，更地として担保価値を評価していたからである
（法定地上権が成立するならば，それが底地としての担保価値と減少して，不利益とな
る）。

⚒Case 6-9　丁土地の所有者Xは，Z銀行のために丁に抵当権を設定した。その
後，Xは，丁土地上に戊建物を建てた。結局，競売により抵当権が実行され，Eが
丁を買い受けた。これについて次の(1)(2)の事情があるとき，Xのための法定地上権
は成立するか。
　(1)　抵当権設定後に丁土地上に戊建物を建てることについて，Zの承認があると
　　　き。
　(2)　丁土地にZのための1番抵当権が設定された時点で建物が存在しなかった
　　　が，Xが戊建物を建てた後，I会社のために丁に2番抵当権を設定したとき。

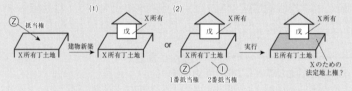

　それでは，**Case 6-9** のような事情があるときはどうか。**Case 6-9**(1)の建物
建築について抵当権者の承認があったときでも，法定地上権は成立しない（★
大判大正7・12・6民録24輯2302頁，最判昭和36・2・10民集15巻2号219頁，最判昭
和51・2・27判時809号42頁）。判例は，建物建築を承認していたかどうかという
より，むしろ抵当権者が更地として担保価値を評価していたという事情がある
かどうかを決め手とする。また，**Case 6-9**(2)の建物建築後の土地2番抵当権
設定時には建物が存在するときでも，土地1番抵当権設定時に建物が存在しな
ければ，法定地上権は成立しない（★最判昭和47・11・2判時690号42頁：2番抵当
権が実行された事例）。2番抵当権が設定された時点では要件①を満たすように
もみえるが，判例は，要件充足の判断について，1番抵当権設定時を基準とす
る。土地は1番抵当権が設定された時点の状態で競売されるものであるという

のがその理由である。そのことは，1番抵当権者が建物建築を承認していたとしても異ならない（前掲★最判昭和47・11・2。抵当権者の承認など当事者の意思によって買受人に対抗できる権原を取得させることはできないとする）。

　学説では，更地抵当の場合，（底地としての担保価値の評価を前提とした）抵当権者の承認など一定の要件の下で，例外的に法定地上権の成立を認めようとする見解がなお有力である。しかし，異論も強い。買受人や後順位抵当権者としては，抵当権者の承諾などについては，登記をみてもわからないし，それ以上の調査義務があるわけでもないから，例外を認めるとしても，抵当権者自身が買受人となる場合で他に後順位抵当権者等の利害関係人が関与しないときなど，その場面は相当限定されるべきだとの批判がある。

　(c)　土地と建物の双方に抵当権が設定された場合：土地・建物共同抵当

　土地・建物共同抵当の場合に，土地と建物の一方または双方が競売されたときも，法定地上権が成立する（➡212頁）。

Case 6-10　丁土地および丁土地上の戊建物の所有者Xは，Z銀行のために丁と戊に共同抵当権を設定した。結局，競売により丁の抵当権が実行され，Eが丁を買い受けた。丁土地の抵当権の実行時までに，Xが戊建物を取り壊し，己建物を再築していたという事情があるとき，Xのための法定地上権は成立するか。

　それでは，**Case 6-10** の土地抵当権の実行時までに建物が再築されていたとき（土地・建物共同抵当における建物再築事例）はどうか。**Case 6-8**(2)の土地・建物共同抵当でない建物再築事例（➡204頁）を参考にすると，法定地上権が成立することになりそうである。しかしながら，現在の判例によると，特段の事情のない限り，法定地上権は成立しない。当事者の合理的意思に反するというのがその理由である。すなわち，当事者の意思は，「抵当権の設定された建物が存続する限りは当該建物のために法定地上権が成立することを許容するが，建物が取り壊されたときは土地について法定地上権の制約のない更地としての担保価値を把握しようとする」ことにあるからである（前掲★最判平成9・2・14。具体的な事案では，設定者が抵当権者の承諾を得て旧建物を取り壊し，土地の競売

申立て後買受時までに新建物を再築していた。そして，抵当権者は旧建物が取り壊された後は更地として担保価値を評価していたことも認定されている）。

　ここで，丁の更地評価額5000万円，底地評価額2000万円（借地権割合60％とする），旧戊建物の評価額3000万円，新己建物の評価額：3000万円としよう。

　仮に，Ｚの土地抵当権は，当初，「丁の底地評価額（2000万円）」を把握していた一方，建物抵当権は，もともと，「丁の借地権割合3000万円＋戊（→己）の評価額3000万円＝6000万円」を把握していた，とみるのであれば，法定地上権の成立を導くこともできそうである。この考え方が，個別価値考慮説と呼ばれる。これに対して，判例は，Ｚの土地抵当権は丁の更地評価額5000万円を把握している一方，建物の抵当権は戊（→己）の評価額3000万円を把握しているとみつつ，土地・建物共同抵当によって丁と戊全体の価値を把握する（これを通じて丁全体の価値把握を続ける）のであって，滅失後己が再築されたときで

Further Lesson 6-1

▶▶▶▶▶　全体価値考慮説の意義と限界

　1　執行妨害の場面

　かつて執行妨害の方法として，**Case 6-10** の土地・建物共同抵当における建物再築事例で，戊建物を取り壊して，Ｘ（または，土地の賃借人）が己建物（建物とはいうものの実際にはバラックなど）を再築したり，新たに建築する建物にＺ銀行のために1番抵当権を設定する旨を約束して戊建物を取り壊したのにかかわらず，己建物には別の抵当権者のために1番抵当権を設定したりすることがあった。このような執行妨害の場面では，全体価値考慮説による対応が意味をもつ。

　2　災害等による建物再築の場面

　1と異なって，災害によって戊建物が滅失したので，Ｘが己建物を再築しようとするときを考えよう。ＸがＺ銀行などから再築にかかる融資を受けようにも，Ｚ銀行が丁土地全体の価値を把握したままだから，丁を担保とする追加融資にはそもそも期待できない。また，己建物について原則として法定地上権が成立しないのだから，それを担保とする追加融資にＺ以外の銀行が応じることにも期待できない（Ｚであれば，己建物にも丁土地の抵当権と同順位の共同抵当権の設定を受けると，それに応じてもらえるかもしれない〔最高裁平成9年2月判決のいう特段の事情のある場合にあたるから〕）。いずれにせよ，融資には新しい担保を要することになりそうである。このように，全体価値考慮説による対応には限界もある。

あっても，丁の抵当権によって把握するのは丁全体の価値であるのは変わらないはずであるとみる。仮に法定地上権の成立を認めると，価値把握が丁の底地評価額2000万円相当に限定されて，不測の損害を被る結果になり，当事者の合理的意思に反するというわけである（前掲★最判平成9・2・14）。この考え方が，全体価値考慮説と呼ばれる。

　最高裁平成9年2月判決は，「新建物の所有者が土地の所有者と同一であり，かつ，新建物が建築された時点での土地の抵当権者が新建物について土地の抵当権と同順位の共同抵当権の設定を受けた」とき等，特段の事情のない限り，法定地上権は成立しないとした。その後の判例をみると，XがZのために新己建物に抵当権を設定したという場合に，己に設定された抵当権の被担保債権に法律上優先する租税債権が存在するときには，そのような特段の事情にあたらないとした例がみられる（★最判平成9・6・5民集51巻5号2116頁）。法定地上権の成立を認めると，抵当権者は土地全体の価値を把握できないことになって，当事者の合理的意思に反するというのがその理由である。

　以上のように，**Case 6-10** の土地・建物共同抵当における建物再築事例では，判例は全体価値考慮説を採用するので，法定地上権が成立しない（しかし，**Case 6-8**(2)の土地・建物共同抵当でない建物再築事例（➡204頁）では，結局，個別価値考慮説があてはまるので，法定地上権が成立すること〔したがって，全体価値考慮説の射程が限定されること〕に留意）。

(2)　**抵当権設定当時に土地と建物が同一の所有者に帰属していたこと：要件ⅱ**　　土地と建物がもともと別異の所有者に帰属している場合には，何らかの敷地利用権が存在するはずである。それによって抵当権の実行後の法律関係が決まる（➡169頁）。たとえその間に親子・夫婦関係があるときであっても，法定地上権は成立しない（★最判昭和51・10・8判時834号57頁）。これら家族関係があるとはいえ，約定利用権を設定することが可能だからである。しかしそうだとしても，大抵，使用貸借契約（▶593条）に基づく（しかも黙示の合意による）ものだろう。そうすると，結局，買受人にそれを対抗できないという問題が残る。

　別異の所有者に帰属していた土地と建物のどちらか一方に抵当権が設定された後，土地と建物のどちらかが譲渡されて同一の所有者に帰属することになっ

たときには，もともとの敷地利用権は消滅せず，抵当権が実行されると，その敷地利用権が承継される（➡84頁）。つまり，約定利用権（混同の例外の法理）による対応でかたがつくときには，原則として法定地上権の問題にはならないのである（ただし，後述 **Case 6-11**，**Case 6-12** の 2 番抵当権設定時に要件ⅱを満たす場合に留意）。

　土地と建物のどちらかが譲渡されて同一の所有者に帰属することになった後，その所有権移転登記を経由しないまま，土地と建物のどちらか一方に抵当権が設定されたときには，その後抵当権が実行されると，法定地上権が成立する（★最判昭和48・9・18民集27巻 8 号1066頁，最判昭和53・9・29民集32巻 6 号1210頁）。土地と建物の名義のみが別異であっても，法定地上権の成立を妨げないのである。その論拠として，建物の存続・保護の観点，当事者の合理的意思の観点，そして実務上の現地主義が挙げられる（**Case 6-8**(1)の建物保存登記未了事例〔➡204頁〕とあわせて整理してみるとよい）。

　同一の所有者に帰属していた土地と建物のどちらか一方に抵当権が設定された後，土地と建物のどちらかが譲渡されて別異の所有者に帰属することになったときは，その後抵当権が実行されると，法定地上権が成立する（★大連判大正12・12・14民集 2 巻676頁，大判昭和 8・3・27新聞3543号11頁：建物抵当・土地譲渡の事例，大判昭和 8・10・27民集12巻2656頁：土地抵当・建物譲渡の事例）。判例を踏まえた一般的な理解として，ここで抵当権設定登記後に約定利用権が設定されても，（土地）抵当権者や買受人に対抗できないこと，また，（建物）抵当権者や買受人は，法定地上権の成立を期待して，建物の価値を評価していることなどが，その理由だとされている。

> **Case 6-11**　Dの所有庚土地上に，Dの配偶者Hの所有壬建物が建築された。Dは，G会社のために庚土地に 1 番抵当権を設定した。その後，庚土地と壬建物がDに帰属することになった。さらにその後，Dは，Q会社のために庚土地に 2 番抵当権を設定した。結局，競売により抵当権が実行され，Eが庚を買い受けた。これについて次の(1)(2)の事情があるとき，Dのための法定地上権は成立するか。
> 　(1)　Hが死亡しDがこれを相続して，土地 2 番抵当権設定時には，庚と壬がDに帰属していたとき
> 　(2)　(1)に加えて，土地 2 番抵当権設定後，土地 1 番抵当権が合意解除された，と

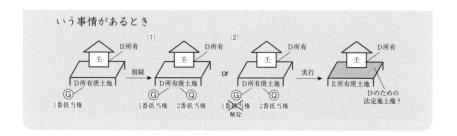

　それでは，**Case 6-11** のように，土地 2 番抵当権設定時に要件ⓘⓘを満たす場合はどうか。判例によると，**Case 6-11**(1)で単に土地 2 番抵当権設定時に土地と建物が同一の所有者に帰属していたときは，法定地上権は成立しない（★最判平成 2・1・22民集44巻 1 号314頁）。なぜなら，土地に 1 番抵当権が設定された当時には，1 番抵当権者は法定地上権の負担のないものとして土地の担保価値を把握しているので，「後に土地と地上建物が同一人に帰属し，後順位抵当権が設定されたことによって法定地上権が成立するものとすると，1 番抵当権者が把握した担保価値を損なわせることになる」からである。

　結論として法定地上権が成立しないというのであれば，約定利用権（混同の例外の法理）により対応することになる（➡84頁，210頁）。ただ，**Case 6-11**(1)で，D・H 間のもともとの敷地利用権が使用貸借に基づくときは対抗要件を備える術がなく，庚土地の抵当権が実行されるとDは壬建物を収去して庚土地を明け渡さなければならなくなる。

　これに対して，**Case 6-11**(2)で土地 1 番抵当権が合意解除されたという事情が加わるときは，法定地上権が成立する（★最判平成19・7・6民集61巻 5 号1940頁：百選Ⅰ-88）。最高裁は，2 番抵当権者としては，1 番抵当権の消滅による，「順位上昇の利益と法定地上権成立の不利益とを考慮して」担保価値（余剰価値）を把握すべきこと，また，388条は，競売により消滅する最先順位抵当権の設定時を要件充足にかかる基準としているとみるべきことを，その論拠としている（**Case 6-11**(2)では，要件充足の判断は，〔1 番抵当権に順位が昇進した〕Qの 2 番抵当権の設定時を基準とすることに留意）。判例に対しては異論も強い。最高裁平成 2 年判決と最高裁平成19年判決の整合性がとれないし，約定利用権（混同の例外の法理）による対応を優先すべきこと，また，過去において先順位

抵当権が存在することの調査の方が，将来において先順位抵当権が消滅することの予測よりも容易であることなどが，その論拠である。**Case 6-11** では，法定地上権が成立しないのが原則であるとみるべきだろう。

Case 6-12　**Case 6-11** とは異なって，壬建物にＧ会社のための１番抵当権が設定された後，庚土地とが壬建物がＨに帰属することになって，その後，壬建物にＱ会社のための２番抵当権設定，結局競売による抵当権実行（Ｆ買受け）という経過をたどったとすると，Ｆのための法定地上権は成立するか。

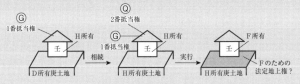

では，**Case 6-12** のように，建物２番抵当権設定時に要件ⅱを満たす場合はどうか。判例によると，法定地上権が成立する（★大判昭和14・7・26民集18巻772頁，前掲最判昭和53・9・29，前掲最判平成2・1・22〔傍論〕）。**Case 6-11** の土地の場合には法定地上権が成立しないのが原則であるとすると，**Case 6-12** の建物の場合には法定地上権が成立するのは例外にあたるというべきである。それでも **Case 6-12** で法定地上権の成立を認めるのは，建物については，１番抵当権者が把握した担保価値を損なわせることにはならない，という事情があるものと思われる。建物の場合には，（約定利用権でも，法定地上権でも）敷地利用権の存在が，建物の価値把握にプラスに働く要素であることが意味をもつ（土地の場合には，逆に緊張関係にたつ）。判例に対してはやはり異論も強く，約定利用権（混同の例外の法理）による対応（➡84頁，210頁）を優先すべきという主張もある。ただ，その敷地利用が使用貸借に基づくときには，結局買受人に対抗できず，約定利用権による対応ではどうしても限界がある。ここでは，法定地上権の成立を認める判例の態度を評価したい。

(3)　**土地または建物の一方または双方に抵当権が設定されたこと：要件ⅲ**

388条前段にいう，「その土地又は建物につき」抵当権が設定されたとは，土地または建物の一方または双方に抵当権が設定されたことをいう。特に，土地・建物共同抵当の場合に，一方または双方が競売されたときも，土地と建物

の所有者が異なるに至るときがある。このときも法定地上権が成立することに異論はみられない（★大判明治38・9・22民録11輯1197頁，最判昭和37・9・4民集16巻9号1854頁。前掲最判平成9・2・14も参照）。

（4）　**競売の結果，土地と建物の所有者が異なるに至ったこと：要件⒤**　　抵当権者が自ら競売を申し立てる場合でも，他の担保権者または債権者の申立てにより競売手続が開始した場合でもよい（消除主義〔▶民執59条1項。**➡ Topic 6-5**〕に留意）。担保不動産競売でも，強制競売でもよい。

✐ **Topic 6-9**
共有の場合の法定地上権の成否に関する判例の展開

　判例によると，抵当不動産である土地（以下，抵当土地という）が共有の場合に，土地共有者の1人についてのみ388条の要件を満たしても，法定地上権は成立しない（★最判昭和29・12・23民集8巻12号2235頁）。共有地全体に対する普通地上権は共有者全員の同意がなければ設定できないのと同様に，「地上権を設定したものと看做すべき事由が単に土地共有者の1人だけについて発生したとしても，これがため他の共有者の意思如何に拘わらずそのものの持分までが無視さるべきいわれはないのであつて，当該共有土地については地上権を設定したと看做すべきでない」とした。それゆえ「他の共有者がかかる事態の生ずることを予め容認していたような場合」には，法定地上権の成立を認める余地があるとした（★最判昭和44・11・4民集23巻11号1968頁）。

　これに対して，抵当土地上の建物が共有の場合に，建物共有者の1人について388条の要件を満たすと，法定地上権が成立するとした例もみられる（★最判昭和46・12・21民集25巻9号1610頁）。特に建物の共有者の1人がその敷地たる土地を単独で所有している場合には，他の建物共有者のためにもその土地の利用を認めているものというべきであるから，同人が設定したその土地上の抵当権が実行されたときは，土地および建物の単独所有のときと同様，388条の趣旨から法定地上権が成立するとした。

　また，抵当土地が共有の場合に，その土地上の建物も共有のときは，土地共有者の1人についてのみ388条の要件を満たしても，法定地上権は成立しない（★最判平成6・4・7民集48巻3号889頁，最判平成6・12・20民集48巻8号1470頁：百選Ⅰ-90）。最高裁は，他の土地共有者ら法定地上権の発生をあらかじめ容認していたとみることができるような特段の事情がある場合には法定地上権の成立を認める余地があるとしつつ，具体的な事案では，そのような容認を否定するなどして，法定地上権は成立しないとした（判決文を丁寧に読んでみてほしい）。

　効　果　　法定地上権の成立時期は，買受人への所有権移転時，すなわち
代金納付時（▶民執188条の準用する民執79条）である。

　判例によると，成立範囲は，必ずしも建物の敷地のみに限定されず，建物と
して利用するのに必要な限度で敷地以外にも及ぶ（★大判大正9・5・5民録26
輯1005頁）。

　法定地上権成立時の土地所有者と建物所有者の関係では，対抗要件は問題と
ならない（建物所有者は土地所有者に対して，当然に，すなわち登記なくして，地上
権設定登記手続を求めることができる）。その後土地が譲渡されたときは，建物所
有者は，地上権の登記があればもちろん，借地権としてこれを第三者に対抗で
きる（▶借地借家10条）。

　法定地上権の存続期間は，当事者間で合意がないときまたは調わないとき
は，借地権として最低30年（▶借地借家3条）である。地代が必要であるが，当
事者間で合意が調わないときは，当事者の請求により裁判所が定める（▶388条
後段）。

　388条と異なる
　特約（合意）　　判例によると，抵当権者と設定者の特約で388条と異なる
合意をしたとき，その当事者間はともかく，388条の適用
には影響しない（★大判明治41・5・11民録14輯677頁：不成立特約，大判大正7・
12・6民録24輯2302頁：成立特約）。建物の保護・存続という公益的要請にかかわ
るからである。学説では，これらの特約は，第三者の利害に影響しない限り，
有効とみるものもある（たとえば，抵当権者が土地または建物の一方の買受人となる
場合に，設定者が他方の所有者にとどまるときなど）。

6　一括競売権

　更地に抵当権が設定された後，建物が建築された場合に，抵当権者が競売に
よりその土地とともに建物を一括して同一の買受人に売却できる権利のこと
を，一括競売権という。更地抵当の場合は，法定地上権は成立しない（➡206
頁）。だからといって，土地の競売にあたって建物を収去しなければならなく
なると，国家経済的にみて不利益である。その他，一般に，占有者がいると土
地の買受人がなかなか現れないし，建物収去請求等にかかる手続にも限界があ
る。ここで一定の意味をもつのが，一括競売権である（▶389条）。すなわち，

抵当権者は，一定の要件の下で土地と建物を競売により一括して売却すること
ができる（抵当権者は競売による売却代金のうち土地にかかる代金分から優先弁済を
受ける）。さらに，執行妨害目的で建物が建築されたときであっても，面倒を
避けられる。建物の所有者としても不利にはならない（建物の所有権を失うとは
いえ，本来は費用を負担して建物を収去しなければならなかったのを，むしろ建物売却
にかかる代金分を得られる）。

　なお，民事執行法に，同趣旨の規定がみられる（一括売却。▶民執61条）。た
だし，これは執行裁判所の裁量による。

　一括競売権が認められるための要件は，①抵当権設定後に目的不動産たる土
地上に建物が建築されたこと（▶389条1項本文），②その建物の所有者が土地に
ついて抵当権者に対抗できる占有権原を有しないこと（▶389条2項）である。

　①について，建物の建築者または所有者が誰であるかを問わない。その建物
を建てたのが設定者以外の第三者でもよい。建築後に，その建物が譲渡された
のでもよい。そうすると，設定者はもちろん，設定者以外の第三者が建物を建
てて執行を妨害するときにも，一括競売権により対応することができる。

　②について，抵当権設定後の土地の賃貸借で，抵当権者の同意により対抗力
を付与されたときなどは，この要件を満たさない。法定地上権が成立する場合
にも，一括競売権は認められない（▶389条2項の類推適用）。他方で，学説で
は，たとえば抵当権設定前に第三者が建物を建てた場合に，その敷地利用が使
用貸借に基づくものであるときなどにも，一括競売権を認めるべきとする主張
がある。建物の建築時期は抵当権設定前であるが，その敷地利用権は抵当権者
に対抗できないものからである。

　一括競売権は，抵当権者の権利であって義務ではない（★大判大正15・2・5
民集5巻82頁）。もっとも，学説では，更地抵当の場合（➡206頁）や **Case 6-10**
の土地・建物共同抵当における建物再築事例（➡207頁）でも法定地上権の成立
を認めるべきと主張しつつ，それによる不利益を避けたい抵当権者は，一括競
売権を行使すべきという見解（「事実上の義務化論」）も有力である。しかし，異
論も強い。建物所有者としては，法定地上権が成立すれば建物の所有権を保障
される一方，抵当権者が一括競売権を行使すれば建物を明け渡して売却代金に
よる満足を受けるという方途しかなくなる（建物自体は存続するが買受人が所有者

となる）からである。

7 破産手続・民事再生手続・会社更生手続

破産手続，民事再生手続では，別除権が認められる（▶破2条9項・65条1項〔手続によらず行使可〕，民再53条1項〔同〕）。会社更生手続では，被担保債権につき更生担保権が認められる（▶会更2条10項・47条1項〔弁済の禁止〕・50条1項〔他の手続の中止〕）。その他，特別の消滅請求制度がある（▶民再148条以下，会更104条以下）。

8 抵当権の消滅

物権と担保物権一般の消滅事由 目的物が滅失すれば抵当権は消滅する。また，抵当権者が抵当権を絶対的に放棄すれば抵当権は消滅する（➡83頁）。なお，これは，抵当権の処分（▶376条）としての抵当権の放棄とは異なる（➡171頁）。さらに，被担保債権が弁済等によって消滅すれば抵当権も消滅する（付従性。➡166頁）。なお，目的物が滅失した場合に目的物の価値が形を変えて生じる賠償金などに対する物上代位が認められる（物上代位性。➡166頁，193頁）。その他，抵当権設定契約の解除等によっても消滅する。存続期間については，特に制限はない。

抵当権固有の消滅事由 抵当権固有の制度として，第三取得者の法的地位との関係で，代価弁済（▶378条）と，抵当権消滅請求（▶379条以下）の2つの制度がある（➡180頁以下）。また，実行時の消除主義（▶民執59条1項。➡ Topic 6-5）がある。

時効制度との関係 **(1) 被担保債権の時効消滅による抵当権の消滅** 他の担保物権と同様，抵当権も，被担保債権が時効にかかって消滅すれば，消滅する（付従性）。

判例によると，時効援用権者である当事者（▶145条）とは，時効により直接利益を受ける者のことである（★最判昭和42・10・27民集21巻8号2110頁）。債務者である設定者のほか，物上保証人（★最判昭和43・9・26民集22巻9号2002

頁），第三取得者（★最判昭和48・12・14民集27巻11号1586頁）などがこれにあたる
（▶145条柱書。2017年の債権法改正で判例上異論のない部分を明文化）。対して，一般
債権者のほか，（先順位の被担保債権との関係で）後順位抵当権者（★最判平成11・
10・21民集53巻7号1190頁：百選Ⅰ-38）はこれにあたらない。

　(2)　**被担保債権から切り離された抵当権のみの消滅**　　抵当権は被担保債権
とは別個の権利である。それでは，抵当権のみが「債権又は所有権以外の財産
権」として20年の消滅時効にかかる（▶166条2項）のかどうか。これについ
て，396条によると，債務者および設定者は，被担保債権から切り離して抵当
権のみの消滅時効を援用できない。起草者は，その趣旨として，これらの者は
抵当権を自ら設定したのだから，被担保債権が消滅しない間に抵当権のみの時
効主張を認めるべきではないこと，また，被担保債権の行使があっても抵当権
の行使があったことにはならず，抵当権のみの時効を認めるべきでないことを
挙げている。

　判例によると，第三取得者との関係では，抵当権のみが20年の時効（▶166条
2項）にかかる（★大判昭和15・11・26民集19巻2100頁）。ただ，そうすると，（被
担保債権のみならず）抵当権にかかる時効管理も必要となるが，抵当権の時効障
害事由があるとすれば，抵当権確認訴訟を通じた「承認」（▶166条3項を参照）
くらいであろう。その他，被担保債権が免責許可決定の効力を受ける場合に
は，396条は適用されず，債務者および設定者との関係でも，抵当権のみが20
年の時効にかかる（★最判平成30・2・23民集72巻1号1頁。破産免責許可決定によ
り被担保債権が消滅時効にかからなくなる〔★最判平成11・11・9民集53巻8号1403
頁：消滅時効を観念することができない〕結果，抵当権のみ時効が問題となる）。

　(3)　**取得時効に必要な要件を具備する占有による抵当権の消滅**　　397条に
よると，債務者または抵当権設定者でない「第三者」は，目的不動産について
取得時効に必要な要件を具備する占有をしたときは，抵当権の消滅を主張でき
る。起草者は，その趣旨として，第三者については抵当権のみの消滅を考えて
よいこと，第三者が占有を継続して162条の要件を満たせば，第三者は所有権
を取得するのだから，その結果として抵当権も消滅することを挙げている。

　そうすると，たとえば，債務者Dの配偶者たる物上保証人Hの所有不動産に
Gのために抵当権が設定されたのち，Dがこれを162条所定の期間占有を継続

した場合には，債務者であるDは抵当権の消滅を主張できない。

　それでは，債務者Dの所有不動産にGのために抵当権が設定され登記を経由した後，Dがこれを譲渡して，第三取得者Eが占有を継続した場合はどうか。判例をみると，この場合に，第三取得者Eが譲り受けて所有権移転登記を経由した後，Eが占有を継続したときは，そもそも397条は適用されない（★大判昭和15・8・12民集19巻1338頁）。では，第三取得者Eが譲り受けたものの所有権移転登記未登記まま，Eが占有を継続したときはどうか。判例をみると，第三取得者E（具体的には，債務者Dの内縁）による所有権の時効取得（10年の短期取得時効〔▶162条2項〕）を認めるにあたって，「占有者の善意・無過失とは，自己に所有権があるものと信じ，かつ，そのように信じるにつき過失がないこと」をいうとして，Eが抵当権の存在を知っていることはそれを妨

✐ Topic 6-10
「取得時効と登記」にかかる判例との関係

　本文とは異なって，第三取得者以外の第三者が，抵当権の目的不動産の占有を継続する場合を例としよう。たとえば，債務者Dの所有不動産をFが譲り受けたが，所有権移転登記未登記のままFが占有を継続する場合に，その後，DがGのために抵当権を設定して登記を経由したときに，判例は，Fの「自己の物」の時効取得（10年の短期取得時効〔▶162条2項〕）と抵当権の消滅を認める（★大判大正9・7・16民録26輯1108頁，最判昭和42・7・21民集21巻6号1643頁：百選Ⅰ-41。時効の起算点は譲受時すなわち占有開始時）。また，Fが譲り受けたが所有権移転登記未登記のまま，Fが162条所定の期間占有を継続した後，DがGのために抵当権を設定して登記を経由したが，その後Fが再度162条所定の期間占有を継続したときに，判例は，所有権の時効取得と抵当権の消滅を認める（★最判平成24・3・16民集66巻5号2321頁：百選Ⅰ-55 —再度時効〔10年の短期取得時効〕の起算点を抵当権設定登記時としたことなどに留意しつつ，判決文を丁寧に読んでみてほしい）。そしてここでの判例群は，所有権の取得時効に関する判例の準則（「取得時効と登記」の問題。➡57頁）からも，説明できそうである。

　本文でみた判例群と，ここでの判例群を整合的に理解すべく，学説では，抵当権の存在を承認した（否定しない）態様による占有継続の場面か，それを承認しない態様による占有の場面であるか等を分析軸として，様々な見解が主張されている。

げないとする（★最判昭和43・12・24民集22巻13号3366頁。起算点は譲受時すなわち占有開始時）。最高裁昭和43年判決は所有権の10年の短期取得時効をいうのであるが，これも397条の適用を認めてそのようにするという趣旨か，端的に所有権の取得時効の問題とするということなのかは，判然としない。他方で，学説では，第三取得者が抵当権の負担の付かない完全な所有権を取得できるという結論には批判もある。

　学説では様々な見解が主張されているが，397条を所有権の時効取得（反射的な抵当権の消滅）にかかる規定（原則の確認規定）と解するか，端的に抵当権の時効消滅にかかる規定（特則）と解するかで議論がある。また，これとは議論の視点が異なるが，396条は目的不動産が債務者または物上保証人に属している場合の規定とみる（第三取得者には適用がないというべきで，第三取得者は被担保債権の消滅時効を援用すれば足りるとする），対して，397条は目的不動産が第三取得者に移った場合の規定とみる（第三取得者にも適用があってよいか，第三取得者が抵当権の存在を知っている場合には，抵当権の負担の付いた所有権しか取得できないとする）見解もある。

9　共 同 抵 当

共同抵当の意義　同一の債権を担保するために，数個の不動産に抵当権を設定することを共同抵当という。

　共同抵当の目的・機能として，①価値累加（一方のみでは不十分なときに，他方を加えて十分とする），②危険分散（一方が滅失したときなどに，たとえ物上代位が封じられても，他方から債権を回収できる），③実行確保（競売が容易な方を選択できる），④一体把握（有利とみれば一括して競売できる〔一括競売〕。➡214頁）などがある。

共同抵当の設定　被担保債権等，目的（客体）等は，抵当権一般とほぼ同様である（➡168頁）。なお，共同抵当の場合の目的（客体）は，債務者に属するものに限らず，第三者に属するものが含まれても（設定者は債務者と物上保証人となる），同一の第三者に属するもののみ（設定者は同一の物上保証人のみとなる）でもよい。設定についても，抵当権一般と同様であ

る。共同抵当であることは登記事項で（▶不登83条1項4号），共同担保目録に記載される（実務上は，共同抵当の登記が経由されないことも少なくない。この有無は効力等には無関係で，特に問題にならない）。

共同抵当の効力　　共同抵当権者は，数個の目的不動産の全部または一部を，同時または順次に競売することができる。同時に競売することを同時配当，1個ずつ順次に競売することを異時配当という。共同抵当権者は，債権全部の弁済を受けるまでは，目的不動産の全部について権利を行使することができる（不可分性。➡166頁）。一部が順次に競売されたときは，それぞれの不動産の売却代金から，被担保債権全部について，順位に従って優先弁済を受けることができる。

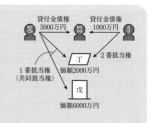

⬛ Case 6-13　Xが Z 銀行から受けた5000万円の融資について，Z は X の所有丁土地および丁土地上の所有戊建物に共同抵当権の設定を受けた。その後に X が I 会社から受けた1000万円の融資について，I は丁土地に2番抵当権の設定を受けた。丁土地および戊建物が競売により売却され，売却代金は丁土地が2000万円，戊建物が6000万円であったとして，(1)同時配当の場合，(2)異時配当の場合のそれぞれで，Z・I の配当関係はどのようになるか。

(1)　債務者所有不動産への共同抵当　　共同抵当の場合には，共同抵当権者のほかに後順位抵当権者がいる場合に，誰にどのように配当されるかが問題となる。ここで意味をもつのは，負担割付および代位制度（▶392条）である。すなわち，その配当においては，後順位抵当権者が同時配当の場合に受ける配当額を，異時配当の場合に受ける最低限の配当額として保障する。こうして，共同抵当権者と後順位抵当権者の公平が図られる（仮に，負担割付および代位制度が存在しないとどうなるか。**Case 6-13**(1)の同時配当の場合には，共同抵当権者 Z が丁土地と戊建物のどちらからどのように配当を受けるか次第で，2番抵当権者 I には予測不能となる。**Case 6-13**(2)の異時配当の場合でも，Z が丁と戊どちらを先に競売して配当を受けるか次第となって，やはり I には予測不能となる。このような不公平・不都合を避けるというのが392条の趣旨である）。

(a)　同時配当：負担割付　　同時配当の場合には，競売された各不動産の

「価額」に応じて，各不動産に共同担保権者の債権にかかる負担を按分する（▶392条1項）。これを負担割付という。**Case 6-13**(1)では，共同抵当権者Ｚが丁土地と戊建物の各不動産から受ける配当は，

$$\genfrac{}{}{0pt}{}{\text{各不動産に}}{\text{割り付けられる負担}} = \text{共同抵当権者の被担保債権額} \times \frac{\text{各不動産の売却代金}}{\text{競売による売却代金総額}}$$

で比例配分される（2000万円：6000万円＝1：3の割合）。すなわち，Ｚは丁から1250万円，戊から3750万円の配当を受ける。そして，丁の2番抵当権者Ｉは，丁から750万円の配当を受ける（丁の売却代金2000万円－Ｚへの配当額1250万円）。

　(b)　異時配当：売却代金の全部配当と392条2項の代位　　異時配当の場合には，共同抵当権者は先に競売された不動産の売却代金から債権全部の弁済を受けられる一方，後順位抵当権者は，共同抵当権者に法律上当然に代位して，後で競売された不動産の売却代金から優先弁済を受ける（▶392条2項）。その登記は付記登記による（▶393条，不登4条2項・91条，不登規3条4号）。**Case 6-13**(2)で①共同抵当権者Ｚが先に丁土地を競売したときは，Ｚは丁から2000万円の配当を受ける（売却代金の全部配当）。後で戊が競売されると，丁の2番抵当権者Ｉは，（丁からは配当を受けられなかったものの）同時配当の場合に丁から配当を受けられる額について，Ｚに代位して（392条2項の代位），戊から配当を受ける（Ｚは戊から3000万円〔Ｚの債権額5000万円－Ｚが丁から受けた配当額2000万円〕の配当を受ける。ＩはＺに代位して戊から750万円の配当を受ける。そして，残額2250万円はＸに交付）。これに対して，②共同抵当権者Ｚが先に戊を競売したときは，Ｚは戊から5000万円全部の配当を受ける（売却代金の全部配当。そして，戊の売却代金のうち残額1000万円はＸに交付）。丁の2番抵当権者Ｉは，丁から1000万円の配当を受ける（同時配当の場合にＩが受ける750万円を最低限保障するので，それを超えてＩが1000万円の配当を受けるのでもかまわない〔当然，Ｉの債権額1000万円を上限とすることに留意〕。そして，残額1000万円はＸに交付）。

　なお，判例によると，後順位抵当権者が実際に392条2項の代位をすることができるのは，先順位抵当権者が残債権の完済を受けた場合など抵当権の消滅すべき場合である（★大連判大正15・4・8民集5巻575頁。付記登記の仮登記によることができるとする）。学説では，異論が強い。後順位抵当権者は単独で抵当権を実行できたのだから，判例のように停止条件付で移転するという必要はな

いという（**Case 6-13**(2)①で，Zが丁を先に競売をしたときは，丁の１番抵当権者Zと２番抵当権者Ⅰは，戊の抵当権を①の各配当額で準共有する〔3000：750＝１：４の割合〕とした上で，Ⅰも直ちに戊を競売することができる，と解すべきことになる〔この部分で，一部弁済による代位（▶502条２項）とは異なる〕）。

■■ Case 6-14 A会社がG会社から受けた5000万円の融資について，Gは不動産壱および不動産弐に１番抵当権の設定を受けた（共同抵当権）。その後にAがV会社から受けた1000万円の融資について，Vは不動産壱に２番抵当権の設定を受けた。不動産壱および不動産弐が競売により売却され，売却代金は壱が2000万円，弐が6000万円であった。不動産壱は債務者であるA会社の所有，不動産弐はAの会長Cの個人所有であるとして，(1)同時配当の場合，(2)異時配当の場合のそれぞれで，G・Vの配当関係はどのようになるか。

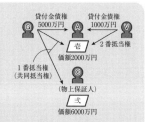

---

(2) **不動産の所有関係に応じた法律関係**　(a) 債務者所有不動産と物上保証人所有不動産への共同抵当　(i) 同時配当　同時配当の場合について，392条の適用はないとみるのが多数説である。債務者が最終的に弁済義務を負う一方，物上保証人は最終的な負担を負う者ではなく債務者に求償できる法的地位にある（▶372条の準用する351条）からというのがその論拠である。**Case 6-14**(1)の同時配当の場合には，先に債務者A所有の不動産壱の売却代金を配当する（Gは壱から2000万円の配当を受ける。２番抵当権者Vは壱から配当を受けられず，392条２項の代位もできない）。そして，後でC所有の不動産弐の売却代金を配当することになる（Gは弐から3000万円〔Gの債権額5000万円−Gが壱から受けた配当額2000万円〕の配当を受ける。そして，残額3000万円はCに交付）。

(ii) 異時配当　異時配当の場合にも，結論として，392条の適用はない。**Case 6-14**(2)で①共同抵当権者Gが債務者A所有の不動産壱を先に競売したときは，結局，**Case 6-14**(1)の同時配当の場合と同様となる。これに対して，**Case 6-14**(2)で②共同抵当権者Gが物上保証人C所有の不動産弐を先に競売したときは，判例によると，392条の適用はなく，弁済による代位の制度（▶499条以下）の下で問題をみることになる。すなわち，CはGの不動産壱上の１番抵当権について代位する。物上保証人としては他の共同抵当物件たる債務者所有の不動産から求償権の満足を得ることを期待しており，その期待を保

護するというのがその論拠である（★大判昭和4・1・30新聞2945号12頁，最判昭和44・7・3民集23巻8号1297頁）。そして，先に不動産弐が競売されて，Gが弐から5000万円全部の配当を受けると，物上保証人Cは，Aに対する5000万円の求償権を取得する（Cは，Aの債務を「弁済」して〔▶499条〕，弐の所有権を喪失したのだから）。後で不動産壱が競売されると，Cは，Gに代位して，壱から2000万円の配当を受ける（▶499条・501条1項・同2項）。2番抵当権者Vは壱から配当を受けられないし，392条2項の代位をすることもできない（前掲★最判昭和44・7・3）。

Case 6-15 **Case 6-14** で，不動産壱はA会社の社長Dの個人所有，不動産弐はDの配偶者Hの個人所有であるとして，(1)同時配当の場合，(2)異時配当の場合のそれぞれで，G・Vの配当関係はどのようになるか。

Further Lesson 6-2
▶▶▶▶▶ **債務者所有不動産と物上保証人所有不動産への共同抵当の場合**

Case 6-14 で，さらに，A会社がW会社から受けた1000万円の融資について，Wも不動産弐に2番抵当権の設定を受けたという事実を加えよう。

異時配当の場合，判例によると，共同抵当権者Gが先に物上保証人C所有の不動産弐を競売して配当を受けたときは，Cは代位によりGの不動産壱上の1番抵当権を取得するが，不動産弐の2番抵当権者Wが，物上代位類似の法理により，Cに移転したGの不動産壱上の1番抵当権から，不動産壱の2番抵当権者Vに優先して配当を受けられる。（★大判昭和11・12・9民集15巻2172頁，最判昭和53・7・4民集32巻5号785頁，最判昭和60・5・23民集39巻4号940頁：百選Ⅰ-91。ちなみに，一部弁済による代位にかかる502条のうち第3項は，2017年の債権法改正で，最高裁昭和60年判決で示された立場を明文化するべく新設されたものである）。

そして，最高裁昭和60年判決によると，共同抵当権者と物上保証人の特約で，物上保証人が弁済等により取得する権利は債権者の同意がなければ行使しない旨の合意をしたときも，「後順位抵当権者が物上保証人の取得した抵当権から優先弁済を受ける権利を左右するものではない」（具体的な事案では，共同根抵当権設定契約にかかるこのような趣旨の特約が問題となった）。

　(b)　別異の物上保証人所有不動産への共同抵当　　(i)　同時配当　　同時配当の場合，結論としては，各不動産の売却代金に応じて，各不動産に共同担保権者の債権にかかる負担が割り付けられる。学説では，これが392条1項によるべきか，501条3項3号の準用する同2号によるべきかで見解が分かれるが，むしろ異時配当の場合を念頭に物上保証人間の公平を図るため，弁済による代位の制度の下で問題をみるのが多数である。もっとも，392条1項を適用して「各不動産の価額に応じて」負担を割り付けるのであっても，501条3項3号を適用して（その準用する同2号により）物上保証人の「各財産の価格に応じて」負担を割り付けるのであっても，結論は異ならない。結局，**Case 6-15**(1)の同時配当の場合には，**Case 6-13**(1)の債務者所有不動産への共同抵当事例と同様となる。すなわち，共同抵当権者Gは不動産壱から1250万円，弐から3750万円の配当を受ける（▶499条・501条1項・同2項・同3項3号の準用する同2号。DとHは相互に代位せず）。壱の2番抵当権者Vは，壱から750万円の配当を受ける（壱の売却代金2000万円−Gへの配当額1250万円）。

　　(ii)　異時配当　　異時配当の場合，まさに物上保証人間の公平を図るため，弁済による代位の制度の下で問題をみることに，異論はみられない。もっとも，前述のように392条1項による負担割付も501条3項3号による負担割付も結論は異ならないから，結局，**Case 6-15**(2)の異時配当の場合にも，**Case 6-13**(2)の債務者所有不動産への共同抵当事例とほぼ同様となる。すなわち，**Case 6-15**(2)で①共同抵当権者Gが先にD所有の不動産壱を競売したときは，Gは壱から2000万円の配当を受ける。後でH所有の不動産弐が競売されると，Dは，もともと，弐に割り付けられた負担3750万円の範囲で，Gに代位して，弐から750万円（3750万円−Gへの配当3000万円）の配当を受けられる（▶499条・501条1項・同2項・同3項3号の準用する同2号），ということを前提としつつ，壱の2番抵当権者Vが，物上代位類似の法理により（壱からは配当を受けられなかったものの）Dが弐から配当を受けられる額（750万円）について，Dに優先して配当を受ける（Vは弐から750万円の配当を受ける。Dは結局弐からは配当を受けられない。そして，残額2250万円はHに交付）。

　これに対して，**Case 6-13**(2)で②Gが先に弐を競売したときは，共同抵当権者Gは弐から5000万円全部の配当を受ける（そして，残額1000万円はHに交付）。

後で不動産壱が競売されると，Hは，壱に割り付けられた負担1250万円の範囲
で，Gに代位して，壱から1250万円全部の配当を受ける（Vは壱から750万円の
配当を受ける〔HがGに代位するのは，Gの不動産壱上の1番抵当権についてであるこ
とに留意〕）。

■ **Case 6-16** **Case 6-14**で，不動産壱と不動産弐
はともにA会社の社長Dの個人所有であるとして，
G・Vの配当関係はどのようになるか。

（3）**同一の物上保証人所有不動産への共同抵当** 判例によると，392条が
適用される（★最判平成4・11・6民集46巻8号2625頁：百選I-92）。判例を踏ま
えた一般的な理解として，物上保証人の弁済による代位の実益が乏しいこと
が，その理由だとされている（物上保証人自身の所有不動産との関係では，混同を
生じるから〔179条1項を参照〕）。結局，**Case 6-16** の配当関係は，**Case 6-13** の
債務者所有不動産の共同抵当事例と同様となる。

なお，先順位共同抵当権者Gが後順位抵当権者Vの代位の対象となっている
不動産弐の抵当権を（絶対的に）放棄したときは，Gは，VがD所有の不動産
弐に代位することができる限度で，D所有の不動産壱につきVに優先すること
ができない（★大判昭和11・7・14民集15巻1409頁，前掲最判昭和44・7・3，前掲
最判平成4・11・6。Vが優先すべき部分までGが配当を受けたときは，不当利得とし
てVに返還しなければならない）。すなわち，Gが不動産壱を競売したときは，G
は1250万円の配当しか受けられない一方，Vはなお750万円の配当を受けられ
る。学説では，後順位抵当権者の代位に対する期待を不当に害する場合に限っ
て，不法行為を理由とする損害賠償請求権が認められる，とみるものもある。
債権者の担保保存義務（▶504条）とのバランスが，その論拠である。

10　根　抵　当　権

根抵当権の意義　特定の継続的取引契約等によって生じる不特定の債権を一括して被担保債権として，一定の極度額の範囲で担保する抵当権のことを，根抵当権という（▶398条の2）。なお，根抵当権ではない一般の抵当権のことを指して普通抵当権と呼ぶことがある。

　たとえば，M・N間で，NがMに製品を継続的に供給する場合に，NのMに対する売掛代金債権が毎月定期的に発生する一方，弁済により消滅することが繰り返されるとき，これを一般の抵当権（普通抵当権）で担保しようとするにも限界がある。なぜなら，普通抵当権によるのであれば，売掛代金債権が発生するごとに抵当権設定登記を行い，他方で弁済によって消滅する（付従性）ごとに抹消登記を行なわなければならず，それが極めて煩雑となるからである。そこで，M・Nの継続的な売買契約に基づいて毎月発生するNのMに対する売掛代金債権について，将来5年間にわたって，M所有の土地建物に極度額（優先弁済を受けられる最大限度枠）を5億円として根抵当権を設定する（土地・建物共同根抵当）というように，不特定の債権をまとめて担保することができるようにする機能を発揮するのが根抵当権である。

　根抵当権では，設定時には被担保債権は不特定でよい（付従性の緩和）が，たとえば債務者の現在および将来一切の債権を担保するという根抵当権を設定すること（包括根抵当）は認められない。それを認めると，特に，目的不動産に利害関係を有する第三者との関係で，不公平となるからである。そこで，根抵当権では，設定契約で被担保債権の範囲と極度額を定めてこれを登記しなければならないものとして，特に第三者の予測可能性を確保している。もちろん，根抵当権を実行するためには，被担保債権を特定しなければならず，そのための元本の確定の制度が意味をもつ。

　実務では，根抵当権は，普通抵当権とならんで，むしろそれより頻繁に利用されている。

根抵当権の設定　根抵当権の設定は諾成・不要式の契約によること，公示方法は登記であること（▶177条）等，抵当権一般とほぼ

同様である（➡167頁）。もっとも，根抵当権では，設定契約で被担保債権の範囲，極度額も定めなければならず（▶398条の2第1項・第2項），これらも登記事項となる（▶不登88条2項1号・2号）。設定契約で元本確定期日（5年以内）を定めるときは（▶398条の6を参照），これも登記事項となる（▶不登88条2項3号）。

被担保債権 ▶ 被担保債権は，債務者との特定の継続的取引契約等によって生じる「一定の範囲に属する不特定の債権」である（▶398条の2第1項）。設定時には不特定でよいのであるが，種類と範囲の指定方法は以下のように大別して第1と第2，それぞれに2つずつ含まれて，合計4つに限定されている。

第1は債務者との継続的取引によって生じる債権（▶398条の2第2項を参照）で，①債務者との特定の継続的取引によって生じる債権である。たとえば，「継続的な売買契約」，「継続的な手形割引契約」，「当座貸越契約」など，継続的取引にかかる基本契約（枠契約）が存在する場合である（誰と誰の間の取引によって生じる債権であるかによって範囲が限定される）。②その他債務者との一定の種類の取引によって生じる債権である。たとえば，「銀行取引」，「保証取引」，「保証委託取引」など，指定した取引に該当する複数の取引を一括して一定の種類の取引とみることができる場合である（基本契約の有無にかかわらず，抽象的な指定でよい）。

第2は，債務者との取引以外によって生じる債権である（▶398条の2第3項を参照）で，③特定の原因に基づいて債務者との間に継続して生じる債権である。たとえば，（受忍限度を超過する）生活妨害など，継続的な不法行為に基づいて，継続的に損害賠償請求権が発生する場合などである。④手形・小切手上の請求権または電子記録債権である。たとえば，債務者が第三者のために振出・裏書・保証した手形・小切手が，転々流通して，債権者が手形・小切手上の請求権を取得する場合などである（▶398条の3第2項も参照）。

極度額を定めるのにもかかわらず，被担保債権の範囲を限定しなければならないのは，包括根抵当をできる限り排除するためである。先のMとNの例（➡226頁）で，債務者Mの資力悪化時に，第三者LのMに対する債権を，いまやその債権の全額を回収することは事実上できないのだから（不良債権）と債権

者Nが安く譲り受けて，これを被担保債権の範囲に含めて額面どおりに回収することは認められない（債務者Mの責任が広がりすぎるし，〔Lとは別の〕第三者との関係では不公平となるからである）。他方で，債務者Mの資力悪化時に債権者Nが一時的に運転資金を融通した場合に，この貸付金債権は当然には被担保債権の範囲には含まれないが，設定契約でこれを含めるように定めることはできると解されている。

なお，優先弁済の認められる範囲という観点では，極度額が最大限度額とされるから，375条の制限はかからない。

極　度　額　　根抵当権では被担保債権の範囲を限定したとしても不特定であるから，極度額を定めなければならない（▶398条の2第1項）。元本確定前は被担保債権額は未確定であるが，極度額の登記があれば，第三者からみた余剰価値の予測可能性を確保することができる。優先弁済の認められる範囲という観点では，利息と遅延損害金の全部についても，極度額の範囲内で，根抵当権を行使することができる（▶398条の3第1項）。

元本確定前の効力　　(1)　**元本確定前の弁済，当事者の変更**　　根抵当権は，元本確定前は，個別の債権と直接関連せず，付従性や随伴性が緩和されている。先のMとNの例（➡226頁）で，たとえば債務者Mがある月の債務を弁済したり，さらにMがある時点で債務をすべて弁済した（被担保債権がさしあたり0になる）としても，根抵当権は消滅しない。また，個別の債権が譲渡されて債権者が変更したときであっても，根抵当権は移転しない（▶398条の7第1項）。債務引受によって債務者が変更したときについても，同様である（▶同条2項・3項）。

(2)　**元本確定前の内容の変更**　　当事者は，合意によって被担保債権の範囲を変更することができる（▶398条の4第1項前段）。また，（被担保債権の）債務者を変更することもできる（▶同項後段）。その意味は，前述(1)の当事者の変更とは異なり，変更後の債務を担保するようにできるということであって，これは根抵当権の譲渡による（▶398条の12以下を参照）ほか，相続，合併・会社分割，法人成り（法人化）などによる。これらの変更には，後順位抵当権者その他第三者の同意は必要でない（▶398条の4第2項）が，登記が必要で（▶同条3項），これを効力発生要件とみるのが一般的である。

　また，当事者は，合意によって極度額を変更することができるが，この変更には利害関係人の承諾が必要である（▶398条の 5 。極度額の増額の場合は，利害関係人とは後順位抵当権者等である。減額の場合は，転抵当権者である）。

　(3)　**元本確定前の根抵当権の処分**　　元本確定前の根抵当権の処分については，普通抵当権の処分と異なる部分が多い。すなわち，根抵当権では，376条の適用が転抵当を除いて排除されて，根抵当権の放棄，順位の譲渡・放棄は認められない（▶398条の11）。根抵当権の譲渡は認められるものの，これについては特別の制度がある（▶398条の12以下）。

　(a)　**根抵当権の譲渡**　　元本確定前に認められる根抵当権の譲渡は，以下の 3 つである。

①全部譲渡　　根抵当権そのものを譲渡すること（▶398条の12第 1 項）。それをもって譲受人の債権のみが担保される。

②分割譲渡　　根抵当権を分割して譲渡すること（▶398条の12第 2 項）。たとえば，極度額 5 億円の根抵当権を分割して，極度額 2 億円と 3 億円の 2 個の根抵当権（同順位）にして，そのうち 2 億円の方を全部譲渡すると， 2 億円の極度額の範囲内で譲受人の債権のみが， 3 億円の極度額の範囲内で譲渡人の債権のみがそれぞれ担保される。

③一部譲渡　　根抵当権を分割せずに一部を譲渡して，譲渡人と譲受人で，元本確定前の根抵当権を準共有すること（▶398条の13）。たとえば極度額 5 億円の根抵当権を，譲渡人と譲受人でいわば共同利用する。元本確定時の債権額の割合で配当を受ける（▶398条の14）。②の譲受人と③の譲受人とでは，③だと理論上は 5 億円の極度額の範囲内で担保される，という違いがある。

　①，②，③とも譲渡の合意のほか根抵当権設定者の同意が必要で，②ではさらにその根抵当権を目的とする権利を有する者（転抵当権等）の同意が必要である（▶398条の12第 3 項）。

　(b)　**転抵当**　　根抵当権者も，原抵当権設定者の承諾を得ないで，転抵当権を設定することができる（▶398条の11第 1 項ただし書・376条 1 項を参照）。

　元本確定前は，原根抵当権の被担保債権の債務者に対する通知・承諾を要しないで，その被担保債権を弁済したり，取り立てたりすることができる（▶398条の11第 2 項・377条 2 項を参照）。元本確定前は，その被担保債権を弁済した

からといって原根抵当権は消滅しないから，転抵当には影響しない。

元本の確定　根抵当権では，それを実行するためには，この被担保債権について優先弁済を受けると特定しなければならない。これを元本の確定という。

（1）**元本確定事由**　元本確定事由は，以下の4つに整理できる。

①当事者の合意によって定められた確定期日の到来（▶398条の6第1項）　元本確定期日は，合意によって5年以内で定めたり，合意によってさらに5年以内で変更したりすることができる（▶同条3項）。この変更には後順位抵当権者その他第三者の同意は必要でない（▶同条2項の準用する398条の4第2項）が，変更前の期日より前のその登記が必要で，その登記をしなかったときは変更前の期日に確定する（▶398条の6第4項）。

②根抵当権設定者または根抵当権者からの確定請求（▶398条の19第1項・第2項）　元本確定期日の合意があるときは不可（▶398条の19第3項）。

③根抵当権の実行等（▶398条の20）　元本確定期日の合意にかかわらず可（根抵当権者が自ら担保不動産競売または担保不動産収益執行等を申し立てる場合について，▶398条の20第1項1号・2号，他の担保権者または債権者が競売または破産を申立・開始した場合について，▶398条の20第1項3号・4号）。

④その他　根抵当権者または債務者の相続（▶398条の8第4項），根抵当権者または債務者の合併または会社分割（▶398条の9第3項〜第5項，398条の10第3項の準用する398条の9第3項〜第5項）など。

（2）**元本確定の効力**　元本が確定すると，根抵当権は，確定時に存在する被担保債権のみを担保する。確定後に新たに生じる債権は担保されない。

元本が確定した根抵当権は，普通抵当権と同様となる。たとえば，元本が確定した根抵当権には，付従性や随伴性がある。根抵当権の処分も，普通抵当権と同様（▶398条の11第1項を参照）で，根抵当権の実行も，普通抵当権とほぼ同様となる（特に以下で触れる「優先弁済の認められる範囲」に留意）。

ただし，根抵当権に特有の性質も残る。そのようなものとして，特に以下の3つがある。

①優先弁済の認められる範囲　375条の制限はかからず，利息と遅延損害金の全部についても，極度額の範囲内で，優先弁済を受けられる。

②極度額減額請求権　　元本確定後，根抵当権設定者は，現存債務額に2年分の利息と遅延損害金（▶375条を参照）を加えた額に極度額を減額するよう請求することができる（▶398条の21第1項）。

③根抵当権消滅請求権　　元本確定後，現存債務額が極度額よりも大きい（担保割れ）ときは，物上保証人や第三取得者等の責任は極度額に制限される。これらの者は，極度額相当額の支払いまたは供託をした上で，根抵当権の消滅請求をすることができる。その支払いまたは供託が，弁済としての効力を有する（▶398条の22第1項）。債務者，保証人は，消滅請求をすることができない。

11　特別法上の抵当権

　特別法上の抵当権については，既に簡潔に触れたものもある（立木抵当について➡81頁，動産抵当について➡165頁）。

　ここでは，工場抵当と，工場財団抵当について，ごく簡単に説明しよう。工場所有者が工場に属する土地・建物に抵当権を設定したときは，その土地・建物の付加一体物のほか，土地・建物に備え付けた機械，器具その他工場の用に供する物に抵当権の効力が及ぶ（▶工場抵当2条）。これら機械，器具その他についても，登記事項となる（▶工場抵当3条1項）。なお，登記官がこれらの目録を作成する（▶同条2項）ので，抵当権設定登記にあたっては，この目録に記録すべき情報を提供すればよい（▶同条3項）。

　また，1個または数個の工場について，土地建物，工場供用物件等からなる財団を組成して，これを1つの不動産とみなして，抵当権を設定することができる（▶工場抵当8条以下）。

第7章　質　　権

1　質権の意義・機能

> ■ **Case 7-1**　BがAに対して負う10万円の債務の担保として，自己の所有する30万円相当の宝石を利用したい。どのような方法が考えられるか。

質権の意義　　質権とは，債権者がその債権の担保として，債務者または第三者（物上保証人）から受け取った物を占有し，その物につき他の債権者に先立って自己の債権の弁済を受ける権利である（▶342条）。**Case 7-1**では，BがAに対して負う10万円の債務の担保として，宝石をAに引き渡す場合，Aは右の債権の弁済を受けるまで当該宝石を留置しうる（留置的効力）とともに，Bの債務不履行時には，それを競売手続で換価し，換価金から他の債権者に優先して債権を回収することができる（優先弁済的効力）。抵当権と同様，民法典の定める約定担保物権である。

　質権の目的物（目的）は，動産（▶352条〜355条），不動産（▶356条〜361条），権利（▶362条〜366条，362条は「財産権」と定める）であるが，抵当権は，その客体が不動産（土地・建物），地上権，永小作権に限定される。目的となる権利の性質上，不動産登記によって公示がされるものに対象が限定されているのである。これに対し，質権は，権利質を除いて，権利の公示が債権者への現実の占有の移転によってなされるため，動産をも目的となしうる。

　その反面，抵当権が，目的物（不動産等）の占有を設定者に留めてその利用を可能にするのに対し（非占有型担保権），質権は，目的物の現実の占有を債権者に移転するため（▶342条・344条・352条），設定者はその利用をすることができない。特に，動産についてこれを担保の目的物として債権者から融資を受けるには，動産質しか民法典には規定がないため，動産の譲渡担保が必要とされ

ることとなった。その反面，債権者が物の占有を設定者から取り上げて，心理的な圧迫を加えて間接的に被担保債務の弁済を促す（留置的効力）点は，抵当権と異なる質権固有の機能である。

質権は，広く「財産権」一般をその目的となしうる（権利質，▶362条）。今日では，権利質は，コンピュータプログラムや著作権等の知的所有権を担保の目的となしうる点に需要が見い出されている。もっとも，権利質については留置的効力を観念できないため，最近では，有体物に対する質権を含めて，「質権は，設定者の財産権の行使を制約しその財産権から優先弁済を受ける権利である」との説明をする学説もある。

質権の条文は，動産質を典型例とした編成をとる。そこで，以下では，まず動産質を中心として質権全体を説明した上で，不動産質と権利質について説明することにする。なお，動産質については，民法以外に，商法上の質権（▶商515条），質屋営業法・公益質屋営業法が規律する質権がある。

質権の性質 担保物権として，被担保債権に対する付従性，随伴性，不可分性（▶350条・296条）があり，また，物上代位性が認められている（▶350条・304条）。よって，質物の滅失・損傷によって，質権設定者が受ける金銭等に対して物上代位をすることができる。もっとも，売却代金債権については，対抗要件を備えた質権であれば目的物の第三取得者（買主）にも対抗できるため，目的物自体に質権を実行すれば足り，物上代位を認める実益に乏しい。賃料債権等の法定果実についても，動産質であれば目的物の現実の占有が債権者にある場合が多く，指図による占有移転の場合に限られると考えられ，これも物上代位については認めるべき局面を想定しにくい。

2 質権の設定

1 質権設定契約

Case 7-2 AはBに対して50万円の債権を有している。この債権の担保として，第三者Cの所有する宝石を利用して質権を設定することは可能か。

質権は，債権者と債務者ないし第三者（物上保証人）との合意により設定契

約がなされ，設定者から債権者に対して目的物の「引渡し」がなされることによって効力を生ずる（▶344条）。目的物は債務者所有の物に限られないため，**Case 7-2** の合意も有効である。物上保証人Cは，債務者Bに代わって自己所有の目的物に質権を設定する第三者であり，質権者Aに対して債務を弁済する義務を負っていない（「債務なき責任」）。しかし，債務者が債務不履行のとき，質権が実行され，目的物に関する自己の所有権を失う（第三者弁済，▶474条）。その結果，物上保証人は，保証債務の規定に従って債務者に求償権を行使する（▶351条・459条〜465条の10・499条〜504条）。ただし，設定者が動産の所有者ではなかった場合でも，質権者がそのことにつき善意・無過失であれば，質権を即時取得しうる（▶192条）。

　質権設定契約は，合意だけでは効力を生じず，債権者に目的物を引き渡して初めて効力が発生する要物契約である（▶342条・344条）。この「引渡し」は，現実の引渡し（▶182条1項）だけでなく，簡易の引渡し（▶同条2項）や指図による占有移転（▶184条）でもよいが，占有改定（▶183条）では足りない（▶345条）。たとえ法人であっても，動産譲渡登記による対抗要件の具備は用意されてない。質権者が質権設定者をして自己に代わって目的物の占有をさせることはできず，設定者が目的物を借りて使用することもできない。もっとも，不動産質については登記が公示方法であるから（▶361条・177条），設定者による占有が許されるとする学説もある。

　債権者への「引渡し」を質権の成立要件とする理由として，第1に，公示方法を明確にして他の債権者を保護すること，および，第2に，留置的効力を確実に発揮させるためである，ということが挙げられている。しかし，公示方法としての「引渡し」については，占有改定でさえ178条の「引渡し」に該当するとしながら，質権についてだけ以上のような厳格な態度をとることには合理性が乏しいとして，批判が強い。

　なお，指図による占有移転により質権が設定された場合には，同一の動産について複数の質権が成立することがありうる。このとき，複数の質権相互間の順位は，設定の先後によって定まる（▶355条）。たとえば，Aが所有動産をBに寄託したままで，その上でCのために質権を設定し，指図による占有移転でCに引渡しをして，その後，AがDにも質権設定をして，同様に指図による占

有移転によりDに引渡しをした場合には，Cが第1順位，Dが第2順位の質権を取得する。

> **Case 7-3** 債務者Bが自己のAに対して負う300万円の債務の担保として，自己所有の500万円の価値を有する工作機械につき質権を設定して，これをAに対して現実に引き渡した。しかし，Aは，Bがこの工作機械を使えないことを不憫に思い，Bに機械を返還して引き渡してしまった。その後，Bは，Cにこの機械を売却した。

質権設定者への目的物の返還と質権の消滅の有無　**Case 7-3** のように，質権の成立後，質権者が任意に目的物を設定者に返還した場合，質権者は質権の対抗力を失うにすぎず，質権は存続するのか，それとも，質権は消滅するのか。古い判例には，動産質について，345条の違反は質権者の代理占有（間接占有）の不成立，つまり質権者の占有喪失にとどまり，効果としては，質権は消滅せず352条により対抗力のみが消滅して質権を第三者に対抗できなくなるにすぎない，とするものがある（★大判大正5・12・25民録22輯2509頁。ただし，不動産質の事案）。換言すれば，質権設定者に任意に目的物を返還しても，質権自体を設定者に対して主張する（対抗する）ことはできるが，設定者が第三者に処分した場合には，その第三者には質権を対抗できなくなる。

学説には，対抗要件の消滅は質権自体の消滅とほとんど変わらないとして，質権が消滅するとする説もある。すなわち，通説は，質権者の目的物占有継続は効力存続要件であり，占有が失われても存続を認めるのは，345条の趣旨が没却されるからであるという。しかし，近時の有力説は，目的物の債権者への引渡しは成立要件ではなく，合意のみで質権設定契約は成立し，質権者は設定者に対する目的物の引渡請求権を有するのだから，債権者への引渡しは，質権の効力発生要件にとどまると解する。目的物の設定者への任意返還の場合は，占有喪失により質権者は質権者独自の権利義務を負わなくなるが，設定契約に基づき設定者に再返還を求めうる（継続的占有は質権の効力存続要件）。任意の引渡しの場合，質権は消滅せず，対抗力を失う（▶352条）にとどまるというのである。つまり，質権設定当事者間では，目的物を設定者に任意に返還した後であっても，占有を委託した所有者本人との関係で質権の優先的効力を否定され

るいわれはない。345条は，質権設定に際して，質権の留置的効力の実効性の確保のために置かれた規定と解すべきであって，質権者が自ら留置的効力に固執しない場合にまでその趣旨を貫く必要はない。設定者に対して目的物の管理やメンテナンスのために任意に返還することもありうる以上，近時の有力説と判例の見解でよいであろう。

　もっとも，以上の議論は動産質を念頭に置いたものであり，登記（質権設定登記）により対抗要件を備える（▶361条）不動産質には妥当しない。不動産質においては，質権設定者に目的不動産が任意に返還されてその占有が設定者に復帰した後でも，その消滅を考える必要はなく，返還後は抵当権に準じて扱えば足りる。

質権設定者による
占有の継続　　352条における「対抗できない第三者」とは，質権設定者・債務者以外の者である。質権設定者・債務者に対する関係では，質権者は継続して占有していなくても質権を主張できるので，質権設定者・債務者が侵奪したなら，質権に基づいて返還請求をなしうる。

　質権を第三者（質権設定者および債務者を除く）に対して主張するためには，占有の継続が必要である（▶352条）。質権者にとって，質権設定者ないし債務者は「第三者」でなく，これらの者に対する関係では352条の適用はない。質物の継続占有が第三者対抗要件であることは，動産物権変動における対抗（▶178条）とは異なり，およそ権利を対世的に主張することの要件であって，単に，競合する取引関係に立つ「第三者」との関係で，権利の優劣を決定するだけの機能しかないわけではない。

　いったん占有を取得した質権者が，何らかの事情により占有を失った場合につき，民法は353条の規定を置く。通説は，この規定について，動産質権に基づく物権的請求権としての返還請求権を認めず，占有喪失の場合一般について，質権者は占有回収の訴え（▶200条）によってのみ目的物を回収することができるにとどまる趣旨を表すと解している。

2　質権の目的物・被担保債権

　法律により譲渡が禁止されている動産は，質権の目的物とすることができな

い（▶343条）。郵便切手と紛らわしい外観を有する物は，販売や頒布が禁じられており（▶郵便切手類模造等取締法1条），これを対象とする質権設定は無効である。譲渡可能なものであれば，換価処分して優先弁済に充てることができるから，広く質権の目的物とすることができる。

　その一方で，譲渡可能ではあるが質権の設定が禁止される場合がある。たとえば，登記・登録がなされ抵当権が設定できる動産（登録船舶▶商849条，登録自動車▶自動車抵当20条），既登記建設機械（▶建設抵当25条）である。動産であることから，登記・登録によって抵当権の設定を可能としたのに，質権を設定して債権者が占有することで公示を認めるのは，法の趣旨に反するからである。

3 質権（動産質権）の効力

1 目的物の範囲

　抵当権における370条・371条のように，効力の及ぶ範囲を規律するルールは質権にはなく，物権法の一般的な考え方に従って，所有権の及ぶ付合物，87条2項によって設定時の従物に及ぶと解するのが通常である。

2 被担保債権の範囲

　非金銭債権であっても，最終的に損害賠償債権に転化するから，被担保債権とすることに問題はない。根抵当と同様に，不特定の債権を担保する根質も可能であり，将来発生する債権も被担保債権となしうる（成立における付従性の緩和）。

　被担保債権の範囲については，346条により元本・利息・違約金など広範囲の債権が担保されることが明らかになっている。この点は，抵当権の375条のように，元本以外の債権が最後の2年分に制限されることとは異なる。抵当権設定登記によって被担保債権が公示され，かつ後順位の抵当権者の保護のためにこのような制限が加えられる抵当権に対して，質権，特に動産質においては，債権者自身が目的物を占有するため，例外的な場合を除いて後順位の質権者が登場するリスクは少なく，抵当権のような制限を考慮する必要に乏しいからである。ただ，不動産質については361条で375条が準用されるため，「利

息，違約金」については最後の 2 年分に制限され，かつ登記事項とされる（▶
不登95条 1 項 2 号・ 3 号）。

　民法346条は，被担保債権の範囲について，元本，利息，違約金，質権実行
の費用，質物の保存費用，債務不履行による損害賠償，質物の隠れた瑕疵に
よって生じた損害賠償，と規定する。「質権実行の費用」とは，「簡易な弁済充
当」（▶354条）の際の費用を指す（執行費用は債務者の負担，▶民執194条・42条）。
「隠れた瑕疵による損害賠償」とは，質物の引渡しを受けるときに通常の注意
を払っても気づかなかった不完全さから生じた損害のことを指し，契約不適合
による損害賠償とは異なる。なお，以上の事項については特約によって変更す
ることができる（▶346条ただし書）。

3　質権の実行

実行前の効力　　質権の侵害に対しては，物権的請求権たる妨害排除・予防
請求権を行使できる。しかし，すでに述べたように，動産
質権者は，占有を奪われたときは占有回収の訴えをなしうるのみである（▶
353条）。よって，目的物詐取の場合や，善意の特定承継人に対して返還請求を
することはできない（▶200条）。また，質権侵害に対する損害賠償請求や，債
務者の期限の利益喪失等を理由とする増担保請求については，抵当権に準じて
考えれば足りる。

留置的効力　　質権者は，被担保債権の弁済を受けるまでは，目的物を留置
（占有を継続）することができ（▶347条本文・350条），設定者か
らの返還請求を拒否しうる。これにより，質権の実行による強制的な債権回収
機能を実現し，かつ，留置によって債務者の債務弁済を間接的に強制できる。
　質権の留置的効力は，以下の点で，留置権と異なる。留置権では，留置して
いる物の返還は被担保債権の弁済と引換給付の関係に立つと理解されている。
しかし，質権では，質権設定者ないし債務者による被担保債権の弁済が先履行
される必要があり，質権者は，その後で質物の返還をすればよいと解されてい
る（★大判大正 9・3・29民録26輯411頁）。すなわち，被担保債権未消滅時に所有
者（設定者）から返還請求を受けた場合，留置権とは異なり，請求棄却の判決
が下されることになる。

　指図による占有移転によって対抗要件が具備されているとき，質権設定者の一般債権者が質権の目的物である動産につき動産競売を申立て（▶民執190条1項2号・3号），差し押さえた場合，質権者は第三者異議の訴えを提起できる（▶民執38条）。また，質権者が目的動産の執行官への提出を拒めば，他の債権者は差し押さえることはできない（▶民執124条）。けれども，その質権に対して優先権を有する債権者（先順位の質権者▶355条，一定の先取特権者▶334条・330条・329条2項ただし書）が差し押さえた場合，質権者は留置的効力を対抗できない結果，執行官に質物の提出を拒むことはできず（▶民執190条），第三者異議の訴え（▶民執38条）も認められない。当該質権者は，競売手続の中でその順位に従って優先弁済権を行使するにとどまる。

　目的物を留置している間，質権者は善管注意義務を負う。また，質権設定者の承諾なしには，質物を使用し，賃貸し，または担保に供することができない（以上につき，▶350条・298条1項・2項）。違反行為に対しては，設定者は，質権の消滅請求ができる（▶350条・298条3項）。留置中に支出した必要費・有益費についても設定者に償還請求をなしうる（▶350条・299条）。ただ，留置をしても，被担保債権の消滅時効の完成は猶予されない（▶350条・300条）。

動産質権の実行　動産質権者は，債務者が被担保債務につき履行遅滞に陥り，かつ，その債務が非金銭債権である場合には金銭債権へ転化することを要件として，当該質権の実行に着手することができる。具体的には，民事執行法の定める手続に従い，「執行官に対し当該動産を提出」し，自ら目的物につき競売の申立てをし（▶民執190条1項1号・192条），換価代金から優先弁済を受けることができる。指図による占有移転により対抗要件を備えているときに，直接占有者の許にある質物について他の債権者が差し押さえて競売手続を開始した場合には，開始した競売手続に配当要求し，売却代金から優先弁済を得ることができる（▶民執133条）。同様に，質物につき設定者に対する一般先取特権者または動産先取特権者の申立てにかかる動産競売が行われているときには（▶民執190条1項2号参照），質権者は，配当要求の方法により優先弁済を受けることも可能である（▶民執133条，民334条・330条1項）。

　なお，動産質権に限らず，質権一般は，質権設定者の破産ないし民事再生手続においては，別除権（▶破産65条，民再53条）として，手続によらないで行使

できる。しかし，会社更生手続の場合には更生担保権（▶会更2条10項）として処遇されることから，手続開始後は被担保債権の弁済が禁止され（▶会更47条1項），また，担保権実行も禁止または中止される（▶会更50条1項）。民事再生手続および会社更生手続においては，担保権消滅請求の対象となる（▶民再148条，会更104条以下）。

質物による弁済の請求　他方，動産質権者は，正当な理由がある場合に限り，鑑定人の評価に従い，質物をもって直ちに弁済に充てることを裁判所に請求することができる（▶354条前段，非訟93条）。これを「簡易な弁済充当」と呼ぶ。民法354条の「正当な理由」とは，たとえば，質物の価格が低く競売手続を利用すると費用倒れになる場合や，質権者が債務者の親戚などで質物が債務者の家宝であるような場合がこれにあたる。しかも，鑑定人の評価に従うこと，設定者にあらかじめ通知すること，裁判所の許可を得ることなど，厳格な手続に従わなければならない一方で，差押えや競売の必要はないため「簡易な」充当と呼ばれる。例として，100万円の債権があり，質物が150万円と鑑定されるなら，あらかじめ債務者にその請求を通知して（▶354条後段），質物を取得して50万円を債務者に返して清算すれば足りる。

流質契約の禁止　質権の設定契約時およびそれ以降でも弁済期到来前の契約をもって，質物による代物弁済をすることは禁止されている（▶349条）。この規定は強行法規であり，これに違反する契約は無効である。その趣旨は，少額の債権額に対して高額の質物が質権の目的となっているとき，弁済期到来前の段階で設定者がその所有権を失うことを強制され，かつ，債権者が不当な利益を得ることを防ぐことにある（弱い立場にある債務者の保護）。たとえば，60万円の借金のため100万円の宝石を質にとった債権者が，その宝石を直接に取得することにより，40万円の過剰な利益を手中に収めることを防止するのである。反面，349条の反対解釈により，弁済期到来後は，そのような合意は，通常の代物弁済契約として許される。弁済期到来後は，設定者が債権者から受ける圧力が弱まるから，というのがその理由である。もっとも，古い判例には，質物による代物弁済を行う選択権がもっぱら設定者にある場合には，設定者に不利益ではないので，弁済期前の流質契約も無効ではないとするものがある（★大判明治37・4・5民録10輯431頁）。

　民法における流質契約の例外として，商人間の質権（▶商515条）・質屋営業法による業としてなす質権（▶同法1条・19条）については，弁済期前の流質契約が認められている。債務者が商人なら，不当に不利な流質契約を押しつけられることのないように自分の利益を守る知識と交渉力を有するであろうから，というわけである。

4　質権の処分（転質）

> **Case 7-4**　Aは自己のBに対する債務40万円を担保するため，自己所有の時価100万円相当の宝石に質権を設定し，これをBに引き渡した（現実の引渡し）。他方，質権者となったBは，自己のCに対する80万円の債務につき，新たに何らかの担保の提供を求められた。そこで，Bは，自己のAに対する質権自体をCのための担保に利用することにした。

転質の意義　　質権者は，その権利の存続期間内において，自己の責任で，質物について，転質をすることができる（▶348条）。すなわち，転質とは，質権者が，自己の債務の担保のために，質権によって把握した担保価値の上にさらに質権を設定するものである。**Case 7-4** では，質権者Bが，債務者Aに対する債権を担保するために留置しているA所有の宝石（質物）について，自己のCに対する債務の担保のためにさらに質権を設定して，宝石をCに引き渡すことによって転質が設定される。転抵当（▶376条1項）と同様，自己の把握した担保目的物を自己の債務の担保として再利用する制度であり，転抵当と共通する部分が多く，そちらの項目（➡188頁以下）も参照されたい。

転質権の設定　　転質権の設定は，通常の質権の設定と変わらない。すなわち，転質権設定契約も要物契約であり，**Case 7-4** では，質物の占有は，原質権設定者Aより原質権者＝転質権設定者Bを経由して，転質権者Cに移転することによって効力を生じる（▶344条。占有改定を除く）。Cによる質物の占有の継続が第三者対抗要件である（▶352条）。

　転質の設定は，「自己の責任で」（▶348条）することができるから，原質権設定者であるAの承諾は不要である。Aの承諾のない転質を「責任転質」，承諾のある転質を「承諾転質」という。承諾転質においては，原質権者Bが第三者

図表7-1　転質権の設定

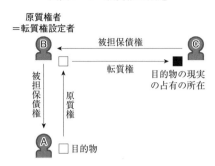

C（転質権者）に負担する債務につき，原質権設定者Aが物上保証人となって，自己の所有物に転質権を設定する関係といえる。仮に，転質権の目的物が，AがBのために差し入れたA所有の物ではないとき，CがB所有の物と考えていた場合には，質権の即時取得が問題となる。

　原質権設定者Aにとっては，自分がBに対して質入れした物が，自己の同意なしに他人の手に渡ると不測の損害を被る恐れがある。このことから，転質権の取得には，抵当権の処分（▶377条1項）ないし債権質の対抗要件（▶364条）に準じて，Aに対する転質権設定の通知ないしAの承諾のあることが，原質権設定者ないし債務者や保証人，およびその承継人に対する対抗要件となると解される。

責任転質の法律構成　責任転質については，①BのAに対する被担保債権と質権を併せて質入れすると解する債権・質権共同質入説（この説では，被担保債権の転質につき467条の通知・承諾が対抗要件となる。▶364条），②転質とは，原質権者Bのもつ質権そのものを質入れすることであるとする質権単独質入説，③原質権者Bの有する質権の目的物のみを被担保債権とは切り離して単独で質入れする（厳密には，原質権によって把握された担保価値が質入れされる）と解すべきで，民法348条はこのような処分を認めた（「質物を転質とする」）ものというべきであるとする，質物再度質入説がある。

　①については，転質とは，原質権者Bのもつ被担保債権と質権をともに質入れすると考えることになるが，これは，質権の被担保債権に対する随伴性の当然の帰結ではないか，との批判がある。348条が，「質物について，転質をすること」と規定することとの関係も曖昧になる。②や③については，348条の文言には沿った解釈といえるが，そのように考えると，原質権の被担保債権には転質の効果が及んでいないのではないか，との疑念を招く。このとき，AがBに対して弁済をすると原質権が消滅し（原質権の債権には拘束が及んでいないなら，AのBに対する弁済は禁止されない），転質権も存立の基礎を失って消滅して

しまう，ということになりかねない。

　以上の議論は，基本的に転抵当で述べられるところと同様であり（➡188頁以下），具体的な違いはほとんどない。決め手に欠ける議論であるが，③の見解に立ちつつ，次のように解することもありえよう。すなわち，転質権は質物に対して何らかの物的な担保支配をする権利であるから，原質権の被担保債権に間接的な拘束を及ぼすことができる。そのために，転抵当に関する377条に準じて，BのCに対する質権の処分である転質権の設定につき，原質権の被担保債権の債務者Aに対する通知またはAの承諾を必要とし，それがなされれば，AがCの承諾なしにBに弁済しても，Cには対抗できないと解するのである。

転質権の効果　　転質権者Cは，転質権の弁済期が到来し，かつ原質権の被担保債権の弁済期が到来すれば，直接に原質権を実行することができ，その売却代金から，Bに優先して弁済を受けることができる（▶342条）。**Case 7-4** のように，転質権の被担保債権が原質権の被担保債権より大きい場合（Cの債権が80万円，Bの債権が40万円），その優先弁済の範囲は原質権の範囲に限定され，原質権者Bへ配当される額はなく，残額は設定者に返還される。転質権の残債権は無担保の債権となる。逆に，転質権の被担保債権が転質権より大きい場合（例：Cの債権が40万円，Bの債権が80万円）には，差額は原質権者に配当され，残額は設定者に返還される。

　転抵当にあっては377条2項が，当初設定された原担保権の設定者が，転担保の担保権者に対して，原担保権を消滅させてはならない旨を規定する。転質権にあっても同様であり，**Case 7-4** では，原質権設定者Aは，転質権の存続中は，自己の債権者Bに対して被担保債務を弁済したりして原質権を消滅させてはならない義務（担保価値維持義務）を負うと解すべきである。このとき，転質権が原質権設定者に対抗しうる場合，原質権設定者が原質権者に弁済しても転質権者に対抗しえない（▶377条2項類推，転質権の原質権設定者に対する対抗要件具備が前提）。しかし，AのBに対する債務につき弁済期が到来している場合には，Aは，弁済供託を認めて債務を消滅させ，担保目的物である宝石を回復する利益を有する。このとき，転質権者は，転質権の目的物の価値代償物である供託金還付請求権の上に，転質権の効力を及ぼすと解すべきである。

　責任転質にあっては，原質権設定者の与り知らぬところで転質権の設定がな

されるから，原質権者である転質権設定者は，Cの占有下で質物が滅失・損傷などした場合には，「転質をしたことによって生じた損失については，不可抗力によるものであっても，その責任を負う」（▶348条後段）とされる。

他方，原質権者は，転質権者に対して，質入れした原質権を消滅させてはならない義務（担保価値維持義務）を負うため，原質権の実行・放棄，あるいは原質権の被担保債権の免除や取立て，相殺をすることはできない。

なお，転質権が，原質権設定者の転質権者に対する第三者弁済等，原質権の消滅によって消滅することは当然である。責任転質をなしうる以上（▶348条），BがAの承諾を得ずに目的物に質権を設定しても，AはBに対して質権の消滅を請求することはできない。

4 不 動 産 質

1 不動産質の設定

不動産質権者は，「目的である不動産の用法に従い，その使用及び収益をすることができる」（▶356条）。動産質権では目的物の使用・収益は認められてないが（350条による298条2項の準用），不動産質権においては，使用・収益権能が質権者に認められていることが大きな特徴となっている。

不動産質権の設定も，動産質と同様，要物契約であり（▶342条），占有改定を除く態様において，目的不動産の債権者への引渡しを要する（▶344条・345条）。しかし，「不動産質権については」，「その性質に反しない限り，次章（抵当権）の規定を準用する」（▶361条）。そのため，不動産質の対抗要件は，「引渡し」ではなく不動産登記（▶177条）である。動産質権に関する353条は不動産質には適用されないため，占有回収の訴えでは対応ができない場合（例：侵奪者の特定承継人に対して）であっても，占有者に対して質権自体に基づく返還請求をすることができる。

被担保債権については，動産質と同様，346条の規定が適用されれば，元本以外の利息や違約金も無制限に担保されることになりそうである。しかし，不動産質では，後順位の担保権者が登場する可能性が少なくないため，抵当権の規定が準用される結果（▶361条），被担保債権額等（▶不登83条）のほか，その

「存続期間」や「利息・違約金」などに関する定めは，登記をしておかなけれ
ば第三者には対抗できない（▶不登95条）。登記が対抗要件であるため，不動産
質の成立後に質権者が設定者に対して任意に目的不動産を返還したとしても，
質権は消滅せず，対抗力も失われない（★大判大正 5・12・25民録22輯2509頁）。

　一方で，不動産質権の存続期間は10年に限られ，更新後もその期間は10年を
超えることができない（▶360条 1 項・ 2 項）。あまりに長期間目的不動産の管理
を不動産質権者に委ねるのは，かえってその荒廃を招く恐れがある，というの
がその理由である。

2　不動産質権の効力

被担保債権の範囲　不動産質については，抵当権の規定が準用される結果
（▶361条），375条による元本以外の利息等についての
最後の 2 年間の制限が適用されそうである。しかし，そうではなく，不動産質
権者は，原則として，目的不動産を留置するだけでなく使用・収益ができる反
面，債権の利息を請求することはできない（▶358条）。使用・収益による利得
と，被担保債権の利息が，およそ対価的な関係にある（釣り合っている）との判
断が背後にある（同様の発想は，575条や，189条 1 項の果実と196条 1 項の必要費との
関係にもみられる）。不動産質権の設定契約で特約をして利息を請求することは
可能だが（▶359条），登記をしておかないと第三者には対抗できない。また，
根不動産質権においては，被担保債権の範囲について，398条の 2 以下の規律
が361条によって準用される。

✐ Topic 7-1
不動産質権の制度設計・立法論
　不動産質権について，目的不動産の占有を債権者に移転することを要件
とする点については，不動産質権の利用を阻害していると評価される。しか
し，その一方で，賃貸マンションのように，収益を目的とする不動産に
ついては，賃借人が占有したまま建物所有者からの指図による占有移転に
よって不動産質権を設定できるようにして，質権者がその収益から被担保
債権への優先弁済を受けられる，という利用形態に合わせて，不動産質権
の規律を見直すべきである，という指摘がなされている。

目的物の範囲　抵当権の規定が準用される結果，不動産質の効力は，目的不動産の付加一体物に及び（▶361条・370条），使用・収益権能があることによって，果実にも当然に及ぶ（297条の準用は意味がない）。物上代位も認められるが（▶361条・350条・304条），使用・収益権能があることから，賃料債権については実益が乏しく，また，不動産登記を備えることにより目的不動産自体に対して追及効があることから，売却代金債権に対する物上代位を認める必要性にも乏しい。

3　不動産質権の実行

　実行方法についても，抵当権の規定の準用による（▶361条）。動産質のような「簡易な弁済充当」（▶354条）は認められず，流質契約も認められない（▶349条）。担保権の登記に関する登記事項証明書を執行裁判所に提出して，目的不動産の競売を開始することができる（▶民執181条1項3号）。担保不動産収益執行の申立ても可能であるが（▶361条，民執188条・180条・93条以下），不動産質による直接の使用・収益権能の行使でこと足りる。また，動産質と同様，責任転質も可能であるが，原質権の「存続期間内」に限られる（▶348条・360条）。

　不動産質権の目的不動産につき，第三取得者がいる場合には，担保権消滅請求や代価弁済により消滅することがありうる（▶361条・378条・379条以下）。

　他の不動産質や抵当権との優劣は，登記の先後による（▶177条）。他の債権者によって競売が開始された場合には，抵当権と同様，その順位に応じて配当を受けることができる。ただし，不動産質権が最先順位で，かつ，使用・収益の定めがない場合には，買受人に引き受けられ，質権は消滅しない（引受主義，▶民執59条4項）。その結果，買受人は，不動産質権の被担保債権を弁済しない限り，当該不動産の引渡しを受けられない（▶347条の留置的効力）。

　次に，使用・収益しうる不動産質権の目的不動産につき先順位の担保権者によって担保不動産収益執行が申し立てられた場合，質権は留置的効力を失い（▶359条），質権者は自ら使用・収益することができなくなる（▶347条ただし書）。結果として，質権者は，被担保債権の利息についてもその後は請求できるようになる。これに対して，不動産質権に劣後する後順位の担保権者により担保不動産収益執行の申立てがあった場合，当該質権者が収益を収取できるた

め，後順位者による執行の申立ては，「配当等に充てるべき金銭を生ずる見込みがない」無剰余の執行の申立てとなるため，却下される（▶民執106条2項）。

　最後に，一般債権者が強制管理を開始しようとした場合も，質権者が留置権能を有し，かつ対抗できる以上，強制管理による管理人からの引渡請求を拒絶し，かつ，管理人の使用・収益もできないため，強制管理の申立ては却下される（▶同条同項）。

5 権 利 質

1 序 説

> ▓ **Case 7-5**　Bは，A（第三債務者）に対し50万円の乙債権を有し，この債権上に，BがCに対して負う80万円の甲債務の担保として，Cのために質権を設定しようとしている。このような担保権の設定は有効か。

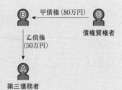

権利質の意義　　質権は，動産や不動産のような有体物だけでなく，「財産権」をもその目的となしうる（▶362条）。これを「権利質」と呼び，対象となる財産権は，金銭債権，賃借権，地上権，無体財産権・株式など多様である。とりわけ，知的財産権の担保化において，重要な役割を果たしている。多様な担保の目的財産に照らして，それぞれ特別法による権利質に応じた規定が存在する（株式につき，▶会社146条〜154条。特許権等につき，▶特許95条・96条・98条1項。著作権につき，▶著作66条）。客体となる多種多様な権利の性質に応じて，規制内容も多様で，使用価値を留めおいて心理的に圧迫するという要素を欠いている。特に，知的財産権を目的として設定される質権については，登録が権利自体の成立要件（▶特許98条1項3号等）もしくは対抗要件（▶商標34条3項，著作77条2号・88条1項2号）であり，質物の占有という観念が成立せず，その権利行使も例外的にしか認められない（例，▶特許95条，著作66条1項等）。設定者の使用・収益・処分を重視する点で，権利質は質権そのものではなく質権に準じる権利担保で，抵当権に近い約定担保権であるといってよ

い。

　以下では，民法典に規定のある債権質を中心にして叙述を進める。

2　債権質の設定

債権質の目的　債権質の目的とするためには，その債権が譲渡可能な債権であることを要する（▶343条）。たとえば，恩給法は，「恩給ヲ受クルノ権利」につき譲渡，および原則として担保の設定を禁止する（▶恩給11）ため，質権を設定することはできない（他の例として，民法881条の扶養請求権等）。2017年改正によって，債権は原則として譲渡可能となり，譲渡禁止特約が譲渡制限特約に変更されたため（▶466条1項・2項），債権者と債務者間で譲渡禁止特約が締結されたとしても，この債権を債権質の目的とすることが可能となった。改正前の466条の下では，債権質権者となる者が譲渡禁止特約につき善意でかつ無重過失である場合にのみ例外的に質権が取得されるものと解されていたが（債権譲渡につき，★最判昭和48・7・19民集27巻7号823頁），この点は改正後は大きく変容を遂げ，譲渡制限特約付き債権であっても債権質の設定・取得は有効となり，ただ，悪意・重過失の債権質権者に対して，第三債務者が債権質権の設定者である自己の債権者に対する事由をもって対抗できることとなった（▶466条3項）。債権質権者が，第三債務者の弁済先を固定する利益を排除して，抗弁事由の対抗を回避するためには，466条4項に沿った処理をすれば足りる。

　かつては，改正前466条1項の譲渡禁止特約を回避するため，実務では代理受領や振込指定が用いられていたが，改正後はこれらを利用する必要性は乏しく，端的に債権譲渡担保か債権質がその担保化に用いられることになろう。

　もっとも，譲渡制限特約付きの預金債権については，改正後の466条の5第1項により，悪意・重過失の譲受人との関係では債権譲渡自体が無効とされる。この理は，譲渡制限特約付きの預金債権が質入れされた場合にも妥当するものであろう。預金債権に譲渡制限特約が付されていることは，周知の事実だからである。

　2017年改正において設けられた466条の4第1項は，「債権に対する強制執行をした」差押債権者という表現を用いて，債権質権を含む，担保権の実行とし

てされた差押えによるその担保権者を同条の適用外としている。他方で，譲渡制限特約付き債権に質権が設定された場合，この債権質権者は，466条3項にいう「第三者」にあたる。よって，この債権質権者が譲渡制限特約につき悪意・重過失である場合には，債権質権の実行としてその債権を差し押さえたとしても，第三債務者は債権質権者による取立て（▶366条1項）を拒絶することができ，また，債権質権の設定者である自己の債権者に対する弁済その他の債務を消滅させる事由をもって，債権質権者に対抗することができる。この効果は，466条の4第2項によるものではないことに注意すべきである。

　将来発生する債権についても質権設定は可能である（2017年改正により364条柱書で明文化された）が，実務上は債権譲渡担保が利用されることが多いという。

債権質の設定　**Case 7-5** では，債権者Cと，質権設定者である債務者または物上保証人Bとの間で，設定者Bの有する第三債務者Aに対する債権を目的として質権が設定される。

　2003年に363条が改正されるまでは，質権の目的となる債権に証書があるときは，その交付が質権の効力発生要件（▶旧363条）として，動産質等における質物の引渡しと同じ意味が与えられていた。しかし，通説は，証書がない場合，その交付がなくとも質権は有効に成立し，証書があっても占有改定で可とされ，345条の要件は充足されると解され，証書が設定者に返還されても質権は存続するとされていた。2003年の改正によって，旧363条は，証券的債権（債権であってこれを譲渡するにはその証書を交付することを要するもの）についてのみ「交付」を効力要件とし，その他のものについては交付を要しないものとした。この改正により，債権質の成立には，原則として債権証書の交付は不要となり，ペーパーレス化への対応が進むこととなった。また，指図債権の質入れの第三者対抗要件が，質権設定の裏書である旨が規定された（▶旧365条）。

　2017年改正後は，改正前469条から473条までの証券的債権に関係する規律として有価証券法理に合致する内容に純化した上で，改正前463条・365条を含めて（▶他に改正前の商516条2項，および517条～519条まで）有価証券に関する規定と統合し，民法における有価証券の通則的な規律が設けられた（▶520条の2以下）。

　2017年改正の下で，指図証券の譲渡・質入れは，当該指図証券に譲渡の裏書をして譲受人に交付することによってなされる（▶520条の2・520条の7）。指図証券が有価証券であることの帰結として，権利と証券が結合している以上，証書の交付を譲渡・質入れの効力要件とするとともに，指図証券の場合には裏書を必要とする。意思表示の合致と裏書の連続した指図証券の交付を受けることにより，譲渡・質入れの効力が生じるとともに，債務者および第三者に対する対抗要件を備える。この改正の結果，指図債権の質入れについて証書の交付を効力要件としていた改正前363条，および，質権設定の裏書を第三者対抗要件としていた改正前365条は削除された。また，無記名債権を動産とみなすとしていた改正前86条3項も削除されたため，これについても同様の規律に服することになる。

　債権質以外の権利質については，登録（▶特許98条1項3号）や，質権者の振替口座への記載または記録（▶電子記録債権36条1項。ペーパーレス化した社債・国債や電子化後の株式等につき，▶社債株式振替74条・99条・141条・175条・206条）が成立要件とされたり，著作権や出版権のように，合意のみで質権が設定できるもの（▶著作77条2項・88条1項2号等）など多岐に分かれる。

債権質の対抗要件　債権質は，債権譲渡と同様，第三債務者に対する通知または承諾を対抗要件とする（▶364条・467条1項）。通知は質権設定者からしなければならない。第三債務者の債権質に対する認識をインフォメーションセンターとして，利害関係に入ろうとする第三者（譲受人等）は，第三債務者に問い合わせて債権の帰属や債権質の存否を確認することになる。他の譲受人が登場する可能性を考慮すれば，質権者が誰であるかを特定した譲渡通知・承諾であることを要する。よって，質権者を特定しない事前の承諾には，第三債務者対抗要件としての効力は認められない（★最判昭和58・6・30民集37巻5号835頁）。

　第三債務者以外の第三者（債権の譲受人，二重に質権設定を受けた者等）に対して対抗するためには，通知・承諾が確定日付ある証書でなされなければならない（▶364条・467条2項）。質権設定者が法人である場合には，債権譲渡登記ファイルに質権設定の登記をすることで第三者対抗要件を具備しうる（▶動産・債権譲渡特例14条・4条）。この登記は，将来発生する債権を質権の目的とす

る場合も具備しうる。

3　債権質の効力

効力の及ぶ範囲　質入債権が利息付き債権であるとき，債権質は質権の目的たる債権の利息債権にも及ぶ（通説，▶87条 2 項類推）。350条・297条により，果実収取権があることも，その根拠となる。本来は，不当利得として所有者に返還すべきところ，簡易な清算の趣旨で果実収取による優先弁済権を認めたものであり，債権質では，利息債権が果実に相当することになる。また，質権の目的債権が保証債権で担保されているとき，債権質はそれにも及ぶことになる（保証債務の随伴性）。ただ，債権者が保証人に対して質権を行使するためには，保証債権自体に質権設定の第三者対抗要件（確定日付ある通知・承諾）を備える必要があろう。

　その他，物上代位・被担保債権の範囲などは動産質に準じて扱えば足りる。

実行前の効力　質権者は，被担保債権が債務不履行を生ずるまでは，原則として目的債権について権利を行使することができない。その一方で，知的財産権を目的とする質権では，設定者による権利行使が原則とされており（▶特許95条，著作66条 1 項など），その実質は，権利を目的とする抵当権と構成するべきものである。

　債権質の設定者は，質権者のために目的債権の価値を維持する義務（担保価値維持義務）を負う（★最判平成18・12・21民集60巻10号3964頁：百選 I -79）。たとえば，目的債権が消滅時効にかからないように催告をしなければならない（▶150条）。よって，設定者の行う取立て・目的債権の放棄，免除，他の債務との相殺（質入債権を自働債権とする）等は，質権者に対抗できない（▶民執145条 1 項の類推適用）。質権の目的債権を譲渡することは可能だが（★最決平成12・4・7民集54巻 4 号1355頁は転付命令も可能とする），質権が追及効を有する結果，目的債権の譲受人も債権質の負担を承継し，権利行使に制約を受ける。質権設定者は，質権者の同意のある等の特段の事情がない限り，第三債務者の破産手続の開始を申し立てることもできない。

　質権の設定された債権の第三債務者は，質権債権者・目的債権の譲受人に弁済しても質権者に対抗できず，さらに質権者からの弁済請求があれば，それに

応じざるをえない（▶481条類推）。その反面，弁済の目的物を供託して，債務を免れることができると解される（▶494条参照）。このとき，債権質権は供託物の上に存続する（▶366条3項）。

債権質権の設定と相殺　2017年改正後の469条2項1号では，債務者対抗要件具備より「前の原因」に基づいて発生した債権について，これを自働債権として法定相殺をすることができると規定する。従来の「債権譲渡と相殺」に関する無制限説よりも相殺の範囲を拡張しており，改正後の民法511条2項の「差押えと相殺」に関する規律と軌を一にする。他方，改正後の469条2項2号は，「前の原因」がなくても「譲受人の取得した債権の発生原因である契約」に基づき，債務者が債務者対抗要件具備後に取得した債権について，これを自働債権として相殺できることを定める。たとえば，将来にわたって同一当事者間に発生する売掛代金債権が譲渡されたときに，譲渡の対抗要件の具備後に売買された目的物に瑕疵があり，買主が瑕疵による損害賠償請求権を自働債権として自己の売買代金債務とを相殺しようとする場合が，469条2項2号の規律の対象である。自働債権と受働債権の発生原因である契約の締結が債務者対抗要件の具備後であることが前提となるため，2号の適用は将来債権譲渡に限定される。

　では，これら民法469条の定めるルールは，債権が質入れされた場合に，第三債務者が質権設定者に対する反対債権をもって質権者に対抗できるか（▶364条・366条）という問題にも妥当するか。債権質は，債権譲渡と異なり，債権の帰属自体は変更しないものの，対抗要件等が債権譲渡に準じる規律に服する点を重視すれば，そのような解釈が妥当することになる。しかし，他方で，第三債務者のする相殺に関しては，質権が設定されその対抗要件の具備時を基準として，債権譲渡と相殺の規律ではなく，差押えと相殺に関する511条を類推適用によって処理すべきとの考え方も成り立つ。この点は，なお解釈に委ねられている。

4　債権質の実行

直接取立権　債権質の実行は，民事執行法の規定（▶民執193条）に従い，動産質と同様の手続で目的債権を換価することが可能であ

る。すなわち，質権の存在を証明する文書を提出し（▶民執193条2項），目的債権の差押えがなされ（▶民執145条），換価手続がなされる（▶民執157条・159条・161条，民執規則135条1項3号）

けれども，民法366条は，質権者には債権を第三債務者から直接取り立てる権利があり（▶同条1項），質権の目的となっている債権が金銭債権の場合には，自己の債権額（被担保債権額）に限って取り立てることができる（▶同条2項）と定める。債権質が，元本の利息債権にも及ぶことから，この直接取立権によって法定果実である利息をも含めて直接に取り立てて，被担保債権の優先弁済に充てることができるのである。

質権の目的である債権の弁済期が，質権者の被担保債権の弁済期前に到来したときは，質権者はまだ優先弁済権を行使できないが，第三債務者に対してその弁済をなすべき金額を供託させることができ，質権は，その供託金還付請求権の上に存続する（▶366条3項）。この場合，債権の目的が金銭でないときは，質権者は，弁済として受けた物について質権を有する，とされる（▶同条4項）。

債権質についても，流質契約は349条によって禁止されているが，金銭債権の質入においては，質入債権の額が被担保債権の額を超えない限り直接取立権を行使できるのだから，弁済に代えて当該債権を質権者に帰属させる代物弁済契約を認めても差し支えないと解される。

✍ Topic 7-2
債権質と債権譲渡担保の違い

　Case 7-5 で債権質が設定される場合と，乙債権が債権譲渡担保の目的となる場合とで，どのように異なるのか。対抗要件については，どちらも異ならない（▶364条・467条）。債権譲渡担保の本契約型では，譲渡担保権者であるＣが第三債務者Ａから直接取立てができるので，この点も債権質の場合（▶366条1項）と異ならない。しかし，債権譲渡担保では，債権の帰属がＢからＣへと変更され，第三債務者Ａにとっては，譲渡後はＣが唯一の債権者となり，ＢのＣに対する債務不履行時までＢがＣから債権の取立権を有するのは，あくまで債権譲渡の当事者間であるＢ・Ｃ間の内部的な約定にすぎない（★最判平成13・11・22民集55巻6号1056頁：百選Ⅰ-98）。これに対し，債権質では，債権の帰属自体は変更されず，債権質の設定後も，第三債務者Ａの債権者はＢのまま変わっていない。

第8章　法定担保物権

1　法定担保物権概説

法定担保物権の特徴と性質　物的担保には，抵当権や質権のように，設定当事者間の約定により成立する約定担保物権のほかに，法律上一定の条件を満たせば当然に成立するものがある。これを「法定担保物権」と呼び，民法上は**留置権**（▶295条以下）と**先取特権**（▶303条以下）が規定されている。これらは，いずれも，法律がある一定の原因により生ずる債権について，政策的に特にその効力を他の債権よりも強力に保護する必要があるという視点から，担保物権として成立することを認めるものである。

　留置権の場合，留置権者がたまたま占有することになった物に関して発生する債権を担保するため，その債権の弁済を受けるまでその物を手許に留めておく（留置する）ことで，間接的にその弁済を促すという機能を有する。他の担保物権と異なり，より積極的に他の債権者に優先して弁済を受ける効力（優先弁済的効力）を有するものではない。

　これに対して，先取特権は，一部の先取特権を除き，特別の公示手段を備えなくてもその効力を主張することができる（▶336条・337条〜340条）。しかし，その被担保債権が履行を求められる際に，現存する目的物から優先弁済を受けられるにとどまり，より積極的に担保価値を保全して弁済を受けられるわけではない。よって，先取特権については，債権から独立して担保物権が存在しているというよりは，端的に特定の債権の効力に物権的な性格を与えて強化を図ったものとみることもできる。

　したがって，法定担保物権には，被担保債権に対する付従性，随伴性，不可分性がある点は共通するものの，たとえば，先取特権には優先弁済的効力はあるが，この性質は留置権にはない。また，両者とも，その担保権に対する侵害

に対して，通常の物権一般と異なり，物権的請求権の保護は与えられていない（留置権については占有回収の訴えにとどまる。▶302条・200条1項・203条）。

2　留　置　権

1　留置権の意義

留　置　権　留置権とは，「他人の物」の占有者が，「その物に関して生じた債権」を有するときに，その債権の弁済を受けるまでその物を留置できる権利である（▶295条1項）。

物を留置することで，返還を求める債務者（所有者）をして心理的に圧迫を加えて，間接的に弁済を強制する機能を有する。民法典の定める典型担保の1つであり，先取特権と並び，合意なくして成立する法定担保物権である。

> **⚙Case 8-1**　時計屋ＡはＢに頼まれてＢの時計の修理をした。修理は終わり，代金は1万円であった。ところが，Ｂが所有権に基づいて時計の返還を求めた。

このとき，Ａは修理代金が支払われない限り時計を返還しないと抗弁できる（留置権の留置的効力，▶295条1項）。弁済を先履行とするのでなく，Ｂからの引渡請求に対してＡが留置権を主張すると，判決は請求棄却（所有者Ｂの敗訴）でなくＢ勝訴の引換給付判決（「Ｂから修理代金の支払を受けるのと引換えに時計を引き渡せ」）になる。

留置権が問題となる典型的な例は，**Case 8-1** のような物の修理の場面や，建物の賃借人が，本来は賃貸人が負担すべき賃借建物の修理費用（たとえば70万円）を支出し，賃貸人に対してその修理費用の償還請求権を有する場合（▶608条）に，建物を留置できるといった例を挙げることができる。

留置権が認められる理由は，債権者・債務者間の「公平」に求められる。すなわち，被担保債権が「その物に関して生じた債権」である限り，その物を債権者の手許に留めることにより，債権者の債権回収に対する期待を保護することが，より当該債権者を他の債権者との関係においても公平に扱うことになる，という点にある。

Case 8-1 では，時計の修理という請負契約において，修理代金支払債務と

目的物引渡債務は同時履行の関係にある（▶633条参照）ため，留置権と**同時履行の抗弁権**（▶533条）は，債務の履行を拒絶しうる権利（履行拒絶権）として，共通する機能を果たす。

　もっとも，両者には次のような違いがある。すなわち，①同時履行の抗弁権は，双務契約から生じた対価的な債務間で生ずる抗弁権であるが，留置権にはそのような発生原因上の制約はない（留置権は所有権に基づく引渡請求権に対応するものであり，契約上の債務の履行請求に対して行使される同時履行の抗弁権とは利用の局面が異なる）。②また，同時履行の関係が双務契約の当事者間に限定されるのに比べると，留置権では物に関して債権が生じることで足りる（B所有のボールがAの家に飛び込んでガラス窓を壊し，AのBに対する損害賠償請求権が生じる場合，Aにはボールの留置権が生じるが，同時履行の抗弁権は生じない）。さらに，③同時履行の抗弁権は契約の当事者間で行使されるが，留置権は，いったん成立すれば，たとえ目的物が売却されても買主（第三取得者）との関係で行使できる（物権としての対世的効力）。④果実の収取（▶297条），競売権（▶民執195条）など，効果の面でも相違がある。しかし，両者は重なる場合も多く，**Case 8-1**のような場合には，いずれを行使してもよいとするのが判例（★最判昭和33・3・13民集12巻3号524頁）・通説である。

留置権の性質　民法上の担保物権は，原則として優先弁済権であり，債権の履行の確保という目的の限度で目的物の交換価値を支配するとされる。これに対して，留置権は優先弁済権を有しないため，その延長線上にある物上代位性を有しない（304条は295条等において準用されていない）。被担保債権である「物に関する債権」が弁済等によって消滅すれば，留置権も消滅し（消滅における付従性），被担保債権が譲渡されれば，留置権も被担保債権とともに譲受人に移転する（随伴性，移転における付従性。ただし，留置権が被担保債権に随伴するのは，被担保債権の譲渡と同時に目的物の占有をも譲受人に移転する場合に限られる）。

　留置権者は，「債権の全部の弁済を受けるまでは，留置物の全部についてその権利を行使することができる」（▶296条）。この性質を**不可分性**という。**Case 8-1**において，修理対象の時計が2個あり，修理代金が合計2万円であった場合，Bは1個分の修理代金1万円を支払うとしても，2個のうち1個

の返還を求めることはできない。残債権額を担保目的物全部で担保するのである。また，債権者Aが目的物の一部の占有を喪失した場合（占有している留置物の一部を債務者に引き渡したとき）も，特段の事情のない限り，残部が債権の全部を担保する（★最判平成3・7・16民集45巻6号1101頁）。

2 留置権の成立要件

留置権の成立については，295条が規定するだけである。同条1項は，留置権の成立要件として，①「他人の物の占有者」であること，②「その物に関して生じた債権を有すること」（物と被担保債権の**牽連性**）を規定し，そのただし書は，③当該債権の弁済期の到来を挙げ，同条2項は，④「占有が不法行為によって始まったのではないこと」を定める。留置権者の側で①・②の主張立証責任を負い，留置権の成立を争う返還請求者が，③・④について，弁済期の未到来と占有が不法行為によって始まったことの主張・立証責任を負う。留置権が，所有権に基づく返還請求に対する抗弁として機能することから，この場面では，②のみで足りる。

> **Case 8-2** **Case 8-1** において，BがAに修理を依頼した時計が，BがCから借りていた物であった場合には，留置権は成立するか。

他人の物の占有　(1) **債務者所有の物でなくともよい**　295条は単に「他人の物」と規定し，留置権の目的物が債務者所有であることを要求しておらず，賃借物や寄託物であっても留置権が成立する。これらの物も，終局的には所有者への返還が求められるから，債務者が自己の債務を弁済することによって，回復が促されることになる。また，後述するように，留置権成立の要件として上記の②「物と債権の牽連性」が要求されており，その債権のために当該物が留置されることによる負担を，その物の所有者である第三者もまた甘受しなければならない立場にある。Bは，支払いの義務を負っていない修理代金の支払いを間接的に強制されるが，民法は，自分の占有する物に関して生じた債権の債権者保護を重視したといえる。

> **Case 8-3** **Case 8-1** において，Bが時計の修理をAにしてもらっている間に，

その時計をCに譲渡した。修理完了後、Bが修理代金を支払っていないのに、BがAに対して「指図による占有移転」を行って所有権の移転を知らせ、Cが時計の引渡しをAに求めてきた場合、Aは時計をCに引き渡さなければならないか。

(2) **留置権の目的物が第三者に譲渡された場合**　　Cへの譲渡後、Aは第三者所有の物を占有することで、Bに対する修理代金債権を担保する状況にある。このとき、いったんBとの関係で成立した留置権をもって、AはCに対抗することができる（留置権の第三者対抗問題）。不動産の転々譲渡、すなわち、AがBに甲土地を売却して、代金完済前にBが甲土地をCに転売してCが移転

✐ Topic 8-1

商事留置権

　商事留置権（▶商521条）と民事留置権（▶295条）はどのような違いがあるか。商事留置権では、「物」および「物と被担保債権の牽連性」は緩和されている。まず、目的物は動産・不動産に限られず、有価証券についても成立する。また、被担保債権と留置物との間に個別的対応関係がなくても、たとえば、商人Aと商人Bとの間での営業上の取引から生じた一群の債権の担保として、その取引上占有することになったすべての物または有価証券のすべてを留置することができる。あるいは、数回にわたって複数の種類の機械の修理が依頼されたが、以前の修理代金が支払われていない場合には、別の修理のために占有している機械を、その他一切の修理代金の支払いがあるまで留置できる。

　しかし、民事留置権（▶295条）は、第三者所有の物についても成立するが、商事留置権は債務者所有の物または有価証券のみであることに注意を要する。また、倒産手続においては、民事留置権は効力を失うが（▶破産66条3項）、商事留置権は効力を失わず、破産手続では優先弁済権のある特別の先取特権の中で最も下位のものとして処遇される（▶破産66条1項・2項。会更2条10項により会社更生手続では更生担保権）。

　なお、商法521条の文言上は「債務者の所有する物又は有価証券」を留置すると定めるのみで、「物」が不動産を含むかどうかは定かではない。かつて、下級審裁判例で、建物建築請負人の請負代金債権のために商事留置権の成立を否定した事例があった（★東京高決平成22・7・26金法1906号75頁）が、近時、最高裁は特段の留保を付することなく、不動産について商事留置権の成立を肯定するに至った（★最判平成29・12・14民集71巻10号2184頁）。

登記を経由しても，Aは，Cからの甲土地の引渡請求に対して，Bに対する留置権をもって対抗できる（★最判昭和47・11・16民集26巻9号1619頁：百選Ⅰ-75）。

被担保債権と物との牽連性　留置権の被担保債権は，債権者が占有する「その物に関して」生じた債権であるこを要する（▶295条）。かつてのボアソナード旧民法債権担保編第92条1項は，「留置権ハ財産編及ヒ財産取得編ニ於テ特別ニ之ヲ規定シタル場合ノ外債権者カ既ニ正当ノ原因ニ由リテ其債務者ノ動産又ハ不動産ヲ占有シ且其債権カ其物ノ譲渡ニ因リ或ハ其物ノ保存ノ費用ニ因リ或ハ其ノ物ヨリ生ジタル損害賠償ニ因リテ其物ニ関シ又ハ其占有ニ牽連シテ生シタルトキハ其占有シタル物ニ付キ債権者ニ属ス」（傍点筆者）としていた。学説には，この記述に依拠して，現在の295条の「その物に関して」を，物の費用，保存の費用，損害賠償に分けて考察するものがある。

　しかし，多くの学説では，具体的な基準として，第1に，債権がその物自体から発生した場合，または，第2に，債権が物の返還請求権と同一の法律関係または同一の事実関係から発生した場合，という2つの基準によって分類がなされている。

　（1）**債権がその物自体から発生した場合**　前述の，建物の賃借人が，本来は賃貸人が負担すべき賃借建物の修理費用（70万円）を支出し，賃貸人に対してその修理費用の償還請求権を有する場合（▶608条）がこれにあたる。旧民法の規定の［物の費用，保存の費用］にあたる例である（必要費につき，★大判昭和14・4・28民集18巻484頁。有益費につき★大判昭和10・5・13民集14巻876頁）。ただし，有益費の償還請求権については，別途295条の弁済期の到来の要件が問題となる。また，その物の瑕疵から損害賠償請求権を得る場合（▶709条・711条）も含まれる。

　（2）**債権が物の返還請求権と同一の法律関係または同一の事実関係から発生した場合**　この類型では，物の売買契約（前掲★最判昭和47・11・16，代金未払いのまま買主が転売して売主が転買主に留置権を主張），売買契約の無効・取消し・解除によって物の返還請求権と代金の返還債権が発生した場合（★東京高判昭和24・7・14高民集2巻2号124頁）が該当する。仮登記担保権において，債務不履行により私的実行手続が開始され，仮登記担保設定者が清算金支払請求権を有する場合（▶仮登記担保3条）に，担保権者が設定者に目的物の引渡しを請求

すれば，設定者は清算金の支払いを受けるまで目的物を留置できる。また，判例は，譲渡担保権者が清算金を支払わないまま目的物を第三者に譲渡した場合にも，設定者は，譲渡担保権者に対する清算金支払請求権を被担保債権として留置権を譲受人に対して主張しうるとしている（★最判平成9・4・11集民183号241頁）。

　同様の理は，譲渡担保の設定当事者間にも妥当する。また，同じ店で傘を取り違えた一方の者は，自分の傘の返還を受けるまで，他方の側の傘を留置することができる。

> **◆ Case 8-4**　Aから甲土地がB，Cに二重に譲渡され，Cが先に引渡しを受けたが，Bが先に登記を得た。BからCに対する明渡請求に対して，CはAに対する債務不履行に基づく損害賠償請求権を被担保債権として，甲土地につき留置権を主張しうるか。
>
>

(3)　2つの基準では解決できない事例　　(a)　二重譲渡と損害賠償請求権

　一見すると，CのAに対する損害賠償請求権も，B→Cの甲土地の引渡請求権も「同一の法律関係」から生じており，留置権が認められそうである。しかし，判例は，その「債権はいずれもその物自体を目的とする債権がその態様を変じたものであり，このような債権はその物に関し生じた債権とはいえない」として，Cのために留置権の成立を認めない（★最判昭和43・11・21民集22巻12号2765頁）。仮にその主張を認めると，177条の対抗問題によりBがCに優先するとした結果を覆し，事実上BがCに対してCのAに対する損害賠償請求を代わって弁済しない限り，Bが明渡しを受けることができず，Bに余計なリスクを負わせることになるからである。本来，177条からは，CはBに甲土地を明け渡さなければならないところ，評価矛盾を回避する必要がある。このように，債務者Aと留置権による引渡拒絶の相手方（引渡請求権者）Bが別人の場合，Cの債権を，債務者とは別人である所有者Bの犠牲において保護することは留置権の本来の趣旨ではない。そこで，「被担保債権の成立時に返還請求権者と債務者が同一でなければ留置権は成立しない」と整理されている。**Case 8-4** では，損害賠償請求権は，目的物の返還を請求する者以外の者に対する債

権であって，返還請求権者としては自らに対して直接主張されえない債権で
もって，目的物の返還を拒否されなければならない理由はないのである。
Case 8-3 のように，いったん留置権が成立した後，目的物が第三者に譲渡さ
れてこの第三者に留置権を対抗しうる事例とは区別される。

　(b)　**賃貸借をめぐって**　　借地権者が，借地権の存続期間の満了時に借地借
家法13条の定める建物買取請求権を行使すれば，建物の所有権は土地賃貸人に
移転し，借地権者は建物買取代金債権を取得する。このとき，借地権者は，代
金の支払いを受けるまで，建物だけでなくその敷地である土地も，建物留置の
反射的効果として留置することができる（★大判昭和14・8・24民集18巻877頁，
大判昭和18・2・18民集22巻91頁）。これに対して，造作買取請求権（▶借地借家33
条）が行使されると，造作自体の代金債権を担保するために造作を留置できる
ことは当然だが，判例は，「造作代金債権は造作に関して生じた債権で，建物
に関して生じた債権ではない」として，建物全体の留置を否定する（★大判昭
和6・1・17民集10巻6頁，最判昭和29・1・14民集8巻1号16頁）。借家人が建物
に関する費用償還請求権をもって，建物とともに敷地を留置することも認めら
れない（★大判昭和9・6・30民集13巻1247頁）。

　敷地については，その留置を認めなければ建物の留置権を有効に行使するこ
とができないため，判例の結論は妥当である。しかし，造作買取請求権につい
ては，学説はこぞって判例に反対する。いずれの場合も，買取請求権の行使に
よって売買契約が成立し，被担保債権は物の引渡請求権と同一の法律関係から
発生しており，建物・造作については牽連性は充足されている。造作のみにつ
いて留置を認めても，建物の留置を認めないことは非現実的であるというだけ
では，造作と牽連性のない建物を留置する理由づけとしては足りない。通説
は，造作は，賃貸人の同意を得て建物と経済的にも法的にも一体となってお
り，造作上の留置権が建物にも拡張されると解するのが造作買取請求権の制度
趣旨に適合すると述べる。最近では，この問題を留置権の目的物の及ぶ範囲の
問題として捉え，①目的物の留置に必要不可欠な他の物，あるいは，②目的物
との結合が被担保債権発生の前提となっている他の物に対しては，留置権の効
力が拡張されると解する説がある。

被担保債権の弁済期の到来　弁済期が到来していない時点で，弁済を受けるまでその物を留置できるとすると，弁済期前から債務者に対して心理的な強制を加えて弁済を強制できることを認めてしまうことになる。そのため，295条は被担保債権の弁済期の到来していることを留置権成立の要件とした。弁済期が到来していないことは，留置権の不成立を争う側である返還請求者が主張・立証責任を負う。

　たとえば，賃借人が賃借していた建物について有益費を支出した場合，その弁済期は，必要費と異なり，「賃貸借の終了の時」である（▶608条2項本文）。よって，賃貸借終了後，有益費の支払いを受けるまでは賃借していた建物を留置できる。ただ，その償還について裁判所により相当の期限が許与されると（▶同項ただし書），被担保債権について弁済期が未到来の状態になるため，留置権は成立せず，賃借していた建物を直ちに返還しなければならなくなる。

　他方，判例は，賃貸借契約の終了後，賃借人が取得する敷金返還請求権（▶622条の2第1項柱書参照）については，賃借物の明渡しが先履行であって，賃借物の返還後に初めて返還請求ができるようになるからという理由で，敷金返還請求権を被担保債権とする留置権の成立を認めていない（★最判昭和49・9・2民集28巻6号1152頁：百選Ⅱ-57）。学説には，賃借人の保護の観点から，敷金返還請求権は賃貸借契約成立時にすでに発生しているとして，判例に反対する説が有力であったが，2017年改正で設けられた622条の2第1項1号は，敷金の発生時期について判例の立場を明文化し，これらの学説を否定することを明らかにしている。

占有が不法行為によって始まったのではないこと（▶295条2項）　たとえば，所有者に無断で建物に入り，権原がないのにそこで居住を始めた者が，占有している間にその建物のために必要費を支出した場合，所有者に対する費用償還請求権（▶196条1項）を被担保債権として，留置権は成立しない。不法行為によって成立した債権についてまで留置権を認めては，被害者に酷であり公平ではないからである。占有が不法行為によって始まったことは，留置権の成立を争う側で主張・立証責任を負う。

✥ Case 8-5　Ａ・Ｂ間でＡ所有の建物につき賃貸借契約が締結されたが，この賃

貸借は後にBの賃料不払いが原因で解除された。Bは解除後も建物を占有し続け，この間に無権原であることを知りながら有益費を支出した。このとき，Bは，この費用が償還されるまで，この建物を留置することができるか。

　295条2項の条文とは異なり，占有開始時に存在した占有権原が後の抵当権の実行によって対抗できなくなったり，**Case 8-5** のように不動産賃貸借が解除され爾後的に占有権原が失われた場合は，295条2項の要件である「占有が不法行為によって始まった」とはいえない。けれども，判例は，占有者が，占有権原の喪失について悪意または善意有過失であった場合には，295条2項の類推により，その後に支出された必要費・有益費について，留置権の成立を否定する（★最判昭和41・3・3民集20巻3号386頁〔合意解除〕，最判昭和46・7・16民集25巻5号749頁：百選Ⅰ-76〔解除〕）。また，判例は，農地買収の無効を知り得たのに善意で有益費を投下した場合も，同様の処理をしている（★最判昭和51・6・17民集30巻6号616頁）。換言すれば，債権者が被担保債権の取得時にその物の占有権原を喪失している場合には，占有権原喪失につき善意無過失でない限り，留置権は成立しない，ということになる。物の占有自体が不法行為によって始まったわけではないが，正当な権原に基づかないで物を占有している者が債権を取得したことには変わりがないので，295条2項を類推適用することができる。ただし，占有権原を喪失したことを知らないで，かつ，知らないことに過失がなかった場合には，留置権を否定する程の不法性はない，という評価を受けるのである。

　学説は，判例を支持するものもあるが，たとえば，295条2項を問題とする場面を，厳密に占有開始が違法な契機による場合に限る説もある。すなわち，後発的に占有が違法になった後で支出した必要費の償還の請求には留置権の行使を認め，有益費については裁判所が196条2項ただし書の期限を許与したときは，債権の弁済期の到来の要件を欠き，留置権は成立しないと解する。あるいは，判例のように解すると，権原のないことを知りまたは知り得たというだけで，費用支出者に（返還の相手方の）無資力の危険を負わせることになる。これは，悪意者や他主占有者にも直ちに費用償還を認める規定（▶196条2項ほか）や緊急事務管理（▶698条）の法理と矛盾するとの指摘もある。すなわち，196

条は占有者が自らの無権原につき悪意であっても，必要費については無条件で留置権を認め，他方，有益費については裁判所による期限の許与を待って初めて留置権を否定するにとどまる。しかし，判例による295条2項類推適用によれば，占有者が悪意のときにはおよそ留置権の成立が否定されることになって，法の価値判断に齟齬が生じる，というのである。そこで，この説は，295条2項の適用を，「占有開始」時に「悪意」である場合に限定しようとする。

　さらに，近時の説には，次のような主張もなされている。すなわち，少額の債権を口実にする引渡拒絶に対しては，代担保提供による留置権消滅請求という対抗策もある。よって，295条2項の類推適用は，占有者の悪意や過失だけを基準とするのではなく，債権取得の態様が取引通念からみて許されない不法行為と評価される場合（実質的に違法な場合）に限定されるべきで，この主張が295条2項の文言にも調和するとする。

　もっとも，賃貸借契約が終了して明け渡すべき義務のある賃借人が，その物に費用を投下すれば途端に明渡請求に対抗できるようになって，適法に賃借建物の留置を継続できるとするのは，やはり妥当でないとして，判例を支持する説も有力であり，軌を一にするところがない。

　なお，395条1項により，抵当権に対抗できない賃借権は，買受人の買受けの時から6か月間明渡猶予期間が与えられている。この6か月の期間内に，抵当建物使用者（元賃借人）が建物に必要費を投下したとしても，その費用償還請求権の根拠は608条1項ではなく196条1項による。しかし，この者は，買受人との関係で適法な占有権原を有するわけではないから，295条2項の類推適用により，留置権の成立は否定されることに注意すべきである。

3　留置権の効力

事実上の優先弁済権　留置権は，被担保債権が弁済されるまで目的物の占有を継続して，その明渡しや引渡しを拒絶することができる（▶295条1項）。目的物が動産であれば，目的物の所有者の他の債権者が留置権者の占有する動産を差し押さえようとしても，留置権者が拒めば差押えができない（▶民執124条）。引渡請求権の差押え（▶民執163条1項）に対しては，なお留置権を主張できる。他方で，不動産の差押え・競売手続の場合，留置権は，これ

ら民事執行上の配当手続では優先弁済権を認められない（▶民執59条 4 項）が，競売によっても消滅せず買受人に引き受けられるため（▶同条同項，引受主義），留置権は買受人に対しても主張できる。すなわち，執行手続による買受人が留置権の被担保債務を弁済して留置権を消滅させ，当該債務の債務者に対して求償をすることになるため，結果として，留置権は事実上は最優先で弁済を受けることになる（▶民執195条，形式競売）。もっとも，留置権は，国税徴収法による公売処分では引き受けられることなく競売手続において消滅する一方（消除主義），最優先で優先弁済を受ける配当受領権を認められている（▶国税徴収21条）。

　なお，「留置権の行使は，債権の消滅時効の進行を妨げない」（▶300条）。留置権を行使するだけでは，被担保債権の消滅時効の完成を猶予する事由（▶147条）には該当しないという趣旨である。ただ，留置物の返還請求訴訟において，債権者である留置権者が留置権の抗弁を提出して目的物の引渡しを拒絶する場合，この主張が被担保債権の存在を明らかにする結果，債権者による被担保債権の支払いの催告にあたり，時効の完成が猶予される（▶150条 1 項）。このとき，訴訟継続中は催告が継続しているとされる（訴訟上の催告。▶147条 1 項 1 号，★最大判昭和38・10・30民集17巻 9 号1252頁）。

目的物の管理　　留置権者は被担保債権の弁済を受けるまで目的物を留置できるのみで，果実収取権はあるものの，その使用権があるわけではない。そこで，「留置権者は，善良な管理者の注意をもって，留置物を占有しなければならない」（▶298条 1 項。善管注意義務）。たとえば，自動車や建設機械等の修理代金を担保するためにこれらを留置した場合，野ざらしにしてさびつかせたりすると，この義務の違反になる。義務に違反して目的物を滅失・損傷させると，所有者に対して損害賠償義務（▶709条）を負う。また，この場合，債務者または所有者は，留置権の消滅を請求でき（★最判昭和40・7・15民集19巻 5 号1275頁），それにより留置権は消滅する（▶298条 3 項）。

　ここにいう善管注意義務は，「契約その他の債権の発生原因及び取引上の社会通念に照らして定まる善良な管理者の注意」（▶400条）とどのような関係にあるのか。**Case 8-1** のように，時計の修理という請負契約に基づく修理代金債権の場合は，上記の「取引上の社会通念」が善管注意義務を考慮する上での

事情となりうるが，傘を取り間違えた場合の返還債務の場合には，一種の事務管理であるから，債権の発生原因に照らして善管注意義務の内容が定まる。以上より，298条1項の善管注意義務も，目的物の保管を要するという留置権の内容からすれば，400条における善管注意義務と重なる面が多いといえよう。

目的物の占有・利用　留置権者は，債務者の承諾なくして，留置物の使用・賃貸・担保供与をなしえない（▶298条1項・2項本文）。もっとも，「その物の保存に必要な使用をすること」については，債務者の承諾を要しない（▶同条2項ただし書）。これらに対する違反については，留置権消滅請求の対象となる（▶同条3項）。

　債務者の承諾があれば，使用・賃貸・担保供与も可能となる。では，留置権者が，いったん「債務者の承諾」（▶298条2項）を得て使用等をしている場合において，その後留置物が譲渡されるなどして所有者が交替したとき，留置権者は，新所有者の承諾を改めて得ないと，承諾を得た使用とならず新所有者から留置権の消滅請求（▶298条3項）をされるのか。判例は，留置物の所有権が譲渡等により第三者に移転した場合において，右につき対抗要件を具備するよりも前に留置権者が298条2項所定の留置物の使用または賃貸についての承諾を受けていたときには，留置権者は右承諾の効果を新所有者に対して対抗することができ，新所有者は右使用等を理由に同条3項による留置権の消滅請求をすることができないとした（★最判平成9・7・3民集51巻6号2500頁）。

　この判決は，承諾による留置権の内容の拡大の第三者対抗を，留置権者の承諾と第三取得者による所有権移転の対抗要件具備との先後で画している。すなわち，298条2項本文の「債務者の承諾」が一度なされると，その承諾の範囲での使用，賃貸，担保に供することも物権たる留置権の内容となり，それは，留置物が譲渡された場合にも，留置権の内容の一部として第三者に対抗することができる，ということを意味する。承諾の効力を当事者限りにすると，所有者が変わったとたん，留置権者は所有者の交代を必ずしも知らないにもかかわらず，とたんに承諾のない使用となり，留置権の消滅を請求され（298条3項は形成権），留置権の第三者に対する効力を無に帰せしめることになり，不当であるというのが実質的な理由づけである。

| 使用利益・果実・費用 の償還請求等 | 留置権者が債務者の承諾を得て適法に第三者に賃貸している場合等，果実を生じた場合に，留置権者 |

は，その果実を収取し，他の債権者に先立って，これを自己の債権の弁済に充当することができる（▶297条1項）。この果実は，まず債権の利息に充当し，なお残余があるときは元本に充当しなければならない（▶同条2項）。ここでは，果実について，例外的に留置権に優先弁済的な効力が認められている。

　他方，留置権者が298条に沿った適法な使用をしていても，使用利益を取得できるわけではなく，それは不当利得として債務者に返還しなければならないと，一般的には解されている。これに対して，使用利益については，果実と同様，優先弁済権を拡張して処理をすべきであり，不当利得としての返還義務を負わないとの解釈も有力に主張されている。

　なお，留置権者は，留置物に必要費あるいは有益費を支出したときは，目的物の所有者に対して，その償還を求めることができる（▶299条1項・2項）。その趣旨は，全体として196条と同じである。留置権者は，この費用償還請求権をも被担保債権とすることができるのである。

4　留置権の消滅

　留置権は，物権および担保物権一般の消滅原因である目的物の消滅（滅失）・放棄・混同のほか，その目的の達成，すなわち被担保債権の弁済により消滅する。以上のほかに，民法は，以下のような留置権固有の消滅事由を規定している。

　まず第1に，すでに言及したが，留置権者に善管注意義務等の違反があり，債務者が留置権消滅請求をした場合である（▶298条3項）。

　第2に，債務者が相当の担保（代担保）を提供して，留置権の消滅請求をした場合である（▶301条）。留置権の目的物と被担保債権の金額とが不均衡である場合には，公平の観点から，代担保の提供による留置権の消滅が認められるべきである。債権者にとっても，留置物の管理と善管注意義務から解放されるなら，相当の担保である限りかえって好都合である。

　提供される代担保は，「相当」であれば物的・人的担保を問わない。従来，この消滅請求は形成権と考えられてきたことから，代担保を留置権者が承諾し

ない場合でも，相当な代担保であれば留置権は消滅することになるとされた。しかし，留置権者による承諾を必要とする単独行為であるとの見解もある。代担保が約定担保あるいは人的保証であれば，債権者との合意による（例：保証契約であれば446条以下の書面性等の要件を充足することを要する）ことに鑑みれば，債務者による代担保の提供については，一般的に債権者の承諾を要すると解すべきであろう。

　第3に，留置権者が留置物の占有を失った場合である（▶302条）。ただし，債務者の承諾を得て留置物を賃貸したり，質権の目的としたときには，留置権を失わない（▶同条ただし書）。占有の侵奪があっても，占有回収の訴えを提起して勝訴すれば，留置権は消滅しない（▶200条・203条ただし書）。ただ，留置権それ自体に基づく妨害排除請求や返還請求は認められていない。

3　先取特権

1　序　説

先取特権の意義

　何ら担保権を有しない債権者は，取引先の倒産時には，債権額に按分比例して配当を受けるにすぎない。これが，債権者平等の原則である。この事態に備えて，多くの債権者は，債務者や第三者所有の不動産に抵当権の設定を受けたり，あるいは人的担保である保証人を立てたりして，債務者の倒産のリスクを回避しようとする。同様に，動産の売主は，債務者である買主が支払不能に陥った場合の備えとして，買主が債務全額を弁済するまで所有権を移転しないこととし（停止条件付の所有権移転），倒産時には留保した所有権に基づいて売却した物件を取り戻す措置をとることがある。これも，民法典には規定のないものの，一種の担保手段として機能する（非典型担保としての所有権留保。➡第9章第3節参照）。

　けれども，取引先である買主との力関係から，このような約定をとり得ない動産の売主も少なくないであろう。そのような売主は，いわば自己の供給した動産によって債務者である買主の一般財産を膨らますことに貢献したのだから，債務者の倒産時に特別の取扱いがされても良さそうである。こうして，法律は，特定の種類の債権については，約定担保権が取得されていない売買代金

債権について，債権者平等の原則を破って，優先的に弁済を受けさせることにした（動産売買先取特権，▶321条）。このような，約定によらない特別の担保物権が，先取特権である。

　先取特権は，留置権と異なり，対象物の占有の取得を要件としない。しかし，先取特権は，他の債権者に対する優先が認められる点で，対第三者効を有する物権であるが，実態としては特定の債権に特殊な政策的考慮を与えているとみるべきである。

先取特権の
優先権の根拠　もっとも，法律が先取特権に優先を与える理由は軌を一にしない。すべての先取特権に共通する理由として，公平の確保が挙げられる。すなわち，上記の動産の売主のように，債務者の責任財産の増加や維持に貢献しているとき，その増加分等については約定担保を得にくいため，これらの者に対して優先権を割り当てて保護することが公平に適う，というのである（特に，共益費用の先取特権。▶307条）。また，債権額が比較的少額であるが，生活上不可欠である債権には，社会政策上特別の保護を与えるべき，という場合がある。すなわち，雇用関係の先取特権（▶308条）等がその例である。さらに，約定担保の設定がなくとも，債務者の一定の財産が債権の担保の引き当てとなることが債権者の意思として推測される場合（例：不動産賃貸の先取特権，▶312条）等もある。

先取特権の性質　先取特権は，担保物権に共通の性質（通有性）のうち，被担保債権に対する成立・消滅における付従性，および，移転における付従性である随伴性を有する。同時に，305条が296条を準用することから，**不可分性**をも有する。

　けれども，先取特権は，他の担保物権に比べて，他の物権一般とは異なる点がある。たとえば，一般の先取特権の目的物は，債務者の総財産全体であるから（▶306条），特定の財産を目的とする純粋な物権とはいい難い。加えて，一般先取特権の目的が動産である場合，および，動産の先取特権については，当初の目的物に対する**追及効**を有しない（▶333条）ので，この点も通常の物権とは異なっている。しかし，その反面，一般先取特権以外の先取特権は，当初の目的物の価値変形物に対してもその効力が及ぶ，**物上代位性**が認められている（▶304条）。

　一般の先取特権は，登記なしに特別な担保物権を有しない一般債権者に対しては優先するが，登記をした第三者には対抗できない（▶336条）。また，不動産先取特権において，登記は対抗要件でなく効力要件とされている（▶337条・338条・340条）。さらに，一般の物権と異なり，公示がされないという特徴がある。追及効が制限されていることも，公示性と欠如の裏返しの関係にあるといってよい。ただ，租税債権や社会保険料債権等は，「先取特権」の名称を用いないものの，実質は債務者の総財産に成立する先取特権であり，公示がないにもかかわらず，債権者間で高い優先順位を与えられている（▶国税徴収8条〔同法19条・20条の例外あり〕，地税14条ほか）。まず国税・地方税が最優先の順位であり，次いで，国や地方公共団体の徴収金（▶区画整理41条），社会保険料等が，国税・地方税に次ぐ優先順位を占める（▶健保182条，国健保80条4項）。公益収入を確保するという公益目的が，特別の高い優先順位の根拠である。

2　各種の先取特権の内容

一般先取特権　　一般先取特権は，債務者の総財産を目的とする先取特権であり，その対象は物に限られず，また特定の財産でもない。民法に規定のあるものとして，①共益費用の先取特権（▶307条），②雇用関係の先取特権（▶308条），③葬式費用の先取特権（▶309条），④日用品供給の先取特権（▶310条）の4種が306条に列挙されている。

　(1)　**共益費用の先取特権（▶307条）**　　各債権者の共同の利益のためにした債務者の財産の保存（現状を維持する行為。たとえば，債権者代位権の行使や債務者の家屋の修繕等），清算（債務者の死亡や法人の解散に際しての財産の整理等）または配当に関する費用を支出した場合に，その費用償還請求権につき認められる。これらの費用の支出が他の債権者のためになるから，という理由で最優先の保護を与えられているのだから，すべての債権者に有益でなかった支出，つまり，一部の債権者についてしか利益にならなかった費用については，優先は認められない（▶307条2項）。

　(2)　**雇用関係の先取特権（▶308条）**　　従業員等の雇用関係から生じる債権について，債務者の総財産に対して優先権が与えられる。賃金債権という零細な債権を保護するという社会政策目的を実現しようとする。2003年の民法改正

により最後の6か月間という期間が撤廃され，保護が強化された。「雇用関係」とは雇用契約のみではなく，パートタイムやアルバイトの債権であってもこの先取特権が認められる。

　(3)　**葬式費用の先取特権**（▶309条）　債務者またはその扶養すべき親族の身分に応じてなされた葬式の費用について，特別の優先が認められる。貧困者でも相応の葬式をすることができるようにするという公益目的に基づく，といわれているが，実際上の果たす機能については疑問視されている。

　(4)　**日用品供給の先取特権**（▶310条）　債務者またはその扶養すべき同居の親族および家事使用人の生活に必要な飲食料品および燃料および電気の供給について，最後の6か月分に限定して先取特権が認められる。水道料金の債権もこれらに含まれる。貧困者保護の社会政策的配慮に基づくものである。310条の「債務者」は自然人に限られ，法人を含まない（★最判昭和46・10・21民集25巻7号969頁）。

動産先取特権　　特定の動産を目的とするもので，被担保債権と目的物である動産との間に一定の関係が存在する。債権の種類は8種類であり，311条に列挙されている。

　(1)　**不動産賃貸の先取特権**（▶312条）　不動産の賃貸人は，賃料債権その他賃貸借関係から生じた賃借人に対する債権につき，賃借人の動産の上に「不動産賃貸の先取特権」を有する（▶312条）。当事者の意思の推測に基づくものである。その目的物の範囲は，賃借人が所有する動産であって，賃借人が借地上に備え付けた動産，借地利用のために使っている建物に備え付けた動産，借地の利用に供した動産，借地人が占有する借地の果実に及ぶ（▶313条1項）。建物賃貸借では，賃借人がその建物に備え付けた動産である（▶同条2項）。313条2項の「動産」につき，判例は，その建物の常用に供するためのものだけではなく，ある時間継続して存置するために持ち込んだものでもよいとした（★大判大正3・7・4民録20輯587頁，金銭・有価証券・宝石類や営業用什器・商品など）が，通説は，従物（畳・建具）よりは広いが，建物の利用に関連して常置された物に限るとしている（一切の家具等）。

　目的物は，さらに，以下の2つの場合に拡張される。第1に，賃借権の譲渡・転貸があった場合に，この先取特権は，賃借人の譲受人または転借人の動

産にも及び，また，譲渡人または転貸人が受けるべき金銭にも及ぶ（▶314条）。物上代位の趣旨の拡張である。第2に，賃借人が他人の動産を備え付けた場合には，賃貸人に即時取得の要件が具備されれば，先取特権がその他人の動産についても成立する（▶319条）。

被担保債権は，賃貸借から生じる債権一般であるが，2つの例外がある。第1に，賃借人の財産をすべて清算する場合，前期，当期および次期の三期分の賃料その他の債務，および前期，当期に生じた損害賠償債務についてだけ行使できる（▶315条）。第2に，賃貸人が敷金を受領した場合に，債権額から敷金を控除した残額についてのみ先取特権を行使しうる（▶316条）。なお，借地借家法12条は，借地権設定者（賃貸人）が，弁済期の到来した最後の2年分の地代について，借地権者がその土地上に所有する建物に先取特権を有するとする。

(2)　**旅館宿泊の先取特権**（▶317条）　宿泊客が負担すべき宿泊料および飲食料について，その旅館にある手荷物を目的物として成立する。当事者の黙示の意思に基づくものである。手荷物が宿泊客の所有物でなく第三者所有の物でも，旅館主が即時取得の要件を満たせばその上に先取特権を取得する（▶319条）。

(3)　**運輸の先取特権**（▶318条）　運送人の占有する荷物について，旅客または荷物の運送費や付随する費用を被担保債権として成立する。当事者の意思の推測に基づく先取特権である。

(4)　**動産保存の先取特権**（▶320条）　動産の保存のために要した費用につき，当該動産に先取特権が成立する。319条が320条を準用しないのは，この先取特権が債務者所有の動産に限定されることを意味する。共益費用の先取特権と同様，公平の原則に基づく。また，動産に関する権利の保存（時効の完成猶予等）や承認・実行（債務者の動産を占有する第三者からその物を返還させる等）に要した費用についても被担保債権となる（▶320条）。

(5)　**動産売買先取特権**（▶321条）　動産の売主は，自己の売却した動産上に，代価及び利息につき先取特権を有する。公平の見地および当事者の意思の推測に基づく。その実行手続と物上代位については，後に取り上げる。

(6)　**種苗または肥料供給の先取特権**（▶322条）　種苗や肥料等供給者は，

その代価および利息について，種苗や肥料を用いた後に 1 年以内にこれを用い
た土地より生じた果実等の上に先取特権を有する。当事者間の公平の確保と，
農業経営における資金の欠乏に対応し，農業の発達を促進しようとするもので
ある。民法以外では，農業動産信用法 4 条以下が，農協等の一定の金融機関が
行った農業経営資金の貸付けについて，その資金と関連のある農業用具や生産
物の上に先取特権を認めている。

　(7)　**農業労務の先取特権**（▶323条）　　農業従事者は，最後の 1 年分の賃金
に関して，労務によって生じた果実につき先取特権を有する。次に述べる工業
労務の先取特権と同じく，弱小債権者保護という社会政策がその根拠である。

　(8)　**工業労務の先取特権**（▶324条）　　工業に従事する労働者は，その労務
に従事する最後の 3 か月の賃金に関し，労務によって生じた製作物の上に先取
特権を有する。雇用関係の先取特権と同じく，賃金労働者という弱小債権者の
保護という社会政策目的の制度である。

不動産先取特権　　不動産が目的物であり，325条に以下の 3 種が規定され
ている。一定の原因について発生した債権について，債
務者の有する特定の不動産を目的とする先取特権である。

　(1)　**不動産保存の先取特権**（▶326条）　　不動産の保存のための費用（建物の
修繕や耐震補強工事に要した費用等）または不動産に関する権利の保存，承認も
しくは実行のために要した費用について，その不動産上に認められる。公平の
理念に基づくもので，その内容は，動産保存の先取特権に準じて，実質は必要
費の償還請求権の担保にある。

　不動産保存の先取特権の効力を保存するためには，保存行為の完了後直ちに
登記をしなければならない（▶337条）。その登記がされると，すでに当該不動
産につき登記を備えた抵当権や質権にも優先して，保存費用の債権について配
当を受けることができる（▶339条・361条）。共益費用の先取特権と同様，債権
者の保存行為により，既存の抵当権者等にも利益がもたらされることにより，
特別の優先が認められるのである。同じ不動産上に，他の 2 種の不動産先取特
権（不動産工事・不動産売買）が存在するときも，不動産保存の先取特権が優先
する（▶331条 1 項）。

　この登記を，先取特権の効力要件とみるか，対抗要件とみるかについては争

いがあるが，後者が多数説である。保存行為完了後，この先取特権の登記がなされないまま1番抵当権設定登記が経由され，その後先取特権が登記された後，2番抵当権の設定登記がされたとする。このとき，効力要件説なら先取特権自体が成立しないが，対抗要件説なら，1番抵当権には劣後するが，2番抵当権には配当で優先することになる。

(2) **不動産工事の先取特権**（▶327条）　工事の設計，施工または監理をする者が債務者の不動産の工事に関して要した費用を被担保債権として，その不動産に対して成立する。建築請負契約の代金債権の担保がその典型例であるが，工事開始前に，つまり建物が完成する以前に，その予算額を前もって登記することを要する（▶338条1項，登記手続は不登83条〜87条）。この点がネックとなって，この先取特権はほとんど使われることがなく，請負代金債権の担保としての実効性が損なわれている。請負の工事を開始する前に，注文者にこの登記に協力することを求めるのは現実的ではないからである。完成した建物について，請負代金債権の支払いを受けるために，もう少し使いやすい制度に改正することが求められている。

建物の増築工事をしてなお1棟の建物と認められる場合に，費用の弁済を受けられない請負人は，この先取特権に基づいて建物全部の競売を申し立てることができるが，優先弁済の範囲は価値の増加額に限られる（▶327条2項）。その増加額は，裁判所が選任した鑑定人の評価に服する（▶338条2項）。

不動産工事の先取特権の登記が工事開始前になされると，その登記に先行して登記を経由している抵当権や質権に対しても優先して，当該不動産の売却代金から配当を受けることができる（▶339条・361条）。この登記が効力要件なのか，対抗要件であるのかについては，不動産保存の先取特権と同様，争いがある。古い判例（★大判大正6・2・9民録23輯244頁）は，先取特権の登記が工事開始後にされた場合，先取特権自体が成立しないとするが，多くの学説は，対抗要件であると解すべきとしている。

(3) **不動産売買の先取特権**（▶328条）　不動産の売主が，その代金および利息について，買主がこれらを弁済期到来後も支払わないとき，売却した不動産上に取得する先取特権である。その効力を保存するためには，売買契約と同時に，不動産の代価またはその利息の弁済がされていないことを登記する必要

がある（▶340条）。つまり，買主が代金未払いであれば，売主が買主に対して所有権移転登記をするのと同時に，売主のための不動産売買先取特権の登記をすることが求められる。

　すでに抵当権設定登記がされている状態で，この先取特権の登記がされても，不動産の売却代金の配当において，不動産売買の先取特権が先行して登記を備えた抵当権に優先するわけではない。この点は，不動産保存・工事の先取特権とは異なっており，不動産売買の先取特権の登記は「効力を保存する」と規定されているが，177条の対抗要件としての登記であることになる（▶341条・373条）。

3　先取特権の優先順位

　物権の効力に関する一般原則からは，先に成立した物権が，その後に発生する物権に優先することになる。各種の先取特権が同一物の上に競合する場合，この一般原則によれば，それぞれの被担保債権の保護という各先取特権の制度趣旨が徹底されないことになるため，以下のような個別規定を設けた。

先取特権相互間の優劣　民法は，優先的効力を認める理由に強弱を設けて，一般先取特権の相互間（▶329条1項），一般先取特権と特別の先取特権との間（▶同条2項），動産の先取特権相互間（▶330条），不動産の先取特権相互間（▶331条），同順位の先取特権相互間（▶332条）の優先弁済の順序について，特別の規定を置く。**図表8-1**が，その全体像である。

　まず，一般の先取特権相互間では，共益費用，雇用関係，葬式費用，日用品供給の順序による（▶329条1項）。

　一般の先取特権と特別の先取特権との間では，後者が優先する。ただし，共益費用の先取特権は，すべての債権者にとって利益になる行為により生ずるから，特別の先取特権に対しても優先する（▶同条2項）。

　動産の先取特権相互間では，原則として，第1順位が不動産賃貸，旅館宿泊，運輸。第2順位が動産の保存。ただし，同一の動産につき保存者が数人ある時には，保存の時点の先後に応じて，後のものが先行するものに優先する。そして，第3順位が動産売買，種苗・肥料供給，農業の労務および工業の労務，である（▶330条1項1〜3号）。

図表8-1 先取特権の種類と優先順位の一覧

先取特権の種類	先取特権の目的物と順位の根拠条文	優先順位	債権の発生原因ごとの先取特権の種類	根拠条文
一般先取特権 （306条〜310条）	債務者の総財産（306条）・順位につき329条	1	共益費用	306条1号・307条
		2	雇用関係	306条2号・308条
		3	葬式費用	306条3号・309条
		4	日用品供給	306条4号・310条
動産先取特権 （311条〜324条）	債務者の特定の動産（311条）・順位につき330条	1	不動産賃貸	311条1号・312〜316条・319条
			旅館宿泊	311条2号・317条・319条
			旅客または荷物の運輸	311条3号・318条・319条
		2	動産保存	311条4号・320条
		3	動産売買	311条5号・321条
			種苗または肥料の供給	311条6号・322条
			農業労務	311条7号・323条
			工業労務	211条8号・324条
不動産先取特権 （325条〜328条）	債務者の特定の不動産（325条）・順位につき331条	1	不動産保存	325条1号・326条
		2	不動産工事	325条2号・327条
		3	不動産売買	325条3号・328条

　以上の原則の例外として，動産先取特権相互間の第1順位者が，債権取得当時に第2または第3順位者のあることにつき悪意である場合には，後者に対して優先権を主張できない（▶330条2項前段）。また，第1順位者のために物を保存した者も，第1順位者に優先する（▶同項後段）。さらに，果実については，農業労務従事者，種苗または肥料供給者，土地の賃貸人の順序で帰属する（▶330条3項）。

　不動産先取特権相互間の順位は，不動産の保存，工事，売買の順序による（▶331条1項）。ただし，同一の不動産が順次の売買を経たときには，前の売主が後発の売主に優先する（▶同条2項）。

　最後に，同一順位の先取特権相互間では，被担保債権額に按分して弁済を受けることになる（▶332条）。

先取特権と他の担保物権との優劣　不動産先取特権と抵当権との優劣については，不動産先取特権の箇所で言及した（➡273頁）。また，留置権に

ついては，引受主義が採られている（▶民執59条 4 項）から，事実上，先取特権に対しても優先する。ここでは，それら以外の先取特権と他の担保物権の優劣について簡単にまとめておく。

　動産質権と先取特権が競合するときは，動産質権者は，動産先取特権の第 1 順位の者と同じ地位に立つ（▶334条）。権利質と先取特権が競合するときは，物権の優先的効力に関する一般原則に従い，成立順による。

　動産先取特権および一般の先取特権は，債務者がその目的物である動産を第三取得者に引き渡した後は，その動産について行使することができない（▶333条）。この「引渡し」は，現実の引渡しに限られず，占有改定による引渡しを含むと解されている（★大判大正 6 ・ 7 ・26民録23輯1203頁）。動産譲渡登記が178条の「引渡し」にあたることからすれば（▶動産・債権譲渡特例 3 条 1 項），333条についても第三取得者が動産譲渡登記を備えれば，動産先取特権・一般先取特権の行使は排除されることになろう。

　333条にいう「第三取得者」とは，所有権を取得した者であり，質権者は該当しない。質権については，334条が適用され，動産質権者は330条 1 項の第 1 順位の先取特権（不動産の賃貸，旅館の宿泊及び運輸の先取特権）と同一の権利を有する。

　判例は，流動動産の譲渡担保権者も，「所有者」であるとして，333条の第三取得者にあたるとしている（★最判昭和62・11・10民集41巻 8 号1559頁：百選 I -96）。すなわち，集合物について占有改定がなされれば，その後集合物として指定された倉庫内に搬入された個別の在庫品に成立している動産売買先取特権は，その行使ができないとして，譲渡担保権者による第三者異議の訴え（▶民執38条）を認めたのである。学説は，判例に賛成するものもあるが，譲渡担保の担保権的構成を前提として，流動動産譲渡担保は334条の準用する330条 1 項の第 1 順位の動産質権に準じ，原則として譲渡担保が優先するが，設定者である動産買主への引渡後も先取特権は消滅せず，譲渡担保権の優先弁済後であっても売却代金に残額があれば，これについて行使できると解すべきであるとの説が有力である。

4 先取特権の効力

| 序 説 | その本質的内容は，目的物の交換価値からの優先弁済的効力である（▶303条）。その交換価値が現実化した価値変形物に対し |

ても，物上代位により効力を及ぼすことも認められている（▶304条）。そして，不可分性も承認され，目的物の全部について，その権利を行使することができる（▶305条・296条）。

| 先取特権の 実行方法 | 目的物ごとに異なっている。 |

不動産（一般の先取特権，不動産の先取特権）は，担保不動産競売か担保不動産収益執行による（▶民執180条）。実行のために，不動産の先取特権については，その存在を証明する確定判決・家事審判等の謄本，公証人の作成した公正証書の謄本，登記事項証明書（▶民執181条1項1号〜3号），一般先取特権については，「その存在を証する文書」を提出することで手続が開始される（▶同項4号）。不動産の先取特権は，登記が効力要件ないし対抗要件であるので，先取特権の登記事項証明書の提出が必要である（▶同項3号）。

動産については，動産競売による（▶民執190条）。競売を開始できるのは，債権者が執行官に対し，①当該動産を提出した場合（▶同条1項1号），②「当該動産の占有者が差押えを承諾することを証する文書を提出した場合」（▶同条1項2号）である。さらに，③先取特権の存在を証する文書（動産売買先取特権だと売買契約書など）を提出してなされた債権者の申立てに対し，執行裁判所の動産競売開始許可決定がなされた場合，債権者が，その決定書謄本を執行官に提出することによっても動産競売を開始することができる（▶同条1項3号・2項）。

債権およびその他の財産権（一般先取特権の場合）については，担保権の存在を証する文書を提出して開始する（▶民執193条1項前段）。

他の債権者・担保権者による競売や強制執行の手続において，一般の先取特権を有する者は，民事執行法181条1項による先取特権の存在を証する文書を提出して，配当要求をすることができる（▶民執51条・133条・154条）。

さらに，債務者の倒産時には，特別の先取特権は別除権を有し（▶破産2条9号・65条），破産手続によらないでこれを行使できる（▶同条1項等）。一般の先取特権は優先破産債権として扱われる（▶破産98条1項）。

物上代位　先取特権は，目的物の交換価値を支配して優先弁済を受ける権利であるから，その**価値代替物**（売買代金債権，滅失・損傷により生じる損害賠償債権等）や派生して生じる賃料債権に対してもその効力が及ぶ（物上代位，▶304条）。しかし，その権利行使には，先取特権者が「その払渡し又は引渡しの前に差押えをしなければならない」（▶同条1項ただし書）。なお，一般の先取特権については，価値代替物もまた債務者の総財産に包含されるため，物上代位を認める必要性は乏しい。

　とりわけ，動産売買先取特権において，売却代金債権に対する物上代位の可否が問題とされてきた。物上代位権の行使の手続は，債権についての担保権の実行と同様，先取特権者が，「担保権（先取特権）の存在を証する文書」を提出して行う（▶民執193条1項後段）。動産売買先取特権に基づく場合は，買主との間に売買代金債権が成立し，その弁済期の到来と，売主が買主に売却した動産について，買主と転買主との間に転売契約が成立しており，転売代金債権が成立していることを証明できる文書を提出することになる。

　では，次のような事例ではどうか。

> **Case 8-6**　AはBに工作機械を販売し，BはさらにこれをCに転売して占有改定（▶183条）により引き渡したが，いずれも代金は未払いであった。ここでBが破産した場合，もしくは，Bに対する一般債権者DがBのCに対する代金債権を差し押さえたとき，AはBに対する代金債権を確保するためにどのような手段があるか。

　判例は，上記 **Case 8-6** のうち，まずBについて破産手続開始決定がなされた事例で，たとえ破産手続が開始しても，その後にAはBのCに対する代金債権を物上代位により差し押さえて優先弁済権を行使しうるとした（★最判昭和59・2・2民集38巻3号431頁）。また，Bの一般債権者Dが先にBのCに対する代金債権を差し押さえても，債権が第三者に譲渡されたり，第三者が転付命令を取得しない限り，なおAは優先弁済権を主張できるとしている（★最判昭和60・7・19民集39巻5号1326頁：百選Ⅰ-78）。つまり，判例は，304条1項ただし書の「差押え」の趣旨について，次のように解している。まず，一般債権者の差押えがあれば，すでに物上代位の差押えの対象である債権の特定性は維持されており，その点は，債権譲渡や転付命令がなされない限り変わらない。破産

手続開始決定は債務者である買主の総財産について包括的に差押えがなされたのと同じであるから，以上と同旨である，ということになる。

　ところで，抵当権の賃料債権に対する物上代位につき，最高裁は，372条の準用する304条1項ただし書の「差押え」の趣旨につき，「第三債務者は，差押命令の送達を受ける前には抵当権設定者に弁済をすれば足り，右弁済による目的債権消滅の効果を抵当権者にも対抗することができることにして，二重弁済を強いられる危険から第三債務者を保護することにある」として，動産売買先取特権とは異なる趣旨を述べていた。(★最判平成10・1・30民集52巻1号1頁：百選I-84)。さらに，近時，動産売買先取特権と転売代金債権の債権譲渡が競合した事例で，「民法304条1項ただし書は，先取特権者が物上代位権を行使するには払渡し又は引渡しの前に差押えをすることを要する旨を規定しているところ，この規定は，抵当権とは異なり公示方法が存在しない動産売買の先取特権については，物上代位の目的債権の譲受人等の第三者の利益を保護する趣旨を含む」。「そうすると，動産売買の先取特権者は，物上代位の目的債権が譲渡され，第三者に対する対抗要件が備えられた後においては，目的債権を差し押さえて物上代位権を行使することはできない」として，最高裁は，差押えの趣旨が，抵当権と動産売買先取特権とで異なることを明確にしたのである（★最判平成17・2・22民集59巻2号314頁）。

　抵当権の物上代位権は，抵当権設定登記によって第三債務者以外の第三者に対して公示される。よって，差押えは，抵当権設定者および第三債務者との関係のみで問題とすれば足りるから，その趣旨は第三債務者の保護のみでよい。これに対して，動産売買先取特権は，権利本体の公示手段がないため，第三債務者に対する権利行使自体が，動産売買先取特権自体を保全するとともに，転売代金債権の譲受人を含む第三者との関係で，一種の公示機能を果たす。判例は，以上のような点に，抵当権と先取特権とにおける，物上代位の制度趣旨の異なる意義を見いだすのである。

　他方，次のような事例では，民法304条1項本文の「売却」に，請負代金債権が含まれるのかが問題となった（★最判平成10・12・18民集52巻9号2024頁：百選I-77）。

> **❖ Case 8-7**　B（注文者）が，A（買主・請負人）に対し，AがC（売主）から取得した機械の設置などの一切の工事を依頼した（請負契約）。その後，Aが破産手続開始決定（▶破産30条）を受けた。Cは，D（Aの破産管財人）を相手方として，AのBに対する請負代金債権を，動産売買先取特権の物上代位に基づき差し押さえた。この権利行使は認められるか。

　最高裁は，以下のようにいう。すなわち，「動産の買主がこれを用いて請負工事を行ったことによって取得する請負代金債権は，仕事の完成のために用いられた材料や労力等に対する対価をすべて包含するものであるから，当然にはその一部が右動産の転売による代金債権に相当するものということはできない。したがって，請負工事に用いられた動産の売主は，原則として，請負人が注文者に対して有する請負代金債権に対して動産売買の先取特権に基づく物上代位権を行使することができないが，請負代金全体に占める当該動産の価額の割合や請負契約における請負人の債務の内容等に照らして請負代金債権の全部又は一部を右動産の転売による代金債権と同視するに足りる特段の事情がある場合には，右部分の請負代金債権に対して右物上代位権を行使することができる」とした。

　Case 8-7におきかえると，本決定は，AのCからの購入代金1575万円に対して，AのBに対する請負代金債権2080万円について，上記の特段の事情ありとして，物上代位を認める判断をした。請負代金全体に占める動産の価格割合と，請負人の債務の内容の2つの点を考慮するから，いかに前者が高いとしても，その要素のみで「特段の事情」が認められるわけではないことになろう。

5　先取特権の消滅

　先取特権は，目的物の滅失・混同・放棄や添付等の物権一般の消滅原因によるほか，担保物権一般の消滅原因（例：被担保債権の消滅）によって消滅する。この他，不動産の先取特権については，抵当権の規定が準用される結果（▶341条），代価弁済（▶378条）や消滅請求（▶379条）によっても消滅する。

　なお，動産の先取特権は，目的物が第三取得者に引き渡されると行使できない（▶333条）が，買主・第三取得者間の譲渡の契約が解除等により効力を失えば，目的物の所有権が買主に復帰することになり，再度行使することが可能に

なる。よって，第三取得者への「引渡し」により「消滅する」とまでいう必要
はない。

　また，民事再生手続や会社更生手続において，先取特権の目的物が事業の再
生・継続に必要不可欠な物である場合には，債権者が，裁判所に対して先取特
権の消滅の許可を求めることができるとされている（▶民再148条・53条，会更
104条1項）。

第9章 非典型担保

1 非典型担保総論

| 非典型担保の意義・種類・存在理由 | **非典型担保**とは，民法典に担保物権として規定を有しない担保方法をいう。債権担保のために所有権等の財産権（権利）を担保設定時に債権者（担保権者）に移転する形式をとる**譲渡担保**（➡第2節），売買契約等の合意において，代金の支払いまで目的物の所有権を売主（担保権者）に留保しておく**所有権留保**（➡第3節），被担保債権の不履行に備えて，所有権等の財産権を債権者（担保権者）に移転する旨の予約ないし合意をし，その効力を仮登記で保全する**仮登記担保**（➡第4節），そのほか**代理受領・振込指定**（➡ Topic 9-4）などがある。

　債務者（中堅・中小企業等）が債権者（銀行等）から資金調達する手段，また，債権者が債務者から債権回収を確保する手段としてみると，民法典に規定を有する典型担保にはいくつかの難点があり，取引実務の要請に十分に対応しきれていない。すなわち，典型担保には，動産の所有者（債務者または物上保証人）がその占有を維持したまま，これを担保の目的とする方法が存在しない（個別動産・集合動産の譲渡担保，所有権留保へ）。動産の集合体を全体として担保化する方法も存在しない（集合動産譲渡担保へ）。また，既発生および将来発生すべき債権（群）を担保化する方法も存在しない（将来債権・集合債権の譲渡担保へ）。約款または当事者間の特約で債権の譲渡・質権設定が禁止されており典型担保が使えないこともある（代理受領・振込指定へ）。さらに，典型担保の実行は，換価手続が煩雑で費用もかかる裁判所の公的競売手続になり，売却代金も当事者の期待を下回る傾向にある（不動産譲渡担保，仮登記担保へ）。これらに対応するため，各種の非典型担保は実際の取引実務において発生し，その後，判例・学説によって慣習法上の担保権として承認されてきた。

非典型担保の特徴　非典型担保は，債権担保の目的のために，債権者（担保権者）に所有権等の財産権の帰属・移転を認めるので，**権利移転型担保**といえる特徴を有している。もっとも，譲渡担保および所有権留保では，被担保債権が不履行となる前から債権担保の目的のために財産権が担保権者に移転または帰属する形をとるのに対して，仮登記担保では，被担保債権が不履行となった後に財産権が債権者に移転される形をとるといった相違もある。

　非典型担保の実行は，所有権等の財産権を債権者が取得することによって債権回収が図られ，裁判所の公的競売手続によらないので，**私的実行**と呼ばれる。

　担保の目的（対象）となる財産権（担保目的物）は，非典型担保の種類によって様々である。譲渡担保は，譲渡性のある財産権であれば担保の目的とすることが可能であり，様々な財産が対象となりうる。不動産，動産，債権はもちろん，ゴルフ会員権，有価証券，無体財産権等，新たに生成される財産的権利も担保化することができる。また，倉庫内の在庫商品のように，構成部分が変動する複数の動産を一括して担保の目的とすることや（**集合動産譲渡担保**），継続的取引から発生する売掛債権のように，現在および将来発生すべき複数の債権を一括して担保の目的とすることも可能である（**集合債権譲渡担保**）。他方，所有権留保は，自動車の割賦販売等のように高額商品が代金分割払いとされ支払期限が猶予される取引類型で幅広く用いられる。仮登記担保は，対象が仮登記・仮登録できる財産権に限定されるので，実際上は不動産のみに用いられる。

　以下では，これらの非典型担保のうち，近時，特に重要視され，広く用いられている譲渡担保を中心に説明する。

2　譲渡担保

1　譲渡担保総論

譲渡担保とは　譲渡担保とは，債権（被担保債権）を担保するために，債務者または第三者（物上保証人）が有する所有権等の財産権を

債権者に移転する旨の合意によって成立する担保方法である。譲渡担保の設定を受ける債権者を**譲渡担保権者**と呼び，自己所有の財産権を担保に提供する債務者または第三者のことを**譲渡担保設定者**（以下，単に「**設定者**」と記す）と呼ぶ。

図表 9 - 1　譲渡担保の設定

　譲渡担保の設定は，債権担保の目的で，設定者が有する所有権等の財産権を債権者（譲渡担保権者）に移転する旨の合意（譲渡担保設定契約）によって行われる。譲渡担保の被担保債権が弁済されれば担保目的物たる財産権は設定者に復帰するが，弁済されなければ担保権者がその財産権を確定的に取得する等，私的実行によって，他の債権者に優先して被担保債権の回収を図ることになる。

譲渡担保の有効性　　　　譲渡担保については，当初，有効性に疑問が呈されることもあった。すなわち，譲渡担保は物権法定主義（▶175条）に反しないか，担保のために所有権を移転するのは通謀虚偽表示（▶94条参照）となって無効にならないか，被担保債権の額を著しく超過する価値を有する財産権の「丸取り」は暴利行為ゆえに公序良俗違反（▶90条）とならないか，といった疑問である。そのほか，特に動産譲渡担保について，質物の代理占有を禁止している345条の脱法行為にあたらないか，流質契約を禁止している349条の脱法行為にあたらないか，といったことも問題となった。

　しかし，現在，譲渡担保は，取引慣習によって権利内容が確定し，取引社会に周知され，かつ，取引の安全を害さない程度の公示が可能であることから，物権法定主義に反しないと解されている。また，現在の判例は，譲渡担保の設定によって，債権担保に必要な範囲で目的物の所有権が移転するにとどまると解しているので（➡288頁），譲渡担保が通謀虚偽表示にあたるとは考えがたい。さらに，判例は，譲渡担保の被担保債権額を超える価値を有する目的物を私的実行する場合には，「目的不動産を換価処分し，またはこれを適正に評価することによって具体化する右物件の価額から，自己の債権額を差し引き，なお残額があるときは，これに相当する金額を清算金として債務者に支払うことを要する」として，譲渡担保の実行の際に被担保債権額を超える余剰価値の清算を義務づけており（**清算義務**，★最判昭和46・3・25民集25巻2号208頁：百選Ⅰ

−94等），暴利行為性の問題はほぼ解消されている。動産譲渡担保の脱法行為性についても，現在は，345条および349条は質権の制度に関してのみ妥当する規律であり，動産担保制度一般に妥当する規律ではないと理解され，否定されている。

譲渡担保の認定　かつては，譲渡担保とは異なる合意として「売渡担保」と称される形式も利用されていた。すなわち，金銭の貸付けの際に，買戻特約付売買契約（▶579条。あるいは，再売買予約付売買〔▶556条〕）という制度をいわば借用して，それを債権担保の目的で用いる担保方法である。

　そもそも，真正な（債権担保の目的ではなく，本来の）買戻特約付売買（真正売買）では，売主は，受け取った代金（その他，契約費用も含む。以下同じ）を買戻期間内に買主に返還できれば目的物の所有権を取り戻すことができるが，それができなければ目的物の所有権を取り戻すことができなくなり，目的物の適正価額が代金を上回る場合でも，買主はその差額について清算義務を負わなくてよい（▶579条前段・580条・583条1項）。

　さて，債権担保の目的で買戻特約付売買を用いる場合（不真正売買）であっても，売主（設定者）は，代金を返還できれば（貸金債権の弁済に相当するので），目的物の所有権を取り戻すことができるが，それができなければ目的物の所有権を取り戻すことができなくなる。ここまでは，譲渡担保と全く同じであり問題ない。しかし，譲渡担保とは異なって，この形式を用いると，たとえ債権担保の目的であっても債権者（担保権者）は**清算義務**を負わずに済むことになるのか。そうだとすると清算義務の潜脱を許す結果になるので問題となる。

　判例は，買戻特約付売買の形式がとられていても，債権担保を目的として締結された契約は，譲渡担保契約と解するのが相当であるとし，目的物の占有の移転を伴わない場合には，原則として債権担保の目的で締結されたものと推認されるとした（★最判平成18・2・7民集60巻2号480頁：百選Ⅰ-93）。つまり，当事者の合意形式にかかわらず，債権担保の目的であれば譲渡担保と認定され一律に処理されることになる。この結果，「売渡担保」なる概念は，独自の存在意義を失ったといえる。

**譲渡担保の
第三者対抗要件**　譲渡担保は，担保に供される財産の種類に応じて，不動産譲渡担保，動産譲渡担保，債権譲渡担保，その他の権利の譲渡担保等に区別される。不動産譲渡担保は，所有権移転登記が第三者対抗要件となる（▶177条）。動産譲渡担保は，「引渡し」（▶178条）が第三者対抗要件となるが，目的物の占有を設定者のもとにとどめるために，占有改定（▶183条）が用いられることが多い。また，法人がする動産譲渡については，民法の特例として，法務局に備える動産譲渡登記ファイルに**動産譲渡登記**をすることによって第三者対抗要件を備えることもできる（▶動産・債権譲渡特例法3条1項。➡68頁）。債権譲渡担保は，確定日付のある証書による債務者への通知・債務者の承諾（▶467条2項）が第三者対抗要件となる。また，法人がする債権譲渡等については，民法の特例として，法務局に備える債権譲渡登記ファイルに**債権譲渡登記**をすることにより第三者対抗要件を備えることもできる（▶動産・債権譲渡特例法4条1項。➡250頁）。

**譲渡担保の
法的構成**　譲渡担保は，設定者から譲渡担保権者への所有権移転の形式をとるが，あくまでも債権担保のためであり，所有権取得のためではない。こうした取引上の意図と法形式との相違を踏まえ，どのように法律構成すべきか。譲渡担保の法的構成については古くから争いがある。

　大審院時代の判例は，第三者との外部関係では所有権が譲渡担保権者に移転するが，譲渡担保権者・設定者の内部関係では所有権は設定者にとどまるのか（外部のみ移転型），それとも，譲渡担保権者・設定者の内部関係でも所有権は譲渡担保権者に移転するのか（内外共移転型）について，当事者には内外共に財産権を移転する意思があったものと推定すべきである（★大連判大正13・12・24民集3巻555頁）として，**所有権的構成**に立っていた。そして，弁済期前に譲渡担保権者が目的物を第三者に売却した場合にも，設定者は損害賠償請求権を取得するにすぎない等と処理していた。

　その後，最高裁の時代になると，譲渡担保権者に完全な所有権が移転するわけではないとの立場に立った判例も散見されるようになる。設定者が目的物の不法占拠者に対して返還請求をした事案において，譲渡担保における所有権の移転は「債権担保の目的を達するのに必要な範囲内においてのみ認められる」とし，設定者による物権的返還請求権を認めた判例（★最判昭和57・9・28判時

1062号81頁）や，担保目的物（建物）の火災保険の被保険利益は，譲渡担保権者および設定者の双方にあるとした判例などである（★最判平成5・2・26民集47巻2号1653頁）。

　現在では，譲渡担保においては，目的物の所有権が移転する旨の合意がされていても「債権を担保するという目的を達するのに必要な範囲内において目的物の所有権を移転する旨が合意されたにすぎ」ない（前掲★最判昭和57・9・28，前掲最判平成5・2・26，最判平成7・11・10民集49巻9号2953頁，最判平成18・7・20民集60巻6号2499頁：百選Ⅰ-97，最判平成18・10・20民集60巻8号3098頁等）とし，設定者にも一定の物権的権能が留保されているとの考え方を示唆する。さらに，被担保債権の「弁済期前においては，譲渡担保権者は，債権担保の目的を達するのに必要な範囲内で目的不動産の所有権を有するにすぎず，目的不動産を処分する権能を有しない」（前掲★最判平成18・10・20〔傍論〕）とも述べる。所有者であれば目的物の処分権能を有するはずであるが，弁済期前の譲渡担保権者は目的物の処分権能を有しないというのである。したがって，現在の最高裁判例は，所有権的構成に立った大審院判例とは異なり，**担保的構成**に近い立場にあるといえる。

　学説でも，所有権的構成に立ち，譲渡担保の設定によって目的物の所有権は完全に担保権者に移転するとの見解から，担保的構成に立ち，目的物の所有権は設定者にとどまり担保権者は一種の抵当権を取得するにすぎないとの見解（**抵当権説**）まで，古くから多様な議論が展開されてきた。しかし，現在では，担保的構成に立ち，債権担保の目的に応じた部分に限り目的物の所有権の移転をいちおう認めた上で，設定者に何らかの物権的権利（設定者留保権）を承認し，譲渡担保の効力を債権担保の目的の範囲内に限定しようとする見解（**設定者留保権説**）が有力である。

譲渡担保権に基づく物上代位　譲渡担保は担保権としての実質を有するので，抵当権などと同様に，目的物の価値代替物に対する**物上代位**（▶304条）が認められるかが問題となる。判例は，信用状取引における譲渡担保の目的物の転売代金債権について，譲渡担保権に基づく物上代位を認め（★最決平成11・5・17民集53巻5号863頁，最決平成29・5・10民集71巻5号789頁），また，構成部分の変動する集合動産譲渡担保の目的物が滅失したことにより発生

した保険金請求権についても，譲渡担保権に基づく物上代位を認めた（★最決平成22・12・2民集64巻8号1990頁）。いずれも設定者がもはや通常の営業を継続できなくなった事案に関する判例である。学説上も，少なくとも，目的物が滅失・毀損した場合の代替的物上代位については，動産譲渡担保権に基づく物上代位を一般的に認めるのが通説である。

譲渡担保の実行方法　かつては，譲渡担保の実行方法については当事者間の合意が重視され，譲渡担保権者が自ら目的物の所有権を確定的に取得することで目的物の価値相当分の債権回収を図る帰属清算の合意（**帰属清算型**），または，譲渡担保権者が第三者に目的物を売却しその代金から債権回収を図る処分清算の合意（**処分清算型**）のいずれかの合意に拘束されるとみられていた（他方で，前掲★最判昭和46・3・25は，帰属清算型を原則としていた）。

　しかし，判例は，不動産譲渡担保の事例において，帰属清算・処分清算のいずれの合意があるかにかかわらず，被担保債権の弁済期が到来した後は，その合意に拘束されることなく，担保権者はいずれかの清算方法を選択して債権回収を図ることができるとした（★最判平成6・2・22民集48巻2号414頁；百選Ⅰ-95）。譲渡担保権者としては，目的物処分の相手方を探す手間は不要だが清算金支払いのための（場合によっては高額の）現金を自ら用意する必要がある帰属清算と，清算金を自ら用意する手間は不要だが目的物を適正金額で買い取ってくれる相手方を探す必要がある処分清算のいずれかを状況に応じて選択することになる。

　帰属清算の場合，設定者は，譲渡担保権者による目的物の引渡請求権と譲渡担保権者に対する清算金支払請求権との**同時履行の抗弁権**（▶533条）を主張して清算金の確保を図ることができる。他方，処分清算の場合には，譲渡担保権者による清算金の支払いよりも第三者への目的物の処分が先行する。もっとも，設定者は，目的物の所有権を確定的に取得した第三者から所有権に基づく引渡請求を受けた場合でも，譲渡担保権者に対する清算金支払請求権を被担保債権として成立する**留置権**（▶295条）をもって，第三者にも目的物の引渡しを拒むことができる（物権である留置権の第三者効。★最判平成9・4・11集民183号241頁，最判平成11・2・26判時1671号67頁参照）。第三者としては，清算金を第三者弁済（▶474条）すれば，設定者に対して明渡しを求めることができる（第三

者は，譲渡担保権者に対する目的物の売買代金債務と清算金の求償債権とを相殺〔▶505条〕できる）。

**受戻権と
その法的性質**　被担保債権が不履行になっても，譲渡担保権者は目的物の処分権能を取得するだけで，譲渡担保が実行されるまでは，目的物の所有権が確定的に譲渡担保権者に帰属するわけではない。したがって，設定者は，被担保債権を弁済して譲渡担保権を消滅させ，目的物の所有権を回復することができる。この権能を**受戻権**と呼ぶ。受戻権は，譲渡担保権者による清算金の支払いまたは清算金がない旨の通知（帰属清算型），第三者への処分の時（処分清算型）まで消滅しない（★最判昭和62・2・12民集41巻1号67頁，前掲・最判平成6・2・22）。

受戻権は「債権又は所有権以外の財産権」（▶166条2項）として消滅時効にかかるか，その法的性質が問題となる。判例は，受戻しの請求は「債務の弁済により債務者の回復した所有権に基づく物権的返還請求権ないし契約に基づく債権的返還請求権，又はこれに由来する抹消ないし移転登記請求権の行使として行われるもの」にすぎないので，独自に消滅時効にかからないという（★最判昭和57・1・22民集36巻1号92頁）。つまり，譲渡担保の受戻権は，仮登記担保法の受戻権（▶同法11条。受戻権を形成権と捉え5年の期間制限を設ける）と異なって，実体法上の請求権とは観念されていない。

✏ Topic 9-1

譲渡担保の当事者の倒産

(1)　設定者の倒産　　設定者について破産手続や民事再生手続が開始された場合，譲渡担保権者は別除権者（▶破産65条，民再53条）として処遇され，倒産手続によらずに担保権を実行して迅速に債権回収を図ることができる。会社更生手続においては，更生担保権者に準じて扱われる（★最判昭和41・4・28民集20巻4号900頁）。

(2)　譲渡担保権者の倒産　　譲渡担保権者について破産手続が開始された場合，現行の破産法には規定がないが，多数説は，設定者は被担保債権を弁済すれば受戻権を行使し目的物の返還を請求しうるが（取戻権。▶破産62条），被担保債権を弁済しなければ取戻権を有しないと解している。同様に，会社更生手続や民事再生手続が開始された場合も，設定者は，被担保債権を弁済して受戻権を行使し，目的物の返還を請求しうる（▶民再52条，会更64条）。

　被担保債権が不履行となっても譲渡担保権者が実行しない場合，設定者が自ら受戻権を放棄して，譲渡担保権者に対して清算金支払請求をすることができるか。判例は，この請求を認めると譲渡担保権者が有する実行時期の選択の自由を奪うことになるとして，否定している（★最判平成8・11・22民集50巻10号2702号）。

2　不動産譲渡担保

不動産譲渡担保の意義　不動産譲渡担保は，抵当権と同じく，設定者に目的不動産を使用収益させながら，債権担保のために目的不動産の交換価値を把握する担保方法である。

　不動産譲渡担保では，設定契約締結時に目的物の所有権を譲渡担保権者（債権者）に移転する合意をするので，その実行時には，譲渡担保権者は，民事執行法上の公的競売手続によらず簡易・迅速に債権回収を図ることができる（**私的実行**）。また，担保目的物の所有権を担保権者（債権者）に移転させるという担保設定方式をとるので，後順位担保権者等の利害関係人の出現を未然に防ぐことができ，一人の担保権者が事実上独占することが可能となる。この点は，抵当権の場合と異なり，第三取得者による担保消滅請求を避けることができ，また，設定者以外の不動産利用者との間で実行時に特別な利害調整を要しないことから，担保権者にとってのメリットといえる。反面，不動産譲渡担保では，抵当権のように後順位担保権を設定することができない。この点は，余剰担保価値の有効利用を妨げる結果となり過剰担保の問題も生じうるため，設定者や他の債権者等にとってのデメリットともいえる。

不動産譲渡担保の設定と対抗要件　不動産譲渡担保は，目的不動産を提供する債務者または第三者（物上保証人）と債権者との間の合意によって設定される。「債権担保の目的」で不動産を譲渡する意思があれば足りる。前述した通り，たとえ買戻特約付売買契約の形式がとられていても，譲渡担保設定契約であるとみなされることがある（前掲★最判平成18・2・7）。

　不動産譲渡担保の被担保債権は，特定の債権であってもよいし，将来発生する不特定の債権であってもよい（根譲渡担保）。しかし，被担保債権の範囲や極度額の定めのない包括根譲渡担保は，設定者および他の債権者の利益を著しく

図表9-2　不動産譲渡担保の設定

図表9-3　借地上建物に対する譲渡担保の設定

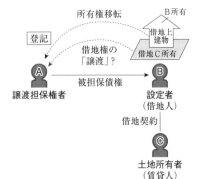

害するゆえに無効（▶90条）と解すべきである。

不動産譲渡担保の対抗要件は，所有権移転登記（▶177条）である。2004（平成16）年の不動産登記法改正により登記に際して「登記原因証明情報」の添付が義務付けられた現在，登記原因は「譲渡担保」とすべきであるが，「売買」とされることも少なくないようである。また，抵当権の設定登記のように，被担保債権額が登記されるわけではなく，登記簿からその権利内容を知ることは容易ではない。

| 不動産譲渡担保の効力が及ぶ範囲 | 不動産譲渡担保の効力が及ぶ範囲に関しては，抵当権の効力は付加一体物に及ぶとの370条の類推適用を主張する見解がある。他方で，設定時に「所有権移転登記」が行われることから，通常の譲渡と区別がつかない可能性を考慮して，87条2項や242条以下の規定を類推して，その効力が及ぶ範囲を確定すべきとする見解もある。いずれにしても，付合物や担保権設定前の従物には，当然に譲渡担保の効力が及ぶことになる（**図表9-2**）。

| 借地上建物に対する譲渡担保の設定 | 借地上建物に譲渡担保が設定された場合には，原則として，建物に対する譲渡担保の効力は**従たる権利**（▶87条2項類推）である借地権（敷地賃借権）にも及ぶことになる（**図表9-3**。**★最判昭和51・9・21判時833号69頁**）。

そうすると，建物の所有権とともに借地権も譲渡担保権者に譲渡されるようにもみえるが，このとき土地所有者（賃貸人）は，借地権の無断譲渡を理由として賃貸借契約を解除（▶612条2項）することができるかが問題となる。この点，判例・学説とも，借地上建物に譲渡担保が設定されたにすぎない場合には

612条 1 項にいう借地権の「譲渡」があったとはいえないとして，これを否定する。612条 1 項にいう「譲渡」があったといえるには，譲渡担保契約を締結しただけでは足りず，現実に譲渡担保権者が借地上建物を使用収益することまでが必要となる。したがって，設定者が従前どおり建物を使用収益していれば，612条 1 項にいう借地権の「譲渡」があったとはいえない（★最判昭和40・12・17民集19巻 9 号2159頁）。ただし，譲渡担保権者が建物の使用収益をする場合には，いまだ弁済期到来前で譲渡担保が実行されておらず，設定者による受戻権の行使が可能であるとしても，敷地の使用主体・方法に変更が生ずるので借地権の譲渡があったと解される（★最判平成 9 ・ 7 ・17民集51巻 6 号2882頁）。

当事者間における効力　目的物の利用関係は，当事者間の合意によって自由に定めることができる。通常は，従前どおり設定者が目的不動産の使用収益を継続する。しかし，譲渡担保権者に目的不動産の占有を移転した上で，譲渡担保権者が使用収益する形（譲渡質型）もありうる。

　設定者は，目的不動産の使用収益を認められている場合，通常の用法に従って使用収益することができる反面，目的不動産の担保価値を維持する義務（**担保価値維持義務**）を負う（抵当権について，★最大判平成11・11・24民集53巻 8 号1899頁，質権について，★最判平成18・12・21民集60巻10号3964頁：百選Ⅰ-79を参照）。目的不動産を減失・毀損させた場合には，被担保債権について期限の利益を失うほか（▶137条 2 項），債務不履行（担保価値維持義務違反）を理由とする損害賠償責任を負う。

> **Ⅱ Case 9-1**　Sは，2023年10月 1 日，G社から2000万円を弁済期2024年 9 月30日として借り受けることとし，この借入金（本件債務）の担保のためにS所有の甲土地（時価3000万円相当）の所有権をGに移転する合意をし，同日，「譲渡担保」を登記原因とするGへの所有権移転登記も行われた。
>
>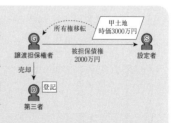
>
> 　Gは，弁済期到来前の2023年12月 1 日に，Dに対して甲土地を売却し，その旨の所有権移転登記も行われた。Sは，Gに甲土地の処分権限がないことを理由として，本件債務の弁済を行った上で，Dに対して甲土地の所有権の回復を求めることができるか。

第三者と設定者との関係　(1)　**譲渡担保権者から譲渡を受けた第三者と設定者との関係**　(a)　**譲渡担保権者が弁済期到来前に処分した場合**　譲渡担保権者は，債権担保の目的で所有権の移転を受けているため，被担保債権の弁済期が到来する前は，目的不動産を第三者に処分する権限を有しない（前掲★最判平成18・10・20〔傍論〕）。そうすると，被担保債権の弁済期到来前の譲渡担保権者による目的不動産の処分は，処分権能を有しない無権利者による処分として扱われることになる。したがって，処分を受けた第三者が例外的に94条2項類推適用法理によって保護される場合を除けば，設定者は，弁済期までに被担保債権を弁済すれば目的不動産の所有権を回復することができる。

Case 9-1 では，「譲渡担保」を登記原因とする所有権移転登記がされているので，設定者Sの帰責性（Gが所有者であるとの外観についてのSの明示・黙示の承認）およびDの善意がいずれも認められず，94条2項の類推適用は原則として否定される。そうすると，Sは弁済期までに本件債務を弁済し，Dから甲土地の所有権を回復することができる。

譲渡担保権者が弁済期到来前に処分した後に，弁済期が到来した場合であっても，G（またはD）から清算金（1000万円相当）の支払いの提供があるまでは，Sは本件債務を弁済し，Dから甲土地の所有権を回復することができると考えられる。

> **Case 9-2**　上記 Case 9-1 と同様に，甲土地に譲渡担保が設定されていたとする。
> 　Gは，弁済期到来後の2024年10月20日に，Eに対して甲土地を代金2500万円で売却し，その旨の所有権移転登記も行われた。Eは，日頃からSと反目しあっていたが，G社の社長Bと懇意であった。Gが清算金の支払いをしない場合，Sは，本件債務および遅延損害金の支払いをして，Eに対して甲土地の所有権の回復を求めることができるか。

(b)　**譲渡担保権者が弁済期到来後，設定者の受戻権行使前に処分した場合**

不動産譲渡担保において，債務者が弁済期に被担保債権を弁済しない場合，債権者は，帰属清算・処分清算のいずれの合意があったかにかかわらず，目的不動産の処分権能を取得する。その処分権能に基づき目的不動産の譲渡が行われた場合には，譲受人はその所有権を確定的に取得することができる（前掲★

最判昭和62・2・12等）。これは，譲渡を受けた第三者が背信的悪意者にあたるような場合でも変わらない。そのように解さないと，権利関係が確定しない状態が続くばかりでなく，譲受人が背信的悪意者にあたるかどうかを確知しうる立場にあるとは限らない譲渡担保権者（債権者）に不測の損害を被らせるおそれが生じるからである（★最判平成6・2・22民集48巻2号414頁：百選Ⅰ-95）。理論的に考えてみても，弁済期が到来すると譲渡担保権者は目的不動産の処分権能を取得することから，目的不動産の所有権は設定者から譲渡担保権者を経て譲受人に有効に承継取得されることになり，そもそも，設定者と譲受人は転々譲渡の前主・後主の関係に立ち対抗関係に立たない。対抗関係における例外法理たる背信的悪意者排除の法理が妥当しないのも当然である。これらの判例を前提とすれば，**Case 9-2** において，Gの処分権能に基づいて甲土地が処分された後に，Sが被担保債権の弁済を行っても甲土地の所有権をEから回復することはできない。

　もっとも，目的不動産の価額が譲渡担保の被担保債権額を上回る場合には，設定者は，譲渡担保権者が清算義務を果たすまで清算金支払請求権を被担保債権とする留置権を主張して，譲受人の明渡請求を拒み，清算金の確保を図ることができる（➡258頁）。**Case 9-2** において，Gが清算金の支払いをしない場合は，Sは，Gに対する1000万円相当の清算金支払請求権を被担保債権とする留置権を主張して，Eからの明渡請求を拒むことができる。

▉ Case 9-3　上記 **Case 9-1** と同様に甲土地に譲渡担保が設定されていたとする。
　Sは，弁済期到来後の2024年11月1日に，本件債務の全額および遅延損害金の支払いをしたが，Gは，自己名義の登記を抹消してS名義の登記を回復することなく，同年11月20日，Fに対して甲土地を売却し，その旨の所有権移転登記も行われた。Sは，Fに対して，甲土地の所有権の回復を求めることができるか。

(c)　譲渡担保権者が弁済期到来後，設定者の受戻権行使後に処分した場合
　設定者が受戻権を行使した後に，譲渡担保権者が目的不動産を第三者に処分した場合は，譲渡担保権者を起点とする二重譲渡類似の関係として処理される。被担保債権の弁済により譲渡担保権が消滅した後に譲渡担保権者から目的不動産の譲渡を受けた譲受人は，177条にいう第三者にあたる。したがって，

設定者は，譲受人が背信的悪意者でない限り，目的不動産の登記をしなければ，所有権の回復を譲受人に対抗することができない（★最判昭和62・11・12判時1261号71頁）。**Case 9-3** では，Ｓは，Ｆが背信的悪意者でない限り，甲土地の登記をしなければ所有権の回復をＦに対抗できないことになる。

　なお，**Case 9-3** において，Ｓが（弁済期到来後でなく）弁済期までに全額弁済したのに，その後にＧが同様に甲土地をＦに処分したならどうなるか。この点に関する判例はないが，各自で考えてみてほしい。

　(2)　**譲渡担保権者の差押債権者と設定者との関係**　　設定者が受戻権を行使する前に，譲渡担保権者の差押債権者が，目的不動産を譲渡担保権者の財産として差し押さえた場合においても，設定者は受戻権行使により目的不動産の所有権を回復できるか。

　設定者は，被担保債権の弁済期後であれば，譲渡担保権者による目的不動産の換価処分と同様に，譲渡担保権者の差押債権者による強制競売による換価も，受忍すべき地位にある。それゆえ，被担保債権の弁済期後に目的不動産の差押えを受けた場合には，設定者による受戻権の行使が制限されてもやむを得ない（前掲★最判平成18・10・20）。

　しかしながら，被担保債権の弁済期前に目的不動産の差押えを受けた場合であれば，話は別である。被担保債権の「弁済期前においては，譲渡担保権者は，債権担保の目的を達するのに必要な範囲内で目的不動産の所有権を有するにすぎず，目的不動産を処分する権能を有しないから，このような差押えによって設定者による受戻権の行使が制限されると解すべき理由はない」からである（前掲★最判平成18・10・20〔傍論〕）。

　なお，設定者が受戻権を行使した後に目的不動産の差押えを受けた場合には，譲渡担保権者を起点とする二重譲渡類似の関係として処理されることになる（➡51頁）。

　(3)　**目的不動産の不法占有者と設定者との関係**　　設定者は，譲渡担保の実行までは被担保債権を弁済して完全な所有権を回復することができる。それゆえ，目的不動産を第三者が正当な権限なく占有する場合には，占有者に対してその返還を求めることができる（★最判昭和57・9・28判時1062号81頁）。

不動産譲渡担保の実行　前述の通り，被担保債権の弁済期が到来した場合，譲渡担保権者は，設定時に帰属清算・処分清算のいずれを合意していたかにかかわらず，いずれかの清算方法を自由に選択して債権の満足を図ることができる（前掲★最判平成 6・2・22）。また，目的不動産の適正評価額が被担保債権額を上回る場合には，譲渡担保権者は**清算義務**を負う。

　譲渡担保の被担保債権の範囲（特に利息）については，抵当権に関する375条が類推適用されず，元本，利息，遅延損害金の全額に優先弁済権を有する。

3　動産譲渡担保（集合動産譲渡担保）

✖ Case 9-4　自動車部品の製造販売業を営むＡ社は，資金調達のためにＣ銀行から融資を受ける必要が生じた。自己所有の不動産にはすでに抵当権が設定されているが，倉庫内に原材料と在庫商品（製造した部品）といった動産を多数所有している。Ａは，これらの動産を担保として，Ｃから融資を受けることができるか。

動産譲渡担保の意義・機能　典型担保である質権（動産質）は，目的物の現実の占有を債権者に移転しなければならない（▶345条参照）。設定者（中堅・中小企業等の債務者）にとって経済活動の手段となる機械設備や在庫商品等の動産の占有を担保権者（債権者）に移さなければならないのでは，操業の継続が困難になる。そこで，このような動産を利用した資金調達の手段として，動産譲渡担保が用いられてきた。動産譲渡担保では，債権担保の目的のために動産の所有権が担保権者に移転されるが，動産の現実の占有は担保権者に移転する必要がないためである。

　近年，不動産の資産価値の継続的下落という経済情勢を背景として，不動産担保や個人保証への過度の依存から脱却し，新たな資金調達・融資手法を確立する必要性が広く認識されているが，その 1 つの手法として，動産・債権の担保機能および資金調達機能が特に注目を集めている。とりわけ，最近，重要視されている担保方法として集合動産・集合債権の譲渡担保がある（集合債権譲渡担保については，➡303頁）。

　判例も，**集合動産譲渡担保**の有効性を認めている。すなわち，構成部分が変動する集合動産であっても，その種類，所在場所および量的範囲を指定するな

どして目的物の範囲が特定される場合には（例：倉庫内の一切の在庫商品），1個の「集合物」として譲渡担保の目的とすることができる（★最判昭和54・2・15民集33巻1号51頁〔傍論〕，最判昭和62・11・10民集41巻8号1559頁：百選Ⅰ-96）。

　集合動産譲渡担保は，特定の機器器具・備品の集合体のように構成部分に変動のない動産群を対象とする場合，および，倉庫内の在庫商品のように搬出・搬入が繰り返されて構成部分に変動のある動産群を対象とする場合がある。このうち，特に，構成部分に変動のある動産群を対象とする場合を**流動動産譲渡担保**と呼ぶことがある。**Case 9-4** でも，Aは倉庫内の原材料と在庫商品に対して集合動産譲渡担保を設定してCから融資を受けることができる。

　中堅・中小企業等の債務者が，資金調達のために利用できるほどに高価な個別動産を所有していることは稀であり，個別動産の譲渡担保が用いられることは比較的少ない。実務上，動産譲渡担保の多くは集合動産譲渡担保（流動動産譲渡担保）として用いられる。したがって，本節でも，以下，集合動産譲渡担保を中心に説明していくこととする。

集合動産譲渡担保の法的構成　集合動産譲渡担保の法的構成については，大きく分けて集合物論と分析論の2つの考え方がある。

　(1)　**集合物論**　通説は，構成部分が変動する動産の集合体であっても1個の「集合物」と捉え，1個の物としての「集合物」それ自体の上に譲渡担保が

✏️ Topic 9-2

動産・債権を中心とした担保法制に関する立法動向

　近時，在庫商品や売掛債権（うりかけ）など，不動産以外の財産を担保として活用することの重要性が指摘されていることを踏まえ，2021（令和3）年4月から法制審議会の担保法制部会において，動産や債権等を目的とする担保制度の見直しに向けた審議が進められている。譲渡担保（集合動産・集合債権の譲渡担保を含む）や所有権留保のほか，事業を構成する財産全体を包括的に担保の目的とする制度やファイナンス・リースが検討対象とされ，その法律関係の明確化や安定性の確保等の観点から議論が行われている。たとえば，同一の個別動産・集合動産に対して複数の担保権を重畳（ちょうじょう）的に設定することも認める方向で議論が推移しており，その優先順位をどのように定めるか検討が続けられている。その他の審議事項も含めて，今後の動向が注目されるところである。

成立すると考える（**集合物論**）。すなわち，当初の譲渡担保設定時に，集合物について占有改定による引渡しを受けると，集合物の構成部分として現に存在する動産について対抗要件を具備できると同時に，集合物としての同一性が認められるものについては，たとえ後になって構成部分が変動しても（将来取得する動産に対しても）対抗力が存続するものと解する。判例も，「構成部分の変動する集合動産についても，その種類，所在場所及び量的範囲を指定するなどなんらかの方法で目的物の範囲が特定される場合には，一個の集合物として譲渡担保の目的となりうる」とする（前掲★最判昭和54・2・15）。また，「集合物を目的とする譲渡担保権設定契約が締結され，債務者がその構成部分である動産の占有を取得したときは債権者が占有改定の方法によつてその占有権を取得する旨の合意に基づき，債務者が右集合物の構成部分として現に存在する動産の占有を取得した場合には，債権者は，当該集合物を目的とする譲渡担保権につき対抗要件を具備するに至つたものということができ，この対抗要件具備の効力は，その後構成部分が変動したとしても，集合物としての同一性が損なわれない限り，新たにその構成部分となつた動産を包含する集合物について及ぶ」とする（前掲★最判昭和62・11・10）。

　なお，集合物論には，上記判例・通説のように集合物を構成する個別動産に対して譲渡担保の効力が及んでいるとする見解のほかに，譲渡担保の効力は個別動産とは区別された集合物（一種の枠）に及ぶにすぎず，集合物を構成する個別動産に対しては効力が及ばないとする見解（**集合物概念徹底説**）もある。この見解によれば，譲渡担保の実行通知の後に初めて，集合物の内容が固定化し，構成要素である個別動産にも譲渡担保の効力が及ぶことになる。

　(2)　**分析論**　集合動産譲渡担保の客体（目的物）を「集合物」とみる集合物論とは異なって，あくまでも個別動産を客体とみる見解もある（**分析論**）。すなわち，現に存在する動産については，一括して占有改定による引渡しを受けて対抗要件を具備し，設定者による処分を解除条件として譲渡担保が成立し，また，将来取得する動産については，指定された倉庫等に搬入されたことを停止条件として譲渡担保が成立し，あらかじめの占有改定の合意によって対抗要件を具備することができる，という見解である。

　集合物論によれば，将来取得する動産も，当初の譲渡担保設定の時点で譲渡

担保が成立し，対抗要件が具備される。これに対して，分析論によれば，将来取得する動産が，指定された倉庫等に搬入されるたびに，停止条件が成就して，その時点で譲渡担保が成立し，対抗要件が具備されることになる。分析論における譲渡担保の「成立時期の遅れ」は，担保としての実効性に関わる重大な問題となりうる。すなわち，分析論に立つと，譲渡担保設定の時点より後に，債務者が無資力状態になった場合には，それ以後の倉庫への搬入行為等が詐害行為取消権（▶424条以下）や破産法上の否認権（▶破産160条以下）の行使の対象となるおそれが生じる。こうした点は分析論の難点とされている。

集合動産譲渡担保の有効性　集合動産譲渡担保の設定にあたっては，どの動産が集合物を構成するのかを明確にするために，集合物の範囲が特定される必要がある。**特定性**の要件を満たすためには，目的物の種類，所在場所および量的範囲を指定する等，何らかの方法で目的物の範囲が特定される必要があるが，対象に含まれない動産との識別可能性があれば足りる（前掲★最判昭和54・2・15）。

集合動産譲渡担保の対抗要件　動産譲渡担保の対抗要件は，所有権移転の対抗要件と同様，178条の「引渡し」である。実際には，ほとんどの場合，設定者のもとに現実の占有を残しておきたいという要請に応えるため，占有改定（▶183条）による引渡しが行われる。集合動産譲渡担保についても，前述の通り（➡287頁），集合物について占有改定による引渡しが行われる。

　法人がする動産譲渡については，民法の特例として，法務局に備える動産譲渡登記ファイルに**動産譲渡登記**をすることによって一括して対抗要件を備えることもできる（▶動産・債権譲渡特例法3条1項）。動産譲渡登記がされたときは，その時点をもって178条の引渡しがあったものとみなされる。先行する「引渡し」よりも動産譲渡登記が優先するわけではない。

　一般論として，すでに動産譲渡担保が設定されている動産に，他の債権者のために重ねて譲渡担保権を設定することも可能である。判例も，重複して後順位の譲渡担保権を設定する余地を認める（前掲★最判平成18・7・20）。もっとも，後順位担保権者による独自の私的実行は許されない。配当手続が整備されている民事執行法上の公的競売手続と異なって，先行する譲渡担保権者の優先権を保障することが困難だからである。

　なお，個別動産の譲渡担保では，占有改定（▶183条）や指図による占有移転（▶184条）によって対抗要件を具備する際に，実際上の公示力が乏しいので，第三者による即時取得（▶192条）を防ぐために目的物にネームプレート等を貼り付けたりすることもある。

当事者間における効力　⑴　**利用関係**　目的物の利用関係は，設定契約によって決まる。動産の譲渡担保においては，従前通り設定者に目的物の使用収益を認めるのが通常である。このとき，設定者は，目的物の担保価値を維持する義務（**担保価値維持義務**。たとえば，集合動産譲渡担保において倉庫内に同種動産を補充すべき義務）を負い，通常の使用形態を超えた使用収益を行って目的物を滅失・毀損させることはできない。

　⑵　**設定者の処分権限**　個別動産の譲渡担保においては，原則として，設定者は目的物について譲渡等を行う処分権限を有しない。

　他方，構成部分の変動する集合動産譲渡担保の場合には，集合物の内容が設定者の営業活動を通じて変動することが予定されているので，設定者は，その通常の営業の範囲で目的動産を処分する権限を有する（前掲★最判平成18・7・20）。設定者の処分権限は，被担保債権が不履行に陥り，譲渡担保権者から設定者に対して担保権実行通知がされると剥奪され，それ以後，個別動産の処分ができなくなると解されている。

第三者との関係における効力　⑴　**設定者からの譲受人との関係**　個別動産の譲渡担保においては，設定者に目的物の処分権限がないので，設定者がこれを第三者に売却処分すると，第三者が即時取得（▶192条）する可

✐ Topic 9-3

動産譲渡登記制度の創設

　占有改定は，当事者間の意思表示のみで行われ，外形的にはその存否が判然としない。それゆえ，後日，動産を取得した第三者が現れて占有改定の有無や先後をめぐって紛争が生じるおそれがある。このため，担保権者の法的地位が不安定になり，動産の担保価値が十分に評価されない事態も生じていた。動産譲渡登記制度は，こうした問題を改善し，これまで十分に活用されてこなかった動産を活用した資金調達の手法が広く利用されることをねらって，譲渡担保取引の安定性・実効性を向上させ，企業の資金調達の円滑化を図るという目的で2004〔平成16〕年に創設された。

能性がある。動産譲渡登記（▶動産・債権譲渡特例法3条）があれば，第三者の悪意や過失を認定しやすくなるが，登記の調査義務を負わない者との関係では，なお即時取得が成立する余地がある。

　集合動産譲渡担保においては，設定者は，通常の営業の範囲での目的物の処分権限を有する。通常の営業の範囲での売却処分であれば，処分の相手方は，譲渡担保の拘束を受けない動産の所有権を確定的に取得することができる。他方，通常の営業の範囲を超える売却処分であれば，処分の相手方が即時取得する場合を除いて，譲渡担保権者は，その相手方に対して目的物の返還を求めることができる（前掲★最判平成18・7・20。ただし，同最判は，譲渡担保契約に定められた保管場所から搬出されるなどして譲渡担保の目的である集合物から離脱したと認められる場合には，処分の相手方が所有権を取得しうると述べる）。

　(2)　**設定者の差押債権者と譲渡担保権者との関係**　　設定者の一般債権者が目的動産について動産執行を申し立てた場合，譲渡担保権者は第三者異議の訴えを提起しうる（★最判昭和56・12・17民集35巻9号1328頁，最判昭和58・2・24判時1078号76頁）。学説には，民事執行法133条の類推適用により，譲渡担保権者に配当要求をすることを認めれば足りるとする見解がある。

　(3)　**設定者に動産を売却した者との関係**　　原材料等の売主が設定者（買主）に売却した動産（原材料等）が，集合動産譲渡担保の設定された倉庫に搬入された場合，売主は，当該動産に対して動産売買先取特権を行使することができるか問題となる（**集合動産譲渡担保と動産売買先取特権の優劣**）。この点，先取特権は，目的動産が第三取得者に引き渡された後は，動産それ自体には先取特権を行使できなくなる（333条。先取特権には追求力がない。同条にいう「引き渡し」には占有改定を含むとするのが判例であることにも注意）。判例は，動産売買先取特権が成立した動産が集合物の構成部分となった場合には，譲渡担保権者は333条の「第三取得者」にあたるとして，集合動産譲渡担保を先取特権より優先させた（前掲★最判昭和62・11・10）。

　それでは，動産の売主が設定者（買主）との間で所有権留保特約を合意した場合はどうか。売主に所有権留保されている動産が，集合物の範囲として指定された場所に搬入されたとき，その動産にも集合動産譲渡担保の効力が及ぶのかどうかが問題となる（**集合動産譲渡担保と所有権留保の優劣**）。判例は，譲渡担

保権者は，当該動産について集合動産譲渡担保権を主張することができないとした（★最判平成30・12・7民集72巻6号1044頁：百選Ⅰ-100）。所有権留保においては代金完済まで所有権の移転（物権変動）はなく，所有権は売主に留保されるため，設定者（買主）が当該動産の所有権を取得するのは代金完済時である。それまでの間，設定者（買主）には他人（売主）の所有物を処分（担保設定）する権限はない。したがって，当該動産に対する譲渡担保の成立自体が否定されることになる。

動産譲渡担保の実行・受戻権・消滅　動産譲渡担保における受戻権や担保権の消滅に関しては，不動産譲渡担保と同じである。被担保債権が不履行となった場合，譲渡担保権者は，設定者に対して担保権実行通知をして目的動産の引渡しを請求し，必要に応じて仮処分の手続も用いながら，動産の占有を確保することになる（設定者の意思に反して実力で持ち去る自力救済は禁止される）。在庫商品等は，市場に流通させて換価する必要があるので，帰属清算よりも処分清算が選択されることが多くなる。譲渡担保権者には清算義務が課されることも，不動産譲渡担保の場合と同じである。

4　債権譲渡担保（集合債権譲渡担保）

> **▓ Case 9-5**　自動車部品の製造販売業を営むA社は，資金調達のために融資を受ける必要が生じた。自己所有の不動産にはすでに抵当権が設定されているが，取引先のB社に継続的に完成部品を納入していることから，Bに対する売掛代金債権を現在有し，また，将来もその取得が見込まれている。Aは，Bに対して現在有し・将来取得する債権を担保として，C銀行から融資を受けることができるか。

債権譲渡担保の有用性　A（設定者）は，C（担保権者）から融資を受けるために，Bに対する現在および将来の売掛代金債権に譲渡担保を設定することが考えられる。ただ，これら債権を単純にCに譲渡してしまうと，Aは当面の運転資金を失うことになりかねない。そこで，債権譲渡担保の設定後もBに対する債権の取立権限をAに認め，被担保債権が不履行となった場合には債権の取立権限をCに移す，という取立権限留保の合意とともに債権譲渡担保が設定されることが多い。

　かつては，債権譲渡（担保）の利用実態として，資金繰りに窮した企業が自

己の財産の一部をなしている債権を（弁済期到来前に，額面額より低い価格で）第三者に譲渡して当面の運転資金を確保する，という事態（**危機対応型**）も比較的多かった。しかし，今日では，健全な企業が債権譲渡を通じて資金調達することを目指し，多数の債権を一括して譲渡する方式が注目を集めるに至っている。すなわち，資金調達手段としての債権譲渡である（**正常業務型**）。

既発生の債権のみならず将来発生すべき債権（**将来債権**）も含めて，多数の債権を一括して担保に供する譲渡担保は，**集合債権譲渡担保**と呼ばれ，近時，企業の資金調達のための有用な方法として，しばしば用いられる。こうした仕組みを活用すれば，担保となる不動産を十分にもたない中堅・中小企業等が大量の小口債権を担保として融資を受けることが可能になるし，在庫商品の売却にかかる売掛債権を担保化することも可能になる。**Case 9-5** でも，Aは，Bに対する既発生の債権および将来債権に集合債権譲渡担保を設定することによ

✐ Topic 9-4

代理受領・振込指定

2017年改正以前は，譲渡禁止特約によって債権の譲渡性が奪われ，それに反する譲渡は無効となり，譲渡人・譲受人間でも債権譲渡の効力が生じなかった（物権的効力説）。このため，譲渡禁止特約付債権を担保として利用するために，代理受領や振込指定の方法が用いられた。

代理受領とは，債務者が第三者（第三債務者）に対して有する債権（公共工事請負代金債権など）について，債権者がその弁済を受領する権限を債務者からの委託によって受け，また，第三者がその代理受領関係につき承認を与える形式であり，それに基づいて取り立てた金銭から債権者が債権回収するという方法である。また，**振込指定**とは，債務者が債権者（金融機関）に開設している預金口座に譲渡禁止特約付債権の弁済として支払われる金銭が振り込まれるように指定し，債権者（金融機関）がその振込金から債権を回収するという方法である。もっとも，これらの方法には，目的債権が第三者に差し押さえられた場合や債務者について倒産手続が開始された場合，当該目的債権から回収を図ることができなくなるという難点もあった。

しかし，2017年改正によって，譲渡制限特約に反する債権譲渡も有効となったことから（▶466条2項），代理受領や振込指定が用いられる機会は減少し，債権譲渡担保を用いて上記の難点を回避できる可能性が拡大した。

り融資を受けることができる。以下では，集合債権譲渡担保を中心に説明する。

譲渡制限特約付債権の譲渡　2017年改正により，譲渡制限特約のある債権の譲渡も有効となった（▶466条2項。なお，466条の5は預貯金債権の特則を定める）。この結果，債権の譲受人が新債権者となり，譲渡人はもはや債権者ではないことになる（相対的効力説）。なお，債権譲渡を制限する意思表示について悪意・重過失の第三者（譲受人・債権質権者）に対しては，債務者は，㋐債権譲渡の制限を主張して履行を拒絶すること，および，㋑譲渡人に対する弁済その他の債権消滅事由をもって対抗することができる（▶466条3項）。この改正も集合債権譲渡担保の利用促進の後押しとなる。

集合債権譲渡担保の法的構成　集合債権譲渡担保については，集合動産譲渡担保における集合物のように，債権の集合体が1つの譲渡担保の目的となると捉える必要はない。判例・通説は，将来発生する債権が含まれ

✐ Topic 9-5

集合債権譲渡担保と債権の特殊性

　動産に関しては，本来であれば，まだ現存しない将来取得する動産について，現存していない時点での譲渡および第三者対抗要件の具備を認めることはできない。しかし，集合物論という考え方を用いると，当初の譲渡時に1つの集合物が譲渡担保の対象となり，あとは集合物の内容が変動しているだけであると観念でき，第三者対抗要件の具備も現時点（契約締結時）において認められることになる。

　これに対して，債権に関しては，まだ現存しない未発生の将来債権であっても現時点（契約締結時）で譲渡および第三者対抗要件の具備が一般的に認められている。また，複数の将来債権を一括して譲渡する場合であっても，1つの集合債権が譲渡担保の対象となるのではなく，あくまでも個別の債権が譲渡担保の対象となるとされている。以上により，集合債権譲渡担保においては，集合物論（集合債権論）は採用されていない。

　また，（将来）債権の譲渡担保契約では，法形式として「債権譲渡」を用いるので，譲渡人から譲受人への債権の帰属移転が生じる。すなわち，譲受人である担保権者に当該債権が完全に移転することになる。このため，不動産や動産の譲渡担保のような法的構成（所有権的構成・担保的構成）をめぐる議論は，ほとんど問題にならない。さらに，債権が価値そのものであるという特色から，譲渡人である設定者による「受戻し」を観念する余地も極めて乏しい。

ていても，あくまでも個別の債権の束が譲渡されると解しており，集合動産譲渡担保のように，債権の集合体が譲渡担保の目的となると捉えていない。すなわち，集合物論（集合債権論）は採用されていない。

集合債権譲渡担保の有効性　集合債権譲渡担保は，その性質がこれを許さないときを除き，どのような債権でも対象とすることができる。将来債権も譲渡することができ（▶466条の6），債権発生の可能性・確実性は，将来債権の譲渡（担保）の有効要件ではない（★最判平成11・1・29民集53巻1号151頁：百選Ⅱ−22）。

　集合債権譲渡担保の有効要件として，目的債権の範囲が特定されることを要する（**特定性の要件**）。それには，譲渡の目的となるべき債権を譲渡人が有する他の債権から識別することができる程度に特定されていれば足りる（★最判平12・4・21民集54巻4号1562頁）。たとえば，債権者，第三債務者（譲渡債権の債務者），債権発生原因，発生期間の始期と終期等の要素によって特定されるが，どの要素が必須ということはなく，適宜の方法により識別可能となればよい。それゆえ，**第三債務者不特定の将来債権譲渡**であっても，「第三債務者」以外の他の要素によって譲渡債権を識別（特定）することは可能である。

　その他の有効要件として，集合債権譲渡担保契約が**公序良俗**（▶90条）に反しないことを要する。前掲・最判平成11・1・29は，集合債権譲渡担保契約が，「契約締結時における譲渡人の資産状況，右当時における譲渡人の営業等の推移に関する見込み，契約内容，契約が締結された経緯等を総合的に考慮し……期間の長さ等の契約内容が譲渡人の営業活動等に対して社会通念に照らし相当とされる範囲を著しく逸脱する制限を加え，または他の債権者に不当な不利益を与えるものであるとみられるなどの特段の事情の認められる場合には，右契約は公序良俗に反する」として，その効力の全部または一部が否定される可能性を示す。上記判例は，①譲渡人の営業活動・取引の自由を不当に制限しないこと，②譲渡人の他の債権者に不当な不利益を与えないこと，という2つの判断指標を例示している。

将来債権の帰属移転の時期　将来債権の譲渡契約が成立した場合には，債権発生前であっても将来債権の帰属移転が生じると解することができる（▶466条の6第2項参照。★最判平成13・11・22民集55巻6号1056頁：百選

Ⅰ-98）。ゆえに，譲渡契約成立時に将来債権の帰属移転が生じたことについて，第三者対抗要件（▶467条2項，動産・債権譲渡特例法4条1項）を具備することができる（▶467条1項「（現に発生していない債権の譲渡を含む。）」とのかっこ書き参照。★最判平成19・2・15民集61巻1号243頁）。「債権の帰属移転が生じた事実」（物権変動があった事実）がまず存在し，それを第三者に対抗する方法というのが，第三者対抗要件の具備である。将来債権についても，まず債権の帰属移転が生じた事実が存在しないと第三者対抗要件の具備はできないことになるので，この点，特に留意すべきである。

　もっとも，将来債権は，譲渡人から譲受人へと移転（承継取得）するのか（そうだとすると移転時期はいつか），それとも譲受人のもとで発生（原始取得）するのかという理論的問題について，判例は明言を避けており，将来債権譲渡の法律構成は，なお解釈に委ねられた残された課題となっている。

集合債権譲渡担保の第三者対抗要件　債権譲渡担保について第三者対抗要件を具備するためには，譲渡担保権者は，確定日付のある証書による第三債務者（譲渡債権の債務者）への通知を行うか，第三債務者の承諾を得ることを要する（▶467条1項・2項）。なお，債権の譲渡後も譲渡人（設定者）に譲渡債権の取立権限を認める合意が付加されていたとしても，第三者対抗要件の効果を妨げるものではない（前掲★最判平成13・11・22）。

　将来債権の譲渡でも，（既発生債権の譲渡と全く同様に）債権譲渡の契約締結の時点で第三者対抗要件を具備することができる（将来債権の発生時に初めて第三者対抗要件の具備が可能となるわけではない）。すなわち，債権譲渡の事実（債権の帰属移転の事実）を第三債務者に認識可能ならしめる通知・承諾により対抗要件を具備することができる（▶467条1項かっこ書。前掲★最判平成19・2・15）。また，**債権譲渡登記**（動産・債権譲渡特例法4条1項）によって第三者対抗要件を一括して具備することもできる。債権譲渡登記がされたときは，その時点をもって，467条2項の確定日付のある通知が第三債務者に到達したとみなされる（ただし，譲渡債権の債務者に対しては，動産・債権譲渡特例法4条2項所定の「登記事項証明書」を交付して通知をし，または当該債務者が承諾をした時点で**債務者対抗要件**を具備することになる。このように，民法の対抗要件制度と異なり，動産・債権譲渡特例法の対抗要件制度では，第三者対抗要件と債務者対抗要件とが分離していること

に注意を要する）。

　ところが，**第三債務者不特定の将来債権譲渡**については，確定日付のある証書による通知・承諾という民法上の第三者対抗要件の具備方法を用いることは不可能である。将来債権譲渡の契約締結の時点では，譲渡の通知・承諾の相手方である「第三債務者」がまだ不特定（不存在）だからである。もっとも，債権譲渡登記を利用すれば，第三債務者不特定の将来債権の譲渡についても第三者対抗要件を具備できる。動産・債権譲渡特例法8条2項は，譲渡される債権の債務者名を登記の必要的記載事項としていないからである。

✐ Topic 9-6
「予約型」・「停止条件型」の集合債権譲渡担保

　現在一般に行われている集合債権譲渡担保（「**本契約型**」）では，設定契約時に債権の帰属移転が生じる（それゆえ，第三者対抗要件も具備しうる）。しかし，かつては，債務者に信用不安の兆候（支払停止または破産の申立てなど）が発生した場合に，①債権者が予約完結権を行使すると債権譲渡担保契約の効力が生ずるとする「**予約型**」や，②停止条件が成就して譲渡担保権が成立する停止条件付債権譲渡担保契約（「**停止条件型**」）も用いられていた。

　もっとも，予約型については，「確定日付のある証書により債務者に対する通知又はその承諾がされても，債務者は，これによって予約完結権の行使により当該債権の帰属が将来変更される可能性を了知するに止まり，当該債権の帰属に変更が生じた事実を認識するものではないから，上記予約の完結による債権譲渡の効力は，当該予約についてされた通知又は承諾をもって，第三者に対抗することはできない」とされた（★最判平成13・11・27民集55巻6号1090頁）。つまり，予約型では，当初の予約時に第三者対抗要件を具備できない。予約時にはそもそも譲渡行為が存在せず，したがって債権の帰属移転も生じていないからである（この点は，停止条件型でも，全く同じである）。

　さらに，停止条件型については，「実質的にみれば……債務者の支払停止等の危機時機が到来した後に行われた債権譲渡と同視すべきものであり，〔現在の破産162条1項〕に基づく否認権行使の対象になる」とされた（★最判平成16・7・16民集58巻5号1744頁）。

　対抗要件が具備できないのも，否認権行使の対象になるのも，担保としては致命的であり，現在，実務上は予約型や停止条件型は用いられておらず，本契約型のみが用いられている。

債権譲渡担保の実行 被担保債権が不履行となった場合，債権譲渡担保権者は，第三債務者に対して譲渡担保の実行通知をするとともに，設定者に付与した取立権限を撤回し，譲渡債権を自ら取り立て被担保債権の回収を図る。第三者対抗要件として債権譲渡登記をした場合には，別途，第三債務者に対して登記事項証明書を付した通知を行うか，第三債務者の承諾を得ることにより，債務者対抗要件を具備する必要がある（▶動産・債権譲渡特例法4条2項・3項）。譲渡担保の目的債権の中に譲渡制限特約付の債権が含まれている場合については，債権質に関する説明（➡248頁）を参照のこと。

3 所有権留保

1 序 説

> **⬛ Case 9-6** 社会人1年目のAは，車を購入したいと考えて，B自動車販売会社を訪れた。Aは，手持ちの予算が少し足りないので分割払いで買いたいと述べている。BとしてはAが売買代金を払えなくなったとしても，確実に代金を回収できる方法で販売したいと考えている。どのような販売方法がありうるか。

所有権留保の意義 所有権留保は，車や家電製品の割賦販売など，動産の信用取引でよく用いられる。代金債権を担保するために，目的物の引渡後も買主（留保買主・設定者）の代金完済まで，その所有権（留保所有権）を売主（留保売主・留保所有権者・担保権者）に留保するものである。買主が代金債務を履行しない場合，売主は所有者として目的物を取り戻し換価することで残代金の回収を図ることができる。

ところで，買主が代金債務を履行しない場合，売主は，売買契約を解除して（▶541条），買主から原状回復（目的物の取戻し）を受けて損害賠償を求めることもできる（▶545条）。しかしながら，解除前に第三者が現れた場合には，解除の効果を対抗できなくなるおそれがある（▶同条1項ただし書）。これに対して，所有権留保は，売買契約の当事者間の特約（合意）のみによって設定できる担保物権である。買主に不履行があれば，売主は，第三者に対しても所有権に基づいて目的物の返還を求めることができる。この点にメリットがある。

　所有権留保は，主に動産取引で利用されるが，不動産取引にも利用できる。もっとも，宅地建物取引業者が売主となる取引では，法律で所有権留保が禁止されている（▶宅建業43条）ため，その利用は建築請負契約等に限定される。なお，割賦販売法の適用を受ける指定商品の割賦販売については，所有権留保がされたものと推定されている（▶割賦7条）。

所有権留保の法的構成　所有権留保の特約は，法形式上，売主に所有権を留保し，買主に代金完済を停止条件とする所有権取得の権利（▶127条・128条）を付与するものである。しかし，その実質は，代金債権の担保を目的とするものである。それゆえ，所有権は売主に帰属するとしても，買主にも単なる条件付権利でなく，物権的な権利（**物権的期待権**とも呼ばれる）が分属すると構成するべきである。

　判例も，所有権留保は担保権としての性質を有しており，売主は，原則として，被担保債権の弁済期が到来するまでは，目的物の交換価値を把握するにとどまるが，弁済期の経過後は，目的物を占有し処分することができる権能を有すると述べている（★最判平成21・3・10民集63巻3号385頁：百選Ⅰ-99）。

所有権留保の対抗要件の要否　所有権留保は，売買という法形式をとるものの，売主に所有権が留保されることから，買主への所有権移転もない。物権変動がない以上は，第三者対抗要件を具備する必要もない（★最判平成30・12・7民集72巻6号1044頁：百選Ⅰ-100）。また，所有権留保には動産・債権譲渡特例法の適用がなく，動産譲渡登記もできない。

2　所有権留保の対内的効力

　買主は，所有者に準じる地位に立って，目的物を使用収益することができる。たとえば，自動車の割賦販売契約において，売主がいったん引き渡した自動車を，買主から依頼された修理の完了後も正当な事由なく返還しない場合，あるいは，正当な事由なく引き揚げてしまった場合には，買主は，再度自動車の引渡しを受けるまでは割賦代金の支払いを拒むことができ，その不払いにつき履行遅滞の責任を負わない（★最判昭和50・7・17判時792号31頁）。

　他方，買主は，取引上要求される善管注意義務（▶400条）をもって目的物の担保価値を保存しなければならない。また，目的物の修繕義務，公租公課を負

担する。買主は，所有者ではないから，第三者に対して目的物を譲渡したり，譲渡担保や質権を設定したりすることはできない。無権利者たる買主から処分行為を受けた第三者の保護は，即時取得（▶192条）によることになる。

3　所有権留保の対外的効力

買主の債権者との関係　売主は，被担保債権の弁済期が到来するまでは実質的に担保権者として権利行使できるにとどまる。しかし，買主の債権者が目的物を差し押さえてきた場合，売主は，所有権に基づいて第三者異議の訴え（▶民執38条）を提起できる（★最判昭和49・7・18民集28巻5号743頁）。

✐ Topic 9-7
信販会社等の第三者による所有権留保と買主の倒産

　今日では，自動車販売で信販会社のオートローンが利用される場合などにおいて，売主（販売会社）・信販会社・買主の三者間の契約で所有権留保が用いられることがある。すなわち，売主が買主に対して割賦販売を行うにあたり目的物の所有権を留保し（自動車につき売主名義で登録），信販会社が買主の代金債務について連帯保証するという方式である（**保証委託方式**）。この方式では，買主からの支払いが滞った場合，信販会社は，売主に対して保証債務の履行として残債務を一括払いした上で，弁済による代位の規定（▶499条以下）に基づき，売主の代金債権およびその担保である留保所有権を代位行使するという形をとる。このような方式によれば，買主の破産手続においても，信販会社は別除権者として留保所有権を行使することが認められ，その要件として，破産手続開始の時点で売主を所有者とする自動車の登録があれば足り，信販会社を所有者とする登録は不要となる（★最判平成29・12・7民集71巻10号1925頁）。

　なお，かつては，信販会社が一括して売買代金を売主に立替払いし（**立替払方式**），信販会社が買主に対して有する立替払債権を担保するために，売主・信販会社・買主の三者間の合意によって，信販会社が売主から所有権の移転を受けて，買主による立替金債権の支払が完了するまで目的物の所有権を留保するという方式も利用されていた。しかし，この方式によると，買主の再生手続開始の時点で，信販会社を所有者として登録していない限り（▶民再45条），信販会社は別除権者として留保所有権を行使することができない（★最判平成22・6・4民集64巻4号1107頁。当該事案では，売主を所有者とする登録がされていて，信販会社を所有者とする登録がなかった）。そこで，現在では，立替払方式ではなく，保証委託方式がとられている。

なお，買主について倒産手続が開始した場合，売主は，別除権者（▶破産65条，民再52条）や更生担保権者（▶会更64条）として処遇される（前掲★最判平成22・6・4，最判平成29・12・7）。

| 所有権留保の実行 | 買主の代金債務が不履行となった場合，売主は，留保している所有権に基づいて目的物を引き揚げ換価する |

などして，他の債権者に優先して代金債権の回収を図ることができる。

目的物の処分価額や評価額から被担保債権を控除して残額があれば，売主は買主に対して清算義務を負うことになる。もっとも，所有権留保の被担保債権は代金債権であるので，そもそも目的物の価値との差は小さく，目的物使用による減価も加味すると，清算金の額は僅少となることが少なくない。

所有権留保の実行としての目的物の引揚げに際して，売主による売買契約の解除が必要となるか。これを必要とすると解除前の第三者（▶545条1項ただし書）との関係で制約が生じることから問題となる。この点，所有権留保は担保権としての性質を有するので，被担保債権の不履行があれば，担保権の実行権限が当然に生じると解される。したがって，解除を要することなく，目的物を引き揚げることができると解するのが多数説である（買主の意思に反して実力で持ち去る自力救済は禁止されるので，引渡請求をすることができる）。

| 流通過程における所有権留保 | 自動車の販売取引においては，ディーラーA（売主）からサブディーラーB（買主），さらにユーザーC（転 |

買人）へと順次自動車が売却され，その際，ディーラーAとサブディーラーBとの間で所有権留保がなされたまま，ユーザーCに自動車が引き渡されることがある。サブディーラーBが代金を完済できずに倒産した場合に，ディーラーAがユーザーCに対して留保所有権に基づいて自動車の引渡しを求めたとしたら，ユーザーCは，これに応じなければならないかが問題となる。

判例は，①ディーラーAが，サブディーラーBとユーザーCとの売買契約の履行に協力していたこと，②BからCへの転売契約の後に，A・B間で所有権留保特約付の売買契約が締結されたこと，③Cが自動車の代金を完済し引渡しを受けていること，といった事実を重視し，AのCに対する所有権に基づく引渡請求を**権利濫用**（▶1条3項）として許されないとした（★最判昭和50・2・28民集29巻2号193頁）。もし引渡請求を認めると，本来AがBに対して自ら負担す

べき代金回収不能のリスクをCに転化し，代金を完済したCに不測の損害を被らせることになる，というのである。

　もっとも，AのCに対する引渡請求が権利濫用として退けられたとしても，自動車の所有権は依然としてAのもとに残ることには変わりない。とすると，C名義での自動車登録はできないので，最終的な解決が図られたとはいいがたい。この状況を打開するには，権利濫用の法理とは別の法律構成が必要となる。学説の多数は，所有権留保であっても，売主が買主に対して買主自身の名で転売する権限を授与したときは，代金を完済した転買人は有効に所有権の移転を受けることができる，という「黙示の処分授権」構成（**授権構成**）を主張している。自動車の販売取引において，ディーラーは一般消費者に対する自社製自動車の販売促進のためにサブディーラーを利用しているという実態を踏まえると，（黙示の）転売授権の存在を認める構成が適切である。

留保所有権者の目的物撤去義務　買主が，駐車場の賃貸借契約終了後も，所有権留保の目的物である自動車を駐車場に放置していた（第三者の土地所有権を侵害している）場合，売主は，その目的物の撤去義務を負うのか問題となる。この点，判例は，売主は，被担保債権の弁済期が到来するまでは，撤去義務や不法行為責任を負うことはないが，弁済期が経過した後は，所有権留保が担保権の性質を有するからといって撤去義務や不法行為責任を免れることはないとした（前掲★最判平成21・3・10）。売主は，弁済期が到来するまでは，目的物の交換価値を把握するにとどまるが，弁済期の経過後は，目的物の処分権能を有するからである。この規律は，譲渡担保における弁済期到来前後の規律と共通である。

4　仮登記担保

仮登記担保の意義　仮登記担保は，債権者（仮登記担保権者）が有する金銭債権を担保するために，その不履行があるときは，設定者（債務者または物上保証人）が有する不動産等の所有権を債権者に移転する旨の**代物弁済予約**または**停止条件付代物弁済**を約束し，その約束に基づく将来の所有権移転請求権を仮登記によって保全しておく担保方法である。被担保債権が不履行になると，債権者により予約完結権が行使され，または停止条件の

成就により，目的不動産が代物弁済に供されその所有権が債権者に移転し，これによって被担保債権が消滅することになる。仮登記担保は，不動産譲渡担保と同様（➡291頁），公的競売手続による実行ではなく**私的実行**を前提とする点で，抵当権とは異なる存在意義がある。

　当初，債権者にとって仮登記担保は，「代物弁済」（▶482条）によって不動産の財産価値と被担保債権額との差額を「丸取り」できる点に抵当権にはない独自のうまみがあった。しかし，判例が担保としての実質を重視してその差額について債権者に**清算義務**を課したことや（★最判昭和42・11・16民集21巻9号2430頁等），一連の判例法理を踏まえて制定された**仮登記担保法**（「仮登記担保契約に関する法律」）が多くの点について仮登記担保を抵当権に準じて規律するものとしたため，うまみがなくなり，仮登記担保の利用は激減した。

**仮登記担保の設定
と第三者対抗要件**　　仮登記担保は，金銭債権を担保するために，所有権その他の権利であって仮登記・仮登録できる財産権を債務不履行があった場合に設定者が債権者に移転することを約することによって設定される（▶仮登記担保1条）。対象は仮登記・仮登録ができる財産権に限られるため，実際にはもっぱら不動産に限定される。

　仮登記担保の第三者対抗要件は，仮登記（仮登記担保法上は「**担保仮登記**」と呼ばれる）である。仮登記担保には，抵当権などと同様に**優先弁済権**が認められる（▶仮登記担保13条1項）。しかし，抵当権と異なって被担保債権額や弁済期などに関する事項は登記簿に記載されないため，公示方法としては不完全である。本登記ではなく仮登記にとどまるので，後続する別の権利を設定し登記することも可能である。

**仮登記担保
の実行手続**　　仮登記担保の内容は設定契約で定められるが，目的物の所有権や使用収益権は設定者に残されている（非占有担保）。

　被担保債権が不履行になった場合，債権者は，私的実行の方法により，被担保債権の弁済に代えて目的物の所有権を取得することができる。もっとも，その具体的な手続については仮登記担保法が規律する。まず，債権者は清算義務を負うので，清算金の見積額（清算金がない場合にはその旨）を設定者に通知する必要がある。この通知の後，被担保債権の弁済がないまま2か月の期間（この期間を「**清算期間**」という）が経過するまで，債権者への所有権移転の効果は

生じない（▶仮登記担保2条1項）。所有権移転の効果が生じた後も，仮登記に基づく本登記（所有権移転登記）および目的物の引渡しと，設定者への清算金支払いとは**同時履行の関係**（▶533条）に立つ（▶仮登記担保3条2項）。

　設定者は，清算期間の経過前も経過後も，清算金の支払いを受けるまでは，被担保債権額に相当する金銭を債権者に提供して，目的物の受戻しを請求することができる（**受戻権**）。ただし，清算期間が経過した時から5年が経過したとき，または，第三者が目的物の所有権を取得したときは，受戻権は消滅する（▶仮登記担保11条）。なお，設定者は，目的物の所有権を取得した第三者に対して，清算金支払請求権を被担保債権とする**留置権**（▶295条）を主張できる（★最判昭和58・3・31民集37巻2号152頁）。

後順位担保権者等との関係　　仮登記担保の仮登記に劣後する権利を有する者（先取特権，質権，抵当権等の後順位担保権者）は，仮登記担保が実行されると権利を失うようにもみえる。しかし，仮登記担保の担保としての実質に鑑みると，その余剰価値に対して後順位担保権者等が権利を行使できることが望ましい。そこで，後順位担保権者等は，設定者の有する清算金支払請求権に対して**物上代位**することができる（▶仮登記担保4条）。

　債権者（仮登記担保権者）は，設定者に対する清算金の見積額の通知の後，遅滞なく，後順位担保権者等に対しても通知しなければならない（▶仮登記担保5条）。後順位担保権者等は，清算金の見積額に不服がなければ，上記の物上代位を主張することになる。他方，清算金の見積額に不服があれば（物上代位できる範囲が少なくなるため），たとえ自己の被担保債権の弁済期到来前でも，清算期間内であれば競売を申し立てることができる（▶仮登記担保12条）。

☑ *Hybrid Exam* --------------------------------------

　以下の［事案］を読んで，各問に答えなさい。

［事案］

　1　2015年4月1日，傾斜地である土地所有者Aからその土地の崩落防止のための擁壁工事を請け負った請負人Bは，請負代金の代わりに，Aから工事の結果造成される平坦地の所有権を取得する旨の約束を得て，工事完成を待たずにその土地を処分する権限をも取得した。

　2　同年4月20日，Bは，擁壁工事により造成できる平坦地の面積を増やし工事全体の採算をよくするため，隣地所有者Xにその所有地の一部を廉価で売却するように求めた。提示された売却価格は，対象となる土地の市場価格1000万円に対して，500万円であった。

　3　同年6月1日，Xは，その平坦地の一部に，自己所有地から公道へ自動車で通行できる通路を設け，これにX所有地のために通行地役権を設定することを条件として廉価売却に応じた。

　4　そこで，Dは，造成計画を変更して，造成工事の対象地に上記3のXから買い受ける土地を含め，約束通り通路を開設する内容の造成工事に着手し（同年7月15日頃），その後造成工事資金を金融機関Cから借り受け，Cのために右通路部分を含めた傾斜地全部について抵当権を設定し，抵当権設定登記を経由した（同年7月20日付，登記原因は金銭消費貸借）。

　5　その後，通路部分を含めて造成工事がほぼ完成し，右の通路部分についてのXの通行を承認する旨の土地所有者A名義の念書が作成されたが（同年8月末頃），通行地役権の設定登記は未了であった。

　6　2017年8月頃，Bは，Cに対して借入金債務を分割弁済しつつ，さらに事業資金が必要になったので，同傾斜地全部について別の金融機関Dから借入れをすることを決定した。同年8月20日，BとDとの間で金銭消費貸借契約が締結され，8月25日に，Xのための通路部分を含めた同傾斜地全部につき，Dのために2番抵当権が設定され，その登記が経由された。

　7　Cのための1番抵当権の被担保債務については元本の弁済も順調に推移し，弁済を完了したため，2019年7月末日付けで，その抵当権設定登記は抹消された。

　8　しかし，その後，BがDへの資金の弁済を遅滞したため，2020年2月1日付けで，Dの申立てにより通路部分を含めた抵当土地の競売が開始された。執行裁判所が買受人Eのために閲覧に供した書類には，通行地役権が存在する旨の記載はなかった。

　9　しかし，写真，図面およびその説明により通路が存在することが表示され，かつ，通路の存在等により宅地として利用可能なのは全体の50%に限定されるものとして，土地価格を減価して評価された旨の記載があった。

　10　2020年5月1日，Eは，競売代金を裁判所に納付して本件係争地を含む抵当

土地の所有権を取得し，移転登記を経由した。他方，通行地役権を主張するXは，Eに対して，事情を説明し話し合いを行ったが，Eは，Xの通行地役権を否定し，通路上にブロック塀を建ててXらの通行を全面的に妨害した。

　11　なお，以上の【事実1】から【事実10】までの全ての期間を通じて，Xは，本件通路部分を継続して通行している事実がある。

問1　以上の事実関係の下で，Xは，Eに対して，通行妨害の禁止，通行地役権の設定登記手続を請求して提訴した。Xの請求は認められるか。Eはどのような反論をすることが可能かと併せて，検討しなさい。

問2　以上の【事実1】から【事実11】に加えて，以下の事実があったとする。

「12　その後，2022年3月初め，Eは，買い受けた本件係争地を含む本件土地をYに転売した。同年4月4日付けでY名義の所有権移転登記が経由された。Yもまた，Xの通行地役権を否定し，Eが設置したブロック塀等をそのままにしてXらの通行の妨害を継続した（ただし，YとEとの間の売買契約の特約として，Xの通行権が認められる場合には，売買契約を解消して代金を返還し，あるいはYの損害をEが賠償する旨の特約がある）。」

問3　XがYに対して，通行妨害の禁止，通行地役権の設定登記等を求めて提訴したとする。Xの請求について詳論し，かつ，Yはどのような反論が可能かについて，詳しく検討しなさい。

　※参照判例　最判平成10・2・13民集52巻1号65頁，最判平成25・2・26民集67巻2号297頁

解答への道すじ

　1　前提

　前提として，抵当権設定者であるBは，Xのための通路部分を含めた土地である承役地（通行地役権の負担のある土地，ただしA所有）の処分権限をAより取得している。いわば，AはBのCやDに対する債務を担保するために物上保証人の地位にある。もっとも，事案からはBがAから係争地を取得して登記を経由しているかどうかは明らかではない。抵当権の実行の結果，係争地の所有権は買受人Eに移転しているが，その前所有者がAであるか，Bであるかは本件ではあまり問題とならない。端的に「係争地につき処分権を有しているBがAを代理している」という前提で考えれば足りる。

　係争地に対するXの通行地役権は，係争地に対する物的な負担であるから，原則として競売によって係争地を取得したEに対しても承継されるのが原則である。決して，BないしAとX間の債権的な契約によるものではなく，登記を備えた賃借権がEに対抗できるかどうかとは前提が異なる。

　2　本問の争点

　(1)　未登記通行地役権の対抗の可否

　最判平成10・2・13民集52巻1号65頁は，「通行地役権の承役地が譲渡された場合において，譲渡の時に，右承役地が要役地の所有者によって継続的に通路として使用されているこ

とがその位置，形状，構造等の物理的状況から客観的に明らかであり，かつ，譲受人がそのことを認識していたか又は認識することが可能であったときは，譲受人は，通行地役権が設定されていることを知らなかったとしても，特段の事情のない限り，地役権設定登記の欠缺を主張するについて正当な利益を有し」ないとの判断を示した。この判決は，承役地の譲受人を背信的悪意者と認定した原審を批判し，①通路の継続的使用の事実が客観的に明らかで（客観的要件），②通行地役権の存在が譲受人に認識可能という基準（主観的要件）を明示して（川井健「判批」民商119巻3号〔1999年〕109頁），背信的悪意者以外に177条の第三者から除外される者の類型を新たに認めた。上記①・②は，「地役権者の登記の欠缺を主張することが信義則に反するための要件であって」，特に「②は，承役地譲受人に調査義務を課して善意無過失者のみを保護する画期的判断である。これにより，①の要件を満たす表現地役権は，原則として登記なくして対抗できる」こととなった（松岡久和「判批」判例セレクト'98（法教222号別冊付録）14頁）。

　最判平成10・2・13が採用した上記①・②の基準による「登記の欠缺を主張するについて正当な利益を有」しない第三者という判断枠組みは，それまで最高裁が採用してきたいわゆる背信的悪意者排除論（例，最判昭和43・8・2民集22巻8号1571頁：百選Ⅰ-57，最判昭和43・11・15民集22巻12号2671頁等）とは異なる。すなわち，背信的悪意者であるためには，当該第三者が「実体上物権変動があつた事実を知る者」であることが前提となる。しかし，最判平成10・2・13はこれと異なり，「承役地の譲渡時を基準時として，通路としての使用の継続性と客観性によって……〔背信的悪意者と認定される際に通常存在するとみられる未登記の者の〕占有に代替させ，その認識または認識可能性を媒介にして何らかの通行権の主張を特定させる。……この特定を介して主体への照会可能性が開かれるが，」「この可能性を利用しなかったとしても，権利取得過程における背信性は語りえない。しかし，この可能性を利用しないまま通行地役権の登記の欠缺を主張する権利行使は禁反言と抵触する。……とはいえ，この可能性を利用しなかったことにつき『特段の事情』がある場合は，この限りでない」（児玉寛「判批」民法判例百選Ⅰ総則・物権〔第6版〕（有斐閣・2009年）121頁）。

　近時，最判平成25・2・26民集67巻2号297頁は，本問類似の事案につき，「通行地役権の承役地が担保不動産競売により売却された場合において，最先順位の抵当権の設定時に，既に設定されている通行地役権に係る承役地が要役地の所有者によって継続的に通路として使用されていることがその位置，形状，構造等の物理的状況から客観的に明らかであり，かつ，上記抵当権の抵当権者がそのことを認識していたか又は認識することが可能であったときは，特段の事情がない限り，登記がなくとも，通行地役権は上記の売却によっては消滅せず，通行地役権者は，買受人に対し，当該通行地役権を主張することができる」とした。同最判は，最判平成10・2・13が採用した上記①・②の基準によるルールを，未登記通行地役権と抵当権実行後の買受人との関係にも及ぼしたものである。

(2)　買受人の善意無過失の基準時

　前掲最判平成25・2・26の原審は，未登記通行地役権の対抗の可否につき，抵当権実行後の買受人が買受時に「既に設定されている通行地役権に係る承役地が要役地の所有者によって継続的に通路として使用されていることがその位置，形状，構造等の物理的状況から客観的に明らか」であることにつき善意無過失であることを要求した。すなわち，最判平成10・2・13の「通行地役権の承役地が譲渡された時」を買受人の競落時と解した。

　しかし，最高裁は，「担保不動産競売による土地の売却時において，同土地を承役地とする通行地役権が設定されており，かつ，同土地が要役地の所有者によって継続的に通路として

使用され，そのことを買受人が認識していたとしても，通行地役権者が承役地の買受人に対して通行地役権を主張することができるか否かは，最先順位の抵当権の設定時の事情によって判断されるべきものである」として，原審を破棄した。買受人は抵当権者の地位を引き継ぐにすぎず，通行地役権が買受人に対抗し得るかどうかは，抵当権設定登記時と通行地役権の対抗要件具備時が基準となる（高木多喜男『担保物権法〔第4版〕』（有斐閣・2005年）115頁）。最判平成25・2・26は，最判平成10・2・13が示した「承役地譲渡時の①・②の要件充足」について，抵当権実行による買受人との関係では，買受人の地位は抵当権者の地位の投影にすぎないから，その「譲渡時」を「抵当権設定時」に読み替える解釈を示した。これを本問に当てはめると，買受人Eの競落時に善意無過失であることが要求されるのではなく，抵当権の設定時における抵当権者が善意無過失であることを要する。

　本問の場合，Cの1番抵当権消滅後にDの2番抵当権が順位1番に昇進した状態で抵当権の実行がなされてEが買受人となった。よって，<u>通行地役権についての善意無過失の判断は，2番抵当権者Dが抵当権の設定を受けた時点</u>が基準時となる。抵当権設定時を基準時とする抵当権者の通行地役権に対する認識ないし認識可能性を，買受人となる者が抵当権者に照会・確認することを媒介として，間接的に買受人と通行地役権者との優劣が決定される。抵当権者の立場から見ると，抵当権者の把握する担保価値は，その設定を受ける際に抵当不動産の現地確認をして，仮に未登記の通行権の存在が確認ないしその存在を疑わせるに足る状況が確認できれば，その通行権の負担付で担保価値を計算しなければならない。その反面，抵当権者が抵当権設定時に上記①・②の要件の充足を容易に確認できるのにこれを怠ったとき，買受人は，抵当権者に照会しても空振りに終わり，かつ通行地役権の対抗を甘受する。すなわち，買受人が未登記通行地役権の対抗を受けるかどうかは，自己のコントロールが及ばない事項によって決定され，買受人自身が現地を十分に調査したとしても対抗を受けることを回避できないことがあり得る。

(3) 買受人の転得者の地位

　E自身の通行地役権についての善意無過失が問題とならないとしても，Eからの承役地の転得者であるYとの関係も同様に解せるか。考え方として，第1に，YがEの地位をそのまま承継するとの考え方（絶対的構成）と，第2に，転得者については前主とは別途善意無過失を考えるべきとの見解（相対的構成）がありうる。未登記通行地役権の承役地の転得者に対する対抗の事案ではないが，最判平成8・10・29民集50巻9号2506頁：百選Ⅰ-58は，登記のない所有者が未登記のまま転得者に対抗しうるかどうかは，転得者自身が未登記所有者との関係で背信的悪意者と評価されるかどうかによって相対的に判断されるとした。

　背信的悪意者も，未登記通行地役権の対抗が問題となる局面の第三者も，どちらも民法177条の「登記の欠缺を主張するにつき正当な利益を有する第三者」のカテゴリーに含まれるものであることから，未登記通行地役権の承役地の転得者Yとの関係についても，この最判平成8・10・29の基準が妥当する。本問においては，Yは，前主であるEから，未登記通行地役権の存在について説明を受けて売買をしているので，Xの未登記通行地役権の存在について悪意であると評価できる。ただ，Eが設置したブロック塀がある状態のままYは譲り受けており，「承役地が要役地の所有者によって継続的に通路として使用されていることがその位置，形状，構造等の物理的状況から客観的に明らかである」との要件を充足しうるか，判断が難しいかもしれない。肯定・否定，どちらの結論もありうるか。

参考文献案内

1 物権法・担保物権法の教科書

2021年の民法改正を反映した教科書（主として物権法を扱うもの）としては，以下のものがある。

生熊長幸『物権法〔第2版〕』（三省堂，2021年）

大村敦志『新基本民法2 物権編―財産の帰属と変動の法〔第3版〕』（有斐閣，2022年）

大村敦志『新基本民法3 担保編―物的担保・人的担保の法〔第2版〕』（有斐閣，2021年）

鎌田薫『民法ノート物権法1〔第4版〕』（日本評論社，2022年）

佐久間毅『民法の基礎2 物権〔第3版〕』（有斐閣，2023年）

千葉恵美子・藤原正則・七戸克彦『民法2 物権〔第4版〕』（有斐閣，2022年）

中舎寛樹『物権法 物権・担保物権』（日本評論社，2022年）

平野裕之『物権法〔第2版〕』（日本評論社，2022年）

平野裕之・古積健三郎・田高寛貴『民法3 担保物権〔第3版〕』（有斐閣，2020年）

藤原正則『物権法 物権・担保物権』（新世社，2022年）

安永正昭『講義 物権・担保物権法〔第4版〕』（有斐閣，2021年）

山野目章夫『民法概論2 物権法』（有斐閣，2022年）

山本敬三監修・鳥山泰志・藤澤治奈『民法3 担保物権』（有斐閣，2021年）

比較的最近のものを中心に，定評のある教科書としては，以下のものがある。

生熊長幸〔担保物権法〔第2版〕』（三省堂，2018年）

石口修『民法講論2 物権法』（信山社，2015年）

内田貴『民法III 債権総論・担保物権〔第4版〕』（東京大学出版会，2020年）

近江幸治『民法講義II 物権法〔第4版〕』（成文堂，2020年）

近江幸治『民法講義III 担保物権〔第3版〕』（成文堂，2020年）

河上正二『物権法講義』（日本評論社，2012年）

河上正二『担保物権法講義』（日本評論社，2015年）

七戸克彦『基本講義 物権法I 総論・占有権・所有権・用益物権』（新世社，2013年）

七戸克彦『基本講義 物権法II 担保物権』（新世社，2014年）

高木多喜男『担保物権法〔第4版〕（有斐閣法学叢書2）』（有斐閣，2005年）

高橋眞『担保物権法〔第2版〕（法学叢書6）』（成文堂，2010年）

道垣内弘人『担保物権法〔第4版〕（現代民法3）』（有斐閣，2017年）

平野裕之『担保物権法』（日本評論社，2017年）

古積健三郎『担保物権法』（弘文堂，2020年）

松岡久和『物権法』（成文堂，2017年）

松岡久和『担保物権法』（日本評論社，2017年）

我妻栄（有泉亨補訂）『新訂物権法（民法講義Ⅱ）』（岩波書店，1983年）

我妻栄『新訂担保物権法（民法講義Ⅲ）（新訂第3刷）』（岩波書店，1971年）

田高寛貴『クロススタディ物権法—事案分析をとおして学ぶ』（日本評論社，2008年）

2 判例集・注釈書・演習書

潮見佳男・道垣内弘人編『民法判例百選Ⅰ 総則・物権〔第9版〕』（有斐閣，2023年）

窪田充見・森田宏樹編『民法判例百選Ⅱ 債権〔第9版〕』（有斐閣，2023年）

大村敦志・沖野眞已編『民法判例百選Ⅲ 親族・相続〔第3版〕』（有斐閣，2023年）

奥田昌道・安永正昭・池田真朗編『判例講義民法Ⅰ 総則・物権〔第2版〕』（悠々社，2014年）

鎌田薫・松岡久和・松尾弘編『新基本法コンメンタール物権 民法第175条〜第398条の22』（日本評論社，2020年）

内田貴・山田誠一・大村敦志・森田宏樹編『民法判例集 総則・物権〔第2版〕』（有斐閣，2014年）

瀬川信久・内田貴・森田宏樹編『民法判例集 担保物権・債権総論〔第3版〕』（有斐閣，2014年）

松本恒雄・潮見佳男・下村信江編『判例プラクティス民法Ⅰ 総則・物権〔第2版〕』（信山社，2022年）

水津太郎・鳥山泰志・藤澤治奈『民法2 物権 判例30！』（有斐閣，2017年）

我妻榮・有泉亨・清水誠・田山輝明『我妻・有泉コンメンタール民法 総則・物権・債権〔第8版〕』（日本評論社，2022年）

松岡久和・中田邦博編『新・コンメンタール民法（財産法）〔第2版〕』（日本評論社，2020年）

能見善久・加藤新太郎編『論点体系判例民法2 物権〔第3版〕』（第一法規，2019年）

能見善久・加藤新太郎編『論点体系判例民法3 担保物権〔第3版〕』（第一法規，2019年）

舟橋諄一・徳本鎭編『新版注釈民法(6)物権(1) 物権総則〔補訂版〕』（有斐閣，2009年）

川島武宜・川井健編『新版注釈民法(7)物権(2) 占有権・所有権・用益物権』（有斐閣，2007年）

柚木馨・高木多喜男編『新版注釈民法(9)物権(4) 抵当権・仮登記担保・譲渡担保・他〔改訂版〕』（有斐閣，2015年）

鎌田薫・加藤新太郎ほか編著『民事法Ⅰ 総則・物権〔第2版〕』（日本評論社，2010年）

鎌田薫・加藤新太郎ほか編著『民事法Ⅱ 担保物権・債権総論〔第2版〕』（日本評論社，2010年）

小粥太郎編『新注釈民法(5)物権(2) 180条～294条 占有権・所有権・用益物権』（有斐閣，2020年）

道垣内弘人『新注釈民法(6)—物権(3) 295条～372条 留置権・先取特権・質権・抵当権(1)』（有斐閣，2019年）

森田修編『新注釈民法(7)—物権(4) 373条～398条の22 抵当権(2)・非典型担保』（有斐閣，2019年）

3 研 究 書

物権法・担保物権法の領域でも，すぐれた研究書は数多くあるが，まずは以下の文献を読んでもらいたい。

星野英一編集代表『民法講座(2) 物権1』（有斐閣，1984年）

星野英一編集代表『民法講座(3) 物権2』（有斐閣，1984年）

広中俊雄・星野英一編『民法典の百年Ⅰ 全般的考察』（有斐閣，1998年）

広中俊雄・星野英一編『民法典の百年Ⅱ 個別的考察(1) 総則編・物権編』（有斐閣，1998年）

4 そ の 他

物権法・担保物権法の理解を深めるためには，不動産登記法や債権回収の手続について知ることも重要である。そのため，以下のような文献もぜひ読んでもらいたい。

山野目章夫『不動産登記法概論—登記先例のプロムナード』（有斐閣，2013年）

七戸克彦『不動産登記法案内』（勁草書房，2014年）

和田吉弘『基礎からわかる民事執行法・民事保全法〔第3版〕』（弘文堂，2021年）

判例索引

大審院

最高裁判所

高等裁判所

事項索引

Horitsu Bunka Sha

新ハイブリッド民法 2
物権・担保物権法〔第 2 版〕

─────────────────────────

2007 年 3 月15日　初　版第 1 刷発行
2019 年 5 月15日　新　版第 1 刷発行
2023 年 5 月15日　第 2 版第 1 刷発行

著　者	小山泰史・堀田親臣 工藤祐巌・澤野和博 藤井徳展・野田和裕
発行者	畑　　　光
発行所	株式会社 法律文化社

〒603-8053
京都市北区上賀茂岩ヶ垣内町71
電話 075(791)7131　FAX 075(721)8400
https://www.hou-bun.com/

印刷：中村印刷㈱／製本：㈲坂井製本所
装幀：白沢　正

ISBN 978-4-589-04282-8

©2023 Y. Koyama, C. Hotta, Y. Kudo,
K. Sawano, N. Fujii, K. Noda　Printed in Japan

学部とロースクールを架橋する
ハイブリッドシリーズ

基礎から応用まで，多面的かつアクセントをつけて解説・展開

新ハイブリッド民法

1 民法総則 3,410円

小野秀誠・良永和隆・山田創一・中川敏宏・中村 肇【著】

2 物権・担保物権法〔第2版〕 3,300円

小山泰史・堀田親臣・工藤祐巌・澤野和博
藤井徳展・野田和裕【著】

3 債権総論 3,300円

松尾 弘・松井和彦・古積健三郎・原田昌和【著】

4 債権各論 3,300円

滝沢昌彦・武川幸嗣・花本広志・執行秀幸・岡林伸幸【著】

5 家 族 法 3,630円

青竹美佳・渡邉泰彦・鹿野菜穂子・西 希代子
冷水登紀代・宮本誠子【著】

A5判，横組，カバー巻，表示価格は消費税10%を含んだ価格です

法律文化社